恋梦为生

顾文嫣 ○ 著

文匯出版社

图书在版编目（CIP）数据

恋梦为生 / 顾文嫣著. —上海：文汇出版社，
2022.4
 ISBN 978-7-5496-3699-0

Ⅰ. ①恋⋯　Ⅱ. ①顾⋯　Ⅲ. ①长篇小说-中国-当代
Ⅳ. ①I247.5

中国版本图书馆 CIP 数据核字（2022）第 029150 号

恋梦为生

著　　者／顾文嫣
责任编辑／鲍广丽
封面装帧／王　峥

出版发行／文匯出版社
　　　　　上海市威海路 755 号
　　　　　（邮政编码 200041）
经　　销／全国新华书店
排　　版／南京展望文化发展有限公司
印刷装订／上海新文印刷厂有限公司
版　　次／2022 年 4 月第 1 版
印　　次／2022 年 4 月第 1 次印刷
开　　本／720×960　1/16
字　　数／350 千字
印　　张／23.75

ISBN 978-7-5496-3699-0
定　　价／69.50 元

自序：我是为失恋的
女孩写一生诗歌的人

也许大家知道了，我自 2007 年始预备写《红楼梦》续书，2015 年出版了《红楼梦圆》，此八年，算是与世隔绝，完全沉浸在红楼梦境。我与曹雪芹的英灵苍凉而热烈地对语，与贾宝玉、林黛玉、薛宝钗等书中人物同悲泣，八载春秋，日日夜夜，终而"研血成字"，"哭成"《红楼梦圆》。所幸续书得到应必诚、张庆善、严玥、何永康、王怀义、邵琳等诸多专家老师的赞赏，以及曹文轩先生的欣赏与推荐，乃至红学界与普通读者的广泛好评。这是令我比较欣慰的，我也终于得以轻快地走出"红楼梦魇"，幸甚。

《恋梦为生》是我的第一部长篇小说，初稿完成于 2005 年，之后一直再未读起。今日再读十数年前的旧作，发现问题不少，需做大篇幅的修订，惭愧的是，此一修订竟然断断续续花费五年时间，而当年完成二十万字初稿，也仅用半年时间。

当阅读十几年前，遥远而年轻的我的思想与感情，是惊讶而痛楚的，使我悲凉地回忆起写作时的感受，那样热诚而悲痛。时间不可倒流，青春不可复制，心情不可复制。"过去的一切都会成为可爱"，平心而论，我再也写不出那样浪漫、富有激情的文字了，它是极致美丽而极致疼痛的。也或许，《恋梦为生》令人诟病之处，正是其独特之处，甚或曰亮点，亦是今日之我，抑或其他作家不可为的，如斯。因而作品风格基本保持了十六年前的原貌。

我是个比较特殊的人，不太在意现实琐碎的生活，只关注自己及他人的精神世界。本人生活在普通家庭，可从未为经济物质苦恼过，只要有时间读书，有灵感写文字，全家安康，我就是幸福而快乐的。有人说，一个女孩丢失钱包无法作诗,失恋了却必要写诗。我是为那个女孩写一生诗歌的人。

小说中的人物时常有原型。生活中某些人的命运与性格确实奇异,耐人寻味,不进入艺术作品,似乎辜负其红尘一场的意义,所以敏感的文艺工作者,会情不自禁邀请其进入作品。然而,作家对原型人物多少都做了艺术处理,甚至做了面目皆非的处理,若与现实人物对号入座,那就非常荒谬了。正如某些研红人士,把《红楼梦》中的艺术形象完全与曹雪芹家族中的人物对应处理,所以得出的结果令人惊异,十分荒唐。以此为鉴,我作小说后,不敢再提原型一说,然我又不能镇定自若地说,书中人物皆是凭空想象出来。是的,他们来自平常而丰富多彩的生活,也来自天马行空的想象世界,一个小说人物也许是多个现实人物的组合,现实人物在梦想王国里或有多个精妙的化身,纯粹的原型并不存在。我欲申述的是,人们研究小说,但请研究其艺术形象足矣、美矣。原型说会令所谓"原型"尴尬,亦削弱或扭曲了艺术形象的审美功能。

做过以上阐释之后,再回归此语:我是为失恋的女孩写一生诗歌的人。

一直轻盈而小心翼翼,漫步青春的湖滨。湖岸,开满明亮的风信子,不近观,唯远眺,云中海鸥重复着千年的呼唤。年轻时,也许"为赋新词强说愁",潜移默化"忧郁"了,不敢相信现实中存在美丽而永久的爱情,但相信有这种美好辉煌的梦境,而爱情梦幻最终在文字中实现,实现生命的繁华与苍凉。

原本,惟少年人持此特权:驾驭奔放的激情,行云流水地抒写初恋的狂热与美妙。然而,本人因秉持着诗人的单纯与清澈,"东边日出西边雨",竟然胸怀少年人燃焰的热情,令心灵鲜艳地跳跃,让文字姹紫嫣红地跳舞,写出了这部激情洋溢,具有独特风格的《恋梦为生》。

汉姝文,一个夏天,一次短暂而美丽的恋情,生命的葡萄园有了最为芬芳而炫耀的收获,从而康濛的离去,使汉姝文人生的戈壁滩一夜形成。杜韬航数句游戏式的花言誓语,给予林郁雪一生的艰辛与命运的嘲弄。汉箫,为了爱情而犯罪。许安娉,旖旎的梦境有清醒的时辰。为爱而生,为梦而逝者，哪怕付出了一份错误的感情，于我看来，他们都是可爱的、幸福的，同时又是最为痛苦而悲哀的人，带着此份清幽的诗意的同情与理解，我创作了他们的故事。

我在创作《红楼梦圆》之前，十分迷恋感情奔放、想象瑰丽的西方诗歌文学。《恋梦为生》带着浓厚的异域文学风韵，散发着诗歌风、戏剧味，一种比较特殊的气质。这，我无能否认，而其时是自然天成的。这种风格的文字，于我的小说作品中，想必亦仅此一部了。为此，亲爱的读者，请允许我保持其本真的风貌吧。

我写作总是特别投入小说人物的环境情感之中，算是纯粹的身临其境，因此心魂一直很疲惫。《恋梦为生》与《红楼梦圆》的完成，使今日之我心如止水，心灵禅悟般宁静。也许，从前写作太投入，书中的"我"太多，再著书，将"云淡风轻"，"身在其外"地写作，若斯变化，于我是幸福的吧。

《红楼梦圆》罕见的悲剧命意，展现的旷古悲情，令人悲痛而绝望，对读者朋友我一直深怀歉意，今借此机会，向读者郑重致歉。然亦请亲爱的读者容我申辩，续书悲情，非因本人悲剧情结，本质缘于，曹雪芹对封建腐朽制度的揭露与批判，对美慧可爱的女子在封建罗网里挣扎与毁灭的命运的悲叹，是对封建礼教的血泪控诉。能够说的是，庆幸而珍惜，你我生活在幸福美好的时代，今日女子亦可豪言"天生我才必有用"，当慰曹公在天之灵。另外，本人必将实践承诺，认真钻研，不断提升续书质量。我谨以此表达对曹雪芹与《红楼梦》的崇敬之意。

《恋梦为生》初稿时，儿子穆冠宇读幼儿园，如今已读研一，与2005年的女主同龄了，必须感慨一句，"逝者如斯夫"。穆冠宇并给此书提了一些有益意见，妈妈在此说句感谢。陪伴孩子成长、成人，想必，这是人生旅途温暖中的温暖？感恩温暖的家庭，感恩幸福的生活，感恩生命中美丽的遇见。

感恩，遇见文字。

顾文嫣

2021年9月26日

目 录

第一章　荷塘花开 …… 004

第二章　梦教起源 …… 026

第三章　良辰虚设 …… 055

第四章　互投琼瑶 …… 077

第五章　心向明月 …… 104

第六章　才会相思 …… 118

第七章　山雨暴至 …… 138

第八章　黄昏梨霜 …… 153

第九章　野渡花发 …… 178

第十章　梦幻泡影 …… 191

第十一章　十分花柳 …… 209

第十二章　蜡炬成灰 …… 223

第十三章　红杏墙头 …… 249

第十四章　人间天上 …… 259

第十五章　此恨绵绵 …… 284

第十六章　三生暧昧 …… 299

第十七章　潇潇雨歇 …… 311

第十八章　灯火阑珊 …… 331

第十九章　梦成古今 …… 345

第二十章　万里雪飘 …… 361

恋梦为生

无论理想的社会多么纯美
它消灭了一切贫穷与欺伪
可是爱情的悲剧
照样粉墨登场
于太平社会,只能愈演愈烈

——作　者

汉姝文2019年春天的日记（1）

2019年的春天。我在春山漫步，在花海流浪，在春水之上，没有方向地飞翔。人们说我是一个幸福的人，可是所有的桃花、樱花，以及好奇的柳芽，都看见我梨花带雨走在时间凌空的钢丝上。时间是老人，我看见他花白的头发在阳光下痉挛似的闪烁，发出尖厉的、雪亮的呼喊。我必须记载2005年的夏天。哦，夏天，像凡·高的向日葵，热得发红，尖叫着燃烧，画中露出一千个天使的笑脸，同时，深藏一千个魔鬼。永恒的向日葵。永恒，是最可怕的字眼。它像飘满云雾的天空，不断膨胀，膨胀，燃烧，夜以继日；它又像一个无比深邃的黑洞，不停息地，吞没时空，直至宇宙的时空消亡。时空不会消亡。

我听见自己的灵魂在天堂里饮泣，还有我的亲人、朋友，他们的眼泪在淹没我，淹没我。我看不见春天了。主宰人世命运的，不知是天使还是魔鬼，但他们有着同样神秘而甜蜜的微笑，只是，一个诞生在开满罂粟花的东方，一个矗立在荆棘丛中，血红的夕阳在西方跳舞。我爱他们。是的，我哭着说的。我的心在滴血吗？不，我热爱属于我的一切，包括这不能承载的悲伤，必须书写的悲伤。

2005年的夏天是确定存在过的。十四年前的夏天当然可以确定。我已经决定在2019年的春天写下2005年的夏天，在樱花嘤嘤哭泣的夜里，在他和孩子进入甜蜜的梦乡之后，黎明之前。

我是一名中学语文教师。本班学生平均成绩高居全校第一，市区第三。说这些只是说明，工作上我兢兢业业，勤勤恳恳，是一名合格的人民教师，对得起学生家长与伟大的教育事业。家庭中，孝敬公婆，相夫教子。儿子是我生命中最光彩与骄傲的部分。人们说我是幸福的。俗世中的我实在太平凡，不值讨论。是的，白天的我，深夜之前的我，没有什么值得可谈可写。俗世中的我不是我。我要谈深夜之后的我，那个我是真实的我，还有现在这个语无伦次的我是真实的我。在此，我也郑重承诺，写完这部书，不再语无伦次，我要与所有的人一样，每个夜晚，平静地看月亮与星星，相信嫦娥是卫星，不是广寒宫中寂寞的嫦娥，把眼泪哭成海洋，祈愿打碎时光一样打碎神话。

可是，现在不能，我不能平静。十四年了，已经到了网红欢舞、高铁呼啸的时代，中国梦的花蕾正含笑向阳。十四年了，我以为自己可以忘记那个夏天了，然而，没有，没有。我被它沉重地压迫着、牵引着，走在一条沉没于冬天，没有尽头的河岸，枯黄的绝望，深不见底的雾气，沉没冬天，沉没我。

我是孤独的，此生，独爱孤独。其实，我闻见春天的花香，迷迷蒙蒙。其实，我看见自己在河中的倒影，与冬天的枯木形影相惜，然而，我不会跌落河流。我可以凝望前方，前方没有人烟。我本是不食烟火之人。可是，疼痛那么真实，无力前行，倚靠一棵崇祯时的古槐。伫立瘦弱的河岸，听见冰冻的心血在融化，淅淅沥沥，脚下的土地与河流一片嫣红。我必须写下2005年的夏天。

梦中的人，终究是梦中人。正如我自己，我是梦中的人，谁也不要试图走近我，除非文字与我心心相印。我是纯正的梦中人。其实，我比天下任何人都更遵从真实，写小说都用真名。我是真名，但我的亲人朋友都是化名，我知道天上地下的他们都需要宁静。如果此书出版，也许我应该隐姓埋名，今天暂不讨论。我是真名，也许自恋，也许自残。如何，我要说明，此书是我汉姝文所作，不是顾文嫣。她与我在一个城市，我知道她，《红楼梦圆》的作者，据说续书完成，她已无一两一钱的苦痛可言，而我汉姝文，有千斤苦痛要在《恋梦为生》里铺陈宣泄。听说顾文嫣再写书就要写别人的痛苦了，别人的痛苦我真不好理解。我倒相信，现在的顾文嫣生活幸福安宁。至少我知道，作为中文系教授的家父正在研究《红楼梦圆》，说此书值得他研究两百年。我高兴爸爸有寄托了。这些我们不谈。只是想叫大家明白，此书是我汉姝文所作，不管结局荣辱。我遵从真实，想必顾文嫣也一样。

茉莉花茶凉了。打开窗帘，月光在崭新的银杏叶中依然是一贯的呜咽之态，但我听见小区池塘里的蛙声了，此起彼伏，穿越了唐诗，穿越了宋词。哦，已然深夜，小说喜欢深夜的声音。

身处冬天的人，不只肌肤，头发与衣服都是冰冷的，窗帘也瑟瑟发抖。可是，我打开了窗帘。窗帘在深夜才有生命的迹象，冷冷的。

深夜的声音最青睐春天、迷恋夏天。

小说是流动的油画，诗歌是淋雨的写意画。十四年了。我写小说，不写诗歌，因为小说比诗歌更加坦荡真实。我崇尚真实。

其实我知道所有季节的花朵都是发光的，与阳光一样耀目与芬芳。我们在一个城市。你不是我的诗歌，你是我的小说。我的亲人，我爱你们，但我要写下这部《恋梦为生》。

第一章 荷塘花开

我愿用全部生命的激情和智慧点燃你

汉姝文衣染薰衣草香到家时,已经下午四点钟了。奶奶不在家,往房内看爸爸,敲门进来。汉箫正伏案看书。屋里未开空调,一股热流呼啦啦冲来,姝文忙抓空调遥控器,救命似的急,开了,笑道:"爸爸,今天好热的,用不着这样省电哦!小康不是省出来的,是奔出来的。"

汉箫"嗯"着转过身。一张阴郁的脸,似乎在地下幽禁了二十年。高度近视镜后,双目如潭。两潭阴寒的水。千年未见天日。然而,正是这双眼睛,时常闪烁而跳跃着一种欣悦,似见春光歌舞。

他的面上冒出些许笑的波纹。多年来汉箫似乎从未笑过。即便笑,嘴唇及面部肌肉做出生理的笑,眼睛看起来依然忧郁,好似六月的水稻沐浴着夏雨,心里在欢笑,而绿叶垂首的样子恰似遭受雨打的折磨。

汉箫十分瘦削。瘦削是一种萧索。身上依旧套件古老的白汗衫。他总是穿旧衣服,似乎从商场买回来就是旧的,用他的话说,旧的安全,旧的真实,旧是买不到的文物时间。他说,人们总想留住青春,其实皱纹才真正金贵,不经历几十秋冬人间沧桑,谁又能长出榆树皮粗糙的皱纹。

皱纹,是一种时间与意志力的见证。

他的额头、眼角、嘴角,都趴伏着显示时间与意志力的皱纹。

此际,汉箫的目光停留在姝文美丽的面庞,似磷火在玫瑰园轻盈地游走。

姝文脸上汗津津的,却春风拂面,光彩照人,头发丝也流光溢彩!他心头一惊,二十多年前,曾欣赏过、感受过这种光彩。

晨也怕,昏也怕;晴也怕,雨也怕;春也怕,夏也怕。他害怕这一天的到来。

白日，时间插着翅膀飞翔。深夜，时间的脚步拖着沉重的大石。

晨钟暮鼓又如何？当头棒喝是人生。

他颤声问姝文："今天，玩得开心？"姝文笑道："特别开心。"说着脸上飘过一朵玫瑰云，汉箫不敢直视，手中的书打着转落了地，声音沾着细雨低而无力："认识，新朋友了？"姝文咯咯笑道："爸爸会神机妙算呀。今天，嗯，认识了万嘉玉的表哥。蛮好哦，大家喜欢的！"汉箫难以支持了，声音低沉，只似从百米深的地下泥浆里传导过来："歇息去吧"。

姝文迅速回到自己的房间，从背包里掏出手机，查看什么，等待什么，可惜没有令她心跳的短信与来电。打开已接来电，望着那一串神异亲切的数字，心生甘蜜。那串数字已经生长心底？十一位数字排着队地走进心房，像一列可爱的小巫女，可以随时带领她向幸福的高地进发。

姝文正换着睡衣，信息铃声响起，手机屏幕像焰火般闪耀起来，见是康濛的信息，心怦怦地跳，来信语："汉姝文，很高兴认识尔。谢谢美丽的出现。期待未来。康濛。"

神奇的汉字呀，生发鸟语花香的汉字呀，姝文的心似乎要从胸膛跳出来了！又不禁自警：啊，我别太激动，平静一下，再回复他。

心跳出火焰舞，拖鞋踏出春之声圆舞曲，调好空调温度，沏杯茉莉花茶，端坐窗前，窗台上的文竹闪烁着梦幻的翠绿之光。

柳霏霏的男友新买一辆奔驰，二人豪气，说7日有空，开车带闺密们去薰衣草庄园游玩。万嘉玉说正好可以请她表哥过去，给大家在薰衣草花海拍照。万嘉玉下周即将去美国读研，希望临走前在家乡再拍些美图，遂晓以大义，游说表哥康濛7日调休一天，陪她游园拍照。

柳霏霏、万嘉玉、汉姝文性情相投，彼此又能坦诚相待，相处十分愉快。姝文原本性格有些封闭，喜欢独处，可面对两位朋友历来打开天窗，热乎乎亮堂堂地说话来往。

清早，柳霏霏与男友兴致勃勃驱车，一个小区一个路口，陆续接了万嘉玉、康濛及汉姝文。姝文最后上车，才落座，万嘉玉即介绍，身边男士是他表哥，名康濛，市博物馆工作，又补充一句"还没女朋友哦"，又笑道："没有男朋友的汉姝文，认识一下。"康濛侧身望向姝文，眼神似撞上青春的火把燃烧起来，含笑说声"幸会"，再无多语。

此位书生气的帅哥，有种忧郁的气质，眼波里却深藏热情。姝文的心思中了魔般嫣红起来，平生第一回。

柳霏霏与万嘉玉只似分散多年的鹦鹉，叽叽喳喳说个不停。说谈超女、新款COACH手袋、美国自由，一时又热烈地讨论柳霏霏要开美容院的事，红红翠翠、乓乓乒乒的话语，姝文一句不能入耳，只是欢喜地感觉到，车内空气里飘浮着异样的羽毛与花叶。

姝文目望车外，花木葱茏，柳丝像少女蓬松的乱发恣肆美丽，水波升腾着翡翠蓝气流。鸟歌蝉鸣，大唱青春年华。美好的季节！

车到薰衣草庄园，大家陆续下车，又笑盈盈地，相互欣赏各人妆容穿着。柳霏霏身材矮胖，却生着一张小巧的鹅蛋脸，今日穿着V领紫色长裙，身材竟然高挑许多，散发些许素日不可见的仙气。男友瘦瘦高高，十分自信自得的模样，穿着紫色衬衣、靛青西裤，貌似与霏霏情侣装扮。万嘉玉浓眉大眼，身材高壮，穿着海军蓝礼服，戴着珍珠耳环，十分大气。他们果真为拍照留影而来。

三人中场又于帐篷内换上休闲装，再照。薰衣草庄园也为他们的热忱感动，蓝天白云清亮亮地吟唱，花海打着紫红的拍子。在亲情友情的浪花拍打下，面对列位蓬勃的青春之美，康濛这个业余摄影师，也发挥出超乎寻常的水平。大家凑到相机前欣赏自己美化的青春韶华，十分喜悦。康濛亦豪爽允诺，回家选图修图，必令各位惊艳，乱真明星画报。众人欢腾企盼。

姝文今日穿了件白色A字名媛无袖连衣裙，衣装平常，然天使气质毕现。她不爱照相，万嘉玉与柳霏霏硬拉她拍了几张合影，又怂恿康濛给姝文拍了数张花海中的单人照。有清水出芙蓉的天使模特，有燃烧着浓情蜜意的薰衣草花海，有五彩蹁跹的蝴蝶家族助兴，康濛看着镜头欣喜，手指连心地颤抖着。姝文的单人照是康濛今日最得意之作品。

照相后，柳霏霏男友率众驱车奔往南郊，一家极负盛名的火盆烧烤店，享受一场热火朝天的饮食。汉州人总爱热火朝天地生活。饭后欢乐返程。

此一天，姝文与康濛口头并未对上几句话，彼此的眼神却蒙眬倾诉千年一遇之惊喜与期待。

从幼儿园到大学，活到二十二岁，姝文从未钟情一人。虽然，梦中王子形象模糊，而其人外貌学养，性灵与气质，究竟有独特之处吧。这样一个人，校园没遇见，闹市没碰到，以至她怀疑自己、怀疑世界，此生此心要清静无为到老呢。

含笑看手机，回复短信："康濛，我也很高兴认识你。汉姝文。"

秒回："姝文，谢谢！希望今晚可以见你！"她心头一跳：他竟然去了姓，直呼我名？焉可如此亲近，如斯自然？

她咬了下嘴唇，甜蜜地回道："晚饭后我陪奶奶去快哉公园散步，七点钟，荷花池水榭见。"收回信："谢谢天使垂爱，万分感动。七点见！"

"七点"！今天七月七日！梦里的数字！"快哉"！"荷花池"！神异的位置！康濛惊异得目瞪口呆，心里感叹：梦，宿命。他看见了长着火红眉毛雪白眼珠的神明，看见了阳光会飞、豆蔻会唱歌的天堂，看见了生命轮回的深邃与浩大。

十二岁领回小学毕业证书的那一夜，大雨滂沱，康濛却做了一个温馨的梦：黄昏，在快哉公园荷花池边，他正饶有兴味地琢磨，一只孔雀蓝蜻蜓对一朵欲开还合的荷花苞诉说着什么。却见塘边芒草飞动，青草丛中走出一个十岁模样的白衣女孩，天使美丽，以诵诗般的语音说道："一千年了，你我方成相遇，待长大，成就相恋。七月七日晚七时此地再会。"银铃的声音才落地，地上争先恐后冒出各色花朵，玫红粉红一片灿烂。女孩纯洁的眼睛看一眼池边枯木，枯木即长出翡翠般的绿叶，瞬时长成浓荫凉亭。康濛怔怔地看着这一切，未及言语，女孩消隐……窗外雨声急迫浩荡，似要把天地连成一体。

此后每年的七月七日晚上七时，康濛都去快哉公园荷塘边等候奇迹，不论刮风下雨逃课挨打。填报高考志愿时，心仪的两所外地高校未敢报考，只选本市学校。只怕某年七月七日不能赶回本市，往快哉公园赴梦中之约。

这个秘密康濛没有告诉任何人。初二那年暑假，舅舅请客，请他母子与舅舅全家去欧洲七日游。康妈妈想着，儿子一直对欧洲历史有所神往，现正放假，只叫兄弟尽管买票，权当给外甥一个惊喜，他必定欣然成行。不料，康濛百般借口不肯旅游，只因行程中占了个七月七日。旅游公司不肯退票，舅舅多花了冤枉钱，舅妈至今耿耿于怀。

　　荷花年年开放芳华，游廊上情侣比肩叠迹。每年，康濛拖着灌铅腿失魂落魄归家，可是，他相信并坚信，天使恋人会在七月七日出现，古城墙下，快哉公园内，花香拍和蜻蜓戏水曲。

　　二十四岁了，他不曾为哪个女孩心动过，他坚守着美丽的梦，梦中的女孩。

　　今年又到七月七日，表妹万嘉玉请他去薰衣草庄园拍照，原本拒绝了，奈何表妹不依不饶劝说，冥冥中似有声音命他答允。去了，方晓深意。看着相机里姝文笑在花丛的照片，康濛浮想联翩。

　　晚饭，姝文没胃口，只喝了一碗绿豆稀饭，周青蘋婆媳关切问她哪里不舒服吗？姝文忙说很好，中午吃多了，不饿的。汉箫用幽邃的眼神看了女儿一眼，心内如蜈蚣爬行。

　　饭罢，姝文和妈妈说，今天她去陪奶奶散步。

　　"好的哦。"周青蘋说了句口头禅，"换衣裳吧，早点回来。"带着笑，看女儿时她总是带笑的。

　　汉箫心里燃烧关切，眼里却洒满秋霜。

　　"好哦。"姝文忙进里屋，换身纯白橡筋腰蕾丝长裙，前后左右转了一圈，笑眯眯来到客厅。汉箫见女儿未像平日穿休闲装散步，心里疑虑，却说不得什么。周青蘋笑说，咱姝文穿什么都漂亮，姝文笑笑，过来寻奶奶。奶奶早已套好斜纹绸印花衫，黑丝绵七分裤，姝文帮奶奶拉拉衣摆拽拽袖口。奶奶节俭，此身散步装穿了十年了。十年前的夏天全家去杭州旅游，妈妈趁着大家在面馆点菜吃饭，悄悄到路对过的商场给奶奶买了这身衣裳。奶奶看了商标又惊又恼，再问价格，折后三百九十六元，心疼至极，为此事责怪妈妈整三年。在姝文的印象里，到了夏天黄昏，奶奶的形象似乎就是那件印着桔梗花的衣裳。花形本来就模糊，年深月久的洗涤揉搓，更是模糊得难辨花色。然而，在姝文眼里，旧衣古瓷上的花卉纹像，终归是花卉，总散发着自然世界的活泼气息。

姝文抓个七彩小布包，扶奶奶出门了，口里说着"爸爸妈妈再见"。

汉箫和周青蘋未及应声，祖孙二人便开门下楼去了。沉闷的门轴转动的声音，姝文说话夏天的声音，祖孙下楼梯踢踏的声音。去了。

时钟清亮的嘀嗒声。

周青蘋独坐榆木沙发，以百年不易周青蘋式的低首敛眉之姿态。茶几上的葡萄睁着紫水晶般光亮的眼睛，望着如怀孕的母羚羊般温和的周青蘋的眼睛。嘴里含着糖块般抚着，敛眉沉思的她还是微笑的：姝文，好孩子好孩子。唱着祝福，带着绚丽，孩子降临到这个家庭。春雨新笋！沙漠玫瑰！孩子让周青蘋懂得了，人应当用感谢的心情生活，感谢神明，感谢爱人，感谢日月花石。至于婆婆，总觉得姝文取代了她臆想孙子的存在，那是另一说。

汉姝文搀扶奶奶过马路，穿园门，越枫林，逶迤来到快哉荷花池南岸的凉亭。戏曲爱好者每天都到这里聚会，既可娱乐又可乘凉。今天演出已经开始。一位长着桃花眼、画着蔷薇唇的中年女士，身着黑底红花复古中裙，十分精神，正唱着越剧《天上掉下个林妹妹》："眼前分明外来客，心底却似旧时友……"字正腔圆，余音袅袅，观众倾倒，聚焦唱者。众男子眼神只如盛夏的柳杉林，一片碧莹莹。姝文奶奶禁不住替那女子难过起来。

姝文从布包里取出碎花薄棉垫，铺在木条凳上，扶奶奶坐好听戏。微风飘过一阵荷香，似飘过一节《献给爱丽丝》的钢琴曲，轻柔曼妙，沁人心脾。姝文告别奶奶，往荷塘北岸水榭寻康濛去了。

康濛老远就招手，含笑迎上姝文，目不转睛看着，似乎目光移开，她就会消失。姝文亦认真打量他：短发凌乱而有型，一双明目辐射着冬天的忧郁，释放一种沉甸甸而潮湿的光辉。挺直的希腊鼻，下巴如女性秀气。五官清秀之极。在薰衣草庄园，康濛曾告诉姝文，他毕业于视觉艺术学院，学的文物修复，笑称自己是从泥土里钻出来的人。此际见他身穿崭新的紫色格子翻领T恤，藏蓝直筒修身长裤，挺拔而整洁，不但没有泥土气息。简直离尘脱俗呢。

他满目温情，如溪水映照着活泼泼的花草，含笑说道："姝文，谢谢。真好。"

她不知所措，含笑低下头去，余光飘落晚霞散步的荷田。

"'予独爱莲之出淤泥而不染，濯清涟而不妖，中通外直……'喜欢荷花？"他问。她点头，说喜欢。

"我也喜欢，荷花最是清雅，无双之美。"声音里辐射出童话里的温柔。

她抬起头。面对的人，探扇浅笑，俊美无俦。骑着白马的人，佩带柳湘莲的长剑，而其灵魂中默默弥漫的忧郁更令人心荡神摇。她竟然再度低下头去。她恨自己，为什么总要低下头去？

"确定，没有男朋友的哦？"盯视，彩色的。

"没有。"声音愉快，如人间第一缕阳光飞向大海。

他笑，道："猜你，二十二岁？"

"好对。"她抬头，笑了。

"我二十四岁。没有女朋友。"他笑了，露出一口洁白如贝的牙齿。笑容突生春和景明之态，扫尽其沉默时戈壁万里的阴郁。十里荷花在发光，十里翠叶在战栗，在橙红的夕阳里。姝文心跳。人类的心灵可以这样跳跃吗？

"姝文，气质好古典哦。真好。爱好文学？"他问。

"是的。喜欢读诗歌、小说。也希望，将来，能够写出有意义的作品。"声音很细，但字字清晰入耳。

"首先要体验生活，闭门造车很难成就优秀作品。经历之后，思考之后，人生与作品才能厚重。"

"我倒感觉，多多读书，即可知历史懂人生。多少事情，现实体验太累，在书海中遨游，感觉足够了。再者，某些美好的人生向往，像浪漫的、轰轰烈烈的爱情，书中有，现实很难遇到吧。"说着脸上飘过一朵红云。

"我会成就你的人生与作品。"他的目光骤然炽热起来，可以融化冰山,点燃岩石。

她的心脏马达加速。

"你太自信。"她一直自然地低下眉目说话,手抚荷塘中伸展过来的花叶。荷塘的花苞全部甜滋滋开放。荷叶的清香,荷花的馨香,像月夜的海浪奔涌,温柔的,长着翅膀。

"朋友,你需要我的自信。"他盯视她的眼睛。她的眼睛是个神秘的湖泊,远离尘世,从未有人迹涉足,他要消融于这个湖泊的前世今生。

"我说不过你。"说着,她转过脸去。荷塘在笑,夕阳在笑,芦苇在笑。七月七日七时,时间婴儿在笑。

康濛原听万嘉玉说过,姝文今年刚于市师范学院毕业,应聘市一中任教,遂问:"现在放暑假?"

"嗯,没想到,才放假,就遇见了你。"

"天意,请相信。"他想着"有梦为证",眼里燃起火炬。

"至少,我很欣喜,也叫激动吧。"她勇敢起来。羞涩是真切的,热情也是真切的,且她的热情一点不亚于他,无法掩饰。

"你是一个感情丰富的女孩。你的直率叫人惊讶、感动。"他感慨。

"那,你是说,我不稳重?"她紧张而生气。

"不,不,像你这样纯洁的女孩,说什么话、做什么事都令人心悦诚服,叫人敬重。你的率真,正是你的可爱之处。我喜欢、珍惜。"他急切地说,像要急切地坠入梦境。

"反正,谁都喜欢受人恭维。"她嘟着嘴说。

他看她气恼而略显傲慢的表情里,仍然流露一种稚气可爱,心里甚爱,带笑说道:"像黛玉敏感哦?"忙又补一句,"敏感没什么不好。"

"人的某些性格,从妈妈肚子里就带来,不好改的。"似乎还在生气。

"除非此人遇到重大变故,那是悲哀的。"说着笑了,"说到哪里去了,无论如何,姝文,你要放心,也要欣慰,你遇到了这辈子可以最懂你的人。"

她看着他,欲语还休。心,跳着,火红地。

他又笑了,秋林灿烂。

"我要走了，奶奶在那边等我。"

"好。明晚七点半，'洛神吟'咖啡屋见，可以吗？"

"应该可以。"

"明晚见。"他的眼睛像立秋的路灯，明亮而沉郁，目送她姗姗离去。曼妙的背影。她，从神女峰上驾雾而来，从李商隐的诗词里走来，从明朝的深闺楼阁走来，从惊蛰的雷声里走来。走来，离去。

她想，今天是激动人心的一天，必当写入生命记忆的一天。2005 年 7 月 7 日。她认识了他。她相遇了一个人。她终于可以相遇一个人，体会到传说的爱情那种快乐的心跳？是呀，为什么在目光相碰的瞬间里，就可以心仪一个人，在乎一个人？传说中的一见钟情？一千年的牡丹同时盛开，一万年的海浪同时奔涌？哦，海女儿眼中的王子也不及他儒雅，端庄的红杉也为他舞蹈，他的眼神怎样的深邃，还有那种——迷惑的忧郁？斯人笑容，却是高原的蓝天？

正想着，手机响了，一看是康濛打来，含笑缓缓转身，朝他瑰丽地挥挥手。

"害怕，你从人群中消失。姝文，你是我的梦，我的爱。我还能够见到你，是吗？"

"嗯，可以。"她辽远地望着他，对着手机梦幻似的讲。

"好，谢谢。明天见。"

"明天见。"

绿水悠悠，白鸟翩翩，晚霞灿灿，杨柳依依。

姝文坐到奶奶身边的时候，神态有些异常，兴奋得像赶早集的快乐鸟，怅惘得像被秋风追打的梧桐叶。奶奶问她话，却是答非所问。不过，奶奶光顾听戏了，哪知姝文今天的捣鬼。

华灯初上，霓虹灯的倒影在荷塘中像一条条五彩的巨蛇在地海涌动，涌动，有多么华艳，就有多么惊怖。

姝文记不清怎么和奶奶回到家的，进门周青蘋就说，李明涛刚才来了。姝文只当没听见。奶奶说没多坐会子？周青蘋笑道："人家只是给姝文爸送本什么线装书，说是托朋友从香港买来的。"姝文挑着新月眉：

"以后李明涛来咱家也别告诉我,我没时间见他的,他知道。"周青蘋笑道:"知道。他找你爸爸,不能不叫他进门吧。"姝文道:"爸爸不是不喜欢他吗,怎么还来呢!"奶奶道:"须得说个公道话,小李是个好孩子。姝文不辨好歹哩。"姝文冷脸道:"我就不知好歹,希望咱家以后不要再提这个名字。他只是我同学,就这点意义!真是的,天涯何处无芳草,何必!"

周青蘋婆媳感到姝文今天有些反常:"大小姐啊,不喜欢人家就不喜欢,也犯不着跟我们置气。好一个斩钉截铁,见识了,下回我们共同转告他,如何?"

姝文不禁笑了:"就是,我祝福李同学踏上新的人生征程。"

周青蘋扶婆婆到沙发坐稳当,递块西瓜给她,一边又问今天公园里唱了什么戏。姝文奶奶说了一通什么越剧《天上掉下个林妹妹》、淮剧《千里送京娘》、京剧《长恨歌》,又把唱者的长相高矮声腔议论一番。姝文无心听她们谈话,敲门到爸爸房间。汉箫见到女儿心里由不得慌乱,却淡淡说道:"回来了?看,李明涛送来的,石印本《全图增评金玉缘》,难为他,托朋友千里迢迢买来。"姝文"哦"了一声,望望爸爸和两面墙的书柜,说累了,道了晚安,即去。

汉箫发了会儿呆,身在南极,心在北极。

姝文迅速冲澡回房,穿着玫红睡裙坐在窗前,凝望窗外,昏黄的灯光雾气蒙蒙,梧桐树唱着枝繁叶茂的歌,心情无法平息,不禁想起张爱玲的话:"于千万人之中,遇上所遇见的人,于千万年之中,时间的无涯的荒野里,没有早一步,也没有晚一步,刚巧赶上了……"

她摆弄着手机,打开通话记录,打开康濛发来的信息,她要读它一万遍。

她遇到他了,一个叫康濛的人。如此一见如故,仿佛相只几生几世,难道不是上苍特意的安排?她甚至红艳艳风萧萧地感觉到,他将辉煌她的生命,书写她的生命,引导她的命运。

等待这么多年只是等着他,也竟有这样心仪的他让她等到?

姝文的面庞像春风吹过麦田,懒洋洋,不经意,而生机燃烧。

她反复回忆相遇的情景,美丽的对白,久久不能入睡,偏偏康濛发来短信:"姝文,今天,对于你我的人生具有历史性意义。梦境。神性。珍惜珍惜。"

心头一片烂漫花开,她回了信息:"我也高兴,珍惜。明天见。"

他即刻来电:"我想再听一遍你的声音。"

"听见了吗?明天见。"她笑道。

"天哪,你的声音比天堂鸟的歌声还要灿烂,我将度过一个人间最甜美最幸福的失眠夜。"他夸张的热情,神明当注目。

"明天见。"她只是笑。

"明天见!"

次日中午,刚吃了饭回屋休息,姝文接到康濛的电话:"姝文,提醒你,晚上的约会。"

"你说的每一个字,我都不曾忘记。"她脱口而出心思所在。

"哦?荣幸,感激!"

听他的语气似有玩笑之意,姝文后悔前面的话了。其实康濛平时不苟言笑,对女孩子更是敬而远之,实是遇到了姝文,心情飞扬,语言才活泼起来。

她的声音降下热度:"不说了。晚上见。"

"姝文,我已视你为甜蜜的爱了。"他温柔地说,"晚上见。"

其实,她感觉听他的声音是一种多么美好的享受,电磁波从耳膜肌肤一直浸入热跳的心脏,她的嘴唇手脚,挂断电话之后仍是颤抖不停。

她回忆他说过的每一个音符,似乎它们总是停留在空气中,随她抓取领受,微笑便长久游漾在面庞。

花儿唱着红歌,飞翔蓝天上。姝文的快乐,唯自己感觉。

姝文有生以来第一次真正关心起自己的五官体貌。她关上房门,悄悄照着镜子,正面侧面,左看右看,远看近看,自得又自责:鼻子再挺些多美,下巴尖些多好,胳膊细些、小腿瘦些才棒。

周青蓣做事细致,每天不知是她按时钟做事,还是时钟靠她做事运转时间。汉家自她进门,几乎总是六点晚餐。吃最后一口饭时,姝文说,柳霏霏家附近新开了家茶社,同学约好今晚去品茶。她是低头看碗说的。话落没人理,她抬起头,见父亲是低着头的。周青蘋未等婆婆说出那句"晚上不要出门"的老话,忙支持女儿:"好的哦,早去早回。"

姝文忙说谢谢,请大家放心,十点前保证回来。奶奶说,九点半就回来。姝文笑,说好好好,心里又觉得好笑,人一恋爱,怎么就会撒谎了。

汉箫今天晚饭后,没有立即回书房。开了电视,屏幕上跳出儿童电视节目《陪你长大》,他也不调台,看了。又看了姝文客厅房内进出两次,然后,漂漂亮亮眉目欢喜地出去了。

洛神吟咖啡屋位于人民公园。位置好,咖啡味道也好,在本市颇有名气。这里可以看书、小憩,可以商务洽谈、情侣约会,可以让青春度过一个美妙的下午,让行者收藏一个温馨的黄昏。

姝文自北门进园,满目柳绿花红,脚步唱着歌,过假山,穿花廊,悠然来到知春岛上的咖啡屋。

咖啡屋临水而建,东依荷花亭,西望燕子楼,前望水波浩渺,花木台榭皆被夕阳镀上金光。世界辉煌夺目。

棕色实木拼接的背景墙。鲜黄色的店面名,门头两边木艺大红灯笼,喜滋滋地悬挂着。石阶下立着喜滋滋的康濛。其实他也刚到,下班忙件事才过来,只是不肯告诉她罢了。

今天她穿了件粉红欧根纱蕾丝连衣裙,腕戴玫瑰金珠串手链,脚穿羊皮水钻高跟凉鞋。削肩斜挎带金边白色包包。梳着空气刘海,飘散着中长发,发端自然内扣,真真清纯可人,美丽非凡。康濛以"桃花潭水三千尺"的眼神,定定看着她,惊艳了十秒:"姝文,真仙女,真天使。"

她嫣然一笑,给他一个活泼俏丽的眼风:"谢啦。"

"不要再引诱我了,受不了哦。"他夸张地叫。

"什——么?"她有些气恼,急得要跳。伴随这一句芬芳的有音乐感的"什么",生动的眼波眉风把她的羞恼、欢快与娇媚淋漓显现,妙的是它在不知不觉中自然状态里华美尽收。

"好啦,逗你玩的。"他打住,喜在心头。

她猛地摊出右手:"照片?"

他一愣，继而大笑："吓我一跳，以为问戒指呢。还真没带。别急，耐心，会给你的。"

她生气瞪眼："好不诚信！我想回去了。"

他皱眉看她："好任性！别这样对待我们的相遇。"说着眼角下垂，忧郁漫溢。

不知为什么，她总是被他那种忧郁摄魄勾魂？是的，他的忧郁比笑容更加让她迷恋，这是为什么？

洛神吟咖啡屋，一楼散座，二楼设包间，名曰"洛神""惊鸿""幽兰""秋菊""凌波"等，皆是曹植《洛神赋》里的名目。康濛预订了楼上的"洛神"包间。位于咖啡屋的东南向。

包间，一对二人位简约皮艺沙发，茶几上一只细瓷花瓶，内插一束黄色郁金香。墙上梦幻风景油画。创意麻绳吊灯，灯光昏黄。《梦中的婚礼》钢琴曲，流泻别样的温柔与迷幻。

点了两杯卡布奇诺咖啡，两份树莓花生酱蛋糕，一份开心果，一份水果拼盘。穿着大红制服的侍应生忙去了。

"以前来过？"她问。

他点头，问："还好？"

她笑，最醒目的中西合璧。

他笑："你的性格才是中西合璧。一看你，就知道你是爱喝咖啡，不爱喝茶的。"

她辩解，自己还没到喝茶的年龄。

他问，林黛玉几岁喝茶的？

"她当时不知道咖啡。"她笑，"也不知道罗密欧与朱丽叶。"

"她也不知道康濛。"他笑，"也不知道，我有多么爱汉姝文。"

现代人说"爱"容易，而听者心旌摇荡之情似乎并不亚于古人。此时，她如坠梦境，面上芙蓉花开，竟失语了。

一时，她起身，走向窗前。外面彩灯辉煌，金阁银楼，玉树琼枝，多少小精灵在湖面轻盈跳舞，美幻之极。

他亦起身。二人并立。锦瑟华年！比翼鸟？心跳，狂乱。

他问，喜欢水？

"嗯。水，流动，清澈，明净，灵性，是动的，又是静的，让人的心思穿越时空，可悲可喜，可近可远。水，是神游的催化剂。我喜欢河，喜欢湖，更喜欢最大的水域——海。"一口气说了。

"看过海吗？"

"看过。爸爸带我去看过青岛的海。"心里想着海，便看见了海，听见了海。大海的故事，藏在涛声里，人们用各自的心思去诠释大海。在海边，她想变成一只海鸥，一条海马，与大海共呼吸。

"海，深沉，我行我素，宠辱不惊。我喜欢。"

"喜欢它不灭的意志，霹雳万钧的气势，狂放的激情。"

"嗯，"他点头，盯视她的眼睛，"被海吞灭，也心甘。"

她忽然想起，有天晚上，和爸爸走在海边，大海就像一只不可理喻的巨兽，漆黑黑地吼叫。害怕了，逃离了，逃离又返回。哦，海边，不再有忧伤，海边，忧伤会把人挤碎，美丽的。

"住在海边，还真幸福。"她说，悠悠地。

"我们一起。"不知他是认真的还是玩笑的，她辨别不出，如何，都够她甘甜一阵了。

他说，谈起海，想起德国作家海因里希·伯尔的一篇文章《优哉游哉》，说一位年轻的时髦游客，自作聪明，规劝在破渔船上晒太阳的老渔夫，如何一步一步从多打鱼挣钱，发展渔业事业，直至当上腰缠万贯的老板。他得意扬扬地描述渔夫拼命工作攒钱之后美妙的前景，激动得说不出话来。老渔夫便问他，最后又能怎样呢？他说，那你就可以优哉游哉地在海边晒太阳。渔夫答道："我本来就优哉游哉在晒太阳，是你的喋喋不休打扰了我。"

他认真地望着她："姝文，我有老渔夫的心态。"

这时候，门忽然开了，进来两男一女。咖啡屋的经理，对着一位高挑身材、衣装典雅的漂亮女孩左打恭右作揖："林小姐，对不住、对不住！原本，周六，您光临敝店？"

"上回留过话了，本周五、周六都留着！"

"对不住，忘了。您也未留个电话确认。"

"电话？亏你问得出来！"女孩傲慢异常。

"隔壁空着一间'清歌'，林小姐可否关照？"

"不行，叫他们走！"林小姐蛮横得很，同行男士忙劝解："樱寒，算了吧。"

"不行！"

这位林小姐左眼下方长了一颗痣，圆润，漆黑，像一粒小小的黑珍珠；也像一滴泪，揩拭不掉的泪的老祖母；又像一粒不明不白的寄生虫卵，黑亮而立体，而生机勃勃。姝文不由得目盯着她这颗痣，似乎它会说话。

经理的眼睛、鼻子、嘴都要挤压一起了，走到姝文和康濛跟前，郑重鞠了一躬，目光面对姝文："这位林小姐是我们的老顾客，周末此包间都是她订座。你的男朋友康先生说第一次带你来，非要'洛神'包间，就疏忽了林小姐之事，可否麻烦换一间？价格折上折。"

姝文温和地笑，人家说康濛是她的男朋友，心头早就一阵柔软："不必强人所难，康濛，你说呢？"

康濛想着咖啡点心还未上，女朋友又这样说了，也罢了，朝姝文无奈一笑："你不都已说了吗？"

经理满面笑容，额头的汗珠像萤火虫般闪亮着，忙帮姝文提包，引路。

在别人争吵之际，林樱寒的男友费皓良毫不客气，把姝文的美貌尽览眼底。忙乱中，姝文把手机忘座位上了，费皓良见了也未提醒，径直坐了下来。

林樱寒心安理得，怡然自乐。费皓良故作惊讶地说，座后有一部手机，还装模作样地玩一下，输入自己的手机号，按了话键，手机响了。费皓良说以为是部卡通手机，色彩这样夸张，没想到是真的。准是刚才那个女孩丢的，给她还过去。说着就要起身。

林樱寒眉毛挑起，脸拉成丝瓜长："要你巴巴地送去！喊侍应生来。"话音刚落，侍应生敲门了。"进来。"林樱寒对他说，"你问刚才过去的两个人是否丢了手机,如果是,让他们打过来。"侍应生应声出去,不一会儿,手机响了。

侍应生又过来询问怎么样,林樱寒道,让他们过来取。

康濛和汉姝文连连称谢。姝文想着,手机是爸爸一个月的工资呢,失而复得多惊喜,顺口说了句:"真的,怎么谢你们?"

费皓良道:"真有谢意哈,不必破费太多,隔日请我们去'王记'吃水饺吧。"说的是本市老字号的水饺店。

林樱寒瞪大眼睛,看怪物似的看着男友,未及说话,只听姝文说:"好的,什么时间?"

费皓良面向女友,道:"明晚你有节目,后天晚上六点吧。樱寒,你不是特爱吃王记水饺吗?怎么样?"

林樱寒目瞪口呆,如坠雾里,来不及思维:"噢,嗯。"

姝文和康濛回包间坐定。他责备她实在过了,不是他们硬要换包间,什么事也没有,口头道谢可以了,哪里需要客气到这样子。

姝文说,人家自己提了,怎么好不理。

他警告道:"那个男的怕是用心良苦,另有图谋,你小心点。"见她脸色铺了阴云,忙道,"不怕,我保护你。"

这时侍应生敲门送饮品了。两个侍应生一前一后,端着一圆一方两个实木托盘,咖啡、甜品、水果、开心果全了,又说经理特意送二位一对香草冰激凌,一杯洛神花茶。二人谢过,侍应生去了。

姝文看茶几满满的饮食,红绿黄棕,香味袭人,花样多,担心怎么吃得了,先声明自己只喝咖啡,吃水果。

康濛说自己还真有点饿,叫她哪个都尝尝,吃剩的,不,沾过美人香泽的,他都吃了,保证不浪费。

她笑了。

他倾下身子,慢条斯理,咖啡加糖,搅拌。她想这样慢动作要吃到几点呀。又看他的手修长白净,弹钢琴的呀,怎么修复瓷器的呢?

她喝了一口咖啡,赞叹好香,说从未喝过这么浓郁香甜的咖啡,沁人心脾,至每个细胞。

也笑。又让她先尝口红宝石晶亮的树莓,自己再吃蛋糕。

他的头发不是太黑,可是有光泽。真优雅,是的,优雅。她想。

她忽然问:"刚才,你说,可以保护我?"

他抬头郑重地"嗯"了声。

她带了笑:"其实,有时候吧,自觉像一只鸟、一棵草的弱小,有时候又觉得,自己刚强得石头样,什么打击也不怕。"

"因为,你从未遇过伤害,一旦碰上,将不堪一击。不过,最终你又会奇迹般坚强地挺住。我翻过相书,懂一点哦。你呢,善良、乐观、外柔内刚,也会获得幸福。"他说,认真地。

"相术?信这个啊?"她感到奇怪,一般中老年人,过了大半辈子,可以安安静静回顾人生了,才会相信这个,年轻人怎么可以?

他没告诉她。电影《谁是第三者》放映的第二年,爸妈离婚了。事后奶奶告诉他,早知道他们会离婚,胡同里郑大爷会看相,说看他爸妈的脸就知道。初一寒假,他在地摊上碰到一本皱巴巴的相书,翻了,相信爸妈是会离婚。看过相书的事没告诉任何人,包括奶奶。今天姝文是第一个。

"有点相信。人生来也许是有命数。按照易经的说法,某人于某时某地降临尘世,他一生的时序时空、经历都已安排。人,努力生活,当一切定局,再没有如果之时,会感慨那是一种早已设定的安排。"他瞎掰,看她听得认真,遂继续说下去:"我们的手纹与面容,或许写上了自己的命运,然而,能够读懂它,一语道破天机的相士很少。所以,不要随便让人看相,让无知的蠢人对你光辉的人生道路指手画脚,误导前程。"

"自己的矛戳自己的盾啦,我怎么相信你先前的一番话?"她笑,咯咯的。

"啊啊啊",他尴尬地笑,"自作聪明自作聪明!不过,我真有点小聪明,回头挖掘江湖智慧,给你好好看看未来。"

"好,吃好再说。"

她吃了两片西瓜,数片哈密瓜,数颗开心果,再不肯吃,只慢慢品咖啡,品用青春时光。

她认真地看他,在他低头之时。

他笑，在心里。他知道她在看他，他知道她笑在心里。

一时，差不多了。他用湿巾擦了手，笑道，伸出手来。

"哇，手相也懂啊。"她笑，庄重地摊开两手。

"右手。"他说。

她笑着抽回左手。

他仔细勘察每条掌纹，仿佛科学家在做一项严密的科研工作，一会儿又郑重其事，端详起她的面孔，半响，半梦半醒地说道："嗯，心，天使，貌，天使，这双天上的眼睛，诚实、热情、圣洁、慈悲，可以消灭一切沉郁，感化所有邪恶……"

他的目光蒙着玫瑰纱，她不好意思，说这不像看相的。

咖啡再度以燃烧的速度散发浓香，弥漫屋宇每一个角落，薰衣草窗帘香甜地笑。

他看着她笑，说："言归正传。姝文，你骨骼清雅，眉如新月，神清气和，一生吉祥。人温厚善良，勤奋进取，航海梯山后，必发名成业。"

她笑："哦？我可没有高大上的事业心啊，做好本职工作，对得起学生、家长与社会，求个心安就罢。平安一生即幸福。"

"终局美好。其中有磨难，磨难不是你能客气掉的事。"

"磨难？"

"别怕，终究圆满。你会遇到一位深爱你的男士，拥有祥和的婚姻，可爱的儿子，生活宁静而幸福。"他停顿一下，笑了，"提醒哈，看相时只听好的。"

"自欺欺人？"

"如果自欺欺人可以得到安静与快乐，为什么不呢？"说着意味深长地看她。

"康濛，你已经看透我，甚至看透了我的命运？从此，你可操纵我了？"她的脸上闪现百合花露的透明。

"非也。一个纯正、宽容、慈悲的人，能够让人看透，那是她的福气。操纵你命运的是造物和你自己，我是身不由己参与了你的命运。"

"参与到生命终结？"

"但愿有此殊荣。"他微笑。

"将来,你如何?"

"我消极、孤独、落寞。"表情颓丧。条纹T恤上的褐色皱褶也是那么颓丧,像他前世眼角的皱纹。

"怎么会?"她皱了眉。今世第一遭的忧虑与凝重。

"性格所致。性格决定命运。"

"性格和才智共同决定命运。"

"哦?这句话有点深刻。你不简单嘛。"他展眉。

她不理会他的调侃,红着脸追问:"不明白,你的将来,和我一样好才是?"

"实际,对于未来,我从不多做设想。想也罢,不想也罢,未来终究在那里,气定神闲守候你。"忽然,他的语气温柔起来,目光迷离起来,"只是,为了一个梦,我曾企盼未来。当梦境在眼前绽放光辉,万分珍爱,却无所适从。我喜欢历史,凡事成为过去、历史,便踏实、神秘、亲切。"

"历史正是由无数个精彩或平淡的'现在'创造。"她的语气有点激烈,"我喜欢真实的现在,有无限思维空间的未来,唯有过去我不思忆。"

"因为你还年轻。"

"难道你老了?"

"心老。"一群枯叶飘过他的面庞。

她不知道,爸妈离婚,他的落寞。童年那么短暂,快乐的气球一碰即爆。在单亲妈妈的溺爱中,在同学异样的目光里长大。

"我,可否,让你年轻?"

"这个世界上,如果汉姝文都不可以,再无人做到。我的梦,见到你的那一刻,真的苏醒了,复活了。你惊世的美丽,照亮了我,你天使的纯真,激活了我。感激你,感激神明。"声音十分惊喜。

"那么,我愿用全部生命的激情和智慧点燃你,也点燃我自己。"她不可遏制地激动起来。一千个春天在毕剥燃烧。

他心跳着,连连感谢,说珍惜珍惜,却又低头沉思起来。他低头,她便大胆看他。

一时他抬头，说："光顾说话了，你都没吃。"

"与你说话面对，是最快乐的事，其余无关紧要。"

"你原来恋爱过吗？"

"没有。"

"那你可够会说情话的。感觉宝玉的'情不情'，黛玉的'情情'积你一身了。"

"天下第一大谬赞！"她笑，"该回去了。"

忽然，他正色："姝文，提醒你，今天关于相术的话，全作戏言。我的观点是，对于已经走过的路，已成定局的事情，可以相信造物。关于未来，相信自己。切记。"

"谢谢，知道。什么时候再见？"

"就后天，王记水饺店。"

汉姝文2019年春天的日记（2）

　　打开窗户，沉浸梦的漆黑的海洋。你是我文字中的爱情。你是一切文字的起源。其实我真不知道什么叫爱，但总被爱的文字折磨。我见识过青春火红的舞步，所以看见了梦，梦像苍鹰巨大黑暗的翅膀，忘情地盘旋山谷。

　　幸福，像海星在陆上浮华的展览，而在深海里不分昼夜的前世早已遗忘。祝福像谎言一样折磨爱你的人。你把自己关在黑暗的地下室，像所有适合黑暗中生存的虫兽，用尖利的指甲挖掘坚硬的土壤，向更深的地下，南辕北辙挖掘阳光。回忆是你惟一的粮食。我把台灯关了。有月光，足够我写字。我看见了你。

　　今天有女学生的妈妈给我打电话，请我教训她的女儿，收收恋爱的心，全力以赴高考疆场。这样大的孩子，逆反心理像沙漠气候火爆，不肯听父母的唠叨，老师的话还好听。可是，每天看着她恋爱的眼睛，她和他稳中有升的学习成绩，老师也说不出收回恋心的话。我只批评成绩下降的学生恋人。人生也许只有一次恋爱。是的，只有一次。她和他穿着蓝色运动衣校服，在教学楼走廊第一次示威似的手拉手，两耳不闻身后以及南窗口北窗口同学们兴奋而尖厉的嘘声与嬉笑。他们手拉手敲了语文组办公室的门。我心动了，心跳了。他们要报考南方同一座城市，同一所学校与专业。平时女生比男生成绩均增三十分。我们这里，可以说，相差五分一个高校序列。我祝福他们，沉迷梦教的人一生都会幸福，无与伦比。这位家长，我辜负了你的嘱咐。这位家长，我成全了你的叮咛，女儿绚丽人生的叮咛。

　　是的，评判一个人幸福与否，我只看其是否拥有美丽的爱情。

在春天盛大的广场，不知是谁放飞了我的蝙蝠风筝，黑翅红腹，仰望着仰望着，脚下绿草如茵，还有无规则的湖岸线，风筝随时落湖。人们的欢呼声，以及天上越来越多游弋的风筝，让我相信自己站在春天的广场，仰望着，仰望着，我看见我的蝙蝠风筝在飞，红腹黑翅，手中没有线。

春天在灿烂地奔跑。我看见我的孩子在春天里灿烂地奔跑。

是的，我与孩子们一样沐浴阳光，热爱祖国，吟泣她带血的脚印，守候每一声雄鸡报晓。我与孩子们一样，举着气球歌唱，庆幸生活在这个幸福的时代。

我爱本书中每个人的故事。你们不幸的人生遇见我这个业余而敬业的作家，于是你们有了惊世骇俗的故事，红尘扰扰。存在就是合理的。没有黑白春秋。

我听见，听见地下的声音，我对地下的声音情有独钟。我听见地下黑曼陀罗花开放的声音，一朵，五朵，十朵，千朵，无边无际，无边无际黑色的精灵怪异地叫唤，不能说我不恐惧，可是它们爱着我。我爱着黑曼陀罗花朵里的雾露，把它们取回研成墨水。

是的，每一页，都是青春岁月杂乱无章的悼词。你们看见自己在笑，其实我的记忆中只有你们哭泣的面庞。

孩子们，长大只是为了遇见一份美丽的爱情。请记住我的话。我在春天说的，2019年的春天。

第二章 梦教起源

评判一个人幸福与否看其是否拥有美丽的爱情

姝文到家已近十点。

周青蘋正在婆婆屋里给她捶背,二人坐在紧靠西北墙的硬木床上。床上铺着褪色的鸳鸯戏水床单。她们一年四季都铺床单。两个枕头。一个冰丝记忆棉枕头,一个雪花夏凉枕。南一把芭蕉扇,缝着深蓝竹布边。北一把芭蕉扇,缝着彩条绸布边。东墙上北极星老式机械挂钟,嘀嗒嘀嗒。

嘀嗒嘀嗒。

周青蘋见婆婆脱发厉害,稀稀拉拉的,百般劝说婆婆烫发换发型,终得同意。晚饭后周青蘋遂带婆婆到小区理发店,烫了头发,只是不肯染色,竟也老来俏焕然一新了,又喜庆又时髦。理发师说,拍张照片给她们店做广告,免了烫发钱。婆媳一团欢喜称好,说明天换身新衣裳拍好送过来。

烫发后,姝文奶奶瘦削的脸扩大一倍半。为了彰显发型效果,沐浴后,周青蘋让婆婆穿上了新买的黑底桂花图案乔其纱衬衫、豆绿棉布裤,脖子上还挂了一串白珍珠项链。周青蘋赞婆婆洋气年轻了,说明天穿这身衣裳去照相馆好好照张相。婆婆说叫姝文用手机拍张照片送给理发店就罢了。周青蘋说,等姝文回来再说。

周青蘋拉着婆婆去书房见丈夫。汉箫见了愣了一会儿,不苟言笑的他笑了:"好,气象一新。"

周青蘋叫婆婆先别换睡衣,等会儿给姝文惊喜。两人回房等候姝文。

姝文回来见奶奶的形象似乎高大现代起来,感觉怪怪的,心底却极新鲜开心。知道奶奶一向任凭妈妈打扮的,大俗的、老相的、返老还童的,奶奶虽表面支吾,实际也皆乐意的。

姝文打趣奶奶道："奶奶可以当老太太时装模特了，咱奶奶年轻时必标致，今天大见证！"

时钟不再嘀嗒嘀嗒。

奶奶嗔道："这孩子惯得没大没小，开起奶奶玩笑了。"

周青蘋笑道："妈妈也别恼，姝文说得没错，你岂不是要当广告模特了？"遂告诉姝文理发店要奶奶照片做广告的事。

"恭喜恭喜，咱家出老明星了。"姝文大喜欢，笑声朗朗，使得高低橱上荷叶形鱼缸里的金鱼扑腾起来。

姝文今天对奶奶刮目相看：奶奶虽然七十九岁了，皮肤却还细腻，使得纵横交错的皱纹看来细致而柔软。眉毛早就退休了，但有基地在那矗立着，浑浊的眼睛闪烁着安详之态。鼻子像微型的冬天的白杨树干挺立着，它似乎在固执地告诉你，这张脸也曾经婴儿过，年轻过。她上颚的两颗侧切牙掉了，嘴瘪了，嘴唇成了一条线，使她说起话来感觉语气更加年老与坚定了。

只见奶奶拿起扇子就扇风，说道："你看你，一回来就把热气带进来了！跟你讲，女孩子莫学贫嘴！明天倒是给我好好照张相。"说得急，牙齿漏风，像落叶吹打树根上。

周青蘋早接过扇子给婆婆扇风。姝文俯身取那把彩绸边的芭蕉扇，给自己扇两下，给妈妈扇两下。

周青蘋道："姝文只怕拍不出做广告的照片来吧？妈，咱还是去照相馆吧。"

姝文立即想到康濛，便脱口而出："我有男同学学过摄影，不然请他给奶奶照相？"

奶奶道："不麻烦人家，还不如去照相馆省心。倒是，怎么这么晚才回来？"

姝文脸红了："同学好久不见了，开心，话多。"

奶奶即叫姝文椅上坐了，说有长话唠唠，叫她一边吃甜瓜，一边听自己唠叨。

老人的唠叨，像果核、种子，虽然坚硬，形象老朽，然而携带着一年、一世及至生命起源的全部基因与信息，是老人一生历史的汇总，感情的沉淀，经验的提炼与热切的传承渴望，或爱或恨或喜或忧，也或者只是老年仅存的一种表达，只管把此类总结消费给年轻人。唠叨极频繁，且无规律可循，像他们的心血管病与咳嗽一样随时爆发，只要有一个人站在他们面前。如果听众众多，他们的故事与表述会更加精彩，思维更有逻辑，语言更加形象。他们的记忆力虽然严重下降，然而他们唠叨的内容总是和昨天及去年唠叨的一字不差。如何，倾听的人必须像对军令一样无条件服从，不能发表异议。唠叨是老人在饭桌上强夹进年轻人饭碗里的美味佳肴，其实年轻人早已饱足，而老人们浑然不知。自有咬指痛心的孝子孝孙，撑坏肚子吃下"佳肴"。

奶奶有风湿病，不能吹空调，只有妈妈陪得了她。可是，今天姝文要受罪了。

奶奶盘腿坐着，打开她的记忆录音机，播放起家事。

姝文爷爷在汉箫七岁时就去世了，奶奶一个人历尽艰难把儿子拉扯大。周青蘋跟汉家住一个胡同里。姝文爷爷喜欢栀子花，奶奶在院子里种了一棵栀子树，周青蘋幼时常来汉家看栀子花。春看花，冬看叶。树叶一天比一天茂盛，花开一年比一年清香，凋谢了，花香也不肯离去。

小汉箫也怪，对谁不舍得摘一朵花，单肯送周青蘋。周青蘋性格腼腆，可放学就到汉家，陪汉箫学习，跟姝文奶奶说话，还帮着择菜，打扫院子做家务，留她吃饭，倒一次不肯。奶奶总说，蘋儿丫头真乖真能干，自己有个这样的女儿就好了。又想，女儿总是要出嫁呀，若她肯做自己的儿媳妇，不是比做女儿更强？

奶奶试探，说自家虽然条件差些，但俺汉箫心眼好，又聪明好学，终归有个前程奔。周青蘋有一阵子就不好意思来了。奶奶四十四岁得了风湿性心脏病，上班累，回家家务都做不得。周青蘋体贴人，叫奶奶不要说那些话，她就来帮忙。做饭、洗衣服、打扫卫生，样样都干。春天，她会做汉州老味荠菜丸子、槐花蒸菜，冬天会炸酥脆的麻叶儿，比老辈人做的味道都足。汉箫爱吃，每回吃得肚满意足。

奶奶怕影响儿子学习，从不要他做事，全靠周青蘋帮忙。后来汉箫考上了省城大学，离家几年，都是周青蘋陪他母亲。她高中毕业后，分配到机械厂上班，离家近，有时间就朝姝文奶奶这里跑。帮着读汉箫来信，再回信。还经常以姝文奶奶名义，寄钱给汉箫，不让他缺钱花。

姝文奶奶总夸周青蘋心眼好，人又细心周到。

汉箫大三那年，中秋节后的第二天晚上，姝文奶奶胸闷，极不舒服，周青蘋就陪她过夜。半夜里严重了，呼吸都困难了，周青蘋居然从厂里找来一辆三轮车，送姝文奶奶到医院，到了医院就推到急救室，抢回一条命。汉箫毕业后，姝文奶奶让他和周青蘋结了婚。当时周青蘋坚持不肯，说她一个工人实在配不上大学生。姝文奶奶说：什么配不配，你这样善心贤惠的姑娘，莫说一个大学生，国家干部也配得上。

结婚后生了姝文。奶奶一心想抱孙子，见生个孙女儿，当着医生护士的面就哭了。白天晚上，她一辈子都在和她爷爷说话，没有抱到孙子，汉家后继无人，觉得没脸再和他唠话了。那会子，她真心后悔叫儿子娶了周青蘋，娶另一个，兴许生的是孙子哩。气不忿，她又和李家奶奶王家大娘大骂计划生育政策。又说，谁说生小子的可能性占一半？打实的，不是百分百，就是个零。俺家零了，替她爷爷守寡也白守了，一辈子一场空。

人劝她，什么时代了，将来男孩女孩一样有出息。女孩又贴心，多好。她骂人家站着说话不腰疼，哪晓得她的苦衷，她比哪家都需要一个孙子。人就不理她了，等她自己解心结。

周青蘋比婆婆还恨自己肚子不争气，见生个女孩儿，要死的心都有了。欣慰的是，丈夫不但不失落，还十分喜欢，对宝宝不停地看，不停地亲，像呵护自己的心脏一样呵护孩子，快乐之极。脸上有光了，走路也会哼歌了，当个爹了，简直疯疯癫癫的。

汉箫变得勤快了，上菜场下厨房，擦桌抹地洗尿布。宝宝昼夜睡颠倒了，白天睡觉，一夜醒着，还不肯躺在床上，总要大人抱在怀里，且不停走动，宝宝才开心、安定。半夜里，大人走累了，轻轻坐下，羽毛落下那么轻，可是，屁股刚碰到椅子，宝宝就闹了。周青蘋至今都奇怪，棉袄加包被裹得那么紧的一个小肉团，怎么感觉就这么灵敏？唉，她是要累死她的亲爹娘哩！

汉箫不怕累。他整夜把宝宝抱在心口，房内跑到客厅，再跑到院子里，对着栀子花说话，对着青砖说话，对着月亮说话。他用花蜜里泡过的声音，喊她小亲亲，叫她快快长大，不，慢慢长大，长成童话故事。

慢慢地。慢慢地。他要把时间一秒一秒供奉着过。

一夜不睡，白天照常上班，整整两个月，汉箫就这样过来，唱着彩色的歌谣。

宝宝真可爱。

粉嘟嘟的小脸，奶油白嫩。莲藕胳膊。汉箫的手总要在花露里洗上十遍才敢碰她。

一双眼睛黑葡萄样晶亮晶亮，新奇地观望美好的人间。眉毛弯弯如新月，睫毛长长的，密密的，闪烁生命神异的信息。鼻头圆圆，菩萨耳，小嘴一张一合，诉说她来到世界的喜悦。

她闭上眼，总是宁静地微笑。浮躁的大人，看见她，也宁静了，微笑了。

真真一个粉雕玉琢的天使娃娃！

1983年12月5日，汉姝文抬头了。

1984年1月1日，翻身了。

1984年3月6日，会坐了。

1984年4月8日，打滚了。

1984年8月1日，喊爸爸了。

1984年9月10日，会走路了。

汉箫在汉姝文的成长日记里，详细地、幸福地记载了她的每一个进步，生命历程每一朵花开。

姝文奶奶看儿子那么心疼孙女儿，好似比生孙子还欢喜，自己心上慢慢也平和了。再念着儿媳的好处，心里不由得愧疚，渐与儿媳又似往昔亲密起来。

她看着孙女儿越长越可人疼，心里真心欢喜。邻居都夸，这孩子会长，比她爸妈都俊，小仙女样，性格儿又小花猫样温顺。又议起来，这代独生子女，家家惯成小霸王样，特别是女孩子的家长，生怕孩子外面吃亏，家家培养成性格刚强的女汉子，心里才安生。看看人家姝文，才是女孩子样，文绉绉的，说话甜甜的，人和和气气，走哪里也叫人喜欢，谁舍得给她亏吃，女汉子要强，哪知山外山人外人，才有壁碰呢。又夸姝文奶奶好福气，儿媳孝顺，孙女儿就是个小天仙，来报恩了，清了她前半辈子的委屈。

汉姝文出生之前，周青蘋买了张摇篮婴儿床，可是汉箫不舍得孩子独自睡，把宝宝抱到婚床与他们挤着睡。他要呼吸着她的呼吸，看护她。宝宝单独被窝，怕挤了、碰了她，独立一个孤岛，占的空间比两个大人大。姝文奶奶的风心病，说犯就犯，夜间需要照顾，周青蘋正感床铺拥挤，就搬到婆婆屋里，正式与她同住。

姝文上小学之前，晚上都是爸爸带着睡觉，睡前总要听爸爸讲个故事，童话、神话，科学、现代，中国、外国，什么都听。汉箫后来没故事讲了，干脆买书读给她听。姝文两岁就认得字了，但是睡前不肯看书，非要爸爸或讲或读，她躺在被窝里听。汉箫乐意。

上小学了，周青蘋说，姝文也是个小姑娘了，让她独个睡张床吧。汉箫买来一张行军床，把衣柜挪到客厅，摆开行军床，自己睡了。姝文仍旧睡父母的婚床。

姝文上五年级时，他们搬进学校分配的三居室小高层住宅。两个朝阳的房间，周青蘋和婆婆同住一间，姝文住一间。不向阳的那间，汉箫住了。他定制了一宽一窄两面墙的书柜。一张单人木床。一张书桌一把椅。桌上一盆仙人球，一副相框，姝文在花丛里笑。

这是个幸福的家，安宁而奔腾的幸福。

姝文奶奶总爱念叨家的幸福。

"打你爷爷去世，我只叹命苦，不承望越过越顺心了。虽说身子这病那痛的，可奶奶心里暖和。世上顶好的媳妇，顶好的妈是你的娘，你记住，孝顺她一辈子。你爸没有良心，我念叨这些事，就不耐烦，每回没说两句就避走。"

姝文使出金刚力气给奶奶送阵夏凉风，扇了几下，胳膊酸了，呵呵笑道："妈妈当然好啦，为了奶奶怕寒体质，热成这样也不开空调！"

周青蘋忙说:"我也怕寒呢,你爸也算,一家子只是热坏了你这个火气旺旺的小丫头。"

姝文用扇子拍打着身子,拍出笑声:"是的呀,你们都是一家人的体质,就我这个风风火火的外来户,成了另类。还有,这样录音机里重复播放同一个故事,世上恐怕除了我妈,再找不出第二个人可以这样没脾气反复听下去。我妈才是另类,她好可怜。奶奶,以后你也弄个吹拉弹唱的爱好,来抒发感情,免得这样单调地重复我简直出生前就知道的爸妈的故事。奶奶,再美味的菜天天吃也烦哦。"

奶奶有些恼了:"小丫头养大长本事了,说道起奶奶了!好好,从此再不跟你说这些个。"姝文忙拉着奶奶爬满蚯蚓筋的手,笑道:"奶奶生气就不是我的奶奶啦,玩笑的呀。"

奶奶鼻子哼了一声,道:"丫头,记着,做人要懂知恩图报。缘分,是用来感恩的。你将来要写小说,记得把你妈的故事写进去。她是故事啊。"

姝文笑道:"妈妈是故事,奶奶也是故事,中国人的故事就是中国大故事,以后,要写。故事长出来,就是叫人写,让人讲的。"

奶奶笑了。她的牙和年轻时一样白。

周青蘋一直微笑着听她们对话,微微地低头。她总是静默的,温顺的。温顺的头发像她温顺的性格,温顺的心贴着婆婆的胸膛。婆婆那套夸奖她的话确实听过千万遍了,所以不像初时插上谦虚话。实际说也白说,只能引起婆婆更大的谈兴,更深的感激,更浓烈的温情,弄得周青蘋倒是像骄傲了。

周青蘋站起身来,脸色很白,一种苍白,冬月般苍凉,说道:"什么故事故事,日子罢了。妈,时间不早了,中药喝了,该休息了。"

奶奶便应了声:"嗯,得空再给姝文上课,这丫头不得了了。"姝文笑笑,座上按了弹簧似的,一下子把她弹起,嘴上说着"奶奶休息好,妈妈晚安",大步跨出房门,心想,"故事故事"终于结束了,她要一个人静下来,静下来,想想那个美好的人,美好的事。

等姝文冲洗毕,上床休息时,已近十一点了,手机响起来,陌生男:

"你好，丢手机的女孩？"姝文一激灵："哪位？"男士道："我叫费皓良，咖啡屋捡你手机的人。是这样，我的朋友林樱寒，和我吵架了，不肯后天麻烦你。林樱寒说我不可能大热天这么想吃水饺，倒像是看上你了。"姝文说了句"无聊"。费皓良只当没听见，继续说："小姐天生丽质，气质脱俗，当令每位男士倾慕，不奇怪。很高兴有今晚的奇遇，哪天赏光，请你喝茶？"姝文忙道："不必不必。"费皓良爽朗一笑："好，再约哈。女神芳名？"姝文道："汉姝文。"费皓良嘴里含着开心果："汉——姝——文，必是'静女其姝'之姝？"姝文说："是的。就这样吧。再见。"费皓良却不"再见"，豪气万丈地说道："小姐认识我，未尝不是幸运。费某人能力有限，朋友却是神通广大，有什么困难，只管说。今晚不打搅了，往后联系啊，千万别删掉我的手机号，也别傻兮兮什么都告诉你男朋友。姝文，再见。"

姝文听他叫"姝文"，很不是滋味。听口声，这个费皓良看似知礼，却有种说不清楚的江湖气，远点好。本想给康濛打电话，说后天水饺店之约取消的事，又一想，不说了，自己请下康濛算了。

王记水饺店是家百年老店，红木门青砖墙，店内木桌、木椅、木窗，古色古香。姝文没想到的是，那天她和康濛前脚进水饺店，费皓良和林樱寒后脚就跟进来。四人寒暄一番互道姓名后，服务员领他们到一个西南角比较僻静的座位。姝文让大家点自己喜欢的水饺口味，各位也不客气，也不看菜单，老店口味都知道的，鲜肉馅、虾仁馅、羊肉木耳馅、香菇油菜馅点了一通，又要了几份凉菜。

康濛点了老味牛肉，姝文点了五香凤爪，费皓良点了香芹拌黄豆、油炸蝉猴。油炸蝉猴，汉州人都爱吃，美味加营养被夸成人间珍馐。姝文左看右看是个虫子，不敢动筷，无论如何不敢吃。小时候奶奶硬朝她嘴里塞，她连连躲，连连吐，胃里的东西都吐出来了，家人再不敢劝她。同学聚餐，柳霏霏曾偷偷在姝文卷菜饼子里塞了两个蝉猴，姝文发觉，一学期没理她。从此再无人劝她吃这道汉州土菜。王记水饺店并不做此菜，但隔壁就是全市最出名的炸蝉猴店，常年给水饺店供货。

林樱寒点了两个素菜：苦瓜杏仁、酸辣木耳藕片。姝文问林樱寒信佛吗？她说："不。我若信教，倒可能信基督教。我姑婆是虔诚的基督徒，小时候就给我灌输教理教规，不感冒哈，《圣经》第一页就让我感到荒谬。吃素是为了健美，本人并不忌荤，今天恰逢'斋日'。"费皓良见林樱寒这样有兴致讲话，又讶异，又高兴。

姝文笑望林樱寒，眼睛如婴童般坦诚："我见你感觉特熟悉、特亲切。"

林樱寒微笑一下，但仍有一股凛冽的寒气："噢？我也是，所以，今天，来了。来之前还想，不打电话了，如果今晚见到你，自是天意，不可回避之缘分，果然。"面上露出淡淡的笑容，如一抹月光飘在茉莉花影上。

"你气质高雅，学艺术的？"姝文的微笑是一丛灿烂的迎春花。

"音乐，钢琴系，首都音乐学院，今年刚毕业。这最后一学期，礼拜六一般都回来，这回，不走了。"说着向费皓良看了一眼，又转向姝文，"你学的什么专业？"

'中文。也刚毕业，本市念的大学。你分配了吗？"

"嗯，市电视台。爱好文学啊？"

"嗯，喜欢。"

林樱寒点头，说："我妈出版过诗集。"

"书名叫什么？我买了学习。"姝文饶有兴致。

"这，再说吧。"

林樱寒与汉姝文对话间，康濛与费皓良不言语，四道目光皆锐利，在其余三人身上逡巡，对对方女友没少打量。费皓良想：汉姝文真是眉清目朗，笑靥如花，清纯可爱。粉色衣裙唯她诠释出这般如仙如幻之美！与此女孩热恋一回，真不枉青春，这个康濛好运气。只是作为女友，还是林樱寒条件优越。总说婚姻于女人之重要，把婚姻当作人生的港湾与跳板，其实，于男人，何尝不是这样？有士虽有经天纬地之才，但因家庭出身等先天条件约束，不能在理想大道上奔驰，未免可惜。如果，他借助婚姻走上捷径，也算上天有心，爱才惜才了，无可非议。像他这样，平民出身，本科文凭，仕途若要晋升，跑一步跳一步，除了拼命工作出成绩之外，便是宝贵的婚姻机会，显贵泰山比其女儿的可爱重要得多。所以，他几乎比女人更看重婚姻于人生的意义。泰山越高,他的女儿越可爱,这样家庭的孩子原有独特气质可爱之处。费皓良有双火眼金睛,会发现这样的女孩,以及她的可爱。

康濛则想,这个林樱寒,一头铜棕色离子烫的直发,一身 Ports 浅灰裙装,恰是合她秉性气质。脸型偏长,线条竟是分明,五官单看精致,只是组合一起,令人看了不舒服。也许由于目空一切的高傲与冷漠,剥夺了她的亲和力和女性的魅力。也或许,任谁沉鱼落雁,在自己的心上人、天使般的汉姝文面前,都要黯然失色了。

费皓良笑道:"汉小姐,樱寒性情最是孤傲,男女青年不能与之亲近。想不到,你和她这么投缘。"

姝文笑了,说谢谢。

林樱寒淡淡一笑:"说起来呢,人所遇缘分,对于其人生好与不好且不作评论,只是,该遇见的人自会遇见,不可回避。"眼睛里流露出一种清冷的光辉,月下的栀子花般清冷。

康濛道:"缘非偶然,实乃必然。一个人的性格、才情,加之前生后世的情结,便注定,遇所遇之人,结所结之缘。"

费皓良笑道:"康先生,不唯物啊,嗯,不是党员吧?"樱寒瞥了男友一眼,说:"一顿饺子,就坦白党组织啊,话题秤砣重,不嫌累啊。"

康濛说了:"我崇奉真实,真实的心灵,温暖的人性。我不会受世俗与社会的影响而随便改变自己的想法,哪怕仅作口头上的随波逐流。我尊重各人观点,从不轻视任何人,谁都有可取之处,至少谁都有活着的理由。我不算唯心,也不算唯物。"匆匆说了一番,姝文一眼不眨地看他,聆听他。

林樱寒用清凉的目光扫视一圈众人,定定地看着桌上的白瓷醋壶,辣油盖碗。不知心耳所在何方。

费皓良冷笑道:"时代民主了,方容你这么做。不过,君将立足何处?"

康濛心平气和:"我思故我在。恩至老藏匿书房,文物修复工作室。"

这时服务员陆续送上他们的菜和饮品,一桌红橙黄绿,鲜艳可爱。

男士雪花啤酒，女士鲜榨菠萝汁。四人举杯："为了相遇。"绝缘的人，亦可碰杯，饮了。

费皓良夹了一个蝉猴，发出脆响的声音，赞了声："外酥里嫩，极好.'又笑道，"大家都吃啊，汉姝文请客，我替招呼了啊。"林樱寒再瞥一道清凉的目光，他只作不见，举杯对康濛说："以我愚见，你是一个不合时宜世外之人啊，为了我们的志不同道不合，干一杯。"言毕，一饮而尽。

康濛举杯喝了，微笑说道："轻松安静，是我的人生追求。我同情那些被贪婪之心所困扰、被缥缈的欲望所驱使的人，他们没有宁静的心境、自由的生活，身心疲惫。甚而有人，为了从社会攫取更多利益，满足自身的庸俗需求，性格虚伪，行为不端，是为可悲了。"

费皓良笑道："可是，他们叫作有追求有理想的人，无论是为了民族大业，还是为了个人名利。正因为有他们的世俗向往，社会发展才有动力，我们的社会才蒸蒸日上。是的，谁都有活着的理由，社会淘汰的正是没有追求，或不敢有梦想的人，而'活着的理由'，不过是他们被淘汰的立足之处。"说着悠闲地夹起一片牛肉，吃了，又喝了一口啤酒，道，"本人上了共产主义的诺亚方舟，春意盎然啊。"

费康二人激烈论谈，林樱寒则旁若无人，无视无闻，用筷子慢悠悠夹着香芹拌黄豆吃，一粒，一粒。

姝文笑了："一顿饺子就谈起共产主义，这么奢侈的话题，也就我们了。"

樱寒抬起头，说："意外的相遇，意外的话题。我吃我的，你们，继续意外。"又低头吃她的减肥苦瓜了。

康濛道："共产主义理论确实辉煌伟大，每一字句对于真正信奉它的人，正如《圣经》对基督徒一样神圣。实际上，世界上各类教徒都没有他们光明磊落，胸襟开阔……"费皓良不以为然，仰起下巴，打断了他："康先生，请不要把共产主义与宗教相提并论，它们有质的区别。"

康濛的冰丝棉T恤冰冷地颤动了一下："噢？不过，共产主义和宗教确实有许多共性之处：它们有明确的目标，各自的理想之国，更因为崇拜者们为了美好的理想，献出了全部的生命、思想、灵魂。在别人眼里，他们是异样的，甚至可悲的，而他们自身是无限幸福的。一个人有了可以为之献身的主义、宗教或者爱情，那他便是最最幸福的人，只要永不醒来，不知谜底。他们的眼睛总会闪烁对未来憧憬与信任的光辉，有着献身的喜悦与快感，死而不惧，死而不憾，死得又是多么安详幸福。"

姝文睁着一双明净的眼睛，望向康濛："爱情也能像宗教？"

康濛答："一个人过于迷恋某人某事物，即有了崇拜的感情，正如教徒对宗教的热忱了。"又接着先前的话题说，"信教，靠缘靠心靠感觉。我个人比较推崇佛教，它是最慈悲的宗教，可惜我不能一心一意投入进去，这是不可勉强的。实际上，无论教徒们在世俗社会如何卑微贫贱，他们皆可敬可慕，清澈而可爱，无比幸福，可惜这个物欲横流的时代，多少人丢失了美好的信仰。"

姝文问："你不是说有爱情，有爱情教吗？"

康濛道："那是针对天真无邪年轻可爱的心灵的，可以编织梦幻，相信梦幻，姑且称此梦幻信仰、爱情信仰为梦教。对于一颗世故悲观的灵魂，梦教是无效的。"

林樱寒今天不知哪儿来的耐心，金舌蔽口，寂天寞地，此际她突然长长地叹息一声，余音未绝，费皓良的身子朝座背上靠了靠，道："说到情话上了啊，不好吧？"

康濛说："情话吗？如何舍得这个场合说情话。"说完目光如炬瞟了一眼姝文，直叫姝文胸怀装了一头小鹿。

费皓良道："对于中国，永远需要而适合共产主义理论，只有共产党才能确保一个大中国强盛的存在。据我观察，中国高智商人群中，十之七八是共产党员，这就是'凝聚力'。"目光高瞻远瞩之状。

姝文也激动了："多少民主自由，纯粹是浪费人力物力。咱团结力量大，民族复兴，假以时日，拭目以待。"

各位共同举杯："为祖国美好的未来干杯。"

樱寒笑了："这顿饭吃的，搞得'五四'青年似的。"说得众人都笑了。

姝文笑道："中国近代屈辱史，让每个炎黄子孙都太敏感了。"

费皓良再举杯："为相遇美好的时代，干杯！"众人再饮，再笑。

姝文说："在未来的理想社会里，爱情教、梦教，当是最风行和最普及的宗教了。"

樱寒说："现代社会相当好了啊，思想解放，欣欣向荣。"

康濛今天的谈兴胜过食欲，才吃两口，再侃侃而谈："衡量一个社会的好坏，看人们的心态，对自己生活的满意程度如何。从奴隶社会起，每一次革命运动的口号、理论、宗旨都是让社会大多数人获利，也是社会发展的不移趋势和最大动力。瓦解贵族社会，消除特权阶级，社会资源分配更均等，如此，社会自然进步了。在封建社会，过得满足舒服的只是占总人口极少数的皇帝贵族、官员富商，社会财富基本都集中在他们手里，由于自然力低下，占人口大多数的平民百姓终日劳苦，用血汗养育那些贪婪的寄生虫，社会的不合理、不稳定由此可见。而现在，多数普通老百姓过得也是丰衣足食，悠闲自在，当然最直接原因是科技生产力发展了，尽可能消除战争了。若消除战争，是人类文明最光耀鼎盛的进步。我们确实相信：社会进步了，社会终是向前发展的，而中国的变化，可谓日新月异。"

费皓良咽着饺子点头："嗯。那是！"口气里，似乎他对社会进步起了举足轻重的作用。

康濛道："现在很多人再造贵族圈、贵族社会，就不好喽。"

只见樱寒抬头，目对康濛："先生，须知，历史是英雄与特权者书写的，文化多由贵族生活传承的。他们关心平民百姓的一颦一笑，只是为了让自己的笑容更灿烂、长久。时代的先进与文明，在他们的呼吸与笑容里开花。"

费皓良拉了拉海蓝 VERSACE T 恤，正襟危坐道："贵族圈，可都是人精哪。"

康濛道："品德不好，叱咤风云依旧人渣。"

费皓良笑道："但丁认为，作恶的人都有理由藐视庸庸碌碌无所作为、'没有生活过'的人。只怕，我们的社会不只需要人才，也需要人渣反作用挂动发展吧。当今开放社会，可以说，没有怀才不遇的人。如果'不遇'，到底是怀的才不够分量吧。若说是隐士情怀，也必有才华支撑，方能赢得隐士之名。愤青者不足道也。先生的心胸，请多打打氧吧。这是一个生机勃勃的大时代啊！"说着手机响了，"刘处长……"费皓良离座接电话去了。

此时，各位早已饱足，服务员清理干净餐桌。一时又上八宝茶，费皓良也早归座。

林樱寒喝口茶，对着茶杯道："想不到啊，今天餐桌上有这场讨论。不合时宜呢，于我，此生只怕就此一回。嗯，大家继续喝茶论道。"带着揶揄似的笑容，抬头看看姝文，再把目光转向费皓良，再低头凝望自己中指上的钻石戒指。

费皓良说："学成文武艺，货与国家功名，货与山水情怀，货与世俗繁华，其实没有什么雅俗不同，只是情趣各异，能力不同罢了。"目光游走三人脸上。

康濛正视着费皓良："货与国家功名，好啊。只是，人欲出仕，当是自觉有领导与决策者的能力，发挥才智，为民造福，为国争荣，以实现人生价值。而不应像某些人以追求虚荣与世俗的利益为目标，这样为官导致的结果，有本质的不同。一个官员的职务越高，道德与业务素质要求越高，将对社会的作用与贡献也就越大；反之，则可怕至极，因为，他的权限越大，对社会的危害可能就越大，特别在监督机制还未完善的社会。"

姝文道："是的。凡人，修德在先，学术在后。"

费皓良叹道："一个人不可能独立生活在自己的象牙塔里，总要与社会接触，受环境左右，特立独行寸步难行哟。他想活，活得更好，只能与周围人一样入乡随俗。"

"希望世人可以互相友爱，自由快乐地生活，没有不公、忧愁与眼泪。"姝文抒发着诗人情怀。

康濛道："关键是，一个人的快乐不能影响别人，侵夺别人的利益。"

姝文道："关键是，每个人要想着对社会奉献，而不是索取。当一个人获得的超出他的付出，即有不公义之嫌。"

"你们可是天生一对，境界好高啊。"林樱寒的颧骨高而硬，与她说话语气一样。

费皓良略含微笑,身子再向椅背靠了靠,摊开五指,开始打手势说话:"曾经看过一篇报道,说有位英国人拍了部纪录片,选择了富人、穷人不同阶层的几个孩子追踪纪实拍摄。五十年后,可以说,富人的孩子依然是富人,穷人的孩子依然是穷人。诚然,富人的孩子自幼在社会资源分配上已立足优势,然这只是一方面,他们成人后更多的成功因素,是由于他们的智商、心胸、眼界、顽强的拼搏精神等天生的优良素质高于普通人。人有贵贱之分,亦表现于此。"

樱寒附和:"要论不平等,是人的智商生来的不平等。比智商,比勤奋,如此社会应该说是公正的。学生时期先比智商,走入社会再比情商。智商、情商双胜者,必成人中龙凤。国家也需要把优秀的人才选拔出来,社会发展方能蒸蒸日上。封建社会,贫寒子弟与女孩子没有接受教育的机会,成人世界没有公平的竞争,是黑暗的,不提了。而现代社会被淘汰出局者,可以说,不是智商才艺不行,就是不够勤奋努力,所以并不值得同情。"

只听费皓良道:"天道酬勤,亦酬智者、有大担当者。先前说的纪录片中,那些穷人家的子弟遗传基因普遍不够聪明罢了,自幼懒散贪玩,胸无大志,贪图廉价的享乐,成人后儿女子孙倒生了一大群。富人的孩子幼年就有远大的目标,勤奋学习,成人后拼命工作,他们与其祖辈一样,一辈子都在'拼'。他们由于工作忙碌,或讲究生活质量等原因,生的孩子、后代并不多。柏拉图主张优秀人士多生孩子,而现实恰恰相反。如果讲平均主义,穷人家那么多孩子与富人的少数孩子均等分配收入与社会资源,那才是真正的不公平。刚才康先生谈到,如今中国有人再造贵族圈,是的,我告诉你本人的推测与判断:在中国,贵族与贫民分化才刚开始,一旦形成事实,各人及其后代的社会角色,随着时间推移,只怕越是坚固不移。在此,我且说出一个更为恐怖的事实。一次次革命,一次次推翻贵族圈,但是社会安定后,新的贵族圈,不是这些人,也是他们的后代。因为这类人的天性素质,必然要做时代的弄潮儿、领航者。说来说去,各人先天智商、意志力、胸怀格局,决定人生成败。只是每个人都有参赛的资格,有站在起跑线的权利,如此而已。看来,我们中国也越来越需要针对平民孩子的'西方快乐教育说'了,天资愚钝的孩子学习是可以减负的,让他们早些懂得随遇而安吧,不然心里只有不利人不利己、无益的不平之气。"言毕,哈哈一笑。

樱寒道:"我相信皓良的推测。我的朋友中,都是精英鸳鸯,龙凤伉俪,他们的孩子也是可塑之才,玉树芝兰,而凡桃俗李成婚后,生养的孩子依然碌碌无奇,竞争不过将门虎子。也算是皓良先前说的纪录片结果的一个注解。"

费皓良忙道:"樱寒说得对。就说我的亲戚朋友吧,有的自幼努力学习,考入名牌大学,大学里继续努力,毕业后得了好工作;有的则从小贪玩,打游戏,早恋,混个不上台面的文凭,好工作难找,便一味埋怨社会不公正,却从不找自身原因。有句话说,不怕你不努力,怕只怕,比你优秀的人比你更努力。如果一个积极努力的人与一个懒惰消极的人前途命运一样,我看才是真正的不公正。此'不公正之说'与先前的'不公平之说'异曲同工。再者,像先前说的,一次次革命,粉碎贵族圈,社会安定后,新的贵族圈,几乎还是这类人(只要上回没有革掉他们的命),以及他们的后代,而新加入的,本是人中豪杰,所谓,天不生无用之才。说来说去,先天智商、器识、意志力,是人的立世之本。"

只听樱寒道:"皓良,我们今天讲话,可是把他们二位不当外人了,只怕他们心底要对我们嘀咕不清呢。"

姝文笑道:"哪里,你们的话值得深思的。"

费皓良笑道:"如何,这无端一场大辩论,真是终身不忘啊。"

康濛亦带笑意,说道:"一百年后的人们会笑话我们这场谈话。是的,不过一顿饺子,当一百年后的中国足够自信与强大,人们吃大餐,也不会讨论社会、政治。当人们遗忘了政治的存在,只专心做本职,那才是理想的社会,希望汉姝文的梦教、爱情教盛行人间。"

费皓良拍起手来。

樱寒收拾提包,一笑,道:"我爸今晚从欧洲考察回来,且要告辞了。汉姝文,谢谢你的招待。"

姝文忙说不客气。

费皓良带笑说道:"上海路昨天新开张一家西餐店,改天我请诸位品尝。康先生与我东奔西向,然性格清爽,谈锋甚健,本人还愿领教一二。"说着向康濛伸臂握手。康濛淡漠伸过手去:"不缘之缘。"

不知为何,姝文蓦然看见,人间有种缘分,像磷火在荒原闪烁。

只听樱寒道:"这样吧,改日联系。汉姝文,我给你留个手机号。"留过了,起身,"皓良,我们先走一步。汉姝文,康先生,再见。"

他们相互道了再见。招呼服务员埋单,康濛抢着付款,姝文百般不肯,坚持自己付了。

出了门,康濛说时间还早,去快哉荷花池坐坐,听花开的声音?姝文十分乐意,说好的,保证十点之前到家即可,答应妈妈的。

快哉公园距此仅五六百米之遥,二人步行去了。

街上灯光璀璨,车流如梭,所谓"滚滚红尘"?她想。

她望了他一眼,他正微笑望她。行人望向如画报中走出的一对玉人,目光里净是欣喜、祝福。

时间是彩色的。过了一个红绿灯。

时间是飞翔的。过了一条马路。

从北门进了公园,花木的芬芳扑面而来。过花坛,踏石桥,一时来到荷花池水榭。姝文在石凳上铺了两张面巾纸,二人对面坐下。

"林樱寒气质好优雅,有种高贵的气息。"姝文由衷赞叹着。

"也许优雅,那也只是外表,内心真性不知如何,她这个人很难让人看透。实际让人瞬间看透的人不是太多,无非至纯、至蠢、至恶的人如此,你就属于至纯之人。"

"你是褒我还是贬我?"她面露尴尬,口里含着酸枣似的。

"我什么时候忍心贬你了?我认为,'高贵'是用来形容人的心灵的,而不能指外表。看得出,林樱寒养尊处优,服饰考究,举止斯文,其品位由金钱与自我感觉良好的社会地位导致。她确实'高贵','高'指的身高;'贵'是指其华美的包装,而绝非指她的人格与灵魂。她那天在'洛神吟'的表现,你总不能说忘就忘了吧?她蛮横、自私、固执、冷傲,只是今天的表现似乎有些反常，如她自己说的'只怕此生就此一回'，实际她不好相处的。当然，她并不炫耀自己的身份，说明还是有一定的家教，也或者在我们面前，不值得她表述张扬。"

"我觉得她挺好的，女孩子总是有一点个性的。"

"哦？在她的气定神闲中，有心机的，只是面对像你这样的人，都变得坦诚，毫无戒心了。姝文，你有超凡的感染力，让人变得真实轻松，你的单纯、善良与真诚，谁都会一眼看透。你一生都不会做一件损人利己的事，只会利人利公，你是百分百安全，百分百可信任的，想必林樱寒对你早做判断。她的眼光极高，愿意与你结交有点奇怪，可能你的天仙美貌激起她的热情，她是学音乐的。爱好艺术的人爱美之心皆重。"

"她别是看上了你的美貌？"她笑。

天上一道流星朝东方划过，当他们抬头仰望时，只看到流星细长的尾巴，像一声长长的叹息。

康濛笑道："不会！你难道还紧张？林樱寒是个理智的人，不会被感情左右，唯有利益指导她的行为。她的男友外貌过得去罢了，财产地位更要相当，她不会看上我。"

"她又不知你的身份。"

"她根本没兴趣知道，当然，一看也知我是个白丁俗客。再说，我也看不上她呀。神女姝文，也会庸人自扰？"

"当不起。说着玩的。"月光下她是敢于一眼不眨地看着他的。

"傻孩子，你比她美百倍，好百倍，无论心灵还是容貌。"他温柔地说。

"费皓良那天晚上给我打电话，说有困难可以找他帮忙。你觉得他人怎么样？"

不曾料，似乎季节转换，一阵寒风吹过树枝，月光下康濛脸色铁青，态度激烈："他再打你电话，别接！他是有'修养'的无赖，容易迷惑人，实际他虚伪、自私、狡猾，这样的人也许一时得志，万不可结交。下次他们再约，我们都不去！"

"如果林樱寒一个人约，我就喊着你去，好吧？"

"不去！姝文，告诉你，我不喜欢他们！两个人惺惺相惜，互相算计，倒也般配。如果费皓良纠缠你，你就坚决不理，想必他是在机关部门工作，也是怕影响的，只要你立场坚定，料他不敢放肆。"

"想这么多干吗，我不理他不就得了。他们世俗心比我们重点罢了，但也是人家生命的原动力啊，不来往，但我们要祝福人家幸福。"

"说了别人这么多，倒败了咱们兴致。姝文，我跟你讲哈，虽然我们才认识四天，但彼此是认真的、热切的。我这个人呢，像那个费皓良说的，是个不能驾驭现实的人。我既俗心不重，就难获得俗世重回报。这辈子，我只想做好本职，栖居古陶瓷修复室，报酬只能保证你我温饱无忧，其余不敢奢望了，而你这样美丽的女子，似乎生来就该享受人间福乐。姝文，请你郑重考虑，可否接受我这种安静得几乎消极的人生态度，我这样一个像冬天一样宁静的人？"他忽然想起辞职的同事，用"停尸间"描绘他们宁静得窒息的工作间，不禁叹息一声。

她笑了："这么郑重啊，你几两俗心，我又是几两俗心，看不出来啊？小女子一介平民，但一直感觉自己是个幸福的人。爸妈疼我，有他们的爱，我便如公主一样幸福了。我快要工作了，至少能养活自己，如果只是解决温饱，还能解决你呢，有什么可忧虑的？"

"其实，谁都希望自己收入高点，但是如果把金钱的追求视作人生的目标就无意义了。我们可以追求钟爱的事业，但不能紧盯着它将带来的名望利益，那只是附带品。主要是在追求的过程中，学到知识了，精神愉悦了，可以为社会奉献了，才智开花了，那才是至高无上的。"他说。

"我从不羡慕有钱人，但怜悯为温饱而奔劳的人。收入高当然高兴，无钱我也心安理得，但不能低到温饱的极限，这也是物质影响精神的极限。如果物质贫乏到影响一个人正常的生活、宁静的精神思维，那便是不幸了。"

"是的，做好本职工作，对得起社会，对得起工资，就罢了。好好地活着，不看自己的未来，然要看世界的未来。姝文，多少观点你我一样。我们在一起，应该快乐。"

"对于你，我没有任何世俗的要求，将来，如果我们在一起，只希望，你一心一意对待我。"

"一心一意,对待你。天天陪你,说话,读诗,家务……可以想象出那种幸福吗?"

"哦,太幸福了。是的,如果那样,世界上还能有谁比我幸福呢?"她的眼睛里满是梦幻的喜悦。

"有!"

"谁?"

"我!"

荷塘花开。花开的声音清澄甜美,有荷香的荡漾,有月光洁白的呢喃,有芦笛渡水的悠扬。她欢喜地笑,笑声在晚风中传得很远,远得空虚,怅惘。

这时姝文手机响了,是周青蘋打来的,问她怎么这么晚还不回去。她说同学生日party特热闹,过会儿回家,请妈妈放心。

挂过电话。他取笑她,会撒谎了呀?她笑,说认识他后,天天跟妈妈撒谎,只怕妈妈要看破了。

他忽然垂下眼皮,说自己的家庭情况比较特殊,但必须告诉她,现在。

她心头咯噔一下,请他讲。

他告诉她,小学二年级时爸妈就离婚了,他一直跟妈妈过。爸妈原来在起重机厂工作,爸爸是技术员,妈妈是会计。但是爸爸和一个年轻的女车工好了,爸爸请求妈妈离婚。离婚后,爸爸带着新媳妇辞职下海,五六年光景,公司规模大了。有一个同父异母的妹妹,开学上高一。他总与妈妈在一起,几乎不与爸爸家来往,但爸爸在湖滨新区给他买了套四居室的婚房,希望他早日结婚成家。现在他和妈妈还住在起重机厂宿舍。新娘未见,他们不去新房,妈妈将与他和新娘同住。妈妈有抑郁症,他要陪她到老。

她问,阿姨有抑郁症?厉害吗?

他说,平常还好,偶尔犯病,去年退休,严重了。犯病时需要看护,她看到幻觉。她是知青,老是看到下放的那个村庄,不是诅咒,是向往,热切的、快乐的、美丽的,那种向往。

她说,哦,你要多陪她。你的生命是她给的,你要把人生还给她。

他说,嗯,还给她,赔给她。

二人沉默了一分钟,两分钟。蛙声火热起来。

她很诚实:"奶奶和妈妈原来的确说过,找男朋友必要家庭温暖。爸妈离婚的不行,这样家庭的孩子性格古怪、阴暗,说了是不好听。可是,感觉你还好,你的性格若有不寻常的地方,恰因此吸引我。我就被这种独特的气质迷惑了。怎么办?"她笑了。

"天使,你居住在我的梦里,十二年了。"他流泪了。

她问,为什么是十二年?

"十二年前的夏天,我梦见过你,一直在等你,就是你,你是爱,是生,是死,此生只是你。"他凝望着她,以青春的热度,生命的长度。

她很开心:"谢谢,认识你,我满满的惊异,满满的快乐。"

他不禁握紧她的手:"姝文,我喜欢你,爱你,胜于一切。跟你一起太快乐,无尽的温馨、宁静、欢悦,不夹杂一点世俗的烦恼。哦,梦里也不敢想象的美丽的感觉,真是没想到,不敢相信,恋爱会有这样迷人的境界!"

她激动了:"你都不知道,我多么喜欢你,喜欢……"她说不下去了,但心底的声音灿烂了夜空:我喜欢看你的眼睛,喜欢听你的话语,喜欢瞑目感受你的笑容、你的声音,喜欢和你走在一起!我快乐得要哭,欢喜得要飞,要告诉全世界的人,我恋爱了!希望全世界的人们都去忘情地恋爱!实在没有想到,恋爱会这么神奇美妙!也似乎理解了,为什么有人为情而死。

她从他的手里抽开自己的手。手心满是汗,心头满是火。

"自你出现,携带着焰火、繁花、闪电、烈酒,令人眼花缭乱,美不胜收!我珍惜,记忆这一切的一切……"

"我不知道,人生怎么会拥有这份无上的幸福……"声音迷幻,轻轻的,心底则热烈地呼喊:哦,是你让我知道了生命的意义,不,我的生命从认识你才算开始!我看到绮丽的花朵,清澈的小溪,听到欢鸟的鸣叫,大海的呼唤。我对每一个人都微笑，看到树木花石也都对我笑，全世界光彩夺目！人生如何可以这样幸福？我要检点自己的言行，像天使般无瑕，以便毫不心虚、毫无愧色接受神灵赐与的这份幸福……

"一个人能够真爱一回，才不枉红尘走一场。天下多少人，恋爱平淡如水，人生的一场仪式罢了。而你我，见识了不同凡响的精彩。"

她笑："你只是为我才来到这个世界，为我证明生命的存在，人世的精彩？"

他笑："我今天才知自己生命的价值。"

"评价一个人幸福与否，我将看其是否拥有美丽的爱情，得到一份纯洁、真挚、浪漫的爱情，是人世间最为幸福的事情；反之，失去心爱的人、惟一热爱的人，此人为最不幸之人，无论他（她）其余方面如何富足。拥有爱情便拥有一切，失去爱情便是一无所有。"

"姝文，你的出现，于我实是从天而降的惊喜。我相信梦，又怕只是梦，此生无恋爱的心，无让我恋爱的人，宁玉碎不瓦全，永远这样冷漠、孤独、无趣地过活。"

她重复他先前的话："今日我才知自己生命的价值。"

"当你离开，灿烂的笑容总是萦绕我的周身，动听的语音总在耳际回荡，我不能忘却你一秒。浑身流动着热情的血液，这份感觉太美妙，以至我只怕，是个梦，梦要吞噬所有的梦。"

她看见，梦已卸掉粉红的面纱，走来，呼吸着他们的呼吸。梦，歌唱。一池荷香，歌唱。

"真的你，真的我。"

"我愿意，你愿意。"

"你的梦，我的梦。"声音如春园绚丽。

"寄居我的灵魂，一秒不许离开。"他再次握紧她的手。

她神思恍惚："可知，一秒钟我也没忘记你。除了见你，现在我总喜欢独处，静静地，全神贯注思忆你，让你充满全部的思维，成为全部的希望、欢慰，月下，花前，每一个清晨。"

他看着她明亮的恋爱人的眼睛，从灵魂的最深处生发一种战栗，一种感动,一种心悸的柔软:命运赐与我怎样的福祉,这是一个怎样可爱、温纯、浪漫的精灵!她就在我的身边,愿意陪伴我一生一世。怎样辉煌壮观的一生!不,一生里能有这样一个夜晚去感受,记忆,也是万万人中的幸运儿……

"我是全世界最最幸福的人。"

"我是全世界最最快乐的人。"

她,记忆了他手的温度。

她,在他的梦里。他,在她的心里。夏天,在汉州快哉公园的荷香里。

静默,奢侈的。

不知多久。她起身,略伸懒腰,恰似晚风拂过新开的美人蕉,"我得赶快回家了"。

他亦起身:"再留两分钟,闭上眼睛。"她含笑答应。

他拉着她的手。

他们凌空飞翔,离开这塘荷花,离开喧嚣的城市,向着月亮、太空,飞翔。她,飘动彩霞的裙裾,他,闪耀蓝宝石的光芒,仙花如海,琴音如云,清香如雾。环飞天宇,天宇唯余他二人,天没有尽头,地已经消失,时间不再老去。

"回去吧。"

猛然,从天上坠落人间。

到了她家楼下。他往上一看,说:"都十二点了,你家还开着灯。"

她说,今晚不好再撒谎了。

他点头,握紧她的手:相信你。

她点头,用力的。

"明天见?"

"明天见!"

姝文上楼,发现门是开的,妈妈正坐在沙发上嗑瓜子。妈妈沉思之时,也是她发呆之时,就嗑葵花子,原味的,一年四季。

周青颡见到女儿又惊又喜。姝文满脸洋溢着恋爱的喜悦,这种喜悦里有羞涩、甜蜜、熔浆、烈焰,周青蘋一眼便辨识出来了。

"姝文,吃块西瓜,冰箱里冰过的。"周青蘋道。

"妈,好的!"姝文的每一节音符里,都跳跃着快乐的舞蹈,"妈妈,怎么还没睡?"

周青蘋道:"认识新朋友了,讲讲他?"

姝文诚实讲了与康濛相识的前前后后,甚至复述了许多对话。周青蘋似乎忘却了母亲的身份,须告诫女儿莫轻易相信异性朋友,晚上不得出去。若出去,十点前必需回来……这些话一句也没说,只是怔怔地,羡慕地看着姝文神采飞扬的眼角眉梢。她也曾年轻,也曾欢欣,只是默默的,不曾张扬,不曾外露——不,她从不曾真正拥有过爱恋!汉箅从不曾与她一同散步,看花望月,他们甚至不曾并肩成双逛过商场。他只知道把每个月的工资交给她,自己留下部分为女儿买礼物。他们不曾推心置腹地交谈,也不曾叫天吼地的争吵,只是流水般把人生美好的时光虚枉消磨。对生活他好像从来没过要求与渴望,也好像没有怨愤与不平,他只是安静地,安静地活着也如死了一般。母亲说他人好,只是读书读愚了,他不置可否。他不愿与人辩论。他活在死掉的灵魂里。不,他比任何人更有爱心和热情,永不厌倦地望着女儿,说着女儿,他与妻、母没有别的话题,除了女儿!他是最深情的父亲,最称职用心的父亲。女儿认识的第一个汉字"汉",他教的。女儿第一双红皮鞋,他买的。女儿游泳,他教的。女儿骑自行车,跟他学的。女儿第一次爬蜃龙山,他带去的。女儿中考志愿,他填的。女儿大学通知书,他签字领的。女儿,是他生命的所有喜悦。他爱女儿,只当爱女儿的母亲了,这是周青蘋最为欣慰的地方。

女儿成人之后,他回避许多,其实他对女儿的用心比过去只有过之而无不及,哪怕心无城府如周青蘋也看得出来。天天盼着长大的女儿真的长大了,他比周青蘋更感忧惧、失落。原来,母亲说得太对了,女儿都是给女婿家培养的。盼着长大做什么,长大就是人家的人了,她的可爱,一切好处,都是属于女婿与女婿家的。所以,他们下意识地拒绝"女婿"的出现。可是,没有"女婿"的存在,又如何体现女儿人生幸福的完整性?她,除了为人女,还要为人妻、为人媳、为人母,直至为人祖母、曾祖母,都美美地当一遍,才是幸福人生。他们必须如此祝福她,祝福"女婿"的降临。女婿的形象,矗立各人的思维,遥远、模糊,又光彩夺目。"女婿"随时可能出现,占有女儿的心灵,带走她的人。期待与惶恐同在,他们就在这矛盾中,面对心爱的女儿,面对某个从天而降的消息。先前,汉箫交代妻子等女儿回来,好好询问,不要过多责怪。回房后,汉箫并未睡着。她们母女在客厅的谈话,他亦听个子丑寅卯。

周青蘋是个忠实人,然活了大半辈子,俗情世故究竟懂得,欲把自己的经验传递女儿应用:"姝文,听你这么说,可以肯定的是,他喜欢你,你喜欢他。"姝文甜蜜地点头,可是,妈妈又说了,"你长得漂亮,性格温柔。他喜欢你,这个很正常,没什么稀奇感动的。你喜欢他,这个难得。"姝文忙笑道:"是的,妈妈,你知道的,我从来没有喜欢过谁。遇到一个喜欢的人,可不容易呢,比随便抓一把铅字,就是一首唐诗,还难呢。那个人,世界上只有一个。走到天涯海角,只是他一个。"

周青蘋严肃得很:"才认得几天,用不上这样抬举,说到世界,望到天涯去了。大小姐啊,他还是个陌生人。你现在要面对现实。他的家庭,我不满意,你爸爸、奶奶都不会满意,不能同意。你静下心,我分析给你听。"

姝文不禁拉下了脸。

"他倒是实诚,把家里不好的情况也告诉你了。其实呢,也瞒你不过,你可以问万嘉玉了解的。"

"人家就一实诚人,说的每一个字全可信任。"她想着他说了那么多甜言蜜语,心里又开心又得意,说起话来表情也就甜蜜蜜了,"不到订婚,我才不会告诉万嘉玉,和她表哥做朋友了。"

周青蘋听到"订婚"两个字,特别刺耳戳心:"小姑娘说话,用词庄重些。告诉你,你与他不合适。首先,他父母离婚,这个家庭,我们断不能接受。据我察看,父母离婚,感情不好的人家,儿女也是离婚的多,婚姻不幸是种遗传病。"

姝文也急了:"妈妈,你这样说,可不好听。搞得你是社会学家、情感专家了。专家敢这么下结论、说话吗?离婚家庭的孩子多了去了,人家从小缺爹少娘吃了苦罢，长大了恋爱了，连个祝福也不给人家，还咒人家像父母一样再离婚！太不厚道了吧？"

周青蘋说："不是不厚道，说事实，承认不承认，就是这个现象。他妈妈抑郁了吧？儿子长大了，怎么更抑郁了？年轻时系上了心结，解不开的。他爸怎么就和他妈离婚了，他爸花心吧？花心也是遗传的……"

姝文很惊异，从前只会说"好的哦"的妈妈，今天怎么变了个人，她打断了妈妈："妈妈，我都要不认得你了！思想这么复杂了，刻薄鬼附身似的！人家康濛很好的，二十四岁了，都没恋爱过，说在等我，是他梦里的人，这辈子的感情归宿。"她想起他对自己说的"是生，是死，此生只是你"，心里柔软得要哭。

周青蘋声音高了："是的，我变了！复杂了，刻薄了，只是为了你！我要你幸福，比我的婚姻幸福！"话音落了，薄薄的嘴唇还在颤动着，眼睛里蒙上一层泪雾。

姝文吓呆了，忙道："妈妈，我知道，你为我好。我们都冷静冷静，没有那么糟糕。他的家庭非常态，人可是难得的好，哪天你们见了会喜欢的。"

周青蘋平静点了点头："我和你爸爸、奶奶，天天想着，会有一个怎样优秀的女婿，配得上你，对你好，把你当公主爱护。想着一对亲家，多么体面和善，疼女儿样疼你，让你得两个爸爸妈妈宠爱，幸福比日子还要多。可是，你今天说遇了这么一个人，这么个家庭，男孩的性格必定阴郁，我听来，真是个晴天霹雳。你若断了心，不和他来往，我也不和你爸、奶奶说这个事了。"

姝文道："那是不能的！他诚实、热情、有内涵，还帅得不行，他是完美的哦！遇到他，是我的幸运，你们也该欣慰，下次等你们见了，就没得话说了。"

周青蘋紧锁眉头："丫头，才几天，都热恋了啊？没头没脑的小猪啊！"

"我就是没头没脑地恋爱了！妈妈，你都不知道，这种感觉多愉快、多欢畅、多美妙、多神异！"姝文的声音，一片花红柳绿。

周青蘋望着女儿满面生辉的脸，较往日更加靓丽光彩的脸，不由得声音温柔起来："姝文，我要祝福你，但是，不是这个人。"

"妈妈，如果你祝福我，就请祝福那个拨动我心弦的人。"

姝文不禁想到社会上一个可笑的现象，家家女孩金贵，自视甚高，想着有个怎么高富帅优秀的女婿，才配得上自家。而天下特优秀的男孩就那么些，还是常人居多，却说年龄一到，家家恋爱，结婚了，其实配对的还是原来这些人，也许真是情人眼里出潘安现王子。也或许，社会总体境况越来越好，年轻人有文化，有自信，个个都变成了王子。

姝文正胡思乱想，却听一声"晚上不可出门"。周青蘋突兀地说了这一句，心莫名地跳动着，像栀子花香跳动在五月的琴键上。

和煦的母女。

周青蘋说声快洗洗睡吧，回房去了。

姝文知道，和康濛的事，爸妈和奶奶初听必反对，但是她有信心让他们顺从她的心意，因为他们爱自己——胜过生命似的爱自己。这种爱最温暖、强大、安全，可以淘气、任性，脱缰奔跑，跑到戈壁，世界的尽头，一回头，这份爱，正敞开花园迎候你。

妈妈在房里长吁短叹。

爸爸房内传来踱步之声。

她只当未听见，急不可耐地要独处，要肃静，全世界只剩下他和她的肃静，让他的形象清晰地出现，让福乐达到极点。

汉姝文2019年春天的日记（3）

今天上午我送孩子上绘画课后，去看了妈妈。她赞美了春天与她的花园的忠实，"还没到清明呢，还没到清明，姝文，你看看，杜鹃花开了。昨儿夜里，杜鹃鸟来了，我听了一夜它的歌唱"。

我看见妈妈的白发在杜鹃树影里发出耀眼的光。

美人蕉亭亭玉立，花瓣像朱鹭展开的翅膀，跃跃欲试随时飞走。妈妈说这块课桌大的地方种了几十年的美人蕉了，一岁一枯荣。我请妈妈给我与美人蕉合影。妈妈说一会儿给我做美人蕉花汤。此汤甘甜如饴，清凉止渴，春天里又最宜治疗疮毒。

南瓜芽顶着瓜子壳从泥土里跳出来了，两片嫩叶相敬如宾，含情脉脉地看着我们的世界。我想起那对恋爱的学生。许多南瓜芽跳出来了，还有黄瓜芽，还有许多冬瓜芽。

妈妈像赞美春天一样赞美了时钟花的忠实。然后妈妈煮花汤去了。

我知道妈妈种了十四年的时钟花了。妈妈不需要时钟了。妈妈每天去种菜的花园等候花开。妈妈不需要时间了。妈妈不用微信。妈妈没有朋友圈。泥土丑陋，但它们发明了生命。妈妈只热爱泥土。妈妈不需要和我说话。妈妈和我说话，只关心我的孩子。妈妈真的老了，她不知道什么叫老。这里很潮湿，妈妈说潮湿是生命的温度。妈妈不需要温度。妈妈喜欢黄昏的阳光，更喜欢凉丝丝的月光。妈妈煮美人蕉花汤去了。

其实一进门我就看见献给艾米丽的玫瑰花了，走在哪里、坐在哪里都能看见。玫瑰花永不凋谢。玫瑰花紫得发黑。玫瑰花的味道令人晕眩。我看见献给艾米丽的玫瑰花了，在弹出献给爱丽丝的月光白的钢琴上。我的身体流淌着玫瑰花的血脉。我听见玫瑰花在深夜的呜咽。

如果有来生。如果有来生。

我看见献给艾米丽的玫瑰花,看见花朵上黑斑点的蝴蝶,看见花心里金色的小蛇。其实人间多么美好。玫瑰花总是歌唱的,唱着紫黑的歌。

最不可解的宇宙之谜,是每一场爱情的来龙去脉。

我看见艾米丽偶像似的身影,听见她午夜走上阁楼绸衣裙的窸窣声。

客厅东北角仿真向日葵又在把我召唤了,呵呵,妈妈端着美人蕉花汤来了。

妈妈每天与牵牛花一样早起,练习书法。妈妈练习爸爸的书体,十四年了。我分不出他们的字。妈妈,我没有哭。妈妈,花汤里滴了眼泪才是花汤的味道。

妈妈,我到你这里,才闻到深夜的味道,小说的味道,献给艾米丽的玫瑰花的味道,昙花的味道。妈妈,在这里,我找到了小说的家。妈妈,我三十六岁了,可是心还会激烈而恐惧地跳跃。妈妈,我要躲离小说的沙尘雾,它快把我窒息了。妈妈,你的眼泪流进我的颈项了。听你外孙子说,会流泪说明这个人是活着的。

妈妈,我知道在2005年,你一夜梦醒后成了昼盲人,世界只有黑白色了。妈妈看见的我是黑白的。我还能看见彩色的妈妈。

妈妈,你别用爸爸有裂纹的紫砂杯了。妈妈,你别喝龙井茶了,喝口花汤吧。

睡眠不醒其实不能叫梦,醒来之后才知道刚才是在梦里。苏醒后的追述不能惟妙惟肖,只是心依然铿锵地跳跃。

艾米丽是彩色的,亲爱的读者,你们相信吗?

我的亲人,我不能遗忘你们。我走遍大漠,历经沧海,寻找你们。小说,是你们在天堂的安息之地。让我们相聚于小说,从此,哪怕阴阳、哪怕天涯陌路。

如果有来生。如果有来生。

2005年的夏天复活了。房子在颤抖,花园在颤抖。献给艾米丽的玫瑰花在颤抖地飞翔。

第三章 良 辰 虚 设

这颗羸弱的心脏上刻满了他的名字

　　费皓良与林樱寒出了水饺店。樱寒斜视着男友，半认真半玩笑地说道："表现还行啊，汉姝文面前，也没死皮赖脸？"

　　"哪里？怎么可能！"费皓良心头一跳，只怕林樱寒听见"扑通"之声。实际，他今天面对汉姝文真心坦荡。

　　"汉姝文即便不错，我可与之相交，但你需敬之远之！"后四个字掷地有声，像一个个铁饼砸在水泥地上，也砸在费皓良柔软的心脏上。

　　"放心，遵命。"

　　费皓良替林樱寒打开车门，待其坐好，自己再往驾驶座那边去。其实，水饺店在老城区，离樱寒家只一公里的距离，只是他二人早已不习惯步行去约会，出门即车。

　　上车之后，费皓良温柔地看着樱寒："请问林大小姐，何时向令尊汇报咱的好事？"

　　"会安排。还没给姑婆讲呢，待姑婆支持，就水到渠成了。凭什么不同意啊，汉州第一青年才俊，曹市长的大秘书，得意门生，漠视得了？放心，我为你，放弃北京，放弃法国，甘心此事落花流水啊？"说着捏了下费皓良握着方向盘的右臂，目光锐利而温柔地看着他。

　　费皓良温存而得意地一笑，左手伸出青春之力，握着右臂上那只栀子花瓣般冰凉的手："好的，才不操闲心。你这么聪明有主见，什么事办不成！"

　　樱寒含笑推开他："好好开车，安全第一。"身子坐正，目望前方缤纷的街景，道，"关键，你是否爱我？多久？"

　　"爱你，至你不再爱我。"费皓良目光锐利而温柔地看过来，林樱寒总是感觉到并迷惑于他目光里那种拔地倚天的力量，以及对明早的太阳是否会醒来的不可信任。如何，她的心是跃动的，声音也是跃动的，并且野蛮的："不行！我不爱你，你就不爱我了吗？"

"嗯，如果那样，不是纠缠你、麻烦你吗？因为我爱你，所以希望你快乐轻松，直至，离开我之后。"温软的声音。轻薄的声音。风吹过松林的声音。不能逃脱的声音。

"我如何相信你？"柔软的声音。冰冷的声音。无奈的声音。秋月的声音。

"以青春行动。"

"虚。身体上'文'字？写血书？"

费皓良夸张地笑了："太俗气、野蛮了吧？大家闺秀不该产生这样的念头。"

"因为我爱你，才有疯狂的念头，先生当感欣慰。我要你属于我，永远的，完全的！"目光固执地火热，因而固执地冷漠。

"放心，宝贝，永远，完全，臣服你，属于你，是我莫大的荣幸。"

费皓良把车停在路边，张臂欲亲近林樱寒。她推开她，嗔道："大秘书，光辉形象呢？别下车了。再见。"

林樱寒踩着快乐的音符，进了市委宿舍大院。

主管市文体教育的林泰承副市长，家住一座独立的二层小楼，客厅里，华美的吊顶，红木家具，沙发后《江山多娇图》，显出一种威严的气氛。博古格上，萧何月下追韩信高仿青花梅瓶，庄重地注视着英国银制水晶酒壶，菠萝格地板仰望家中的一切，一切物件相互熟悉，像熟悉它们的主人。

林樱寒原本欢喜开门，却见家里一片狼藉，座上碎玉，地上花泥。林郁雪身穿湖蓝绸衫裤，半卧沙发，眼里的泪，孤零零地鸣叫。她总是属于冬天，像凋落了树叶与果实的树，立在瑟瑟的寒风里。

林樱寒迅速换上苹果绿拖鞋，挨到林郁雪身旁坐下，握着她瘦削的手："姑婆，爸爸回来啦，大购物啊。爸妈哪去了？"

"阆苑酒店，曹市长给你爸接风了，你妈也去了。"

"那款 Dior 印花手袋，买来啦？"

"买来了，这不是？"林郁雪从芝泥中将手袋翻将出来，"还送你一瓶香水。你妈的最多，看看，我也认不出来，露？水？霜？你爸真能造，这一去，只怕两个月的工资没了。"又叹道，"你妈一抽屉的胸针了，又买了，这不，我不小心，把上面镶的小钻石弄掉了，你妈回来有气生了。"

"坏就坏了，气也没得用了。嗬，手袋真漂亮！姑婆，爸给你买了什么？"

"喏，买了一双芭蕾圆头平底鞋，一条围巾。"说着哆嗦展开一条披肩围巾，印着燃烧的太阳菊。

"姑婆，我记得，你有条披巾，跟这图案特像。"

"可不，姑婆正难过。"樱寒一听即知，姑婆又要讲那个老故事。记得小时候讲故事前，姑婆总会喊她"小乖乖，吃着蜂蜜长大的甜蜜女孩"，又说，"好孩子，打小乖，静静的，小仙女样坐在姑婆边上，听姑婆讲重复再重复的故事。知道么？姑婆就喜欢你，相信你，谁也不讲，就跟你一个人讲。"

林樱寒从三岁起，姑婆就给她讲这样的故事：20世纪40年代，一位富商小姐与一位留洋博士偶然相遇，小姐文雅漂亮，先生风度潇洒，他们一见钟情，甜蜜约会。可惜好景不长，先生的父亲逼他与一位世交女儿订婚了，并远走异乡，杳无音信，先生曾对小姐信誓旦旦，说待其父亲百年，自己功成名就时，回来娶她，让她等他。于是，这位小姐终身未嫁，只是等候那还未实现的盟言。樱寒七八岁时，即知"小姐"是姑婆。成人后，有些轻视女主人翁愚蠢的痴情，但是，她是她的姑婆。

林郁雪是个奇异的人。她有着奇异的心思，也有了奇异的容貌表情。从她的瓜子脸型、稀疏而依然昂扬的眉毛、幽深如猫眼石的眼睛、秀气的鼻梁、小巧的嘴唇，以及白皙的皮肤，可以想象得出她年轻时当是一位标致美人。林郁雪最奇异的，是她的一双眼睛，像她养的暹罗猫幽邃，阴冷，带着利剑的寒光，来自北极，出自地狱，浸润过三个世纪的黑曼陀罗花露。谁与她对视过，都会一世不忘。

林郁雪告诉侄孙女，杜韬航曾送她一条印着太阳菊的披肩围巾。此时想起那天赠送披巾的情形，他的目光，对她的赞美与承诺，不禁陶醉于记忆，同时，心在滴血疼痛。

他总是年轻时的模样，出现在她的眼前。

她想象不出他的老态。

林郁雪说着说着，目光燃烧，神思恍惚了："我总觉得，他会出现，在临死之前，一定能够看到他。我要他亲口再说一遍年轻的承诺，今生已过，今生不能，来生不是更长久么。"她是基督徒，可相信有来生，来生会补偿她今生应该享有的幸福。声音越来越高，仿佛她一个人立在旷野里，"是的，他会出现，上帝在暗中对我允诺，要我耐心，懂得忍耐的光荣。我安静、痛苦、喜悦，只是相信，他终会出现！"

林郁雪讲话总是这样话剧般的风格，林樱寒总结出几个原因：一是姑婆早年读过大学，国文系，感情奔放的外国文学读多了，法国小说、浪漫主义诗歌、莎士比亚的戏剧，都令她痴迷不已。二是话剧、歌剧、舞剧看多了，情感容易陷入热狂的状态。三是她个人感情上的折磨，心思过于炽热而悲痛。四是笃信基督教。林樱寒觉得《圣经》原是烈焰中烧灼出来的文字，因了基督徒对《圣经》触目成诵的缘故，他们似乎在情感表现上都很强烈。基于这些缘由，姑婆在语言上呈现出一种书面而热烈的文学风格、话剧意味，特别是在谈到令她一世驰魂夺魄的爱情故事。而此故事的听众仅是她林樱寒。慢慢地，樱寒甚至觉得，姑婆一旦讲此故事，便是在活灵活现上演她的爱情大剧，对于有这样亲近关系的观众又不免是一种折磨了。

樱寒道："姑婆，我相信你的上帝是公正的，你所受的孤独与凄苦他都知道。现世不能，在来世你也会获得福报。"

"好孩子，你的安慰，于我是一剂良药。在你面前，我不必伪饰，说出令世人耻笑真实的话语。除你之外，我只与公义的上帝对话，我必须要他的允诺慰藉，也是生命延续到今天的缘由。我的心太苦了，太累了，多少次觉得自己到了死亡的边缘，可是，每一次又顽强地挺过，只是因为，他还没出现。他会出现，这是我惟一活下去的理由。他会出现，出现在这真实的尘世，我的世界。他不应该嫌弃我已经衰老，我是为他而老的，我的青春热情,一生的时间精力都为他付出了!我可以给他看我少女时期的照片,指给他看,这颗羸弱的心脏上刻满了他的名字——杜韬航,杜韬航,满满的、满满的杜韬航!他应该辨别出来,我每一根白发,肌肤上的每一条纹路,都印着杜韬航!是的,上帝会派天使来向他说明,我怎样热爱着他,思忆着他!他会笑,会抚慰我,携手跨进天堂……"林郁雪歇斯底里地诉说,皱纹蠕动着,泪水纵横脸上。

林樱寒见姑婆这般悲郁,不忍心再听下去:"姑婆,洗漱了吧?今天累了,早点休息,我照应你上床。"

林樱寒搀扶姑婆到楼上房间,打开实木雕花落地灯,说:"今天还可以,别开空调了,窗户通着风就行。今年夏天真好,不是太热。"林郁雪点头。

樱寒扶姑婆坐在银灰布艺实木沙发椅,又到窗前,正要合上印着蓝色风信子的遮光窗帘,想着不必了,单合上白色蕾丝纱帘。樱寒铺开印着小蓝花的夏枕夏被,扶林郁雪于金丝楠木双人床上躺好,把床头灯调暗,再关落地灯。

只听林郁雪叫道:"樱寒,把床头灯关了,纱帘拉开。"樱寒叹了口气,照做了,明白姑婆是要望月亮的。"姑婆,好梦。有事喊我。"说着去了。

林郁雪翻来覆去,不能入睡。窗外有皎洁的月光,幽灵般涌进屋内。鲜艳的月光,惨白的月光,凄厉的月光,冷漠的月光,会湿漉漉地蠕动,会说话会嚎叫会呻吟,闪现梦魇的月光,像耶稣的裹尸布,像女鬼的白色丝巾。

林郁雪身体蜷缩着,战栗着,心脏烧灼着,痉挛着,眼睛却仍然怔怔地望着那轮从古到今万万人欣赏、有人欢喜有人伤感永不老去的明月。

抗日战争结束次年夏天,汉州大学便自西南安成迁回汉州。家在汉州的同学尤为兴奋,林郁雪正是。其年方十八,花容月貌,一双眼睛只似湘江秋水清明。密友万雅琛,中学同座,大学同班,二人一般的性格,一般的趣好,一般的丽质天成,一般的装扮时兴,气质深闺,出入如影随形,在众多女学生中,特别引人注目。如今,万雅琛正与林郁雪的哥哥林郁青交往着男女朋友，这对姐妹更是好得蜜里调油。

万雅琛的父亲万广正，正是女儿在读大学的校长。某日听表兄杜懿德感叹家事：老朽年迈，今长女已嫁，惟一小女相陪，独生儿子远在美国求学，甚为想念，又说儿学业已成，盼其归国效力。万广正想着表嫂作古多年，衷兄竟未再娶，只一个儿子远隔重洋，着实孤寂。因曰："贤侄若肯学成归国，成就忠孝两全，尽善尽美矣。如此，弟亦有私心，今敝校业已迁返汉州，表侄若肯屈尊敝校，作育英才，学生们有幸，敝校亦荣幸之至。深感尔父子大爱之情，某自然晓得，金子终得金子换，贤侄于敝校薪金待遇，某当代力谋求。再者，贤侄怀抱利器，日后必大展宏图，为国争荣，光宗耀祖，说来，于我这里究竟不过暂且敷衍。"杜懿德听万广正说得恳切，遂电报再书信，与儿子说了此事，信里又核心说了，自己身体三好两歹，晚景临至不堪之状。杜韬航竟真的遂了父亲的心愿，博士毕业归国效力，且回了汉州，应聘了本市惟一的省立大学商学院的教授，且万广正校长亦豪气允诺，往后升职发展，必定径情直遂，一路锦上添花。

杜韬航家住城东镇，平日居住学校配置的单元公寓屋，一般两周回趟城东看望老父。今日又逢周末，无事便去办公室整理讲义。不知为何，他喜欢一个人在办公室思考问题，周日无人，便去了，学生不来，同行极少，便开着门。泡杯龙井，仰靠椅子上沉思，构想未来。

不见桂树，但闻桂香，自窗外如云似雾飘进屋内。爬山虎从外窗框探着头，露出绯红的笑脸，遥看青松，则一脸肃穆，冷落冰霜而又铁面无私，面对季节来去，面对杜韬航。

敲门声。进来的是笑吟吟的万广正校长。万校长身穿中山装，脚踏千层底布鞋，个头不高，走起路来竟掷地有声。鼻梁上架了副黑框眼镜，相对于眼镜的丰满，脸颊瘦削三分，眉毛只似两条大黑蚕，一说一笑间，便温软地蠕动，嘴唇偏薄，人倒显出几分刚毅气质。他大学学的建筑学，办学相信文理相通，中西合璧，识人用人，独具慧眼，常常不拘一格聘用教员，亦常常不拘一格选拔学生。这个美国归来的表侄，学问、口才、长相皆是优等，同人与学生亦称其美，自己打心底里喜爱他。

万校长与韬航亲热交谈，工作、生活、家庭、未来，皆关照到了。其后又说，昨日历史系陈洪主任送了家乡人带来的吴塘蟹，请韬航跟他家去品尝。

杜韬航自感却之不恭，遂随校长去了。

林郁雪下午送来两盆白松针菊花给万雅琛，两人在院里凉亭赏菊聊天正欢，万广正与杜韬航进来了。林郁雪忙道万校长好，万雅琛则问杜韬航教授好。万校长笑呵呵地给林杜二人互作介绍，说到杜韬航，热情地拍着他的肩："汉州大学独一个，美国归来的博士啊，天之骄子，国之栋梁。"杜韬航连忙谦虚："表叔过奖，还望表叔栽培。"

林郁雪第一眼见到杜韬航，心头鼓不由得被小天使咚咚敲击，破天荒如此认真打量一位年轻男士。只见杜韬航穿着一身黑色笔挺的西装，系着蓝黑条纹领带，头发抹着发蜡一丝不乱，一副健壮的短促眉，一双桃花眼，明亮有神。脚下皮鞋明光锃亮。身材挺拔，器宇不凡，而又十分儒雅，实有一种漂洋过海人的风流气质。他落落大方与万雅琛、林郁雪握了手。林郁雪自忖，今天幸而稍作修饰，卷了头发，穿上新款的嫣红薄呢旗袍，外罩窄腰大下摆的黑色大衣，配上这双精致的羊皮鞋，真真靓丽，今天出门前也曾自恋式惊奇，原来上帝早做了安排，要认识这位洒脱不羁的杜韬航……

万雅琛的母亲是汉州大学英语系教授，与杜韬航亦熟稔，听见院里动静，便从厅里出来笑脸相迎。弟弟万平琛今年刚上中学，在屋里做作业，听来客人了，仗着快到饭时，也兴奋地出来了。

万校长高声呼唤佣工王妈，把吴塘蟹都蒸了，再多添两个菜。王妈答应。

大家坐下喝茶聊天。万平琛对西方比较向往，知道杜韬航在美国留过学，缠着他讲话，请他讲国外趣闻。韬航本也健谈，今日又有两位漂亮小姐在座，心情愉悦，说起话来声音洪亮，语速也较平时快，夸张与杜撰皆显自然。

"我初往美国带去数盒茶叶，送了一盒给房东老太太。老太太收下茶叶甚是喜欢，连说太爱喝中国茶了。次日见她，兴奋地留我喝她煮的茶。她从厨房端来一只餐盘，盘上托着一只中国民间青花瓷碗，香雾缭绕的。

她彬彬有礼地请我用茶，说加了香草粉、黑胡椒碎、黄油等，用文火煮一早上了，未及她说完，我忍不住大笑，说'不愧是中国工夫茶'。"杜韬航还未说完，万平琛笑得两颗大门牙差点跳出嘴唇，两位小姐，一个笑岔气揉肚子，一个笑着低头用丝绢擦眼泪。万广正笑道："欧洲绅士，倒懂些中国茶道。"只听电话响了，女佣说是找万校长的，万先生接电话去了，口里道："你们年轻人聊着。"

　　"我有个德国同学，懂点汉语。他喜欢我们班一个上海的女同学，为了表达爱慕之心，用汉语写了封情书。他心里称呼着'亲爱的姑娘'，但是'娘'不会写，想着'娘'和'妈'一个意思，于是通篇称呼'亲爱的姑妈'，写了封情意绵绵的信送给女同学。"杜韬航带笑叙说，万平琛擂着两个白胖的拳头大笑，两位小姐一个趴在椅背笑，一个低眉掩口笑。万雅琛笑毕，道："我们的国语只怕是人类语言中最难学的了，本校王翰教授的夫人是英国人，我见过她两回，说起中国话总闹笑话，'出去'说成'出家'，'饺子'念成'轿子'，一只纸一头布一对裤子，乱说一通。"众人皆笑。

　　杜韬航喝口茶，笑道："说个进步的。法国有个作曲家作了首死亡音乐，闻者皆对生命厌倦而自杀，吾校有位音乐教授设法听了此曲，大哭三天，醉饮三夜，昏醉中竟作一首'生命礼赞'的曲子，热情昂扬，据说厌世者听了，都疯疯癫癫地热爱人生了。所以，天下之大，奇迹之人奇迹之事总是有的。"万家姐弟皆附和，说对头。杜韬航讲话总是神采飞扬的，万雅琛睁着一双明亮的大眼睛落落大方地听，落落大方地笑，只如在听自家兄弟演说。林郁雪原也是大方之人，今日却意外腼腆起来，自有一种迷人的闺秀风范，杜韬航甚是钦慕。实际，她耳热心跳。实际，她坐立不安。实际，心底语无伦次，而她不语，也几乎屏住呼吸了。他，全部看到心里去了。

　　快七时才开饭，虾蟹满盘、家禽满桌。万雅琛和林郁雪与林郁青约好，看七点半的电影，时间紧了，吃饭潦草。余人亦不管她们，饮酒的饮酒，剥蟹不停，谈话不误。万平琛舔着手指咂着嘴称赞："从没吃过这么好吃的螃蟹，想象不出的细嫩，描绘不出的鲜美！这个金灿灿的蟹黄啊，只一口就把人醉了，沁人心脾啊！吴塘蟹堪称天下第一美味！"林万二人未及食蟹，雅琛笑道："这样好吃，也不怕得罪今日贵客了，我要送礼，送六只螃蟹给林家。"她母亲忙放下筷子，笑道："郁雪没吃，原也惦记着呢。"朝郁雪含笑看了一眼，又转向杜韬航，道："姑娘被我们惯坏了，说个话不分里外，杜教授不要见怪，她要带走螃蟹，你须点个头才算。"杜韬航忙笑道："婶子客气，这样才好。这么鲜美的螃蟹，林郁雪没吃到，我正替她遗憾哩。"目光带笑望向郁雪，她十分慌乱，几乎带着颤音，说谢谢，谢谢大家。

这边王妈取来食盒，杜韬航亲自夹了六只红灿灿的螃蟹装上了。万校长说，王妈做的汉州米粉肉地道，也盛一盒带去。叫佣人赵三送往林家。

万雅琛家离东风影院步行也只五六分钟。她们一边走，一边说话。

万雅琛笑道："杜教授不错哦，风度好，学问好，口才好。"大眼睛里闪烁着调皮的光彩。

林郁雪笑道："老师也夸得！正告：小姐，毕了业你就是我嫂子啦？"

"放心，你哥，于我心里，独一无二。将来你会明白：一般而言，女子的心，一世只会跳跃一次哦，心房不会住下第二个男士的。然杜韬航这样的优秀先生，咱也不能指马为驴吧？我看杜教授对你有点心思哩。"说着笑望郁雪，善意探询。

"快别乱说，回头见我哥，更不可提。人家杜韬航是美国归来的博士，大教授，我怎么可以？"

"大学生啊，还怕灵魂互通有障碍？这么俏丽的小姐，家境又好，配不上他么？呵呵，林大小姐从前的傲气呢？遇到你，是他的鸿运当头啊，我想给你当红娘哩。"

"你尚未婚，且要当红娘！谁知道人家有没有女朋友？"林郁雪口上这样说着，心内却翻江倒海。

"据我所知，没有。等好事哦，你。"雅琛笑道。

到了电影院，只见林郁青西装革履，立在广告牌下左顾右盼等候她们呢："快，电影开演了。"待到跟前，又不禁埋怨，怎么这么晚？雅琛刚想说郁雪相亲了，而郁雪心虚，正瞪眼看她，雅琛忙说抱歉，晚饭迟了。

三人进了电影院，雅琛坐中间，一时和林郁青讲话，一会儿转头看一眼林郁雪。影院演出《一代佳人》，林郁雪一分心思也没用到电影上，不停回想杜韬航的形象言语，还有路上和雅琛的对话。她想：但愿他没有女朋友，他对我终归有好感和心思的。如若其终身已毕，今晚将被彻底遗忘。一切皆是上帝安排，且等且候。

万雅琛中邪似的，鼓着劲要当红娘。通过父母侧面了解，再有意拜访杜韬航，真的当上了红娘。

杜韬航果真没有女友。虽然洋装在身，也喜洋姿态行事，但择偶标准却是中国古典仕女，遇个薛宝钗才称心如意呢。再者，世人以为宝钗只是属于客厅的，他杜韬航还看见了滴翠亭扑蝶的宝钗，独自面对宝玉时娇羞怯怯的那个宝钗。留学时，有女同学喜欢他，他也似乎恋爱过，可究竟心火未能毕剥燃烧，只是一跳一跃的小火星，落地就灭了。他果真为尽孝方归汉州，且事业光大惟在母国，又隐约为了梦中的爱人回来了。

在父亲看来，他的年龄早该成就婚姻大事了。每次父亲见他，问了工作食宿，必要叮咛尽早婚恋，有消息早告诉，好让人放心，欢喜。

学校里只有两位未婚女教员，一个身短色黑，活泼得近乎傻大姐；一个面色苍白，五官细小，性格冰冷，似乎谁都欠她祖宗八百两银子。唉，这两张脸，这两个女子，杜韬航真心替她们愁虑，如何嫁出去，又有哪两位勇敢的男人敢娶回家去。心底又不禁替女子不平，女人即便有才智学问，也必要天生美貌，方令男子佩服，世界方肯为她们敞开光亮之门。

本系或外系的学生，不乏佳人，只是如今尊为人师，尊严必要的，真假要做出高上不可亲近之状。那日到万校长家，一个是远房表妹，一个是表妹的朋友，尽可忘却为人师的身份，把真性情表露出来。他历来见到漂亮女子，条件反射似的，总要飘洒些多情的花露，各位女子承接的花露，形式各异，有如云如雾散了，有春雨绵绵，有夏雨倾泻，而杜韬航总是潇洒的。他未来的女友，他的杜夫人总该是美丽的，有才识的，以及其他，嗯，有不富即贵的身份，与他追求的理想生活比较近。

当万雅琛有意当他与林郁雪的红娘，并把林郁雪的性格与家境透露，他发自内心地欢笑。哦，这位秀色可餐的学生，原是汉州市四大财主之一林盛豪的千金。明年即大学毕业,若顺利,毕业即可完婚。新郎事业遇见新境界,也未可知。

杜韬航研究经济学,可并不安心在大学里做学问,心想,书读了这么多,人生总要追求个富贵利达,方不负二十年寒窗苦,不负上人殷切期望。父祖数代乡绅,且由于战争,天灾人祸,家中光景一天不似一天,惟待他振兴家业。欲光前裕后,靠自己努力,亦需寻觅外力,而婚姻,或累赘,或助登天,因警示自己,姻缘之事不可轻易。

因其相貌英俊,心性聪明,成绩优异,中学、大学、留学期间,都不乏爱慕者,北平、香港、洋女孩皆有之,由于这个那个多少不如意,便是说恋爱了,究竟未到婚约的地步。谁料,甜蜜的爱人竟于故里守候自己?是的,万雅琛在当欢乐的红娘哩。他告诉她,心内凿实爱慕林郁雪。只是,因为同校师生关系,请暂且莫报告万校长及他人。万雅琛笑说除非大婚了,才不说。

万雅琛得了信息,忙悄悄告诉林郁雪,杜韬航单身归国,只等回汉州觅爱人呢。人家眼光高着哪,可是,杜教授表示十分欣羡林大小姐呢。她自作主张,把林郁雪家的电话告诉他了。林郁雪听说,内心又惊又喜,面上生气而严肃地说:"日后枝节,你担待。"雅琛笑道:"怕你感恩不及。"

放学在家,林郁雪便专心注意电话铃声,接了几个,不是找她的,有些扫兴。周六吃着晚饭,电话又响起来了,她还是不自主地跑着抢接。

那头问:"请问林郁雪小姐在家吗?"

林郁雪一听便知是杜韬航,紧张得心脏差点从肚腹里蹦将出来,镇定之后,故作冷淡地说:"我是林郁雪。哪位?"

"我是杜韬航,万校长家我们见过。"

"哦,杜教授,什么事?"

"是这样,我连续叨扰万校长一家,过意不去,明天中午在君悦酒楼,请万校长一家人吃饭,鄙人意欲给雅琛表妹请个伴,请问林小姐可否赏光?"

"谢谢,不合宜呢。"

"合宜,很合宜,雅琛不也只成你一家人了?请赏光。"

"嗯，好吧。"

"明天雅琛会约你。谢谢！"

原来万雅琛和杜韬航串通好的，林郁雪又生气，又感激。

次日，林郁雪认真妆扮了，赴约君悦酒楼。她穿着新式带衬底的咖色格子裙，外罩米色小西服，头发卷了花，十分青春。不只是惊艳了杜韬航，雅琛与母亲亦赞郁雪今日俏丽。

君悦酒楼是汉州惟一的西餐饭店，究其实算不上西餐店，当年店家为了迎合食客口味，营业月余，即加了中餐菜系，方可维持生意。生意竟十分红火。

这家店统共十六道菜，但每道菜都精心制作，厨师皆是上海、北平培训过的，使在外面见过世面的人吃了君悦的菜，亦十分惊喜。

今天有个民以食为天的客人，不劳东道主费心点餐了，万平琛全代劳了。花满春园冷盘、三鲜菜心、葱烧海参、里脊牛排、巴西烤肉都点了，这孩子尚知亲尝汤药，特地给父亲点了清蒸鲈鱼，又诚心为母亲点了桂花栗子羹。杜韬航连赞他孝心可爱。

饭桌上杜韬航左右逢源，把校长夫妇趋奉得极舒适。

请客人喝的是葡萄酒。杜韬航从腓尼基人对葡萄树的栽培、葡萄酒的酿制讲起，再洋洋洒洒讲述法国的葡萄酒文化，再从葡萄酒的营养成分讲到健体美容的功效，再讲到他请客的玛歌红葡萄酒，是出售店家的最后一箱藏酒，他法国的同学带到美国，本人又从美国带回中国，这红酒飞越了大西洋、太平洋，比世上多少人一辈子走的路还长。可谓礼远义重，此酒当与敬爱之人共享，而今天在座的正是他最为敬慕之人，与诸位品尝共醉是他莫大的荣幸，必是平生最美好的记忆云云。在杜韬航热情诚恳的解说下，平日不爱喝酒的万广正，滴酒不沾的万夫人母女，都笑说愿意尝尝这葡萄酒。林郁雪亦无可推托。

葡萄酒精在屋内兴奋地绚丽地飞翔，一片欢愉。众人谈兴甚欢，欧美风情、国内时局、高校教育、街头风尚，话题无所不包。杜韬航总有新鲜观念，他说，所交往的美国人认为，理想的中国政治体制，是国民党与共产党建立联合政府，这样于美国与世界都有益处。其实，他们不够了解中国人的性格、历史环境，加之人口众多，地域辽阔，中国似乎更适宜一个政党执政，且对内对外都强有力的政党，又自嘲，不知自己此想法是不是个"乌托邦"。自己做经济学问，希图一个稳定的政权与国家。万雅琛笑道，谁不要安定，抗战那些年高校往西南流浪的日子，哪个要过。万广正说，国民唯愿安居乐业，上学堂的上学堂，做工的做工，各就各位，万物和谐。

一时又换话题，杜韬航问为什么王子多大智大勇，公主貌若天仙？万平琛说，因为他们的国王父亲国士无双，王后母亲风华绝代。杜韬航说，对，所以赞同尼采优秀人物只能与优秀人物联姻的说法。可以说，男人不是为婚姻找爱人，而是在找他儿女的母亲。说得众人皆笑。万夫人笑道："此话新鲜。先爱孩子再爱他们的母亲，可见男人自私。女子心胸宽广多了，爱了男人，又更爱他的孩子们。女人天生为爱而生。"万校长笑了："男人爱孩子，爱孩子的母亲，爱自己的母亲，女人总是被爱着，还不幸福啊？"万平琛嘴里嚼着牛排，嘟噜道："我看爸爸爱姐姐就比爱我多。"杜韬航笑说 What a sweet family。

杜韬航说话，目光关照着万校长全家，借着酒力，更关照着林郁雪。电光火热。她的脸颊不时泛出暑日下的杨梅红。他说的每一句话每一个字，她都认真地听，是的，吃的不是饭菜，是他的话语，他的声音，他光彩夺目的一切。

记忆，浸入血液。

一个温馨的中午。一场绚烂的午餐。

出酒楼时，万家四口走在前，林郁雪随后，杜韬航趁人没注意，迅速塞给她一张纸条，她同样快速塞到口袋里，并镇定着，若无其事地出了酒楼。

林家汽车夫在酒楼门前候着，郁雪坐车回去了。上车后她赶紧打开纸条，哆嗦地，上面写着：下午四点丁香雨茶楼见。她的心怦怦地跳，笑意在脸上漾开一朵红牡丹。

林郁雪回家稍作休息，不好意思太郑重，未换新衣，含蓄而醒目，加戴一只象牙手镯。怕家人察觉，不敢叫汽车夫送，坐人力车赴约了。

到得茶楼，杜韬航正在门口微笑候她。

服务员带领上了楼。紧靠木窗，二人对面坐了。点了壶龙井，一碟南瓜子，一碟西梅。

杜韬航目光炯炯，望着林郁雪，语音温软："林小姐真真仙姿玉貌，月里嫦娥，使杜某不能不'我见犹怜'，日思夜念。"

她低头，以小苍兰似的微笑回答他。

他依然热情洋溢："敝人诚实仰慕林小姐，自见你的一刻，即爱上了你。吾不惯西方女子之妖娆，林小姐典雅的闺秀风度切实令杜某倾慕不已，如蒙不弃，期盼做个朋友。"

她望他一眼，遂电击似的立即低头，目光停留在清爽的茶叶上，沉吟一时，问："杜教授有女朋友了么？"

"没有！我单身漂洋过海，又单身归来，若有女友，不敢多望你一眼的。某实乃守旧青年，将为小姐的美丽心碎，又无可如何。"望向她，眼神秋空明洁，玫瑰火热。

她再次沉吟，柔声细语说道："我，愿意与你做朋友，然不宜张扬，暂不可使父母同学晓得。"

他神采飞扬："谢谢，杜某真真祖上积德，三生有幸。相信，此世，决不负卿！"

她低头微笑。杯中的茶叶逐渐弥漫，化成一座花园，一方草地，一池明湖，一片汪洋，汪洋里一叶扁舟，坐着他和她，向着前方，向着太阳，缓缓驶去。

林郁雪经多年的教育练习，培养成一种高贵大方之仪态，举手投足雅致之极。她胜似言语的沉默，令杜韬航醉心不已。加之他从万雅琛那里了解的，林家资产丰厚，开了两个纱厂，两个面粉厂，两个绸庄店铺，田产庄园若干，这些让他看她更加可爱。

他从皮包里取出一条印着太阳菊的披肩围巾，说是他的法国同学从巴黎的香榭丽舍大街买来，原要送妹妹，妹妹叫他留着，日后送给女友。

"我见到你的第一眼，便庆幸围巾寻到了美丽的女主人。"他双手捧与她。她推辞。他说："青春心意。请收下。"起身，展开披巾，帮她围上，不住赞叹："真美，你真美！"

林郁雪相信自己披这条围巾必然靓丽，究竟不好意思，忙取下，叠好，装盒。实际，她后来也没正式围过它一回，只是一个人偷偷地试过，欣赏过，蓝色的天空飞满太阳菊，雪花白与蝴蝶紫，梦幻般的美丽，美丽的披巾，美丽的心碎，一次一次，甜蜜而怅然地回忆他的言犹在耳，"真美，你真美"。

杜韬航给过林郁雪的，也只是那张纸条和太阳菊图案披巾，也是她一生所收藏的最珍贵的物品。它比一切价值连城的珠宝都要贵重。她视为天使留下的信物珍存着，这份他存在过的惟一的证据。她时常鼓起勇气，悄悄地取出，观摩，抚摸，每次都黯然销魂，哀哀欲绝，泪水止不住地浸湿着围巾，遂又责悔自己大意，赶紧收好，再让眼泪流个痛快。

楼下的喧闹声将林郁雪从苦涩的思绪里惊醒过来，只听侄儿林泰承问："怎么搞的？这个胸针，配你那件米色外套最合适。如何这样了？"

许安娉淡淡一笑："我知道，怎么回事？"

"快讲。"

"讲了，只怕你不高兴。算了吧，坏就坏了。"

"讲！"

"好，我讲，可是你要听的。"许安娉把嘴凑到林泰承的耳边，"姑妈看你给我买了好多礼物，心生嫉妒，故意弄坏。"

"不可能。诽谤！"林泰承生气了，脸也红了。

她鼻子里"哼"了一声："我诽谤过人吗？不是多喝了两口红酒，还真不说。这又不是第一次！"声音提高了。

"好了，姑妈和樱寒都睡了，别吵醒她们。这事到此为止。"其实，林郁雪和林樱寒都侧着耳朵听，听到这里只好装睡了。

林泰承换了话题："曹市长的夫人，嗯，难听了，把头蠢脑的，要我是他，还真不好意思往外带，偏他带得起兴。还别说，市委几位夫人，论气质模样，你……"他竖起大拇指，"这是有目共睹，有所共识的嘛，我的福气啊。"他狠狠地搂了一下她的肩，喝过酒的人力气似乎比平时都大。

"疼哦。都几点了，快洗洗睡吧。"

"这么急？好。"朝她意味深长地笑。酒精的味道，她避过脸去。她是心跳的。

存上床，早已夜深人静。林泰承关了门，调好空调温度，合上浮雕绣花窗帘。

林泰承道："离家十天喽。想死我了吧？"说着把手搭在许安娉的肩上，又用力捏了一下。

壁灯的光在夜的海上奔腾。午夜玫瑰的香水味，在空中伶俐地游弋。

许安娉的身体一阵酥软，声音有点颤："想得美。没有。"

在半明半暗的灯光中，林泰承的眼睛发出雪豹般明亮的光芒，盯视着许安娉："呵呵，何必问？到什么境界，你也是死不承认的。你要做而不要说。明白，你比我还急，愿意成全。"说着搂抱过来。

许安娉的自尊心受不了了，胜于身体的需求，用力推开他："睡书房去！"

林泰承赶紧讨饶："对不住，不敢了。高贵的夫人，我无法抑制对您热烈的崇拜、思念与渴求，看在我深爱您二十七年七个月的分上，成全我吧！"

她露出笑影。

楚雨巫云消散，林泰承很快睡熟了。许安娉习惯的怅惘，与生命一刻不可分割的苦痛，像无数条冰冷的花蛇将她缠绕，像无数只勤奋的蛀虫把她的心肺咬碎：她不爱他，不爱他，可是他的手臂一旦碰触她，便难以抑制地情热，也是惟一让她的身体可以做出强烈反应的男人，她合法的丈夫，而每次平静之后，总有一种深深的羞耻与罪恶感，因为她认为：自己不爱他。

她想起安静的大学校园，绿荫、草坪、小蓝湖，到处都是她与另一个他的足印，她与他的回忆。他们谈李白、论李煜，探案一样探讨《红楼梦》原著结局，一同疾声厉色批判法西斯，和声朗诵拜伦的诗，目随同一朵云彩飘浮，描绘将来的将来。

一九七八年春，汉州市有三名学生：汉箫、林泰承、许安娉，被省城大学中文系录取，在同一个班级。许安娉是怒放的迎春花，漂亮而热情，汉箫是一棵挺拔的青竹，清高而质朴；林泰承是棵绿雾缭绕的榕树，神秘深沉。三人同乡，自然亲近，但一般是汉箫和许安娉主动亲近林泰承。林泰承由于自幼背负家庭成分的阴影，性格相对压抑。他从记事起就经常受人欺负。邻居同学在背后用砖头砸他，追着骂他"黑心肠，小资本家"。胡同游戏里，分配他的角色总是坏蛋特务。丑陋失败，任人糟蹋，是他的示众形象，形成他与人相处的"美德"。然而，他的内心燃烧着熊熊的希望之火：总有一天，我要演英雄。因为，我是英雄！待成年，政治天空清明了，然他一贯对别人持守的戒备之心，依然融入血液，轻易不肯与人多作交往。毕业那一年，汉箫与许安娉友谊式的恋爱了，没有引起老师和同学的异议，而林泰承的目光里隐隐地，幽幽地，有几许羡慕与嫉妒——不，他的心刀割地疼，烈火烧烤着，面上却无汗珠渗溢。

时光安详，人生大美。

校园大美，人间大美。

毕业分配，汉箫与许安娉都分回汉州，十分欣慰。却说林泰承，发表过渡河香象的论文，小有影响，老师推荐他到省直机关。谁知他居然放弃省城工作的机会，坚持回汉州，分配到市团委工作。

回家的火车上，林泰承突改冷僻作风，对汉箫和许安娉极是关心热情。三人一路谈笑风生，说起老师和同学们的逸事，欢笑成海洋的节日，惆怅成月亮的忌日。

到家第二天，林泰承竟找到许安娉家，倒把她惊着了。他身上崭新的咔叽衣裤，也似乎睁着千双眼睛惊奇地看着她。汉箫没来家过，她也没去过汉箫家，暂不想让家长知道他们的事。

林泰承说有要事谈，许安娉请他进屋，正巧家中无他人。他的眼睛长着无线电，追随着她穿着红绒衣的身影。她倒了茶。二人八仙桌东西面坐了。

"什么要事？分配也分了。去报社，我乐意。"她笑着说。

"不是这个。很重要，你一定要，"他严肃地看着她，观察着她的表情，"你要冷静。"

她有些紧张了，来不及各种可怕的念头出现，叫他快说。

他酝酿一下情绪，但仍然局促，额头上有汗珠闪亮，不太自然地说道："早想告诉你，一直，没有勇气……"他停顿下来。听到这里，她心里轻松了，两条辫子安静地垂在胸前，自然想到：他喜欢我，喜欢我又如何？喜欢我的人那么多，可关键是，我不喜欢他们，便什么故事没有。

她便很平静、很老成地等着下文，甚至在构思如何礼貌而艺术地拒绝他，让他印象深刻而美好地记忆她回绝他的这一刻。

"早想告诉你，汉箫其实有一个青梅竹马的女朋友，他母亲身体不好，全靠人家照顾。汉箫母亲对未来的媳妇特别中意，说心善又能干，见人就夸。汉箫只怕从来没和母亲提过你。"

她的心扑腾扑腾地跳，脸也有点红："不可能，不可能吧？汉箫说我生得好看，又有学问，他母亲必定喜欢。他从来，从来没说过，有女朋友的事。"

"他无法启齿，所以，一拖再拖。如果他母亲知道你们的事，怕要以死相逼哪，逼娶家中女友。你说，他母亲会喜欢你，不可能！你的优点恰是你的弱点，传统的母亲不喜欢念书时髦的女子，讨他们欢心的是贤惠、会持家的媳妇。不想打击你，但这是至理人情。"

她喃喃说道："不可能，不可能，不可能。"声音不重，可它的力度，令大地战栗。

松柏倾倒，走兽奔腾，火焰喧嚣。

泪水把她淹没。

他嫉妒、愤怒，语气却镇静："抱歉，带来坏消息。我实在不忍心，让你再蒙受他的欺骗。其实，我早知道了。我有一个中学同学，与汉箫家住在一个胡同，跟我说的。说那个女子在机械厂上班，常年帮他母亲料理家务，为汉箫手工做衬衣，熬夜打毛衣织围巾，还寄钱给他用。汉箫不在家时，经常陪他母亲住在他家，胡同里的人都晓得，她是汉箫的准媳妇。"

"不要说了。走吧。"她哽咽着。

"安娜，要想开啊，'塞翁失马，焉知非福'？有事跟我讲，相信，我是你最好的同学，最忠实的朋友。"说完，彬彬有礼地告别。其实，他真想拍拍她的肩，真想火热地拥抱她，不，狠狠地揍醒她，让她明白他对她

"一日不见兮,思之如狂",告诉她"除却巫山不是云",她是他的"巫山云"!

许安娉哭累之后,痛定思痛,考证下林泰承的信息再兑,忙去找汉箫了。她记得他家的住址,坐了3路汽车,到了汉箫家附近的那条街,没费周折即到他家院外。许安娉的心怦怦地跳,腿像丢了骨头的软,想镇定一下再敲门,于是又核对一次门牌号,刚要敲,只听院内有妇人的声音:"青蘋哪,我福大,汉箫小子也真有福,娶到你这样的贤惠媳妇。等他上班稳定下来,开春就忙你们的婚事。中不?"年轻的女声说:"姨,我什么都听你的。汉箫,怎么说的?"妇人:"他有什么说的,电线杆上挂邮箱——高兴(信)!你不嫌他,我就做你们的主喽,明儿翻翻皇历,选个日子。我修了多少辈的福噢,赚个你这样的好媳妇。咱赶快做饭,师范学院又不远,汉箫也该报到家来了。"年轻女子答道:"好的哦,姨。"妇人:"听你叫姨,急人。俺早把你当自家人了,该喊妈喽。"

许安娉早已支持不住,可仅有的理智与力气支撑她不能倒下,至少要跑出这条胡同之后,不想碰到汉箫,再也不想见到他。

许安娉跟跟跄跄,不知走了多少路,一直走到古运河的石桥边,望着清清的河水,河面上一万个光点,一万个闪烁的生命。她思绪万千,过去的一切历历在目:他们,同座探讨郝思嘉的暮年,面对满山坡的杜鹃联诗作对,在商店幸福地争执结婚买什么花样的床罩枕巾⋯⋯相信每天的太阳会准时升起一样,相信爱情的霞光洒满未来的大道。

而今,山崩地陷,地球冲出了太阳系。

没有汉箫的爱情,春花不开,夏荫不再,阴雨绵绵,世界将永生的黑暗。

许安娉木木痴痴,走向护城河的青石栏杆,望着清亮的河水,再仰望天上比雪还白的云朵,复又转身遥望街道上青绿如玉的香樟,花绿的人群车流,再缓缓转身,听见河水冰凉地冷笑,跳下去?一了百了?"百了"?"了"的是谁?"了"的是什么?"不了"的又有多少?父母跌撞走来,哥哥兄弟风风火火走来,妹妹睁着大眼急切切走来,老师走来,同学走来,亲友走来。晚霞爆炸,汉箫走来。

她蓦然大悟：一个人的生命并不属于自己，而是属于每一个关心自己、热爱自己、需要自己的人。本人并没有权利去死，没有资格去死。除非此人，无一个人爱，无一个人需要，无一个人记忆，无心无力再无一点温暖奉献这个世界。她又似茅塞顿开，明白了宗教为什么都反对自杀，那是一种最自私、最亵渎神明的事。活着是权利，更是最基本的责任与义务。

沙漠打开，彩虹打开，花园打开。她爱这个繁花似锦的世界，她要感受人世的华丽与奇异，她要实现诗人的梦想，她要走属于她的，一个聪颖而美丽之女子的瑰丽人生。

天黑了，凄凉的路灯，鬼火似的路灯业已亮了。许安娉抹抹眼泪，向着前方，向着黑夜，向着漫漫黑夜之后的黎明走去。

汉姝文 2019 年春天的日记（4）

2005 年的夏天我飞翔过，飞翔一个夏天，飞翔了一生。上天赐与的快乐马达只够飞翔一个夏天。一个夏天比一个世纪漫长。我埋葬了飞翔的花园。

灯光下春寒料峭。你还是当年的模样，当年的声音。我喜欢闭着眼睛。我们的星球在旋转。我寻觅自己临终时的急迫与安详。

你低头，孜孜不倦，闻着泥土千年的味道。你手捧碎瓷，汝窑天青釉莲花钵，旋转着复原。一片一片碎瓷，一遍一遍清洗，淡粉色玛瑙粉末翩然起舞，樱花的叹息像波浪涌动。显微镜下，汝窑气泡活泼地流淌，冰裂纹发出红黄黑白牡丹的亮光。地狱里的恶魔看见了你眼睛里的亮光，仓皇而去。

我没去过你的工作室，可总是闻到尘封的千年气味，听到你细长的手指忧伤的歌吟。我多想看看你的眼睛，可你总低着头，孜孜不倦，洁白的衬衣上闪烁着莲花钵碎瓷的泥土与光彩。其实你本身是千年的古老。你的坟墓心在白色的灯光下跳着白色的舞，白色的雏菊围成盛大的花圈伴舞。

我知道死后地狱与我无缘，可活着每天我都看见地狱墨黑的旋风，以及墨黑的河流，它们凶猛地盯着我，像遍布十方凶猛的黑豹群，黑豹群的眼睛像子弹一样射来阴森的光芒，我微笑凝望。黑豹群的触须比钢针坚硬，跳跃地靠近我，靠近我。

你抬头看我了吗？我看不见你，看不见你。

你洁白的衬衣上流动着地狱的味道，像杨梅的酸，蒸发着冥河的苦味。其实在最初的蜃龙湖畔，地狱的味道在清晨的白雾中如荼蘼花瓣飘落过。岂敢相信？岂敢相信？

有天使，所以有魔鬼。正如有天必有地，有日必有月。

他说，天使生了魔鬼。

她说，魔鬼的母亲是天使。

蜜蜂睡眠。槐花睡眠。无是无非，无怨无悔，明天与明年总是春天的约会。自然世界是真理。自然世界没有地狱，但荒山有墓场，白雪花精与薰衣草精昼夜唱舞。

回忆是一种注视。

心灵的季节不轮回。我伫立在冬季。人们说春天在开放。同事说我穿的与她们一样，是春天的衣裳。我见你总穿着夏天的衣裳。其实，你是否从红木神座走下，都闻见你衬衣上千年泥土的味道。宿命的味道。不知追溯几生几世，才会打开万里昙花的歌唱。深夜我爱看昙花开放的直播。你呼吸着泥土的气味听雨。

窗外雨声淅淅沥沥。不只芭蕉听雨，小小的香樟叶银杏叶都听雨。

今天在博物馆遇你。偶遇。其实，人生每场遇见，都是偶遇。

我带着孩子，小小的他喜欢看埋在地下重见天日的物品，它们的花纹与神秘使他雀喜。

没有悲喜，答案早就浇铸，虽然我的心跳得令博物馆大楼战栗。你看着我说，桃花笑了、梨花开了。我看着孩子说，今天的云彩真好看。

孩子，人生最华丽的安慰与福祉。我要带他欣赏本市博物馆每一件文物，汉玉近画，俑偶华彩。人生短暂，文物永恒。博物馆是每座城市苍老而善良的母亲。

你老了，时光的刀在睡眠时都不曾停息劳作。我有孩子，不怕老，甚至渴望苍老与临终。

孩子在梦中歌唱："妈妈，我爱你！"我合上日记，向孩子甜蜜飞奔。这是2019年的春天，我确信这是春天。

第四章 互 投 琼 瑶

他们抓到了太阳金色的帽檐

水饺之约的第二天上午,姝文正对着窗外一树银杏叶愣神,被手机铃声惊醒:"姝文,打扰?"费皓良打来。

"麻烦你,没事不要打电话了。"

"这么冲?汉姝文的温柔迷失了?跟康濛生气啦?"

"我不会和康濛生气的!先生,我和你之间没有共同语言,请你自重。"

"你能在我们之间用上'共同语言'这个词,也够让我感动,浮想联翩了!我打电话,是善意提醒你,奉劝你,你和康濛谈恋爱,是不理智的,廉价了你。他是个懦弱的人,理想主义者,社会冷落而淘汰的,就是这样的人。你跟他不能得到世俗的幸福。我是为你着想负责,才打这个电话的。"

"谢谢。我们说了,只要天天看见,时时一起,箪食瓢饮反裘负刍,我和他是世界上最最幸福的人。"

"好深情哦,真够感天动地,好,但愿。不过,我凭直觉,不是诅咒你,只是凭直觉,认为你的心愿是一场梦,你的所见是海市蜃楼的幻景。"

"无礼。你真的在诅咒我!"

"不,且等时间与命运的安排。当你万念俱灰之际,请来找我,我会给你安慰和前程。请务必洁身自好,别让康濛玷污清白。我会守候你,你的不幸,你的大幸。"

"无赖!"姝文气得挂了电话,可是铃声又响起来,一看,果然又是费皓良打来,只好关了手机。

恋爱中,感情的真诚与热情程度,常常不是按时间长短累计。却说姝文心潮起伏,想起康濛昨晚的话:"自你出现,携带着焰火、繁花、闪电、烈酒 令人眼花缭乱,美不胜收!"是的,他一直说到她的心里,可是,太美的就一定是梦吗?

不!他们心有灵犀,情投意合,相亲相爱,天造地设!永远不会轻视对方、厌倦对方,只有与日俱增的爱恋与对彼此的感念!除非地球异想天开倒转起来,日月星辰骤然失去光芒,除非宇宙不复存在,不复存在还有两颗灵魂结伴在时间乌黑的脉搏里游荡!

是的,她多么喜欢他,每一根头发,每一声呼吸,他的所有动作表情!他碰触过的青草枯叶,都是那么神异,闪现着夺目的光辉!在她眼里,他是奇异的组合,代表着俊美、智慧、爱恋,代表着温暖、快乐与奇迹,代表着人生的富华,人间的奇光盛景!他是时间,是空间,是世界,是未来,是一切!

与他在一起,她目不转睛欣赏他的神话俊美,目不暇接比天空蔚蓝的笑容!面对他,眼睛不够使唤,总也赶不上心魂的舞蹈,心魂与光飞翔,却追不上眼睛的歌唱!她专心致志,欢悦如狂,神驰魂迷。他们总有说不完的话,笑不完的欢情,在七月的海洋里舞蹈、嬉笑、疯跑。他们抓到了太阳金色的帽檐,摸到了月亮银色的饰带,触到了神灵温热的手臂。

姝文忽然有了写文字的冲动,竟一气呵成写了两首诗,正想着下次见面给康濛带去,妈妈喊快接电话,原来是康濛打来:"手机怎么关机了?今天下午我可以提前出来。你没事吧?"

"很好啊。"

"那好,三点半,我们去人民公园看荷花,在东门等我,记着?"

姝文喜欢单纯地感受他温柔又深沉的男中音,以至她时常忽视了语言的含义,停顿三秒,方恍然醒悟:"哦,知道了,下午见!"

他笑了:"昨夜没睡好?下次约会早点回家。"

"好的。"

姝文想,真奇怪,中考高考那些年,都难撑到十一点睡觉,可是和康濛在一起,就是说一夜的话,也不知困,精神得要命,兴奋得要命。不过暂时也没机会了,妈妈不让晚上出去了,也真巧,还没跟他说,白天来约了。其实妈妈说的也有道理。昨晚睡前突然想起，在公园说话他握紧她的手，甚至有意拥抱她，她推开了他，因为二人说话太投入激动，他没感觉尴尬，她也没尴尬。可是如果再这样，再拒绝，怕都要难堪呢。白天可没有这种顾虑了，至少今天是安全的，她对他可没有一点男女间亲近的欲望，至多想摸摸他是不是真的人！

姝文誊好诗，换了一身清爽花裙，戴顶粉色凉帽，往人民公园去了，待到东门，康濛早已到了，望着出水芙蓉的她，笑盈盈迎上前，可是这一次却自然地、不经意拉起她的手，似乎不曾经过任何构思、酝酿、预谋，就这么随便，光天化日拉起她的手！姝文万万没想到！还真傻，光想着今天断无拥抱的可能，怎么把最可能的可能——拉手的可能忽略了！唉，唉！想到又怎样，总不能甩开他的手？是的，为什么不能！于是她试图抽开，但他握得很有力，不容易。他只装作不知察觉，笑着说，还真是一日不见，如隔三秋呢。

姝文心底即刻绽开软软粉粉的棉花糖，笑在脸上，笑在心里："能够永远是这样的心情，这样的感觉吗？"

"当然！昨夜我梦见你，做了我的新娘。"笑望着。

姝文虽然二十二岁了，关于两性却单纯无知，时代的绝版标本，她没有基本的常识能力，把"新娘"的意义想得复杂。她想模拟一下未来的幸福，用他的语言，这本身就是无上的幸福！忙说："好，讲讲梦里经过，要详细。"

他诡秘一笑："说来话长，等到公园里坐下，慢慢讲。你要有耐心，要有勇气。"

她痛快地答道："越长越好，说到天黑也高兴。"

他再笑。路过小卖部，松开她的手，买饮料去了。她则对自己的手看了又看，似乎想看出它增加了什么，或者减少了什么。他这双修复旧陶瓷的手，皮肤极细腻，又极瘦削，夏天竟很冰凉，又有许多汗气，有种温暖的情愫直奔心房，这份印象，她已铭心不忘。她当时只想挣脱，其实不知不觉还是感受到了拉手的味道。

他一手抓一瓶可乐走来，她说现在不渴，不接，叫他先拿着，没有空闲拉手了。迎面却见一对白发苍苍的老爷爷老奶奶，正手拉手，慢慢地走，走向黄昏，却像走向永生那么安详、甜美。原来，这样的拉手，才是至宝、至美。姝文心里感叹，康濛心里艳羡，不禁相视一笑，轻叹一声。

今天非休息日，公园里人不多，有两个钓鱼的、三对下棋的，以及围观的、三三两两带小孩骑车拍球玩耍的。

闹中取静，究竟是静的，静是美的。

他们二人逶迤来到荷花亭，亭内设石桌石凳，对坐了。

红荷，碧叶。阳光，波光。蝉叫，鸟鸣。微风，花香。蝴蝶，飞翔。

"你的梦？快讲。"她无限神往。

他说，在一个春暖花开的时节，他们结婚了。仪式在户外举行，草坪像巨大的翡翠，高大的椰树像凉亭，不远处便是一望无际蔚蓝的大海，大海的尽头是蓬勃的日出，海面有排队的海豚跳跃，天上鸥鸟唱着飞翔的歌谣……她穿着雪白的婚纱，他穿着藏蓝西服，给她戴上一枚神奇的会说话的戒指。

她忙问，戒指说了什么？

"康濛爱汉姝文，直到永远，天地废去，这句话不能废去。"他望着她，海的深邃，天的辽远。

她流泪了，感动到伤感，这是有生以来听到的最动听最美妙感人的语言。有这句话，她愿为他付出所有的所有，来生的来生。天哪，重复一万遍吧，让它上达天庭，下至地府，让所有的生灵都能听到！然后，让她在无限的幸福与满足中含笑死去。

"请再说一遍，再说一遍，这里有千年古柏、万年石山作证。康濛，再说一遍。"

他看着她的眼睛："姝文，我爱你直到永远，天地废去，这句话不能废去。"

"是真的，真的！从此我不再对生活有一句怨言，从此不再惧怕死亡，我曾经爱过，被自己视为生命的人爱过，死而无憾了。"

她的热烈、喜悦、痴狂，把他震慑得目瞪口呆，心里说道：我要善待她，甜蜜的天使，千年的爱人，我骨中的骨，血中的血。

他握紧她的手。她握紧他的手，以青春、生命、前尘、后世。

生命在这里，人间在这里，洪荒与未来全在这里。

她喃喃说道："你的梦真美，美得，只像是个梦。可是，你刚才诠释了它的真，对吧？"

"对，百分之一万的真。"

她问，后来呢？

"后来还真是梦了。风云变幻，沙尘滚滚，千军万马，一阵厮杀奔腾，奇情异景消失。"

"海市蜃楼？我从没见过。你梦里领略？"

"最后剩下一匹白马，向我们飞奔而来，带着我和你，向着东方飞驰。你抱紧我，风在耳边呼啸，云在脸上按摩。我们飞过海洋、山岭、草原、沙漠，最后停在一个茂密的原始森林，森林里有一座蘑菇状的小木房，木房前有一条小溪，小溪里有彩鱼跳舞。门前有榛树、苹果树、樱桃树，树上果实累累，五彩斑斓的鸟……"

她问，那匹白马呢？

"白马飞走啦，临别说：'汉姝文，康濛，你们将生活在这里，直至终老。没有什么可以伤害你们，也听不到外面的信息，你们的世界，只是你们。'你说，你会怎么反应？"

她说，会高兴得跳起来。不过，第二天，会想爸爸、妈妈和奶奶。

"如果他们得了消息，不再担心你，可以静下心了吧？"

"有书看吧？"

"有。"

"好。我们就天天读书、写诗、说话。对了，你一分一秒也不离开我啦？"

"当然，晚上也是。我们还要相亲相爱，生儿育女，生出多多的小康濛、小姝文。"

"那，就不好了，我可不会带小孩。"

"到时候就会了。你觉得这样幸福吧？"

"幸福得我想到死，生怕明天就突然结束。"

"还有呢?"

"还有,总觉得不真实,不可能。因为太幸福,恐怕不能长久。我永不厌倦,但怕你要厌倦?"

"我不会厌倦你,只怕,承受不起你的爱。"

"那,还是会放弃?"

"姝文,我说过,对于未来不要多作设想,否则很累。我们尽量回味过去,还有刚刚成为过去的过去。童话里的'从此他们过着幸福的生活'的续篇,实在难写。"

康濛的话说得姝文很是怅然,不!他们之间当然会到永远,因为她想象不出分手的情状,不堪设想。不,根本就不可能!她想起莎士比亚的十四行诗:"我不相信,两颗真心的姻缘会有任何阻碍。爱算不得爱,如果它一遇到改变就改变,如果它一遇到衰败就衰败。啊!不!爱似灯塔在海上高照,它坚定地面对风暴,毫不动摇;它是一颗星,把迷航的船引导,它们的高度可测,价值不可测量。爱情不受时间戏弄,尽管红颜总要遭到时间镰刀的摧残,爱情却永远不变,并将一直坚持到灭亡的时刻。如果这都错了,并能对我证明出来,那就算我从未写诗,世人从未恋爱!"若莎翁说对了,那么她和康濛一定会"从此,他们过着幸福的生活"。

"其实,我的梦截止到当日洞房之夜,夜里你太温柔可爱,有这样一个梦我也很知足,感觉美满了。不要再听细节了吧?"

"怎么可以这么胡思乱想?"

"止于胡思乱想。"

"好啦,不说这些啦。"

"快给我看看你的大作。"

"为你写的哦!"

"谢谢!既然如此,敬请汉姝文小姐为康濛朗诵,我要好好地享受。"说着起身鞠躬。

姝文很大方,取出稿纸,站起来,用心用情朗诵了两首诗。

花溪流过康濛的心田。

想你是一种奢侈

想你是一种奢侈
四季的鲜花同场开放
南北的鸟儿壮丽地合唱

想你是一种奢侈
枯泉叮咚欢笑
太阳与月亮同一个天空闪亮

想你是一种奢侈
荆草与沉香一般芬芳
神话与现在与未来
同样真实辉煌

想你是一种奢侈
哪怕相思成病
箫音潮湿窗台
窗外绿草苍苍

相思成病
仍然说，绚丽地说
想你是一种奢侈
青春与生命多么
美丽奢侈

我愿意做你的天使

我愿意做你的天使

唤醒晨曦
踱步荒寂的田园
播种叶绿花红

我愿意做你的天使
向森林播撒神异的花蜜
让每一只睡眠的蝴蝶苏醒
每一株野草都唱起
阳光与海洋的歌曲

我愿意做你的天使
打开栅栏
青苔也会温暖地微笑
让生命发出与生俱有的光彩

我愿意做你的天使
如果，我有足够的智慧
如果童话国的真诚与善良
可以增长晶莹的智慧
渴望解开金桥上遗失的密码
打开重重的锁环
如果神明应允
如果你奢豪地相信
我愿意　做你的天使

  康濛称赞："热忱、浪漫、活泼，美！姝文，你呀，心灵善美，感情充沛，适合文学创作。凭这两首诗，感觉有天赋哦，追寻你的文学梦吧。因为这两首诗针对我的，我不愿做任何批评，感谢，珍藏。其实，我也喜欢文学，读诗读小说，很享受的。如果这两首诗是他人写，不是你为我写,怕我没有心情去读它,冰冻的心灵受不了骄阳热度的。以至怀疑诗人的热忱,是一种矫情与夸张。"

"我不说假话,也不写假东西,只写心思所到之处,真实的喜怒哀乐。"

"好啊。"康濛笑道,"我说过,官员的素养对社会的影响很大,同样,优秀的作家,须有玉洁松贞的品格,慈悲为怀,其次,不凡的才华,作品方对社会起积极作用。反之,他缺乏道义感,思维偏激,则对社会产生不良影响,甚至祸害大众。"

姝文亦赞同:"作家的心灵应当向着真善美,所要创作表达的,自然向着真善美,唯其这样的作品,才能经受历史的检验。"

康濛点头:"作为人类灵魂工程师的作家,德智美皆应超越常人。陷入世俗泥潭,可憎。不敬畏历史,可悲。亦有作品,单凭艺术技巧,曾轰动一时,甚而成为一种历史的文学现象,而最终,读者小众,及至销声匿迹。"

"言行品格,可以自律,正直清白。"她认真地说。

"相信你。"他笑。

"可是,才力不济,还有希望当诗人作家吗?"她笑。

"有希望。真善美,有了。爱学习,爱思考,爱生活,又善感,再加勤奋,足够你追寻文学梦了。加油。"他握了一下拳头。

她笑:"谢谢鼓励哈,我努力。每当读到语言灵动,思想丰富,情感热烈的辞章,我整个心灵会融入境界,神妙的音乐节奏,画面的旖旎,燃烧的热情,美的沉思——哦,感觉作家真伟大。"

他点头,嗯,很好。

"我看到美妙的词汇词组,多么喜悦哦,它们似乎闪耀着光辉,闪耀着它自身妙不可言的含义,向我招手,把我吸引,狂热地要把它据为己有。想着有机会一定要将它使用,写过用过这个词,它似乎便属于我了,心便踏实安静。"

"有这番话,更加相信,你可以写作。"他再勉励。

"其实,我都不知道自己将来到底会经历什么,写些什么。从前也胡编乱造过几首诗,不满意。总想写点什么,又没什么可写,便无病呻吟了。"

"主要是你太年轻,生活平淡。认识我,不一样了吧?"他盯着她笑,目光里奔跑出花园,"写日记了吗?"

她垂下眼帘:"没有。"又勇敢地抬起多情的眼睛,"我现在还没有才情,记述它的光辉。反正,所有经过细节,都刻骨铭心,永生不忘了。等积累足够的才识,必要追述回来,不辜负这场梦幻相遇。"

"必定精彩。"他望着荷花塘,绿肥红盛,像心里的喜悦。

"缘于什么呢?"她微笑。白茉莉的微笑。红石榴的微笑。

他起身,踱到她的身后,手搭她的双肩,俯身对着她的耳朵说:"缘于我的虔诚,你的真挚,我的欢慰,你的惊喜。缘于你我不可遏制一泻千里的青春激情。"

她转头,仰望他,眼睛对着眼睛:"而我竟然渴望,在最美丽的时刻,最年轻的时际,与你弃生共死。为什么?"

"因为你被爱燃烧到了天上。"口对口说出的话语,直轰轰烈烈冲进心肺。

是的,人间已经遥远,她的眼里只有飘浮的云和一万个他。

他想,她的可爱可以复苏一亿颗死去的灵魂,可以点亮整座银河系的星球。

她心里自语:是你让我懂得,究竟什么是日光,什么是月光,什么是露珠,什么是花朵,是你为我诠释了生命的价值与意义。

"太阳可以六千度燃烧一百亿年。"

四目凝望。歌声四起。光焰如花,千红万紫。

生命交互着生命,灵魂纠缠着灵魂,时光静止。

一只孔雀突兀地走来,定定地望着他俩。姝文似从梦中惊醒,目光里满是惊惧。康濛笑道:"如此光辉灼灼,又和善的动物,为何怕它?"

"是的,它光辉灼灼,因它太光辉灼灼,又太突然,令人不知所措。"

"习惯就好了。"他笑。

"我给它饮料喝,你去买饼干喂它。"

一时，康濛买来两盒奥利奥饼干。他给孔雀喂一口饼干，她给孔雀喂一口饮料。他们比孔雀开心。孔雀吃了饼干，喝毕饮料，抬眼望他们，左眼瞅，右眼看，充满祝福望着他们。姝文想摸摸它，又怕它飞走，两分钟后究竟禁不住，尚未碰及五彩的羽毛，扑腾一下飞走了。

他说："这个公园的孔雀被游客宠坏了，需要食物的时候，与人亲近，满足之后，又怕人伤害。"

她还在为孔雀临飞前那一刻温情的目光所感动，它是善意的，只怪自己太贪婪，能够看着它，不是特别特别欢悦吗？为什么要贪心触摸它呢？唉，飞走了，飞走了。

夕阳灯笼为世界洒下金光。雀鸟看见夕光，仿佛孩子们听见放学铃声，叽叽喳喳回巢。柳条挥舞金灿灿的手臂，蜻蜓在荷叶上打盹。她说，要回家了。他说请她吃过饭，再回去。

"谢谢，不用了。忘记说了，妈妈让我暂时晚上不要出去。再约，只能白天了。妈妈还说，有时间到家坐坐。"

此时，他似乎才顺理成章问起她家人对自己的态度。她说，见过再说吧。

"噢。好，我明天晚上去。"

"下班就来吧，到我们家吃晚饭，妈妈做饭特香。"

"晚饭不好过去吃。明天晚上八点去？"

"也好。"

出了公园门，他要送她回家，她说天还没黑，不需要，叫他也赶紧回家。两人依依惜别，仿佛多少日不曾相见，仿佛多少日才能再见。

她像一只快乐的小鸟，一路唱回家，飞回家。晚霞里是他，梧桐树叶里是他，汽车鸣笛声里是他，他的眉，会笑的眼，温柔的声音，眼睛里思维里，只是他！一时的分别，只为了他在自己灵魂中更真切的存在与更美好的联想。

姝文到家，大家正准备吃饭。

周青蓣下岗后，于重阳糕点铺里找个营业员工作，后台缺人时，也学习帮忙制作糕点。学以致用，这让她平日家庭自制的山楂糕、枣泥饼，味美提升到汉州老店水平。婆婆老是夸奖，时常为着儿子为着自己庆幸，找个厨艺高超的媳妇，真是人生幸事。今日周青蘋上早班，有同事生病住院，下班去医院看病人了。待买菜到家五点多了，与婆婆、丈夫把女儿认识男友的事大致说了，语气上竟十分偏护女儿，与昨晚激烈反对的态度，判若两人。

丈夫叹息一声，像春蚕吐丝洁白悠长，再收束成茧。婆婆撂下脸，道："且不说别的，单论他的家庭，这个亲事就做不得，叫姝文莫和他来往了！不早和姝文讲了么？父母不全的，不谈。父母离婚的，不嫁。好家伙，赶趟来了，他娘离了婚，还'吔语'！"周青蘋纠正，是"抑郁"。婆婆板着枯荷脸，继续说："不是好病！三单元的静静，那么个漂亮的小媳妇，没来由地成日家愁眉苦脸，没两年成了打霜的茄子，天天说活着没意思，撇下儿子跳楼了，听说就是吔语症！这个病还传染哪，我再不和三单元的人搭话！嘀，我们如宝似玉捧大个女孩儿，没个婆婆呵护咱们，倒给人家做小媳妇丫鬟去，服侍个吔语症的婆婆去，那种病只怕还要拉着人与她一块吔语一块跳楼呢，想想都心怕！"

婆婆说那一套话，完全撇开了自己寡居多病的境况，愿意"赚"个媳妇儿回来侍候她，如何舍不得自己的孙女，自家的女孩儿侍候人家婆婆去，那是亏大了，接受不得的！孙女的公婆必要像汉家一样捧着疼着，不然怎么舍得嫁过去！她此生只得一个儿子，若生女儿，只怕也是这个想头。此刻她完全忘了媳妇儿境况，只觉得儿媳就该照应她，没有什么亏不亏的，好在她心里懂得知足感恩，却也从不规劝儿媳多与娘家来往，多看亲爹多陪亲娘去，儿媳是她家的人，服侍她汉家老少几代是天经地义的。

只听汉大娘说道："再说李明涛，小伙子生得浓眉大眼，行动起来八面威风，与咱们说话又是一团和气，听说要与朋友一道开公司了，怎么看也是个奔前程的。人家还靠近咱们家，买了新房。对姝文的心意，都见了，没的说。只叹气，姝文不喜欢，咱们心里吧，也有疙瘩，嫌人小李老家是县里的，农村人家庭关系复杂，怕委屈了姝文。咱们一心一德，想遇个体面的亲家，待姝文像咱疼她一般。这个姓康的，哪里都不是我们想的要的。这个亲，不做！"

周青蘋简直第一次看见婆婆生此严厉面孔,心想,当年若婆婆看不中自己做儿媳,如何也嫁不成汉箫的。

汉箫劝道:"姝文才认识人家,也不至于就恋爱要结婚的。"说此一句,他是心虚的,自第一次听到姝文说认识康濛时,就知道她恋爱了。他推了推鼻梁上的眼镜,又说道:"若说到这个人家的境况,自然不满意,接受不得。婚姻乃终身大事,不能委屈姝文。"心里想,不委屈姝文的女婿,是多么难遇难寻啊!玉碎不瓦全是原则,然她不嫁,又更委屈了,且等未来。

他母亲说:"可不,富贵人家咱不攀,怎么着得是个和美家庭。丫头下午又去见人家了吧?还总说同学开会、同学运动的。"汉箫纠正:"是'聚会',不是开会;是'活动',不是运动。"母亲说:"一个意思。天天出去天天见人家,疯了她了!叫她快跟人断了往来。"

周青蘋历来既听婆婆的意见,又听丈夫的建议,也听女儿的,他三代人有不同主张时,多听女儿的,因为婆婆和丈夫总也屈服于孩子的想法。女儿可以把雪花变成春花,因她甜甜的声音说着不中听的想法,声音还是甜甜的,那是生命的蜜。

周青蘋说,回头咱一道劝姝文,看她听劝不。说着起身去厨房了。晚饭只做了茄子肉酱面,婆婆与丈夫每到夏天一周总要吃一顿的,每回也都赞她茄子选得嫩,肉酱炸得香。

姝文到家时,周青蘋刚把肉酱炸好,正煮水下面条,在厨房里就喊:"姝文快换衣洗手,我这就盛面条了。"

汉家有个规矩,饭前饭时不许谈不开心的事,特别是孩子的事,总要等孩子把饭吃饱后,再提再教训。饭时,姝文发现今天气氛比较严肃,与自己的满面春风相比,他们全在寒冬腊月里瑟缩着。她只作不见,笑说今天肉酱咸了,但还是很香的,要吃从前相当的肉酱,就要多配面条,所以她要比平时多吃半碗面条。她今晚胃口真好。今晚心情真好。

汉箫承认恋爱的女儿更加妍丽了,可心底却滋生一种酸涩,乃至苦痛。他不想看她,低头吃面条。

汉大娘照例夸奖儿媳厨艺好。周青蘋则说是咸了点,遂后都不言语了。

屋内只剩下吸面条的声音,导火索奔跑的声音,姝文听见了。

饭毕,周青蘋才把碗摞好,只听婆婆开门见山说了:"姝文,你妈把你认识姓康的事说了,我们不同意,不要和他来往了。"说了不同意的种种理由,又说辛辛苦苦把她抚养大,只巴望她找个好女婿,到他家是要享福的,不是受罪侍候人去的,一辈子定要快快乐乐,才算没白疼她。

汉大娘说一句,儿子媳妇就点一下头。三张脸罩着乌云,乌云似要化成大雨,下在姝文未来的人生小路上。

汉箫轻叹一声,道:"你奶奶说得有道理啊,都是为你好,这样一个人,这样一个家庭,我们是不放心的。于女子而言,婚姻的幸福比什么都重要。这个观念,无论过去将来总不过时。终身一事,必须谨慎。"

姝文不禁想起父亲与她谈论《红楼梦》时说过,林黛玉在爱情的惊涛骇浪中淹没,走了半场人生,究竟是甜蜜的生,甜蜜的死。而薛宝钗,冰雪聪明、风华绝代,却未曾得到贾宝玉的恋心,诰命梦又成空,事业爱情双重失意,她才是人生最大输家,最可悲怜。封建社会的女孩子,嫁好男人就象当代女孩考上北大、清华一样自得,好姻缘就是她们的理想与事业。现代男女平等了,女子自立了,可以与男子一样,在工作与社会上有所建树,追求事业成功,曹雪芹的英灵自当欣慰。只是怕他未及料想,虽至现代文明,女人的幸福指数很大程度上依然依赖男人与婚姻考定。女子事业做得再成功,若婚姻不幸福,究竟可悲,失败之极。以前父亲说这些,似懂非懂,如今,她恋爱了,心里明朗了,相信了,她找到了自己的幸福,那个人,必使她一生快乐。

只听父亲轻蹙眉头又说了:"文学作品里,常有抨击父母之命媒妁之言封建婚姻制度,那是失败的个例,方进入文学。实则是,听父母之命成功的婚姻居多,千千万万享受幸福婚姻的人群,倒被历史的洪流淹没了。现代人提倡自由恋爱,离婚率却这么高,不值得深思么?相信,长辈的经验忠告,是对你爱护,对你负责,也必使你终身受益。"说这段话的同时,他亦想着自己婚姻的彷徨。

周青蘋说:"好孩子,多听大人的。将来你若不幸福,我们这辈子也都白过了。"

姝文郑重地看了各位,说道:"你们为我好,我知道的,感恩的啦。只是,你们不了解康濛,我和他的感情,才不看好。人家二十四岁了,从没喜欢过哪个女孩子,说是在等我,一辈子的爱恋都给我了。我对他也一样。我们一见钟情,产生了小说中描述的真挚而热烈的爱情,这样,未来的生活,什么困难也不是困难,我们必定幸福。"她的眼睛里开放着万里玫瑰,玫瑰上的刺全部扎在父亲的身上,痛在母亲心里。

奶奶斥道:"胡说!戏里演的,多是劳燕分飞,没有好结果。高兴一幕戏,哭了一辈子。像戏里的,就不吉利!生活的困难,哪是你这个喝蜜水长大的丫头料想到的,想想都替你后怕!"

姝文不以为然:"那是你们想多了。关于未来,我看到的霞光比空气还稠密呢。跟你们说哈,我的性格呢,特殊,不相信有慢慢培养起来的感情,就像李明涛,我不喜欢他,就算他来一百次,见他一千回,给我做一万件事,我也不会对他产生对康濛的感情,不会,绝对不会,永远不会。一万个李明涛送我一万个花园,不如康濛送我一朵荷花蕾。"

奶奶说:"日子是柴米油盐,不是红花绿柳。生活是小河沟,不是长江大海。日子要慢慢地过,平心静气地过,像煮稀饭,要小火熬,大火煮,就溢出来了,煳锅底了。孩子,快和他分手吧!你在走钢丝跳火坑啊,你不知怕,我们的心都悬着哟。"

汉箫被闷棍击中后脑勺似的,低下了头。周青蘋叹息一声,像栀子花瓣被夜雨击打落地。

姝文不禁笑了:"看你们,明明我遇了好事,不替我高兴,倒杞人忧天起来!是的,我只相信一见钟情的爱情,居然天赐良缘,遇见了!都不敢相信,我遇见了!你们不懂不珍惜,我自己要珍惜,绝不让幸福从手心中溜走。你们哪里想象得出来,与他在一起是一种怎样的快乐!拥有他,我拥有了全世界,因为他,我才看到世界的赤橙黄绿青蓝紫!跟你们说吧,我的心都给他了,这辈子再给不了另一个人了。我不可能和他分手的,请你们理解。"

奶奶简直痛心疾首:"惯的惯的!丫头啊,才几天,你的心你的魂就被人家勾走啦！我们三个人，二十多年对你的疼爱，付出，都顶不住一个陌生的小伙子几句花言巧语！你倒是演部好戏给我们看哪，用刀子割我们的肉哪！"浑浊的眼睛里泪花闪烁。

妶文又急又好气，跑到奶奶身边坐下，拉着奶奶的手说："奶奶，你这样，我真惊讶难过。他说的是花言蜜语，但都是真心真情。认识他，我真是太开心！被一个人勾了魂是一种幸运福气啊，多少人一辈子也遇不上呢！你们对我的付出，我自然感恩，将来会孝顺你们的，把心放肚子里就是。"又转过脸，向爸爸妈妈解读，"爱情是火山爆发，绚丽又壮美。亲情是老火炉，温温的，可以暖手脚，可以热饭、烤地瓜。亲情爱情，我都要！认识他真的是好事，你们没见过他，等见了心里就喜欢踏实了。"

周青蘋说，不然，真的见见再说。妶文欢喜起来，忙说："明天好吗？让他来家坐坐。"望向父母，郑重喊了声"爸爸妈妈"，又使劲握了下奶奶的手："奶奶，相信，放心，我收到了快乐人生的钥匙，现在快乐，将来快乐，永远快乐。"奶奶叹声说道："他那个吃语的妈，唉！"妶文说："人家妈妈才退休，原来一直正常上班，会计呢，能怎么抑郁！听康濛说，她妈现在老年大学报了古琴班、手工班，爱学习的阿姨，有病怕也会健康了。"奶奶不禁笑了："看这个小嘴，只恨我们惯你太狠。"

汉箫说见见也好，明天来吧。面上凝重。

妶文忙说好好，今天她要洗碗，叫妈妈陪奶奶散步去。奶奶夸她哪里都懂事，只除了这个事上，哼，没完呢。

妶文在家人面前，是有信心的。自小到大，有独立意见时，与大人辩几句、撒个娇，也都顺从她的。只是从前都是芝麻小事，此回人生大事，自然要多费心，信心还是闪亮闪亮的。

她洗了碗，赶紧回自己的屋，给康濛打了电话，大致说了家人态度，自己如何舌战群亲，说服他们，明天就要见见他。他道声辛苦了。她又笑着说，都谴责她没良心呢，才几天，对他的感情重如泰山，二十多年的亲情轻如鸿毛了，自己心里都过意不去。他忙笑道，不敢当，只望有日与她共侍长亲，尽慈乌反哺之情。她笑说，花言巧语，不敢相信。他说：你的就是我的，包括所有感恩之情。她笑，格格地。

第二天，康濛晚上八点整敲门，姝文抢步开门。康濛左手提着一盒碧螺春茶，右手提着一盒燕窝，说燕窝送奶奶的，茶叶送叔叔阿姨。周青蘋忙起身说，这么客气做什么，快进来坐。姝文从鞋架抽了双拖鞋，平日李明涛来穿的那双，她犹豫一下，摆回去了，说别换拖鞋了。康濛说要换的。她说，对，有鞋套的，从一个鞋盒子里抽副鞋套，叫他套上。

　　汉箫巍然坐在北向的单人座沙发上。奶奶靠坐三人座沙发。周青蘋拉把餐桌椅给康濛坐了，从冰箱里取来一瓶红茶递给他。康濛带笑而又有些拘谨地坐着。沙发背景墙挂着一幅字："静观自得"，是本市已故书法家佟渔所书，市博物馆里藏有多幅斯人墨宝。康濛一眼识别，这四个字正是佟渔遗墨。此时，"静观自得"正热情而冷静地观望他。

　　姝文与奶奶、妈妈共坐长沙发。她眉开眼笑，毫不掩饰她的美滋滋、甜丝丝。

　　大家以审视姝文未来的目光，认真察视着康濛：高高的身材，白衬衣黑西裤，十分精神，眉清目秀，斯斯文文。外貌看来真算是一表人才，人才中的人才，怪不得姝文喜欢。

　　茶几上摆着洗净的水蜜桃和新疆葡萄。周青蘋说，小康吃葡萄。康濛谢了。

　　康濛觉得姝文家十分洁净，真是一尘不染，想来多是姝文妈妈的功劳。因为这个阿姨看来，是典型的旧式妇女，贤惠善良，奉亲教女，任劳任怨，且与旧式妇女还不一样，需与男人一样在外面工作挣钱，供养家庭。家务却是她全部承包，吃剩饭穿旧衣，真正吃苦在前享乐在后，并完全陶醉其中，感觉这种但求奉献的生活多么幸福，所以这类妇女是古往今来最伟大的。男人都乐意娶这类女子，只是生养女儿的人家，不甘心而害怕自家女孩儿这样贤惠，吃苦吃亏。独生女的家庭更不甘心了，多照女汉子性格培养，希望孩子，无论社会上，还是家庭中，都能独当一面。不只撇开旧式教育，还撇开男女平等，必要女士优先，不只是社交场合，家中更要讲究，女子地位高于男子才后快。女儿谈男朋友，先问男方会不会做饭做家务，男方真假要说会的，正在学，不然未来丈母娘摆脸子。

　　姝文满面春风，乐不可支，一时把目光停留在康濛身上，一时转向爸妈和奶奶。

"尔姓康叫蒙?"这话从奶奶嘴里说出来,带着不少幽默感,康濛不由得笑了:"是,奶奶。"大家先前并未互作介绍,但彼此的称呼都已知道。康濛想起首次约见姝文时,说是陪奶奶来公园散步的,今天见奶奶自然亲切。

汉箫问康濛学的什么专业,在哪工作?康濛回答了。奶奶接口问了工资多少,又说:"小康,听姝文说了,你妈身体不好,怎么个不好法?要人照应么,谁照应?"

康濛像小学生未完成作业,面对老师责问,心内惊惶,下嘴唇轻微抽搐了一下,答道:"小学时爸妈离婚了,我一直与妈妈一起过。妈妈近年得了抑郁症,平时与好人一样的,不必要谁照顾。"

奶奶说:"哦,呓语症吓人的,这些人看太阳还没月亮暖和呢,坏心情坏运气还都传染。"

姝文忙说:"奶奶,好心情好运气也传染呢。"康濛忙带笑说道:"对的,妈妈若见到姝文,准保喜欢,心情好,病怕也就好了呢。"

奶奶鼻子里微乎其微出一口气,像她缝衣前用针轻擦头发样若有若无的声息,说道:"自古,女配高门,结婚后比娘家生活程度更好,才是正理。若到人家,倒比娘家辛苦了,不甘的。这个理,你和你妈也该晓得的。我们姝文呢,自小娇生惯养,家务不要她做,好吃好用的先尽着她,从不舍得委屈她。所以,听说了你家里情形,我们心里不爽快,怕姝文将来辛苦、受委屈。"

周青蘋点头:"说的是,养个孩子,是要她来到世上享福的。我们只巴望她一辈子快快乐乐。"

康濛心想,天下多少女孩子的父母家人,希望她们出嫁后,还要享受且超过未嫁时的快乐与待遇,其实他们忽略了最基本的一个变化:娘家时,她们的身份只是女儿,孙女,学生,是可爱的花骨朵,被人欣赏,宠爱,呵护,甜蜜地享受爱的权益,幸福地被爱着。出嫁后,为人妻、人媳、人母、人师,工作部门的半边天,花开花谢再结子,温暖而强大的,回报家庭,回报社会,承担爱的责任与义务。所以,婚后比娘家还轻松快乐，是不现实的。以上，康濛也只在心里想想而已，说不得的，他们不明白，暂且不明白吧。

周青蘋冰冷的香梨面。姝文奶奶多愁多虑的南瓜脸。姝文明快的蜜桃脸。康濛的目光停留在汉箫严肃的冬枣脸上，说："我和姝文十分投缘。我喜欢她，珍惜她，请你们放心，我一定尽最大努力，让她一生快乐。"

周青蘋说："按理说呢，你们才认识几天，现也说不上一生一世的话，只是，我们家教严，姝文又比同龄女孩子单纯，她新交朋友，哪怕女朋友，我们都要过问的。我们与别个家庭不一样，你别见怪。如今，一棍子棒打你们，不合时宜罢，我们也做不来。听姝文说，你是万嘉玉的表哥，嘉玉我们认得，与姝文顶要好了，所以，就是看在万嘉玉的面上，你们做朋友来往着，我们也说不得什么。"说着望向丈夫。

汉箫的心被十根荆棘刺痛着，祝福？不能。拆散？不宜。他不出一言，可心底不停地自语：姝文，小精灵，小爱人，我的天使，神迹，爱的化身，美的代表，独一无二的宝贝，因她，世界晶莹夺目。哦，什么人物，何德何能，可以拥有她？盼她长大，怕她长大，长大会被一个叫作女婿的人带走，带走自己二十多年的爱，一生的爱。那个叫女婿的人，总是踟蹰在飘雾的梦里，总在未来的石桥的那一头，遥远的，别过来……

汉箫不想了解眼前这个叫康濛的人，越了解越是伤害自己。可是，姝文那双飞花的眼睛，甜蜜的笑容……原来他希望看她笑在每一个清晨，笑在每一个黄昏，可是，此刻，她的笑影像漫天的小冰粒泼洒着，冻透他的身心。

汉箫的嘴唇哆嗦着，嘴里咬着小冰粒。周青蘋见丈夫不言语，把目光转向婆婆。姝文奶奶叹口气道："若论过去风俗，长辈不点头，男女私下不可你来我往，亲事断断做不得。现代人观念开通了，可以自主婚姻，但上人不赞成，年轻人也没意思。又或者，为这个事，与自家女孩儿断绝关系，我们是不忍心，做不来。像她妈说的，你们也才认识几天，又说不起谈婚论嫁的，只当认个远亲做个朋友罢。青天白日，一周半月，见一回说个话，了不得了。如若两个相互厌烦了，知会我们。"

康濛忙说："奶奶，叔叔阿姨，你们放心，我会把姝文当妹妹照顾。

我们虽然才认识几天,但是感情的热度与深度,比人家认识多少年的怕也不差哪里。往后的路很长,我哪里做错了,不够好,请你们教导,我会全心全意对待姝文,尽全力让她开开心心。"

姝文一下子腾云驾雾起来,笑望每一个人。

居青蘋略带微笑点头。姝文奶奶咳嗽着点头。

天地倾斜。汉箫镇定着,意味深长看着康濛,转向姝文,似有似无,比雾还轻,轻叹一声。

地狱的火在熊熊燃烧。汉箫脸色苍白,周青蘋问他,脸色不好看么?汉箫说没事,头有点疼。康濛便说叔叔好好休息,不打扰了。改日再来拜望。周青蘋说也好。

康濛起身,向各位道别。姝文送他下楼。

刚九点,楼下人很多,都是出来乘凉的,姝文不停地跟人打招呼,邻居们嘴上答应着,并不看她,眼睛里生出钉子盯视康濛。

出小区,在稍僻静的路边,一棵法国梧桐下站住。

姝文说:"不好意思,难堪你了。"

康濛说:"哪里?正常。比我想象的要好。"

"早说,都不敢要你来了。"

"还好。如今,可以往来,虽说任重道远,然正大光明,未来可期。"

"嗯。只是,他们不同意我们晚上出去。"

"暂时这样吧。我中午在单位不回家,中午见?周末再见?唉,时间太长了。"

"行,平静几天也好。要是真的——太想见你,他们的话就忽略一下?"

"要不,结婚吧。"他笑。

"想得美,爸妈还没同意让我们晚上出去,就同意和你结婚啊?再说,我还年少,还没上班呢。"

康濛玩笑说说,可是姝文从来什么话都当真的,他喜她这份清澈,笑道:"我这人最大的好处:耐心无限。未来全凭你的意志,静听你的旨意。"

"说到做到哦。嗳,我们家人好处吧?"

"挺好,就是,感觉有点怪。"

"怪什么?"她有些不高兴。

"你爸妈感情好吧?"

"好啊。爸妈从来没有争吵过,凡事谦让,举案齐眉相敬如宾啊,模范夫妻。而且,妈孝顺奶奶出了名的,我家是'五好文明家庭'。"姝文有些得意地说。

"他们从不争吵,也就是说,他们从不热烈地讨论,也许是他们不屑讨论,反正我感觉他们不太幸福。算了,你可别跟他们提这些。你爸内涵深,你妈特善良,奶奶也好吧,他们都很爱你,我能够看出来,只是怕我抢走你。"

"那是。我奶奶本来重男轻女,一心想要个孙子。可是看我慢慢长大,越来越喜欢,总说,有孙女真福气。"

"相信。汉姝文的美与乖,谁都大爱。"他笑。

"三岁时,我得了一次肺炎,高烧41℃,昏迷不醒,爸妈吓坏了。他们彼此不埋怨,不安慰,只说,如果我有个三长两短,就不活了。医生呵斥他们太不经事,特别是爸爸,疯了样。等我清醒过来,他们欢喜得抱头哭。那回以后,他们对我照顾得更仔细了,在我的记忆中,我都不曾感冒过。我健康,快乐,直到现在。得肺炎的事是奶奶跟我讲的。我的生命属于他们三人,他们是看着我过的。"姝文不知道,那一回奶奶一边担心着她有个三长两短,一边又心盼着甚至祷告着发生个什么,若孙女意外了,怕还有抱孙子的机会?

"你说这番话之前,我还以为你的生命完全属于我呢,敢情我连四分之一都难分到。"

"亲情与爱情不一样的。他们拥有的是我亲情的生命,而我爱情的生命百分百属于你。"

"姝文,你进步了,会辩论了。因为你的亲情与爱情尚未发生生死矛盾,不然大麻烦。我知道,因为他们对你的爱,在爱的旗帜召唤下,大事化了了。"

"因为他们害怕,我忘恩负义去投奔爱情。"

"所以,我们要感恩,珍惜。"

"嗯,珍惜珍惜。"她笑着。

忽然地,他说:"我抱你一下,可以吧?"

她一惊,仰起头,微笑,盯着他的眼睛,一字一顿:"不——可——以。"

"那,亲你一下,可以吧?"

"不可以。"

"我又没说亲你身体的哪个部位,只是亲一下你的袖口,可以吧?"

"不可以的啦,快走吧。"她笑道。

他也笑了:"反正总有可以的一天,我是'耐心无限'。真的,我要走了。"

"好,再见。"

"星期六再见?"

"好的。"

他忽又转身,问:"姝文,你真的想我吧?"

"想。"含情脉脉望着地面。

"怎么想?"喜悦地望她。

"把什么什么都忘记,只是回忆你的样子,你的每一个笑容,说过的每一句话,全部录制在心里。总希望看见你,希望你时刻陪伴身边。"

"我也想你,影响了生活和工作。"

"哦,那不好了。"她的表情忧虑,心底却是欢畅的。

"尽力克制,在夜深人静闲暇时际再想起你,可是很难做到。你似乎无处不在,我无从躲避,你总是在笑,不停地笑在我的眼前,就在眼前,可又捕捉不到。"

"我不想捕捉你,可你总是笑在眼前。我也笑望着你,希望,望到天荒地老。"

"你只是想望我到天荒地老,而不是真实拥有?"

"我当然想望真实的你到天荒地老。这份幸福不敢想象呢,命运对我何其宠爱。"她笑。

"是的，我也时常感慨。姝文，我真想抱你一下。"这一次他不笑了，热诚而严肃地望着她。她不敢回望他了，低头望地面。他猛地用尽青春的热情、渴念、爱怜拥抱她，她感觉到异常的温暖、安全、慰藉，胜于紧张局促。她本能地闭上眼睛——忽然相遇他柔软的唇，是的，为何这般柔软、湿润、热烈？她不知如何反应。

难堪的一刻。迷乱，奇妙。反正是结束了，他会笑她了，这棵梧桐会笑她了，梧桐上栖息的虫鸟要笑她了，月亮和星星都要笑她了。她一句话也没说，飞跑着走了。

他没有追赶，没有道歉，充满怜惜望着她跑远。

姝文飞跑回家，妈妈和奶奶正等她，才想起，头发一定乱了，便做贼心虚地说："外面有风，舒服的，乘凉的人怪多。"

周青蘋道："邻居都看见你们了？明天人家一定要问我，姝文谈恋爱了吧？"

姝文脸一红："就说是吧。"

奶奶道："现在的女孩子，真叫大方。当初，我和你爷爷面也不曾见，长辈们就做主定了亲。不见面，没对一回私话，结婚了，日子倒美，天天看焰火，可惜，他福气短，去得这么早。不提了。青蘋，你那会儿，也守分得很，没跟汉箫怎么亲热恋爱，倒是总和我在一起。也不知几时，汉箫不爱说笑了，只除见到姝文，有个生气快乐，整天就知道看书写字，再不拉个二胡吹个笛的，书呆子一个，谁也拿他没办法。"

姝文笑道："奶奶，康濛好吧，没哄你不？"

奶奶说："人生得倒也体面，看似忠厚人，脾气也还好，这都罢了，只是对他的妈，那个家，心里膈应。"

"他本人好，这就够啦。我是和他恋爱，又不是和他妈。"姝文说。

周青蘋说："不能这么说。你们独生子女一代，结婚也是两个大家庭的结合。你若多得一对父母宠爱，也算你鸿运。"

奶奶说："可不是。只恨我们太惯你，若学人家，与你断绝，凭你生荣死哀了。如今且说，你既心里喜欢，跟他处朋友吧，烦了不理了，赶紧说，也叫我们心里踏实。"姝文不知道的是，奶奶私下和妈妈喜滋滋地说，凭着与佛菩萨私语了四十多年的情意，得了启示，姝文与康濛难配鸳鸯。周青蘋听了，心下既疑惑又失落。

姝文噘嘴："奶奶，看你说的，简直在咒我和康濛呢。"奶奶不高兴了："为你好，丫头！怕你太疯癫了，让人笑话，说姝文可恋爱了。提个醒，女孩家不要太傻气心软，清白正派，才受人敬重，这个顶重要。"

周青蘋说："姝文是真的欢喜，碰到这么中意的人，又赶上这个时代。只是女孩子终要自尊自爱的，别的就不多说了。"

姝文的声音像欢快的溪流奔泻："妈妈、奶奶，我真的，真的太喜欢他，他哪里都叫我喜欢。天上一万颗星，最明亮的是他；地下一万条河，最清澈的是他。他是电，是火，是奇迹，他和他相关的一切都闪烁神异的光彩！'康濛'——最奇异、神秘的汉字组合，它照亮一切，消灭一切愁云惨雾。他有渊深的思想，可是不必言语，他的存在本身是渊深，是奇迹，是的，奇迹！他让我也成为奇迹，成为传说！"

奶奶听不懂姝文话语的含义，可看她的喜上眉梢，雀跃欢腾，能够感受到她热狂的心态，便说："人来疯了吧？越说越癫疯了！也不知嘴里唱的叫唤的什么。牛郎织女是传说，许仙和白娘子是传说，你们都真名实姓的，怎么就变成传说了？"

周青蘋道："传说的悲剧多，喜剧少。'传说'这个词用得确实不好。"

姝文哭笑不得："我不瞎用词了，激动的人容易胡言乱语嘛。"

周青蘋道："理智点好。不知道康濛是不是和你一样上心？"

姝文立即喜形于色，兴奋地接口："他跟我一样欢喜，比我还要欢喜！他说在认识我之前，颓靡消沉，对整个世界都心灰意冷，看见我又重新活转过来。他非常感谢我。"

奶奶道："他就该喜欢你，不喜欢才叫怪呢。不过，不要太热乎啊，少见面、少电话、少来往。"

姝文说："嗯嗯。我看爸爸怎么样。"说着就去敲汉箫的房门，里面传来一个瘦弱的声音："进来。"

汉姝文2019年春天的日记（5）

今天下班前接到爸爸的电话，叫我下班去凤凰书店买五本《红楼梦圆》，要送给他东西南北中五个大学同学，要他们为他鉴定走火入魔的级别。

走火入魔是一种幸福。

爸爸的青春走火入魔。爸爸的晚年依然走火入魔。爸爸的眼睛与手掌都曾被魔鬼爱抚。爸爸的心脏曾在火山跳跃。爸爸的四十码康奈黑皮鞋走过香山的枫叶地毯。爸爸说，天地废去，《红楼梦》不废。爸爸说曹雪芹的魂灵比西方的上帝还要明亮。

爸爸窗台的绿萝是地狱之水栽培。

妈妈上老年大学了。奶奶不在了，但妈妈有爱热闹的朋友了。她报了文学班，有《红楼梦》专题讲座课，有《红楼梦圆》讲座课，妈妈不缺课。妈妈报了摄影班，每周都有户外课。妈妈会拍摄春风中的杨柳与三月的樱花了。妈妈拍摄的《碧草连天》获得了业余摄影大赛铜奖，主题"向春天出发"，晚报主办。

妈妈说等我的学生高考，等宁宁秋天上小学后，她要报名"藏地光影"摄影团。妈妈，其实不要等秋天，春天你可以去的。我知道，所有的爷爷奶奶中，宁宁跟你最亲。但是，你可以春天去的。

秋天我们还会忙碌。冬天我们也忙碌。我们不休息。

生命不休息，包括睡眠，我们还要煎熬着"永远"。我们每个人都说过"永远"，它是人间最美丽的词汇。

妈妈，你把"永远"的孔雀翎一片一片排队，在春天的公园，排成了蓝宝石的心形。冰凉的。你再不回头，把"永远"留给沉默的大地和飞翔的天空。

妈妈，我知道在春天的夜里，你在想念墓园中的奶奶。我知道你替奶奶、爸爸、自己买了三个邻居公墓。爷爷奶奶合葬了。他们的墓在中间，爸爸和你，一个东，一个西。日出日落。

妈妈在老年大学不报烹饪班。妈妈不做汉州土菜了。宁宁不吃汉州土菜。我不爱吃饭。妈妈不爱吃饭。如果不吃饭就可以维持生命，我就不吃饭了，多么节省时间。可是妈妈总劝我吃饭，她不吃。我想起妈妈看爸爸吃饭的样子。

妈妈不吃原味葵花子了。妈妈没有思念没有苦恼，没有春花没有秋雨，没有过去没有未来。可是我真的看到妈妈拍摄的春天了，春天的绿水春天的桃花。

妈妈看电视总是不停地换台。妈妈学会了孤独。妈妈还住在奶奶的房间。妈妈种的仙人掌开出了牡丹花，一朵人间的花何以如此富丽，像假花，像一个富贵人家的孩子突兀地走进贫民小院。妈妈的眼睛直直地看着仙人掌花，像看前世的孩子。

妈妈结识了爱热闹的朋友，与他们一起上课，一起户外摄影。他们以为妈妈与他们一样幸福。奶奶微笑的照片认得妈妈心内的忧伤。

妈妈的白发染了酒红色，可是眼睛染不上彩色。我们总是谈欢喜的事。我们谈宁宁。

每一场爱情的相遇都是伟大的。

每一个孩子都是神明的杰作。

青春的雷声总是滚滚而来。

梦的面纱散发崭新的蒲公英味。

梦见梦中的人。梦中人梦见另一个梦中人。梦中人不知道别人梦见自己。梦与梦昼夜不息，或如铁轨义无反顾的平行，或如磁场天罗地网的交错，或如天堂华丽，或如地狱阴森。梦与梦。

每个人都是神与梦的孩子。每个梦都被神明温润的手掌爱抚。梦魇与梦醒都是生命荣光。

我爱你们，因为你们今生为梦而来。我哭泣你们，因为你们沦陷梦境。

爸爸，你对程本续书的批评我都赞同。曹雪芹是梦中人，程本作者是俗尘人。爸爸，顾文嫣是梦中人。爸爸，下班，我给你送五本《红楼梦圆》。

第五章 心向明月

命运之神就喜欢嘲弄自负的人

姝文看爸爸正枯坐写字台前,背后看去,头发稀疏多了,像秋天的落叶,不知不觉黄了落了。

"爸,好点了吗?"

"好些了,没事。"

"爸,你气色不好看呢。"姝文说着在床沿坐下。

汉箫一阵冷战,哆嗦着:"没事,没事,可能,老了。"

"保重身体当紧。对你们,我心意尽有,将来必尽力照顾你们。"她的眼睛如蓝天一样清澈。

沧海淹没了桑田。

汉箫的心再次紧缩:"姝文,好孩子。"

"爸,康濛好吧?"说到"康濛"两个字,姝文即刻眉飞色舞。

汉箫犹疑一刻,道:"还好。你们,谈得来吧?"

"特别谈得来。爸,你也知道,原来,我跟哪个男孩子都不愿意交谈来往,可是和康濛,总有说不完的话,跟他在一起,真快乐。"

"哦?好。其实,你们刚才在客厅的谈话,我听到了。"

"哦。我喜欢你们跟我谈起他,也希望你们都能喜欢他。"

"嗯。顺其自然。爸爸祝你永远幸福。"心里却在自语:我要失去她了,永远失去她了。

"谢谢,我一定会幸福快乐。只是太快乐,让人不敢相信。"姝文的笑容开放在早八点的玫瑰园。

"不要多想,珍惜就好。"他垂下头,似被秋风折断的芦苇,声音像芦花轻飘,"今天,我累,你也早点休息去。"

"我喊妈妈陪你。"

"不用,她陪奶奶好了。我想·静静。"

"好吧。爸爸晚安。"

"晚安。"汉箫木讷地说着。姝文轻轻带上房门出去了。

漫漫长夜,漫漫孤独,苦郁、负疚、畏惧,像黑暗的森林把汉箫围困……

是的,他想不通!毕业回来后,许安娉怎么突然间闪电般与林泰承恋爱了呢?原来许安娉极反感林泰承的,说他精明矫情,深不可测,可他们就是恋爱了呢!其实,许安娉迟早都会属于别人,只是自己不敢承认罢了。周青蘋是母亲的福星,恰是自己的灾星,躲不开她,从略知人事起,他就明白。母亲喜欢她,离不开她,而他终将服从母亲。

母亲太爱他,为他付出太多。自以为替儿子做了最好的选择。他没有勇气、没有能力说服母亲,与母亲决裂。他畏惧与母亲理论的一天——为了许安娉至少要与母亲理论一次,他不敢想象,于是总是拖延,拖延到竟没有机会理论了。许安娉与林泰承进展很快,当年秋末就预备结婚了。母亲早就敦促汉箫与周青蘋结婚,汉箫总想等个奇遇,许安娉与林泰承遇上突发事件而分手,直到他们真的——结婚了,汉箫才走到黄河岸边。

汉箫没有参加许安娉和林泰承的婚礼,省城来的同学替他转送一套宜兴茶具。

许林结婚的那天黄昏,汉箫还是禁不住去看了。未到林泰承家的街角,老远听见爆竹轰天唢呐撞墙,再坚持数步,遥见穿红着绿的人群,喜笑颜开穿梭往来。地上青草树上鸟巢都唱着喜庆的歌。汉箫内心的城墙彻底崩溃。

他一口气跑到郊外的蜃龙湖,像地震前的牛马狂奔乱叫,巴望电线杆突然倒塌正好砸中自己,盼望脚下猛然地裂把他吞没,真想跳进冰冷的湖水里,明天的太阳再不醒来。

从不喝酒的他在小酒店灌了瓶白酒,醉如泥,死鱼般躺卧湖岸一棵柳树旁。酒精终止了他的思想。

酒精与睡眠自欺欺人地封锁时空,而时空依然自顾自赤橙红绿,一秒不停歇地歌唱与呻吟。

时间终究从他的肉身里醒来。他看见天上又圆又明的月亮，正亲人似的流着泪望着他。

洞房花烛。她灼热的美丽，他燃烧的得意……他们的花园是他的眼泪灌溉，新婚夫妇的幸福想象再次把他送进坟墓。他的灵魂追杀着他的身体，撕心裂肺，痛不欲生。于是，在天崩地裂的呼号声中，他看见自家的心脏在爆裂，血从血管流出，肌肉脱落骨节脱白，血泪汩地流入土，流进湖。

眼泪如雨水般流过他的脸颊，淋透衣衫，淋湿足下的土地，腌渍了土地。从此，这一块土地再不生长绿叶，再不开出红花。从此，世界将死寂。

汉箫不知怎么走回家的，母亲和周青蘋正在等他，及至见了，惊喜交集。周青蘋忍不得，眼泪夺眶而出。

他头发潮湿，一缕一缕粘着头皮，衣裤鞋子沾满泥土。眼镜不见了，眼珠子要跳出眼眶似的，面目怪异狰狞，失魂落魄，似从刀光剑影的战场上侥幸逃命归来。母亲问他哪里去了，答说跟朋友喝酒去了，醉了。说着面袋似的瘫倒地上。周青蘋与他母亲一样，嘴上责怪心里疼爱，忙着拉他起来，扶他上床，给他擦洗换衣服。他的嘴里重复着"罪孽"，在"罪孽"的余音中，他睡着了，而余音像黑蛇细长的尾巴，缠着周青蘋的辫梢。

一切弄停当，已凌晨五点了，周青蘋才回家。

冰冷的钢丝床。阴寒的日光。发苦的梧桐。哀鸣的竹布帘。悲伤的书桌。他的泪水枯竭。

第二天，他问母亲什么时候和周青蘋结婚，越快越好。一个月后他们结婚了。新婚之夜，履行了婚姻的义务，后来他再没碰过周青蘋。周青蘋经历了初次性爱的疼痛，很是反感惧怕，汉箫对她不亲热，一点也不怨恨，倒是时常觉得有些对不住汉箫似的，但无论如何她也不会主动亲近他的。令周青蘋欣喜的是，她居然怀孕了。怀孕期间，婆婆十分关心照顾，心里满满的幸福和感动。汉箫倒是很平静，一场暴雨之后，总有种子发芽，自然而然。可孩子生出来后，他完全变了一个人，捡到欢喜团子样，整日笑逐颜开，眼睛里开放出一千个春天。宝宝像是他的一颗红心，从肚腹里捧出来了，呵护着，怜爱着。他不停地看，不停地吻小宝宝，陶醉于生命循环的伟大与绚丽。女儿是爸爸前世的情人哩，果然的，周青蘋特别欣慰。

汉箫母亲本想抱个孙子，看儿子喜乐的样子，心下释然许多，再看那个鲜活的小生命，不由得生出爱怜之情。

许安娉，四十六岁，看起来至多三十七八，一双秋水寒星的眼睛，似乎总是说着诗意的话语。可谓兰质蕙心，风姿绰约，多少男人见了她，不由自主打剂强心针，恨不能根根眉毛里都生出眼睛看她。她生来就是让男人爱恋着魔的。还好，她生来自重端庄，否则，她将像古往今来多少风流美貌的女子一样，经历无数次生生死死的恋情，成就他人或就自己，伤害他人伤害自己，一生的故事令人神往，令人唾弃。

许安娉只爱过一次，以整个青春。却不能阻止他人对她的欣赏与崇拜，那些男人的赞美与倾心，也曾给过她闲暇一笑。她觉得问心无愧，那是止于精神的。林郁雪说她不矜重，那是林郁雪的事。

她热恋生活，感情丰沛，笑就笑出艳阳天，哭就哭个昏天黑地。她不想亏待自己，精神与物质都要华丽消受，她的世界活色生香，包括爱情的遗憾与失落。

她任职汉州晚报社编辑部主任，编辑别人的作品，也编辑自己。她一边读书，一边写作，可是林泰承不赞同她写作。市府家属院里曾传阅过一首许安娉的情诗，好事者遂为她编排出离奇伤感的爱情故事，搞得林泰承很是尴尬头痛。许安娉遂用笔名"素尘"发表诗作散文，汉州无人知晓素尘到底是谁。很多读者迷恋她，却不能证晓她真实的身份，他们的猜测比家属院美妙多了：她必定美丽异常；她深切地爱恋过，而藏匿于忧伤的故事；她孤独，将郁郁终老于病榻。她从 20 世纪 80 年代就发表作品，该四十岁奔上了，可读她的作品，青春飞扬热情澎湃，人们迷惑，却增加了素尘与其作品的神秘与美感。

林泰承问她：缺那点稿费啊？要明星风头啊？在这个城市，跟着我不够你光耀啊？对，才不在乎那些，只要有人读她的作品，懂得她的心跳，知道世间有一个这样忧郁的女子。另有个重要原因,她要让深爱过的人真实透彻地了解她,隔些时日发表诗作,展览铿锵心血,是警醒那个惟一知道自己笔名的人,不要忘记她,是的,不要忘记她。想必那个人,年年月月都在订阅晚报,在媒体杂志关注"素尘",她要无处不在地提醒他,折磨他。不是出于自私,实在因为她在乎他,深爱他,为他付出了一生的时间与幸福。她不曾宁静过一个夜晚。

那一次她从汉箫家回来的第二天,汉箫来找她了。她陌生地看着他,愤怒地看着他,如山洪对田园的倾泻,向他咆哮:"走吧,我恨你!远远的,远远的……我恨你!"他犯人似的低着头,嗫嚅着嘴唇要解释,她疯痴地叫喊,"不听不听!再不要见你……"把他推出门外,像扫出一堆落叶。门外下着倾盆的雨。

她则在屋内肝肠寸断,泪雨滂沱。她以为自己定是他的主宰,要求陪伴一春,就是一春灿烂,要求相守一生,就是一世安好。她太自负,可惜命运之神就喜欢嘲弄自负的人,无视她存在的人。

汉箫太软弱。汉箫太孝顺。从前他总说母亲怎么慈爱,吃苦耐劳与不易,许安娉自然把她想象成中国最典型、温和善良伟大无私的母亲。林泰承说汉箫母亲会以死相逼他与周青藾结婚,一定会的,而他一定退却,许安娉甚至无心再试探。大家同时陷入凶险的炮口,不如她这个命运的人质自动退场,解决他人的难题,保住自己的颜面。她只怪他怎么不早说,不早说?早说她不会付出这么深厚的情愫,今日也不会心碎到这步田地。

是的,她爱他。爱他清秀的面容,沉静的性格,镜片后湖蓝的眼波,爱与他淡论文学与人生,爱与他漫步在恬静的校园。沐浴在清丽的月光下,冬天的树桩也唱出翠绿的歌声。同样的冰魂雪魄,锦缎美的时光,手拉着手,他们便是世界的主人。可是,他居然属于另一个人。她从未想过此生会委受另一个男子,更没想到竟然会接受林泰承。

她与汉箫分手后,像太阳落山后月亮会升起一样自然,林泰承走近她,对她小心翼翼而关怀备至。他给她送书籍、送杏仁巧克力、送蝴蝶发夹,陪她散步,看电影,讲笑话,看流云。凡尘滚滚,而不乏鲜艳。她简直未来得及感受失恋的失落疼痛,便答应了他的求婚。

1971年，政府选用了林家大院原址盖小学，林郁雪带着侄子搬家至纺织厂宿舍。国家拨乱反正落实政策，1979年夏，退赔了林家八千五百元，姑侄二人悄没声地领回。钱放家里两日，林郁雪失眠两日，窗户、床下、衣柜里、天花板，处处长着可疑的眼睛，盯着放在抽屉里、衣箱里、鞋盒里的钱。沸腾的年代，提心吊胆的岁月，云开日出，她依然不敢相信，黑暗的阴影长在她的心上。次日，未等银行开门，她便在门口候着，小偷样心虚，抱着侄子中学时期洗得发白的军绿书包，书包里躺着八千元钱，报纸和花布把钱裹得比粽子结实。工作人员见存款数目巨大，又见她神色不宁，一面悄悄报告公安部门，一面叫她交代现金来历与证明，并交出户口证明，退休前工作单位证明等各类材料。林郁雪谨慎，有备而来，一份文件一张收据一个证明的，一字排开。公安干警甩着汗珠过来，与银行工作人员一起核对材料。

　　林泰承恋爱了，要结婚了，林郁雪像吞了个又紫又红的李子，口中作酸心里泛甜。她相信侄子的眼光，女方才貌必相配，配不上心里恼，配得上也恼。然侄子大婚，究竟可贺。这个家里，渴盼双喜字太多个冬天与寂寞的夜了。大红喜字，比太阳还红，案上的铜麒麟与院里的桂树，都将披上红纱，冲去家庭与她本人命运里层层叠叠的阴影。她想起父母哥嫂，想起家中旧时风光，并未大犹豫，去银行取了五千元，一意给侄子操办一场体面的婚礼。熊猫牌电视机、进口四喇叭录音机、真皮沙发、镶上花边的桌布……三十多年来最甜蜜而豪华的一场购物，行走云霄般喜悦，数出了一张一张大团结。林郁雪姑侄二人都幸福地陶醉了。泰承母亲留下的红宝石戒指，一直躲藏在毛主席像后，此回主人关门闭窗，郑重捧出重见天日。再度抚摩美人肌肤，再获主人赞赏，戒指闪亮地表达惊喜。它作为聘礼送了许安娉。

　　许安娉见林家这么豪气，只好和爸妈商量，增添嫁妆。父母是邮电局员工，节俭多年攒点积蓄，春上给长子娶了亲，现女儿毕业上班了，正想消消停停储蓄两年，再嫁女儿，百事都好。谁料，才坐下喘口气喝口茶，又被孔方兄追打上来。丫头真是，才毕业，实习期还没过，就说要和同学结婚。看她十万火急的样子，似乎不结婚，地球就要末日了。逼着父母打量她的身子，朝不好的地方想，嘴上却说不得。父亲劝告，学生时期不足以了解一个人的，最好再观察两年。母亲规劝，说年纪还轻，往后兴许会遇上更合适的人。许安娉说，没心情的，就他了。父母忙告诉家中境况：刚忙完哥嫂的婚礼，嫂子又怀孕了，奶奶要看病抓药，弟弟寄宿学校，处处用钱。许安娉说，本来嫁妆方面怎么随便都可以的，只是没想到林家这么郑重，咱们太轻薄了，真是不好意思这样嫁的。父亲连连跺脚，婚期不推迟，真的没法子。母亲心疼女儿，一边叹气，一边盘算，瞒着父亲把自己的金链子卖了，又悄悄向舅舅借了五百元。陪着女儿一趟又一趟去中央商场，三开门的大立柜、实木梳妆台、龙凤百子图绸缎被……买了除去双人床之外，新房卧室全套用品。又给林泰承购买一套文房四宝，给林郁雪精挑细选一双半高跟牛皮鞋。按汉州嫁女规矩，没少一件物品一个程序。

许安娉感恩父母，给母亲买了件雪莲牌羊绒衫，又说借舅舅的钱，等婚后自己归还。又说，将来，钱必不是问题，不值得费心思。是的，面上漫溢忧郁之色，确实与钱没一分关系。母亲亦喜亦忧。

秦晋好日，林家租了两辆汽车去许家接了新娘，当日许家胡同"金刚钻包饺子——热闹得钻心"。林家亲友稀疏，遂请许家亲友同贺，又把宅院里男女老少都请了，不收礼金，只图热闹，中午饭馆，晚上院中搭棚宴请。一对新人，像雨后的荷，鲜亮清香，新郎新娘不同凡响的俊美，让婚庆气氛更加热烈。

一个大院像口大锅蒸煮着结婚的喜气，每个人都闻见，呼吸着这份甜甜的火红的气息。喜气，飞来，万象更新。喜气，不只让新郎新娘，让每个人都更加漂亮。人们像过年一样穿起了新衣裳，个个容光焕发。老人们像看到了新生儿柔嫩的脸，心里点燃着新鲜的希望。喜气，让人们心胸宽大。这一天，大人对孩子宽宏而放任，可以大肆戏耍。孩子们自由而兴奋，看到了人间最为狂欢的一天。

年轻人眼睛里流动着春波，喜滋滋地看着新郎新娘，真心祝福，少有发着酸菜叶味的羡慕与嫉妒，也被沸腾的喜气湮没了。

喜气像蛋糕甜蜜，玫瑰芳香，太阳火红。喜气是传染的，长着翅膀的。人们恋恋不舍回家，喜气多多少少跟着回家。

婚礼当日，是女子人生中最辉煌的一天。多少女子，一生只在此一天当主角。而我们的女主角，有意无意，一世主角，因为被男主角一世宠爱。

许安娉也被这天的喜气与热闹感动了。热闹在欢腾地证明着幸福。热闹本身似乎就是幸福。这天，许安娉是幸福的，似乎忘记了——那一个人。那个人不会给她这么热闹的婚礼。也许她的性格，注定用一生的悲凉换取这天的幸福。

林泰承娶了许安娉，春风得意之余，不免踌躇满志："咱们结婚，看起来我幸运，实际更幸运了你。在阶级斗争的年代，我是地穴里的蛇不见天日，是沟渠里的果子无人采摘，对你，只能默望背影悲苦暗恋。改革开放，春风化雨，人间正道！我，滋润了！在仕途的道路上，我会谨慎探索，小跑，攀登高峰。夫贵妻荣，你将与我共享荣华。看你，一脸福相，就是我带给你的。"脸上的红光似被十个太阳映照着。

她驳斥：此生若有福气呢，也是自己修来。本人自小从善，光明磊落之人，若见福果乃是自己修来。

他笑："噢？我也是你修来的喽？"

"是修来，还是前世孽惹来，现在可不晓得。"她望着电视机冰冷的屏幕说。

他拉过她的手，深情说道："宝贝，你前世无孽。你当生生世世清白无瑕。"

她认真地望了他一眼，叹一口气，说了声悬浮空中的"谢谢"。他喜欢听她带着鼻音的说话，心跳和着她的语音，她的呼吸。

他再袒胸露怀："我是爱你爱得用心，深入骨髓啊。第一次见你，就想，必要得到你，无论用什么方法，你必须是我的！你和他闹恋爱的时候，你不知道我多么痛苦，忍耐又忍耐，直到毕业。"

她鼻子里发出轻微的哼声，像阴天的阳光若有若无，心想：如果你不忍耐，在学校时就把此事说穿，我即便和他分手，也不会和你恋爱。因为，在校园里到处是他的影子，那时我不会，绝不会和你恋爱的，我还能天天看见他，躲也躲不开。我们痛，我们恨，我们吵，反正别人插不进来,任他三头六臂,本领天大。

她说句"别说了",声音轻得只有神灵能听到。

他再感慨:"曾经,午夜惶惑,春风里也惶惑,亏得苍天有眼,最终,叫我做了幸福的人。还好,有限波折,美梦成真。"说着伸过臂膀搂抱她,她用力推开:"光天化日的,你姑妈看见,不说你什么,一定指责我浅薄。"

"我什么都听姑妈的,为你的事却一意孤行了。她疼我,遂皆大欢喜。和她和睦相处,必须啊。"

"我自然尊敬长辈。"

"她十分孤苦。年轻时受过深切的感情伤害,看别人双宿双飞,她很痛心的。"

"又不是看她的爱人与别人双宿双飞,她的痛心,无理的。"

"知书必要达理。别对她这么苛刻,好么?"

"好吧。"

"无论如何,你不可言语刺激她,有话跟我讲。"

"你对她真孝顺?"

"自小到大,她疼我,像对自己的孩子一样。"他笑了一下,左边眉毛随之跳动了,她只似看见草丛里冒出一只小小的戴胜鸟,心跳动了一下。其实,他真英俊。她心里赞叹。

"打小,我很使大人费心,难带养。动不动感冒了,发烧了,不爱吃饭,又便秘,毛病特多。父母去世早,全靠姑妈照顾。人说她自私,可对我,母亲般无私呵护。几乎可以说,她把在人间的爱意都给了我。"

"我尽力,与她向好相处。只是,她那阴凄凄冷飕飕的目光,着实叫人胆寒。她对我,有敌视?"

"啊?不会。她的目光只是目光,哪里说上多少含义。我知道,她孤独,老了益发悲苦。我想尽所能给她一个幸福的晚年。"

"你倒算有良心。"她笑了。

"我看你不大会做家务,毛手毛脚的,姑妈细致得很呢。"又告诉她,解放前姑妈是位小姐,饭来张口衣来伸手,什么家务也不懂。改天换地后，家务、工作，勤谨学练，最后竟得心应手了。她是个意志坚强的人。只可惜年轻时爱过一个不该爱的人，为情所困一辈子，糊涂得可怜。解放前有几位家世较好的子弟提亲，她一个不愿意。新中国成立后，她在纺织厂工作，工人干部都有追求的，她都冷冰冰地对待，那些人顶着她家庭成分不好的巨大压力，真心爱慕她，她毫不动心领情，孤零零地过了几十年。

"真是这样，我倒是赞佩她。这样的痴情感天动地哟。'

"什么痴情，苦了自己一辈子，太亏太傻。她，听不得劝，听不得提。真假对错，是赏是罚，只有她和她的上帝清楚。"

林郁雪果然细致得很，被单衣物永远干净整齐叠放在衣橱，首饰针线安睡于固定的抽屉，厨房里锅碗瓢盆秩序井然，处处洁净清爽。她指责许安娉惰懒，又一边苦口婆心教导她做家务。许安娉倒不生气，只觉得她活得太仔细，以至有些可笑。在琐宰的居家生活中，许安娉还是不知不觉学了许多，从前她洗菜像洗衣服，洗衣服像洗菜，后来都逐渐纠正过来。

林郁雪不怕劳累心甘情愿，打理侄子日常生活，可容不得侄媳。她没少在侄子面前贬斥侄媳，说她笨、懒、爱打扮，小资产阶级作风实在不入眼。她自己经过社会主义改造后，小姐心性早已脱胎换骨，勤俭朴素才是真美与时尚。当神州大地席卷改革开放的旋风，林郁雪有点眩晕。她的青春已然凋谢，笃信"女为悦己者容"，而"悦己者"在海角天涯。她再也不需要，再不能接受满世界的花花绿绿。

许安娉则完全陶醉、得益于时代的缤纷。她喜欢穿时髦衣裳，喜欢迷离的音乐，让心灵流泻迷人的哀愁。她去美容店，去健身所，尽可能地延长美妙虚幻的青春，从浅薄的虚荣里得到一点虚幻的欢娱与慰藉，让心灵暂时消除爱情的疼痛喟叹。

别人以为许安娉特别幸福，甚至引来许多嫉羡的目光，只有她自己清楚，心底何等苍凉。林泰承曾说："我虽少年落魄，而青年时期，慢慢得志喽。娶了你，乖乖，你是启明星啊，叫我一路搭上顺风船，科长、局长级级晋升，顺利之极。亲亲，你是福星啊！话说回来，你嫁我呢，也不亏。与同学比，与你的女友比，你是最幸福贵气的吧？"

许安娓笑笑，心底则万分感慨：人哪，再高明的人也不能把别人看透，只有自己清楚人生是否如意。林泰承聪明异常，卧薪尝胆"同学少年"时光，最终从汉箫手里巧夺许安娓，也明知许安娓仍然思念着汉箫，可竟然认为许安娓是幸福的。是的，多少次他拥抱着许安娓，却忽然感觉到汉箫的气息，他勃然大怒，用魔鬼气力推开她。多想剖开她的心脏，捏碎她的灵魂！而骄傲的心又不允许承认自己失败，又气恼又矛盾，他逼迫许安娓又在提醒许安娓，让她说"真的，真的忘了他了，你是我的惟一"。他带着空虚的自欺的满足侧身睡去。

许安娓则泪下如注。她不敢出声，强忍着，胸口堵塞着，气顺不过来，便止不住地咳嗽，此时她多想大声地哭泣，呐喊：汉箫，汉箫，你在哪？可知，每一天每一夜我都没有把你忘记！可曾听见我的呼唤？我们在同一个城市生活，你能呼吸到我的气息，我能呼吸到你的气息，竟咫尺天涯！可否想念我？你不会忘记我的，不会的！你说过只爱我一人，只爱我这样的女子，惟一的。此际，我只想哭，我为什么连哭的权利也没有呢？哦，他会听见，会醒来，责问我，掐死我……

许安娓望了一眼熟睡的林泰承，他的脸像冰冻的河面上冻结着一缕月光，把她的心冻得发冷。她蹑手蹑脚起床，摸出钥匙，打开抽屉，取出日记本，借着月光写下她无法宣泄的痛楚凄凉。

她虽然不曾与汉箫肌肤相亲，可是从林泰承的身体总想寻觅出汉箫的味道。林泰承很敏感，本能地感觉到这个意味，但是凭着体验，当然知道她是清白的，便不想没事找事自取其辱了。毕竟，这个人每夜温柔地，温煦地，甚至风情万种地躺在他的身边。

林郁雪不知道许安娓的过去，只觉得她太幸运幸福，且全是得她侄子的福气好处。林郁雪相信，每个时代都有贵族圈，每场革命终会平息，平息后也必将出现新一群显贵，精神上优越外，先进的科技与丰盛的物质总是优先服务于他们。而显贵生活方代表某个时代，在历史的长河里留下光辉的剪影。工人家庭出身的许安娓，居然留下了时代的光辉剪影。

林郁雪嫉妒，愤恨，千方百计寻事侄媳，希望侄子少宠爱她，甚至希望他们决裂。

侄孙女林樱寒，在林郁雪的眼睛里倒是可心得很。樱寒从小就乖巧懂事，知道察言观色，讨好着姑婆。林郁雪说，樱寒一点不像她妈，像她爸，也像姑婆，安静、文雅，讲话慢声细语，说的话抹了蜜样甜到人心里。樱寒不知为何，自小就跟姑婆亲密胜于妈妈，姑婆宠她，有求必应。姑婆只有一个要求，让樱寒安安静静，瞪着眼睛听她讲那一段熟悉又熟悉的爱情故事。樱寒总是问姑婆，那位先生的爸爸现在有一百岁了吧？总该死了吧？姑婆则问小樱寒，先生总会回来的吧？他真的允诺小姐娶她的。樱寒则肯定地回答，那当然。他爸爸都这么老了，一定快要死了，死了先生不就要回来了吗？林郁雪则陶醉于先生回来的温柔遐想中——真是不可思议呀，那是怎样的狂喜，福祉……

可是有一天，小樱寒做了否定的回答，说先生一定不会回来了。时间太长了，谁还能记得从前说过的话呢？也可能打仗的时候，先生和他爸爸都被打死了，怎么一点消息也没有呢？要不她忘了小姐在等他。

小樱寒说得头头是道，绘声绘色。林郁雪听得神思恍惚，心绞痛，饱含悲泪，大声地训斥："樱寒，你太坏了！一个人说过的话怎么能够忘记呢？允诺的事情怎么能够不做呢？上帝也不会这么不公义，让他在年轻的时候就死了，让小姐白白地苦等一辈子。我不相信有这样的事，绝对不相信！"姑婆突变巫婆的怒容，吓坏了小樱寒，樱寒再不敢说先生不会回来了，且自此后回答这个问题时，总是加一句，先生就要回来了，不是明天就是后天。姑婆满脸彩霞，温和慈蔼，樱寒则狡黠大胆地提出平时不敢奢望的物品、要求。

樱寒随着姑婆与其故事的衰老逐渐成人，有了判断：先生真的不会回来了。还好，姑婆不再询问，但仍然时常毫不顾忌疯狂地向樱寒吐露心声：她的心灵受着怎样的煎熬摧残，她怎样不堪地消度这荒凉枯寂的人生！

樱寒同情姑婆，同时又讥笑她的愚蠢，别人都说姑婆精明，可是爱情使她成了百分百的傻瓜！谁能说清呢。

汉姝文 2019 年春天的日记（6）

我相信人间一切奇异的爱情故事，相信丘比特之箭闪亮的精准，相信银河上白灿灿的喜鹊桥，相信婴宁的粲然之笑，相信"卿死，仆何敢生"。

相信，认识你五百年了。相信，来生的相遇在早晨的樱花林中。

相信，法海必定赞赏过西子之美。相信，春风的伤害胜于冬天的暴雪。

千万人擦肩而过，没有一场相遇。不经意的黄昏，飘过你飘忽的笑影，从比人生长出千山万水。

明亮她，黑暗她。黑暗她，明亮她。

世界疯狂，因为人们为爱疯狂。

因为疯狂，世界的华美超越了神明的想象。

因为你，我有了灿烂的笑。因为你，我再不会笑。因为你，梦里我滔滔不绝。因为你，我变成哑人。因为你，我脆弱，因为你，我坚强。因为你，我年轻，因为你，我衰老。因为你，我看到春天。因为你，我沦陷冬天。

我听过天堂鸟最动听的歌，那是天使从神殿里携带出来，魔鬼恼怒，地狱的乌鸦因此呼啸而来。

因为瀑布一泻千里的壮美，所以九曲黄河和应血红的绝唱。

我不停地走，在森林里，闻不出露水的野菊香，也感觉不出雨水的万年浊气。森林里，晨曦与月光同样的寒凉。不盼奇迹不怕魔法。森林的巨大，让时间静止。落叶是泥土的母亲，花卉是泥土的孩子，它们相依为命，唱着轮回的歌。飞禽与毒蛇一样可爱。在静止的时间里数着白发，一根，一根，一根。

春风，肆无忌惮地笑，最易激怒神明。北风，啼天哭地之哀，最使魔鬼兴奋。相信前世，以及不能躲不能逃的今世。不相信来生。

目光的温馨，叫满园蓓蕾开放。目光，有一种执着的恐怖，碰落四季的花朵。

短暂的遇见，比一生的记忆漫长。飞逝的夏天，是此生全部的记忆。

那年夏天，本市下过一场史上最猛烈的暴雨。那天黄昏，在全城最时髦的建筑上出现了史上最绚丽的一道彩虹。那天黄昏后，人们说我疯了。我疯了，但我认识你。认识五百年的人，化成风也认识。鹦鹉说你眼中闪烁恐惧的光，请别害怕，我的善良是著名的。我连一只蚕虫也舍不得伤害，一定要助它呕出脏腑吐丝做茧。每年春天我都养蚕，我要看蚕蛾柔弱的洁白的飞翔，飞满卧室窗台，飞满风筝下面的天空。

一万年人间只有一句话。

在神话中飞翔，在童话中赞美年华，在聊斋中寻觅轮回。积攒了五百年的话，在一个黄昏说完。人们说我说的是疯子的话。疯语最坦白，最动人心魄，天上的千里香与地下的蜘蛛草一起腌渍而成。在奈何桥上还要重复五百遍。

你的名字煮在茶壶里。你的名字种在花盆里。

收藏沸腾的阳光。收藏呜咽的月光。奈何桥上我要打开，照亮来世的路。

我听见，春风踏歌而来，瞬间花开万里。

我见证，突然的沙尘暴。坐守一生荒漠。

我要给蚕宝宝喂桑叶了，它们孜孜不倦地吃着桑叶，比孩子做作业认真，白天夜里都不休息，为它们做茧的梦想。

明天早晨宁宁一定会看出蚕宝宝又长大了。

第六章　才会相思

我认识你五百年了

　　星期六一大早，天麻麻亮，姝文被手机铃声惊醒，康濛打来："宝贝，吓着了吗？"

　　姝文听康濛叫她"宝贝"，怎么觉得这么亲切自然呢？一点也不唐突，一点也不肉麻，好像本该如此，她就是他天经地义的"宝贝"。

　　"哦，康濛，我正做梦呢，噩梦，谢谢你把我喊醒。"

　　"对不起，打迟了，本来噩梦连开头都不该有的。"

　　"可能梦从凌晨就开始了。"

　　"昨天晚上就该陪你去了。"

　　"你也未必比噩梦安全。"

　　"不会吧，你这么看待我啦？"他笑。

　　"又欺负我的愚蠢了。"

　　"如果你硬说自己愚蠢，那么我也一万分的，热爱你的愚蠢。"

　　"大清早上，不作兴哄人的。"她笑。

　　"披肝沥胆，发自肺腑哦。"

　　她的每一个细胞都舒展开来，飞扬起来："这么早找我做什么？"

　　"快出来，蟊龙湖跑步去。湖北门见，我现过去等你。"

　　她感觉他讲话总像命令似的，好像她没有想法，所有的思想时间任意受着他的支配——受他支配多么快乐啊，他的支配都合情合理，芬芳馥郁！

　　姝文赶紧起床，换了一身白色运动服，迅速洗漱，和妈妈打声招呼出去了。她家离蟊龙湖比较远，坐公交去了。

　　康濛大老远地朝她挥手，温柔地笑。身后，一串红搭成的心形花坛，再往后，碧清如玉的湖水。

她向他走来，以青春的脚步。

他想，在这样舒爽的清晨，在这样柔美的湖畔，看见这样清逸活泼的她，是多么心旷神怡！心里想着面上笑着。

她则想，有鸟的欢鸣，有露的清新，有花的红颜，有爱的暖流在心胸激荡，多么幸福！哦，他属于夏天，属于蓝天，他的笑多么美，他的齿多么美，看一辈子，多么奢侈！

"见到你，真高兴！"

"我和你一样高兴。庚濛，我真不知如何把握，留住有你的时光？"莫名的，心肠如花如雾起来。

"感受过了，记忆了，就把握了，留住了。姝文，你好可爱。"他欲抱她，她含笑躲开，说跑步吧。

"沿着湖边跑，跑累再歇。"

姝文今天穿了平跟鞋，显得比康濛矮很多，不过感觉还好。她愿意在他面前显得小而弱，如此似乎可以从他身上多索取些温暖和力量。她问他多高？答一米八，又问她，她说，一米六五。皆笑。

并排跑步，她要求靠湖边。跑得很慢，不时对望，对视一笑。

姝文体质一般，慢跑了也只一千米，即要歇息。两人凉椅上并排坐着，身后是晨练的人群，暖洋洋的日出，日出慢慢映红了湖波，湖水一望无际。

湖，在轻盈地飞翔。

他紧握她的手，热烈地："天哪，我真不知道怎么了，每一分钟想起你！想看见你，抱着你，希望你一刻也不要离开我！你一转身，我就想那是个梦，梦，我追寻不到，追寻不到……"

"是的，我也时刻担恐，是个梦。"

"奇怪，为什么有这样的感觉？"

"人间所有的恋爱，都这样炽热，迷惑，美丽？"

"不是。我们属于经典而辉煌的爱恋。"

"我们又没有经历过意外的坎坷，生死的考验，如何称得上经典？"

'因为神明为我们的相遇相知改变了整个时空的运行法则,因为我们的心胸燃烧尽了天上一亿颗太阳的热量,因为一秒钟内我们把生命与死亡都通达到宇宙和天堂。"

"因为在你的眼里,我同时看到生和死,甜蜜而感激。"

"爱,我爱,我才不知如何把握这一刻呢?"他握紧她的手,眼中含泪。

"希望,我们忽然化成一团烟雾,寰宇飞行,永不分离,你中有我,我中有你。"

"希望我们融为一体,逐渐变小,小到极限的点,再不能拆开,再不能死亡。"

他拥紧她,似乎要把她融化进自己的生命。她感觉到他怀抱的温馨与热力,开始陶醉而迷恋。

姝文讶异自己为什么在幸福的时刻总是想到死。此际,她多么想与他在热烈的拥抱中不知不觉地死亡,对,那才是无上的幸福。她忘了亲友,忘了整个繁华的世界,世界上只有她和康濛,两颗融合的舞蹈的灵魂……

太阳的热度惊醒了他们。

他拉着她向湖堤上的早餐铺走去。每走一步,感觉走向生,同时走向死,欢欣而沉重。无论如何,他们是幸福的,童话中的恋人像这样幸福过吗?

一棵玉兰树下,他突然停歇下来,转身拥吻她。她再度经历一场天旋地转,分不清南北东西是雨是露是晨是暮。

到了早餐铺,姝文说喝豆浆,吃汉州鸡蛋煎饼,康濛陪她吃一样的。卖早餐的张罗去了。

他凝望她,眼中深藏无涯的海。

她凝望他,眼中燃烧无际春光。

吃毕早饭,康濛问姝文想不想划船去。她笑问,若掉湖里,甘心双双殉情?

他笑,那还用说!

姝文笨,学不会划船。康濛经验亦不足,船总在水里打转。她的脸上他的身上沾了多少亮晶晶的水珠，笑声与水珠一样多。好不容易划到一棵柳树荫下。

她问，还能划回去吧？

他笑，划不回去，就不划回去，住在船上不好吗？

"湖变成海，才美。感觉，我们属于大海。"

"感觉，你有翅膀，会飞翔。"

"我真的经常做梦自己会飞，飞过高楼，蓝湖，小山岭……不过，飞得不是太高，也不远。总之，飞得不尽兴。"

"对，应该如此。"意犹未尽之状，"不要问我为什么。"

"不说就算。一切都不重要，只要有你陪我。"

"有一句歌词非常好……"

她抢了他的话："我所能想到的最浪漫的事，就是和你一起慢慢变老。"

"心有灵犀，恐怖。"他笑，"可否，为我唱一曲？"

"唱得不好，不要逃哦。"

"嗯，坐以待毙。"笑。

她喝口水，正襟危坐，面对绿水长天，唱了《最浪漫的事》，唱出新春的花朵与蝴蝶，唱出叶芝家火炉的火红与宁静。虽有走调，深情与柔情早掩饰了不足，余音久久在湖波上飘荡。

"第一次感觉流行歌曲这么迷惑灵魂。"

"谢谢。"

他看着她的眼睛说道："姝文，我思想保守，不太容易接受新事物，对新潮事物很难一见钟情。像你，表面活泼浪漫，骨子里传统，温柔文雅，所以我才对你一见钟情，像对那个梦的一往情深。"

她笑说，彼此，相信。是的，焉可怀疑他的感情？怀疑他即是怀疑自己，即是怀疑我们的星球是否真实，是否能够继续运转？怀疑即是亵渎神明，他所赐与人类最高的恩赏：让人们拥有爱情。

红情绿意，燃在他的心底，美在她的心底。

她看着他的眼睛，说道："你所说的一切，带来的点点滴滴，都将成为记忆中不凋的常青叶，待到老年，只怕这茂密的常青叶会覆盖所有的灵魂大陆。"

"哦？爱情可以环保？"他笑得郁郁葱葱。

"可以美容，可以净化心灵，可以装饰世界，可以消除罗密欧与朱丽叶家的不世之仇。"

"可以拯救濒死的灵魂。"

"可以创造人间天堂。"

"是的，是你给了我真正的人间天堂。宝贝，在你温柔的语音里，魔鬼把我抓进地狱也是心甘，只要，他不剥夺我对你的思念。"他握紧她的手。

"在你的思念里，你的爱情里，地狱里也会鸟语花香。"她的话语像百花种子撒落他的发根。

"无憾。此生，无憾。"眩晕的幸福。

饮了前世月下的酒，醉在今生的桃花庵。他抬起头，泪花闪烁，心里感叹：她，纯洁无瑕，又热情如火，人间为何有这样的精灵？我积累了几生几世的美德，遇上这样可爱的天使？是的，她变幻了世界的颜色，让一切有生命无生命的事物都光彩生动起来，神明何等宽容，慷慨，慈悲！

阳光把两张年轻的脸映射得更加健康光彩，笑容长久地停留在他们的面庞，直到地老天荒。

太阳越来越热了，姝文想赶紧划回去。

"喜欢水，可总在水里，会思念岸上。水，给人漂流的感觉。"她说。

"漂流，会渴望彼岸。彼岸，总是神秘而美幻。"

"此岸亦美。"

"这种心态好。知足，珍惜拥有，人生才快乐。有欲望的人究竟很累。须知，欲望用得好是动力，用得不好则是快乐的杀手，乃至生命的刽子手。"

她真心觉得自己这样的生活太美好，有温暖的家庭，有他给予的美妙爱情，太满足，太感激。

他想，是呀，因为她心中深藏幸福感，所以，更加美丽。

她望着他,像日月星辰望着人类在地球上仰望自己。

"人的生命,伟大珍贵,我们要善待自己,善待别人。"他说。

这个世界,有了人类才有了真正的意义。人类探索着历史,记载着历史,推动着历史,最终让世界从莽荒走向文明,虽然骄傲的人类试图改变某些自然法则,受到一些惩罚。没有人类也许地球的自然生命会更加延长,可是一切将毫无意义,花鸟鱼虫没有名姓,江河湖海无言地澎湃一万年,不如一位诗人歌颂它一秒。有了人类的欣赏与记载,各种生物才算真正活过了。正如爱情,哪怕极其短暂,恰是他和她活过的证明。

"我的生命从开始到结束,是你给我的爱情生命。"她既温柔又似揶揄。

"施加压力啊?胁迫我不能投降,不能逃跑?"他笑道。

"你,逃跑?"目光里有芒刺飞窜。

"逃到哪里?无论天府的门,炼狱的井,你的魂魄将对我紧追不舍。"他望着她,深情而忧郁。

"是的,无论成全你,折磨你,我,永不放弃。"她的目光里生长着茂盛的阳光,不,茂盛的月光。

"这,也是我的心愿。"

"原来我真没想到,恋爱会这么美丽神奇。"她笑。

"我也没想到,一潭死水可以生出千万条缤纷的鱼。"他也笑了,色彩斑斓。

是呀,鸟羽何其鲜艳,山岭何其秀美,玫瑰何其芬芳,夜雨竟如音乐悦耳?因为她与勃朗宁夫人一样的激动狂热,因为他与普希金一样的遇上了凯恩。

她记忆这所有。

他永生不忘这一切。

她愿在天幕上写下他们壮丽的爱情,让他和她的名字,如星星般每夜闪烁于暗空。

他愿在最深最深的海底刻下他们不移的爱情,让他和她的姓氏,如宝石般照亮幽暗的海底。

他们只顾吟诗般地说话，船又在打转了。

光影与水藻牵绊着。

"为什么和你有说不完的情话呢？"她一边问，一边笑。

"因为你熟睡时，我使用了神异的魔咒：汉姝文爱康濛、汉姝文爱康濛。你就收到一个话匣，里面有倒不完的情话。"

"难怪我不假思索，话语却源源不断。"她笑，比湖水清澈，比蓝天更蓝。

"源源不断的是我对你用心血吐化的情丝。"他笑，比蓝天更蓝，比湖水清澈。

"我们所有说过的话，经历的场景都将消失？最多留下空惘的记忆？"她心生忧惧。

他安慰道："不会。最快的光速都不能把现时宇宙的模样传达给我们，我们仰望着几十万年前的天空。根据不同星球，不同的距离，我们在此际时空相碰的影像，在多么遥远的将来都能显现，有天为我们作证。"

"真的吗？"她瞪大眼睛。

"当然是真的，'天上有眼'就是这个意思。我们的爱情将永不消失。"

"真好，我再没有什么可怕的了。"眼中春雨蒙蒙。

"一生一世能这样轰轰烈烈爱一回，还有什么可怕的？"他放下木桨，替她擦泪。

"我感谢，感谢，命运对我的恩宠。"

"知道吗，和你在一起的一天，要抵一年平常人平常的爱恋。"

"所谓'天上方一日，地上已千年'。"

"好对，尽管我只说了千分之一。"他笑。

终于划靠岸。先前于湖中，远远看见湖坡上，漫天漫地的红艳，笑开着千万朵百日草花，一旦与所爱者置身花田，美妙的境界不可言喻。

"有写诗的冲动，即兴一首，为你？"她笑。

"荣幸之至。"他笑。

姝文写诗，常常凭借灵感不期而至写成。灵感过了此村就无那店，转瞬即逝。因此，姝文的包里，时时处处带着笔和本子，当灵感奇妙亲近，飞舞起来，无需思维与构思，立即取笔记下一行行神秘的文字，此际当着康濛的面，一挥而就一首《童话》：

童　　话

请载我上你的船
扶我坐紫藤搭的沙发
隔着竹帘
让我们一起聆听流水的叮咚
两岸黄鹂的歌声

看，看
锦鲤群鲜艳地跳跃
跳跃着给我们引路
到桃源深处

阳光如瀑
月光如雾
听你沧海桑田的语音
讲述星星的典故

日日桃之夭夭
夜夜灼灼其华
你咸神人
我化仙女

康濛读了，盛赞，请姝文即刻朗诵。遂于百日草花海中，一棵碧青的香樟树下，目望波光潋滟的蜃龙湖水，以梦幻的神往与声音，姝文诵读了这首《童话》。二人心里流着荔枝蜜，眼中尽是芬芳的阳光。

"非童话,请回归现实,'之子于归,宜其室家'。"他向她伸出手,她微笑着把手交到他的手心。云雀在天空亮丽地鸣叫,花海发出迷蒙的香草味,谁说现实世界比不过梦幻的如痴似醉?

康濛一看表都快十二点了,指着临湖而建的"湖锦酒家",说往这家饭店吃饭。之前他和朋友来过,菜味本分,与她一起,最想感受家常烟火。

湖锦酒家是个二层小楼,被几只仙鹤般细挺的脚坚强地支撑着,白顶白栏杆,鹤顶红的墙,似乎随时可以脚一蹬,巨大的仙鹤即飞翔湖面。服务员引导他们上了二楼,于一个靠窗临湖的位置坐了。窗外湖光山色,湖中岛屿若浮若沉,犹如墨绿的大象,青翠的骆驼,海洋馆则如蓝鲸,游弋水上,如梦似幻。先前身在湖中,漂浮着看天看云,看山看水,上岸后,看到的景象与感觉大不一样。也许,人生与爱情,湖中与岸上,亦是不一样?

康濛推过菜单,让姝文点菜。她点了一份红烧鲫鱼,一份清炒豌豆苗。他让她继续点,说她吃什么他就吃什么。她笑说,不怕惯坏?他说不怕,知道她本性善解人意。

她不再推辞,看了菜单,又点了芙蓉虾、芹菜百合、冬瓜鸡皮汤,说如果不中意,叫他重点。

他看着她,意味深长地笑,说果然是一家人,点的菜全是他喜欢的。服务员也笑:"小姐好眼力,红烧鲫鱼与冬瓜鸡皮汤是我店的特色菜,鲫鱼是蜃龙湖野生鱼,鸡是农村野鸡。"说着欢喜去了。

他说自小就爱吃鱼,特别是红烧鲫鱼,百吃不厌,妈妈经常给他做。问她以后能学吗?她十分爽脆,说愿意学,就怕笨学不好。她想起妈妈。妈妈做饭就是厨师的手艺,妈妈为了爸爸,为了奶奶,为了自己,为了爱,勤学苦练,不断提升厨艺。以至姝文都曾怀疑,爸爸和奶奶对妈妈的感情,只怕主因来之于她做的饭菜可口,养到胃里,融到心里。只是妈妈和奶奶,平日总不许她学习做饭,说会做饭就要做一辈子,懒人才有懒福,等结婚叫女婿做饭,不能累了咱家女孩。但姝文深藏妈妈一样的爱心。

"有你这份心意，我也知足了。放心，宝贝，我不会让你累的。我会永远爱护你，就像爱护易碎的眼镜。"他笑着说。

"我以为你会说，爱护我就像爱护自己的心脏和眼睛，至少祖传珍宝之类的话呢。"她嗔道。

"原是指我家祖传的眼镜，快三百年了，当年从西洋进口的。"

"好啦，欺负死我拉倒。"

"苍天在上，我爱你还来不及，如何忍心欺负你？"

"好，等时间证明。"

"真的，无论我们相陪到多老，我不会与你争吵，不会伤害你一指一毫，全都听你的，只要你快乐。"

"这么好吗？我真要怀疑。"

他做了一个"止"的手势，说别说了，亵渎了。

他问喝酒吧？她笑："不喝，见你都醉了。"

"不得了，令人惊叹啊，一个从来没有恋爱过的人讲起话来可是迷惑人得很哪。"他笑道。

"近墨者黑。再说，你不是送我一个话匣了吗？"

"好好，投降。"他漂亮地投降，"果真的，喝点酒吧，啤酒总好？"

"嗯，饮料兑了喝。"

酒饮来了，菜上来了。红的似火，绿的冒油，白如玉，黄如金，色相绝佳，芳香四溢。

斟好酒，只见康濛左手庄重举杯，右手无名指蘸酒，向天上弹一下，向地面弹一下，再沾姝文的额头，口中说着"敬天敬地敬汉姝文"，说着一饮而尽。她心跳着，欢笑着。

他再举杯："感谢天，感谢地，让我遇见汉姝文。"千朵玫瑰开放眼中。

"我比你还要感谢，感谢佛菩萨，各路神灵，让我遇见康濛。"她一饮而尽。

"珍惜日出。珍惜人生。珍惜汉姝文。"他连敬她三杯。

"珍惜韶华。珍惜红尘。珍惜康濛。"又开心，又郑重。

世界，一片辉煌，奔腾不息。

他先尝了口鲫鱼，说真是蜃龙湖的鱼，她也尝了，肉质细腻鲜美，点头赞同。他说，从今日起，人生翻开新篇章，鱼肚让她吃，自己吃脊背肉。她笑说，自己运气真好，一辈子可以吃鱼肚。他笑说，不见得一辈子，等将来做了妈妈就怕不肯吃了。

她抿嘴一笑，道："嗯。我一直被伟大的父爱照耀着，伟大的母爱温暖着。我简直认为，父爱母爱，是万物之源，也是大千世界生生不息的根本原因。"他点头，称赞好见识。

她告诉他，她平时吃的鱼，几乎都是蜃龙湖产的。爸爸经常大老远地骑车过来，没有时间钓鱼，也不会钓，就买人家钓的，人家若空桶他就坐边上等，钓到够女儿吃的他再回来。回家总说，他买的鱼，是货真价实蜃龙湖的野鱼，孩子吃了越来越聪明。康濛夸美。

餐毕，出酒家，姝文有点晕，康濛扶她，也不推却。在他眼里，她的醉态亦是柳腰花娇，令人怜惜。他说，若很不舒服，现送她回家。若可支持，到前边小亭子坐坐。她说当然行，只是这烈日让人发晕罢了。

遂扶她至小亭坐下。她无意识地把头靠在他的胸前，头发散发着小苍兰的香气，缥缥缈缈，他不尽陶醉。

凉风吹过，吹来一阵异香，姝文身着彩虹衣裙，飘飘欲仙，到一处陌生的所在。这里生长着奇花异草，层峦叠翠，泉水叮咚，天堂鸟的歌声在空中飞舞。

姝文蹦蹦跳跳，欢天喜地。只是不见一个人影，她忘记了自己是谁，从哪里来，又往何处去。忽然，看见一处白玉牌坊，上书"天上乐园"，又见一块石碑，写着："欢迎来到乐园/这里没有眼泪/没有悲伤/没有死亡/永世安好"。姝文兴奋地游赏仙山瑶阁，饮尽琼浆玉液，安静下来，却万分惆怅：这样轻松无趣地活一万年，又有什么意义？我想知道自己是谁，我想体验人生的悲喜忧乐，拥有真正的青春与生命，哪怕风云万变栉风沐雨，而证生命富美。临终，将骄傲地说：我真正活了一回。

姝文正寻思，面前又立石碑："恭喜彻悟。勇士闭目，再降红尘。"却见蜃龙湖里猛然冒出一头灰色巨怪，身上的水珠闪烁着刀剑般冰冷的光芒，睁着铜铃大的眼睛，露出钢牙，张着山洞深的巨口，向她狞狞地笑。她想逃，可腿脚似有大石压迫，一步挪不得。她骤然大声叫喊："我有康濛，我有康濛！我不怕，不怕！"巨怪哈哈大笑，缓缓隐没水中。

康濛把姝文摇醒，问做了什么梦，惊得一身汗。她猛地抱紧他："请你说，康濛，说，永远，永远不要离开我。"

他抱紧她："姝文，我不会离开你。我的灵魂已经嵌进你的魂魄，上帝也不能把它们分开。"

"是吗？"她不禁潸然泪下，"累，回家。"

"也好。梦魇住了？"

"康濛，一定，记住，你说过的每一句话，'有天为我们作证'。"

"刻心上了。无论，福音，枷锁，咒语，说过的话将陪伴我到坟墓，以及来生的来生，都不会遗忘。"

"好，相信。"微笑，苍白的。

他说背她算了，到路口也只二百米。她点头。

她像个乖觉的大孩子趴在他身上，心里安静又沉重。眼泪莫名其妙流了一脸，流在他的肩背。

二人紧贴着，似乎不是呼吸空气，而是以彼此的身体在呼吸。

背了一百米，她说歇息。于一棵棕榈树下，二人就地坐了。花木气息，像春雨一样蒙着轻纱，漫无边际。

回望刚走过的路，二人缄默。

不知过了几时，姝文说话了："柳霏霏约了几个同学，下星期五到湿地公园野炊去，可以带男朋友。一块去？"

"星期五？我有点事。"

"好像，星期五你都有事？"

"算是吧。"

"讲讲？"

"可以，不，不方便。"

"如果，我非想知道？"

"知道不如不知道。"

"是事实,就想听。"

"姝文,别问了,有点,为难。"

"我哪里为难过你?就这一回。"面上潮红起来,固执的眼珠绿玉石样盯着他,似乎酒疯发作了,"你不说,我就坐这里不走了!"

他低着头,皱着眉,后悔先前对她的劝酒。

"为什么不讲?星期五我跟踪你。"

他的脸猛地刷上一层糨糊,又白又硬:"好,好,你冷静点,仿佛听与你毫无关系人的故事。"

她又盯了他一眼:"讲吧。"心里忐忑地想,能有什么故事让自己惊讶呢?

他故意用一种轻淡的口气,讲述了有关自己的一场奇异故事。

康濛妈妈性格孤僻,一世未有亲密的朋友,最亲近要好的,算是中学同学张姨。张姨到家来过几回,见过康濛,夸孩子不错,有意介绍女儿秦晓慧跟康濛相识。康母正心焦儿子年岁渐长,不肯交往女友,遂积极说教儿子。康母见过秦晓慧,夸她文静秀丽,就是工作累些,供职市二院药房,在医院工作倒也有保障的。康濛没心思恋爱,相信有个女孩在荷花池边,他要等这个女孩。

只是,拗不过母亲,心想见一面只说没感觉,掐断尾巴。那天康濛没作任何修饰,故作懒散样,母亲不满意,叮嘱穿新衬衣,他支吾,究竟没愿意。

两家母亲带着儿女到步行街见面。出于礼貌,康濛看了秦晓慧一眼。她是精心装扮而来,穿着新裙子,脸上化了妆。倒是记得,她的两只眼睛离得特别远,似乎各有各的主意与方向,而两只假睫毛,一开一合动作一致。

两位母亲借口溜走,留下年轻人。康濛立觉无聊,尴尬,去冷饮店买了两盒冰激凌。秦晓慧要了粉黄褐三色的,康濛白色的,路边凉凳上坐了,低头吃,谁也没说话。康濛几乎听见时间老人吆喝他的嘀嗒之声。

康濛如坐针毡,待她吃完冰激凌,马上起身,问她家住哪,送她回去。不料,她家不远,无需坐车,只好陪她步行。她走得很慢,不时看他一眼，目光里飘着花粉，他即刻过敏。只听她慢悠悠地说："我妈总说，人讲缘分的呢。从前不信，今天信了。"声音像飘在梨花水上。

康濛想，糟糕，她喜欢自己了。便说缘分有长有短，有悲有喜，要把握，也要会舍弃，用理智选择人生，不能被缘分迷惑。

她说："当缘分的意识深入骨髓，一切将不由自主。"一字一字，像慢慢坠落的荼蘼花。

他想，什么意思？赶紧说，那是迷信的，可悲的，不可取的。她又问，难道他不相信缘分？他说相信，但不能主宰自己。

她说："相信就好。到家了。再见。"康濛听见晚钟回旋，在深山密林。

康濛刚进家门，妈妈赶上来问怎么样。他说，人还好，只是没感觉。妈妈说，只要人家愿意，就处处吧，时间长了兴许就有感觉了。这时张姨打来电话，兴致极高，中了大奖似的："好哦，我们两家有缘啊！晓慧对你家康濛印象好得不得了！只是康濛这孩子大意，也没给晓慧留个手机号，再约见。麻烦我们老太婆来了。"康母说，好，等问问康濛的意思，再回复电话。张姨说，不必磨叽，咱给他们约下是了。康母再说稍等，等她回复。张姨以为只要肯与秦晓慧见面相亲的，没有人看不中自己女儿的，也许在康濛之前确实这样。

康濛坚持自己的意见，不肯再见。母亲叹息，太辜负人了，以后怎好意思再见人家？康濛说没什么的，她秦晓慧与人家介绍见面，有权利拒绝，也有义务接受别人对她的拒绝，这很正常。母亲见劝儿子无效，只好艰难地拿起话筒，向张姨解释。康濛让母亲说他一直瞒着她，暗恋一个女孩，如今快要愿望成真了。电话那头沉默良久，忽然一声狮吼，声音不像电话线里传来，倒像炮筒里喷射出来："不像话，太过分！怎么这么不知天高地厚，没有自知之明！我们晓慧拒绝过研究生，拒绝过机关干部，拒绝过公司老板，你家康濛算什么，拿什么架子！我真是鬼迷心窍了！"康母一迭声地道歉，一字一句从话筒往电线里塞："怨我，怨闷葫芦儿子，心里有人了也不言语。对不住，一万个对不住！晓慧孩子好，讨人喜欢，我们没福气，康濛不配。"

出人意料的是，一个星期后，秦晓慧疯了，整日胡言乱语，扔东西，砸家具，父母制服不了，听医生建议送到精神病院。在医院里不见好转，张姨无奈，跟康母商量，让康濛去看秦晓慧，他只好去了。

她披散着头发，胸前紧抱那晚见面穿的紫罗兰长裙、粉鱼嘴凉鞋，不让人碰一下。张姨说，来医院前她叫嚷着只带那套衣裙鞋袜，其余什么也不肯带。

她怔怔地望着康濛，含珠唇露出一抹温柔而又恐怖的微笑："我认识你！认识你五百年了，五百年了。谁都可以走，你不可以！谁都不能碰这套衣服，只有你可以！它属于你！"说着抛扔衣裙，一股冷飕飕的气息迫扑着康濛。

她身着黑套装，上衣绣着一朵硕大的彼岸花，花梗花瓣像火红的螃蟹爪子，抓挠着她的心肺，千万只黑蚁的幽灵爬附在她的黑衣之上，空洞的眼睛燃着火，一眼不眨地看着他。

恐惧与罪恶同时把他击倒。

"你不是康濛吗？就是你，康濛！我认识你五百年了，康濛……"

幽灵！绝对幽灵的声音！哪怕深夜从荒山野岭的坟墓里冒出的语音，也没有这个话音令人胆寒！她对他而言是陌生的，可她看他的眼神却似熟人旧友，充满温情直直地看着。

洪水咆哮，城镇消失。

张姨安慰他，没事，她不伤人，只伤自己。康濛抬眼，发现张姨瘦了两圈，眼睛凹陷得像干涸的池塘，整个人像暴晒过的花叶竹芋萎靡，声音也无精打采。他连说对不起，没想到，会这样，又问能好不。

"医生讲有望恢复，她只是精神受一时刺激。不过，解铃还须系铃人。阿姨恳求你，抽空多陪她，让她恢复健康。晓慧是个好孩子，我就这么一个孩子……"张姨泣不成声。

往后他一有时间就陪张姨去医院看秦晓慧，三个月后她出院了。回家后，平常她也安静，只是突如其来就犯病，犯病时样子怕人，狂笑，喊叫"世界末日到了，一切烧毁，所有清零！我和康濛一块死啦，上天堂啦"！到处找打火机，每次把她妈搞得骨头散架。

张姨为女儿提前退休了，托人为秦晓慧办了停薪留职。秦晓慧的父亲忠厚木讷，现在更是石头人了。康濛感觉这些都是他造成的，如果不去见她，她和她的家庭将和往日一样幸福，风平浪静，心底十分歉疚，悔恨。

现在每周五晚上，他去看她一回。她几乎不说话，只是要他陪着，也许对她是一种最高的精神抚慰。现在她一般不犯病了，当然还未完全恢复正常。张姨私下里问过康濛，能不能和秦晓慧正式恋爱？他说不能。他和她，两条平行线，相交不到一处。看她，完全出于赎罪与同情。张姨勉强不得，说："罢了。人是有命的。前些天给她算了卦，必经这一劫。原来总怪自己多事，给闺女惹来大祸，今日也不常自责了。唉，是命躲不过。只是请你还要来看她。打算，给她寻一个长得像你的人，兴许一切还会好起来。"

姝文摸着额头，喃喃说道，天哪，怎么会有这样离奇的故事？

"离奇。残酷。"他叹息一声。

"我一万分祝福，天下有情人终成眷属。可惜，上天太爱捉弄人，制造三角多棱的恋爱，造成无数人间悲剧。在封建社会社交场合少，男女邂逅机会不多，此类悲剧倒少，自然，封建礼教制度的约束与罪孽，此处不谈。"

他心里诧异，她尽发些与二人现实状况无关的议论，倒罢了，他也乐意说与此事件无关的话："在这风情万种的时代，只苦了那些用了真心真情的人，通常逢场作戏玩世不恭的人又最能骗取异性的青睐与纯情。"

"你没有骗我吧？"她盯视他。

"问到哪里了，越说越俗。我们的爱情，绝对真挚，永恒。"他盯视她的眼睛。

"好了，不说了。假如，你娶了秦晓慧，她会非常非常的幸福，你将拯救她的生命，造就她光彩的人生。对吧？"康濛最大的顾虑即是姝文这样类似的问话，她居然真的绕回来了。

"不知道。即便是，我也没这个义务，牺牲自己的欢乐，造就她的幸福。"他扔下手中黏糊糊的青草叶，擦着额头的汗，说出的话也汗津津的。

"但是，人要有良心与责任，她的悲哀全是由你造成。"

"我又不是故意的。她的悲剧，由她的性格，或魔性的感情造成。"

"难道，你就没有责任吗？"

"按照张姨的说法，那是她的宿命。我只是充当一下她命运的道具而已。"

她从地上弹起，他同时立起。四目相对，两只红眼，两只绿眼。一只灰兔，一只花猫，冷飕飕对峙。

"康濛，你真残忍，冷漠！"

"我尽力了，常去陪她。陪她时，又空虚，又焦虑，还夹杂一些恐惧。她能够恢复到今天这个样子，她妈说都是我的功劳。"

"天哪，你还好意思用'功劳'这个词，你的罪过真是跳进黄河也洗不清！"

"跳进大海总能洗清吧？姝文，请不要钻牛角尖。"

"我在钻牛角尖吗？我总以为，你善良、热心、真诚，实在看错了你！"

"你没有看错。一个人不能滥用善良，农夫与蛇的故事，五岁孩子都能津津乐道，难道你还没理解？"

"不，我即便被毒蛇咬了，但我是问心无愧的。"

"那也太愚蠢了！世人不会称赞你的美德，只会讽刺你的弱智。即便我救了秦晓慧，或许还不能救，却杀死了我自己，天下只有第一等的蠢人才会做这等傻事！"

"秦晓慧的一生，不就毁了吗？"

"天下有太多悲哀不平，我们能阻止几件？我并没有袖手旁观，见死不救，只是能力有限。上午划船，不是还讲吗，'人的生命，伟大珍贵，我们要善待别人，也要善待自己'。"

"对。"她茫然地。

"你真傻，当初只是等你，还未认识，我都不肯和她好，现在如何舍得弃你不顾？给我全部海洋的宝藏，永生的秘笈，也不愿交换美丽的汉姝文。还不了解我的心吗？你就是我的生命，生存的全部意义。"

"我何尝不这样想，没有你，即便不疯不死，也是行尸走肉，孤魂野鬼似的游荡。那样的生，不如疯，不如死。"

"宝贝，快别说了，你这几秒钟的想象，都让我心疼。请相信，我爱你，直到永远。"

"康濛，是真的？真的……今天的思想好混沌。我们会到永远？永远。什么是永远？"

"永远，就是我爱你的时间，没有尽头。"

她无力想它的意义，只是望着他，望着他。

泪水不尽流淌，他抱着她，慢慢吞咽她咸热的泪。

她说回家吧，自己可以走了。他也不坚持背她了。

打车到了她家楼下，问他上楼吗？他说改日，今天累，晚上电话。

汉姝文 2019 年春天的日记（7）

艾米丽的玫瑰花鲜红鲜红，仿佛浇灌血液长成。艾米丽的玫瑰花刺碧青，碧青，仿佛剑芒闪亮。

温柔的笑容不同凡响。冷漠的眼神异乎寻常。红地毯上走过你优雅的步履，黑高跟羊皮鞋也曾反复踢踏海棠花毯。落花成冢的命运需要知己陪伴。

你踩着魔鬼的黑袍影子走来。

每天，波德莱尔的诗歌送上第一缕晨晖。一只眼睛里闪烁着百花香气，一只眼睛里喷射竹叶青蛇的毒液。

你曾年轻，你曾爱恋，曾比仙女美丽。

我能看见你燃焰的眼睛，看见你燃烧的花园，以及花园里的秋虫，如秋雨的呜音。

樱寒，是的，她的上帝自始至终微笑着，微笑但无言语。可是她看着他的微笑，有了比一百本神话故事还要茂盛的言语。

上帝凛冽的背影。

松柏纷纷倒下，巨石如雷，繁花跌落，溪水断流，天空黑烟翻腾。她从废墟走出，带着废墟的病毒。

但是，真正的天使永远是天使。即便命运总是让她与魔鬼耳鬓厮磨日升日落，天使的心依然如雪洁白。

姑婆的坟上没有青草，没有花仙子，有两只黑蝴蝶，在墓碑上飞旋。天是蓝的，像翻到天上的海。

时间不断被埋葬。时间总是崭新的。

爱情故事千人一面，一面千年。

姑婆，你初次拜见艾米丽时，送她早晨五点开的百合了吗？哦，你看见她的大理石窗台上中国花瓶里的玫瑰了。你看见了，我听见了。

姑婆不再敬畏上帝，也不惧怕魔鬼，总是与天使在一起聊天喝茶。

哦，樱寒，我看见姑婆徜徉于天堂的红蓼花谷里，红艳艳的花开，红艳艳的蜻蜓，红艳艳的溪流，漫无边际。

漫无边际。

姑婆，现实世界我们必须错过。小说中，我们又必须如此热烈地相遇，像梨花对白菊梦里的呼唤。

姑婆，我像爱着小说中的人物一样爱你。我从不批评郝思嘉。美丽的人，每一份心思都精致，像她们美丽的彩蝶发夹。

月光下的钢琴曲，湮没人生。

姑婆在红蓼花谷，把梦的碎瓷，用魔术金粉一片片粘合，一片片凋落。

姑婆，如果我在你的怀里成长，世界会变幻一种色彩吗？我祝福你九泉下的宁静。有一个黄昏，我见过你的上帝，红色的头发，红色的眼睛，苍白的眉毛，白杨林中，他苍白的手指把我推向巨大的落日，苍茫的大漠，飓风热烈地飞跑。

姑婆的一生是奢侈的红。姑婆的一生是带毒的黑。

姑婆日日夜夜偿还目光里的毒气。

第七章 山雨暴至

时髦的女学生花招想法让人眼花缭乱

林郁雪背着家人与杜韬航来往了两个月,悄悄会过几回面。她在甜蜜地恋爱。寒假的第一天,林郁雪一边吃着早餐,一边浏览当地报纸,忽然看到,杜韬航、王成茵订婚启事:兹承万广正先生、姚霍之先生介绍谨遵父命在汉州订婚 特此敬告诸亲友。林郁雪不相信自己的眼睛,揉了又揉,看了又看,还是觉得不能相信,怕是与杜韬航重名吧?

轰隆隆天在塌,黑魃魃地在陷。她雇辆人力车,疯疯痴痴、惊惊惶惶找到杜韬航的公寓。杜韬航正喝着绿茶看小说《红与黑》,见到林郁雪,心上一惊,面上很快镇静下来。

她把报纸一掷,像掷下一块火石:"怎么回事?"

"对不住,郁雪。"

"不可能!"泪随声下。人飘荡在浮云里。

他嗫嚅说了个"别"字,扶她坐靠背椅上,又给她端杯茶,与她对面床沿坐了。

"家父与王市长是自幼相交的朋友。王市长性格刚烈,家父亦是慷慨人,算是气味相投。自美国归来,家父曾携某往市长府上拜访。上月父亲进城独个看望市长,论国事谈家常,投合得紧,末了竟私自替儿女做主,命某与王成茵订婚。父亲告知,我断然回绝,说已有女友。

"家父发下狠话:'不管你找的什么千金万金小姐,老子皆不允肯!若你不应承此婚事,老夫再不认你这不孝子,从此绝断!吾何颜面对耀祖,走在汉州!'老父有胸痹症,不可刺激,我只得违心允下。"

"不可,不可。"她凄切自语。天上雪花纷飞,魔影飞来飘去,没有声音。

"郁雪,相信,我爱你,一辈子,独一个爱,是你。"

"不,你已和王成茵订婚。"

"订婚罢了。家君身子堪忧,俟其百年,莫说订婚,纵是结婚了,亦可离婚娶你。此生决不负卿。我正筹划,近年刻苦做事业,大功告成之日,与你喜上加喜,长长久久花好月圆。"

"可以么?不能够,不能够。"

"能够,可行,望你安心守候。除非小姐再觅男友,我亦不勉强,唯望你福乐一世。此回,我比你更悲郁,愈要控诉上帝之不公,如许年,我不曾遇逢一个你这样的好女子,温柔婉丽,迷惑心魂,为你我支付了一世的浓情厚意。奈何天欲绝我,心痛自己,更心疼你。"说着滴下泪来。

"韬航,莫伤感……"她泪流满面。

他握着她的手:"望你刚强。需弃,请弃之,唯望,侬欢乐过活。"

"不,不可弃!纵使青丝变白发,纵使爱情绝迹于尘世,亦不忘,不弃,等你,到石烂,候你海枯。"无数根针芒从她的眼珠里射出。

"心肝儿,吾之今生,吾之后世,若负你,叫我天打雷轰,出门车撞,外乡枪杀。"他信誓旦旦,口不择词,虔诚模样神灵此际亦叫他迷惑。

"韬航,莫乱说。我信实你,一如信实自己,等你,今生一世。"

"天下第一善女子,第一痴女子,你令我堕泪,苍天为你堕泪。我何能配受你如此海阔深情!"他紧紧抱着她,竟不知不觉解开她的衣带。她猛然觉悟,"别,别,妾身等你,等君,婚娶。"

"心动,忘乎所以,对不住。"他讪讪的。

她叹息一声,道:"我必恪守诺言,请君亦记盟誓。等你,不论至哪一天。"

"明日我必娶你,与你福喜。"

"不知此份守候,如何辽远,如何泥泞,然我活一日愿君一天,只待月圆与君倾诉。"

"善好。杏花中卿思我之时,我正细雨里遥想你。你寂寞之叹息,如吾梦中悲郁之呼吸。"

"不怨,不悔。"她呢喃着。

"我必打马追赶你的青春,令其闪现本真之光华。"

"收集你我全部记忆,做生命惟一之养料。"

"圣母的宽容!爱人的热泪将滋润我干涩的人生之路,我愿化作你窗前的月光陪你幻想。"

"我将庄严地守候福音降临,苦难而肥沃的土壤必定孕育红硕的花朵。"她的眼睛秋水明亮秋水凄楚。

"我会呕心沥血求觅喜日来临。深夜,你当听到我扬鞭策马的急切,与火红之喘息。"

她穿着薄绫春衫,赤脚立在冰天雪地,隐约听见红梅花笑。

她浑身战栗,战栗地望着明天,又悲壮又欣喜望着明天的明天。

他最后一次拥抱了她,翻滚着各自汹涌的思绪。

她心怀不可名状的悲与喜,离他去了。

日子过得那么慢。日子可真不好过。这不是失恋,可比失恋更苦涩,无期无望。

恍惚听说杜韬航调到政府机关了。恍惚听说杜韬航与王成茵结婚了。报纸未见信息,万雅琛亦未确信,林郁雪不愿证实,她要护爱恍惚的美丽的梦。

母亲为她张罗婚事,她一概推辞。有精诚男士锲而不舍来家拜访,她心若死灰,冷冰冰地对待人家。母亲问她原因,她说不想交往男友,哪位男士也不入眼。母亲经多方查证,知道了她和杜韬航的事,便劝她:"人家说订婚就结婚,再远走高飞的,你痴心个什么?"林郁雪则不以为然:"妈妈,你不懂。我和他的爱情是忠贞不渝,天长地久的。他答应,必定回来,待其父终老,必定娶我。他说,我是他的今生后世。妈妈,你莫要为我担心,再浪掷心力了,我不会改异心志。若你硬逼我嫁,女儿只能一死了之"。母亲见她这般决绝,再不敢多言,只盼时间来淡化,遗忘这一切。

林郁雪也曾问过万雅琛关于杜韬航的消息,万雅琛知道的也只是和她自己一样多。林郁雪长期形单影只,心内孤寂,心怀幽怨,造成一种阴暗的心理,不忍、不能看别人出双入对,亲密浪漫。她嫉妒,疼痛,以至发狂,心想:是的,关于一个女人.我什么都不妒忌,无论她拥有怎样的智慧、美貌、财富,我只妒忌她享有的蜜甜的爱情!

万雅琛与林郁青温馨而恬淡如水的爱情深深地刺痛着林郁雪的眼睛,无数根钢针刺戳着她伤楚的心。她不能看万雅琛眼中流溢的华彩,不能听她银铃似的欢愉的笑声,她不能看哥哥对万雅琛温情的关照呵护。他们的欢乐像阳光下的风铃草排着队唱着歌,铺天盖地袭来,摧残她的视听,践踏她的心灵。

他们几乎每天都出现在她的眼前。他们打算结婚了。他们将天天、时时刻刻这样亲密,嬉笑在这个家里!林郁雪不能想象,她会被逼疯的,头脑里有一万只鬣狗在吼叫:你们消失吧,消亡吧,你们在故意向我炫耀!你们在折磨我,谋杀我!不行,我要破坏你们,必须破坏你们!哪怕一个是自己曾经最喜欢的好友,一个是自己最最亲爱的哥哥!

一天,林郁雪把林郁青叫到房间,阳光温暖地照在窗台,窗台上开放着六月雪。林郁雪郑重又神秘地说:"哥哥,我想告诉你一个秘密,又怕,你不坚强。"

林郁青望着妹妹,迟疑一下,心想她能知道什么事,遂道说吧。

"踌躇多日,实怕伤你。"她说着抬起头来,"然出于良知与对你的敬爱,妹妹不能不说。"

"不必顾虑。若是有关我的事实,自然要知道。"

"不是关于你,关于万雅琛。"

"万雅琛?"林郁青的细眼睛睁大了,桂圆核似的油亮,"好,不管什么,说吧。"

林郁雪挪了下椅子,目光瞥向六月雪,开始讲述。

"人实不可貌相,万雅琛从前疯癫得很。崇拜她的人众多,有爱她容貌,有慕她家庭,父母视其掌上明珠,宠爱过甚,任其作为。她参加各类沙龙,去跳舞会,做过许多浪漫的游戏。男友中有一个全市有名的花花公子,不说名字了吧,他们曾标榜是这个时代最摩登的情侣,后来不知何因,撒手了。及至遇见你,她才有所收敛。可是,前日我竟在华裕首饰店碰见了他们,我怕尴尬,有意回避,赶紧出了店。"

林郁青愤恨如争地盘的雄狮:"不相信!我要撕碎她!"

林郁雪目望六月雪的花朵,白色冰冷的火焰爬上周身,有人要与她一同陷入这白色的火焰中煎熬与赴死,心内又喜悦,又畏惧,面上却不动声色。

"郁雪,你亦有过失,明知那样的人为何还与她交往,把她带家里玩?不然,我压根都不认识,不晓得世上有个万雅琛!"

"是的,是我的过失。不过,她除了作风稍加放恣,且是很久以前的事了,其余都还好。她热情随和,心胸宽厚,好得紧。"

"作风上不好,就什么都不好!不论她如何自私,性情怪诞,皆可容谅,只这一点不可接纳!我要问她去,这且问她去!"

林郁雪是做过安排的。今天是同学李淑美的大喜之日,万雅琛与曾热烈追求过她的程雪峰做男女傧相。万雅琛先前并不知道男傧相有谁,参加婚礼后方知,想着在结婚前还能当一回傧相极是兴奋重视,打扮得十分新潮鲜艳。

林郁雪之前问过李淑美男傧相有谁,李淑美说:"男友问哪个人选,我说,咱班的程雪峰自然要领一个名额,他最是幽默潇洒,心思敏捷。再者,当初程雪峰那么疯狂追求过万雅琛,让他欢喜一天,也不枉同学一场。我晓得的,万雅琛快做你嫂子了,别介意哦,不会有什么花絮。万雅琛是名花有主,实际程雪峰也早断了凡心。"其时林郁雪心机一动,遂选今天这个时辰对哥哥讲了上面一番话。她知道今天礼拜天哥哥不会去上班,凭他的性格会立即去找万雅琛的。

林郁雪心头直跳,六月雪的碧叶上洒满毒蛇的唾液,阴湿地冲入她的心肺。她对哥哥说:"你此刻找她,似乎太莽撞,她正参加李淑美的婚礼。这会子我倒要往汉州饭店去贺喜。"

"岂不正好,一道去!"

"可以一块去,到饭店分头。"

"使得。"

到了饭店,典礼正在举行。两对男女傧相都极精神漂亮,人靠衣装,人胜衣装,胜过新郎新娘,其中有一对尤其抢眼,男傧相正帮着女傧相整理乱发。刚才同学起哄，拥挤，她碰掉了发夹，众人又撺掇男傧相做出温柔情状来，待女傧相转过头来，恰是万雅琛！

林郁青怒不可遏，原想把万雅琛叫到僻静处盘问二三，一见这个场景，倒是怔得一句话也没有了——这不需询问，不需解释了。他的涵养也不允许他在这个场合发脾气，出她的丑，出自己的丑！他二话没说转头就走。

他失了魂魄。街上的树是跳跃的，人都长着三个头六只眼，怪异地看着他，口像乌黑的泉水喷涌着话语，语音化成无数个刺球在空中飞舞。人间一切恍惚，一切可憎。于一陋巷酒馆，喝醉了。天地返归混沌。店家从他混沌的语音里，依稀辨别，替他雇车回府。

次日万雅琛打来电话，问林郁青明日是否去看首饰？林郁青道："陪你的人多着呢，哪里轮到我了！往后，再别找我，咱们，到头了！"说到末一句，林郁青的神经抽搐了。

万雅琛以为听错了："你说什么，到头了？"

"是的，我再不要见你，怕玷污眼睛。"

"说的什么，莫名其妙！"

"不必装了，我再不会受你欺骗了。"

"我从来没有欺骗过你！"

"莫说了！看这里还有你什么东西，统统拿走，明天上午来拿吧，我不在家！再者，如果为了婚事，你们家花费了不必要的银钱，折算一下，知会一声，全额补偿。再见！"他挂断电话，挂断人间好梦。

"不！不能……"万雅琛的声音把电话线都要震断了——真的震断了——林郁青撕扯着头发，痛苦失神地望着哑默的电话机。不想听她的解释——多么渴望她的解释！

他不明白，心目中的淑女如何这般龌龊，实在接受不了，承受不了！也许父亲的话是对的，受过教育的女子是难以驾驭的，时髦的女学生花招想法让人眼花缭乱，找太太还是要找传统守旧的，日子方能过得安定红火。林老先生讲这一番话的时候，是把女儿剔除在外的，也许把她当作男学生，也许记住林郁雪无心嫁人的意愿了。

万雅琛一气之下写了封信托人送上门来："东西不要了，任弃任烧一概不管。补偿更是不必。再见了，永远。恨你！"也不署名与日期，只是信封上有林郁青亲启的字样。

父母很快为林郁青物色一个真正"无才便有德"的古典式女子张静娴，双方见了两次面后，便张罗起婚事来。一切顺理成章——没有月光有日光，没有诗词有香帐，没有爱情有亲情。

人生原是这般简单，哪有那么多的曲折，疑难！

林郁青和张静娴的日历翻得宁静和睦。父母对儿媳亦中意，虽不知书但达理，守拙而贤惠，说话总是慢声细语，彬彬有礼；孝敬公婆，关心丈夫，照顾小姑，对用人也和声暖语。林郁青真的很知足，不再想起万雅琛，不怨她，也不祝福她——她根本就是个与己无关的人……

林郁雪那次计谋得逞后，着实窃喜了一阵，颠倒乾坤原本只是一念，这般易如反掌！她想万雅琛此际可能比自己还要痛还要苦，就高兴不已。随着时间的推移，她和哥哥一样逐渐遗忘了万雅琛。

可是有一天，林郁雪从嫂子张静娴娴静的目光里，竟发现一种熟悉的刺目的爱情的光芒。林郁雪坐立不安了：父母做主的婚姻里也能长出爱情的绿叶，开出爱情的红花？那么杜韬航与王成茵也会？是的，哥哥早就把万雅琛忘到九霄云外了，那么杜韬航也会把自己忘得一干二净？不，她和杜韬航的爱情是与众不同、惊天动地的。

他说过："杏花中卿思我之时，我正细雨里遥想你。你寂寞之叹息，如吾梦中悲郁之呼吸。"

是的，能有什么可说的呢？有什么可怨的呢？然而，然而——她必须熄灭张静娴眼中的光！它，太——太刺眼！

林郁雪对嫂子的态度有些变化，非常暴躁，动不动就发脾气，张静娴总是和颜悦色相待，见无济于事，便转身到屋内替她祷告，求佛菩萨保佑小姑不再烦恼，愉快度日。林郁雪嫌嫂子行事小家子气，言语啰嗦，忠厚则如半憨；笑她胸无点墨，工作都难做得。原来家人称赞她的优点现在全成了缺点。

战事紧迫，不知道杜韬航一直留在汉州，还是去了南方。报纸上未获信息。林郁雪想，去南方，他总要与自己告别的。可是，留在汉州更不可能。汉州解放了。

恐惧与巨大的怅惘开始侵扰她。原来住在同一个城市，总感觉很亲近，某一天某一个街角就可能碰见，就可能牵手。而今，那人在天涯海角，音讯全无。林郁雪空虚忧愁，不能自拔，便动用所有的神经思维搜寻杜韬航从前的话语、诺言，她怕这些闪亮的珍珠随着岁月的流逝而散失，就用笔记录下来。恋爱时经意不经意，值得不值得纪念的事情她也尽力从思维里挖掘出来，供百无聊赖的时间消磨，自我安慰。

世界红红火火轰轰烈烈，而林郁雪寂寂寞寞冷冷清清。

哥哥林郁青政治上嗅觉灵敏，开明得很。未等及解放军过来土改，早主动把土地分给佃农。新中国成立后积极响应国家政策，甘愿为社会主义建设服务，在自家企业甘当一名中层管理人员，后来林郁雪也在自家纺织厂工作。林郁青的事业也算是径情直遂。只是有一桩烦恼，张静娴总是没有身孕。

林郁雪在父母面前数罪状样数落嫂子不是，种种不是都不如一条触动林老夫妇的心弦：结婚八年了，儿媳不见喜。

林郁青与张静娴都相信自己是健康的，赌气不肯检查去。以后两人再过夫妻生活，不想别的，只指望能生个孩子，感觉自然与从前不同，逐渐淡漠了。逐渐淡漠后，张静娴居然有了身孕，自然一家人欢欣异常。

林郁雪亦欣慰，因为张静娴眼睛里爱情的光早就黯淡了，现在的喜悦是不一样的，虽然嫂子目光里有灼热与期待，那是母爱的光，与爱情的光迥然不同，林郁雪不再嫉妒，生的孩子是林家的孩子，与她一脉相连，她是由衷欢喜的。

天遂人愿。张静娴不负众望，1959年春，生了一个白胖可爱的儿子——林泰承成了全家的中心，一切话题、一切行动都为了他。林老夫妇天天欢喜得合不拢嘴。两年后，他们先后染上肺病，去世了。前些年纺织厂与丝绸店，先后与国家公私合营，顺风顺水，林郁青继续在工厂做技术监督，林郁雪兴致盎然在工会工作。张静娴则把精力全部用在育养儿子身上，日子过得还算安适。

父母去世后，林郁雪的婚事更没人督促了。她穿着青灰粗布衣裳，宽松的工人装，千层底鞋，窈窕身材遮掩得无影无踪。这对于消解周围虎视眈眈的目光起了积极作用，原来那些目光像黏胶似的粘着自己，长长的密密的拉丝，扯不断甩不净跺不掉。林郁雪只当自己穿上了寡妇装，罩上出家人的衣裳，只是某个瞬间会突然生出千金小姐沦落丫鬟的悲哀之情，又似孔雀褪尽斑斓羽毛变成野鸭了，不尽惆怅。

然而，不知为何，人们仍旧能从野鸭群中辨认出这只美丽的孔雀。她已属于老姑娘了，由于姿容出众，追求她的人还有不少，有办事严谨的机关干部，也有忠厚老实的工人兄弟，而林郁雪一眼不瞅，一心不动，她的冷漠火山亦不能熔化！人们不再企图有奇迹感化她，而她的心底则燃烧着熊熊烈焰，每天每时都热情地等候奇迹的出现。她时常做游戏自测自赌，挖空心思寻求他到来的预感，却百次千次万次的失败落空。可她仍不放弃，虔诚等候，相信会喜从天降，把她从苦难的深渊救拔出来。所有男子在她眼里都是那么恶俗，不堪忍受，只有杜韬航一人集学问、风度、温存于一身。她要等，哪怕红颜褪色青春死灭，哪怕身心枯竭如腐朽的千年老树，老树也要做成棺材，盛着他和她诉说来生！

他会出现的，会出现，终会出现！

午夜，她抚摩着自己柔润饱满的肌肤，想起他的话，"我必打马追赶你的青春，令其闪现本真之光华。深夜，你当听到我扬鞭策马的急切，与火红之喘息"。一种凄惶油然而生。

是的，她听到了，听到自己心的呜咽，听到旷野冤魂的哀鸣，听到沙漠的饮血之音……她痛不能禁，泪不能住，一切都为了明天，为了有神迹的明天。

幽夜，她对着暗空呼求："神啊，求你怜悯我，怜悯我！因为我的心投靠你，我要投靠你，我要投靠在你翅膀的荫下，等到灾害过去。我的性命在狮子中间，我躺在性如烈火的世人当中！"她听见了神的回答："你们祷告，无论求什么，只要信，就必得着；我实在告诉你们，你们若有信心，不疑惑，就是对这座山说，'你挪开此地，投在海里！'也必成就。"她又欢喜地听见上帝在耳边威严而温柔的低语："你要耐心，你所做的我都看见，你所求的我都听见！你要耐心，我一定回报你，荣耀你！"林郁雪含泪和应："神啊，我心坚定，我心坚定，我要唱诗，我要歌颂！"

　　林郁雪再没有心力爱另外一个人了，这是勉强不得的，除非她像无知的村姑忽略爱情的感受与生命的光彩。另外，虽然她有一种朦胧的情动，但毕竟不曾体验、经历男女间销魂蚀骨的欢娱，所以也不曾真正被情欲所劫、所困、所折磨。在此意义上讲，林郁雪还算幸运。想着杜韬航，虽然凄苦，也有一种别样的香甜，特别是回忆他俩共有的时光，共历的短暂的路途。她的生命可以终结于与他相守的缠绵，却不能终结对爱的渴望与思念。林郁雪是孤寂的，却又是温润甜蜜的。正所谓，人间千辛万苦，惟相思最苦，而相思者，梦幻中陶醉的那份甜美，超越人间福乐的总和。

　　工作上她也算尽心，知道帮助别人，维护集体。国家对私营企业的做法，她和哥哥林郁青一样，不曾有半句怨言，积极响应。无论如何，工作是愉快的，生活与普通百姓家相比，还是富裕的。只是，林郁雪有个刻薄的习惯，有意无意，破坏同事、邻居、亲密恋人恩爱夫妻的关系。她做得隐秘，开始别人以为她是出于热心，心上亲切她感谢她，当与男友或丈夫造成误会，误会又和解之后，人们再不敢相信她。而误会得造成终身误会的，就只能终身误会了。

　　由于长期的积郁以及时刻审慎他人的心理，林郁雪的眼睛逐渐孕育出一种凄切而凌厉的幽光，令人不寒而栗。人们慢慢远离她，而她确实不能与众融合。她看不起世人庸俗忙碌的婚姻生活，她又万分羡慕世人的忙碌庸俗。无论如何，人家是相依相伴的，鸡寻鸡，狗觅狗，都是结伴的，相互对眼的，外人的评议实在无所价值。林郁雪便一味叹息自己命苦——不，所有的苦难只是为了平衡，衬托未来的福杯满溢！

　　林郁雪在期待的爱情中，在一千次失望的打击中，在上帝缥缈的抚慰中，把时间分解，缓缓地品度。

　　林郁雪很是疼爱小侄林泰承，从他的身上总想寻觅出与自身相似的地方。林郁雪是瓜子脸，林泰承是国字脸，可林郁雪非说他们脸型一样；林郁雪的鼻子瘦削，嘴巴小巧，林泰承则鼻翼丰满，口呈四方，林郁雪仍坚持说，泰承的鼻子和嘴多么像我呀，说着说着像，慢慢也就觉得真像了。她把小臣抱在怀里，不停地亲，暗想：如果他是我的，多好呀。唉，当初，如果依了杜韬航，说不定还能有个孩子，有个孩子父母当年一定不允许她要，当然不可能要——可是如果——如果有个孩子，她会多么幸福啊，从他的身上她会清晰地看到杜韬航的形象，杜韬航的精气神魂，孩子其实就是他父亲，她会多么激动兴奋地过活啊。她时常觉得，过去像一场梦，有了孩子绝对不再怀疑是梦是幻，她会热情地拥抱真实的生活。对，世人将向她投来异样的目光，不，那有什么呢？什么也伤害不到她，只要有爱。

只要有爱！她比谁都勇敢、强壮，谁也不能打倒她，除了她的爱，她的爱人只需一根指头，一句话语，一个眼神，就能把她击垮散架。

只要有爱！杜韬航如若留下存在过的最切实动人的证据——孩子，林郁雪将不再感觉哀苦，她将是幸福的女人，抱着小泰承，炽热地联想。

小泰承五岁那年，母亲因为意外，煤气中毒而亡，林郁青痛不欲生。两年后林郁青因为不慎出了事故，在工厂当场死亡，厂里为他发了相当的抚恤金。至此，林泰承真正成了林郁雪的，林郁雪也真正承受到了生活的磨难与压力。她很能吃苦，全没了从前小姐的娇气，精打细算地过活，俨然一个普通家庭主妇。

人们的天性总是同情弱者落魄者，几乎没人再说她或她家的不是，左邻右舍也是能搭帮就搭帮她。再说，左邻右舍住的全是她家从前林公馆的房子，她和泰承住的也只是一间厢房隔开的两间房。她很平静地面对世事的变迁。她是与生俱来有着超强生命力的。

林泰承在父亲去世的那年入了学，很勤奋，又聪明，成绩总是名列前茅。林郁雪很欣慰。

"文化大革命"到了，由于林家自始至终做法开明，她家现在人丁不兴这般模样，人们对她家资本家成分的仇恨似乎减轻了。红卫兵才到院门外，她主动迎进门，把值钱不值钱的古董家具上交，只藏起别人不晓得她有过的两套衣服，几副首饰。小泰承哭着不愿意让外人把家里的东西拿走，林郁雪一巴掌打过去。人们称赞林郁雪没有资本家的自私刻薄，只是小资本家林泰承的劣根不浅。林泰承时常受同学的欺负，回家跟姑姑讲，姑姑则教训他，男子汉大丈夫，这点事算什么，忍忍就过去了。世事变化快，三十年河东，三十年河西。林家的孩子聪慧能干，你只要自立自强，努力奋发，将来终会出息。只要一心上进，上帝在看着你，定会成全你！小泰承不再哭了，默默思考起来，在暗黑的被窝里立誓要出人头地，再造先人辉煌。具体怎样辉煌，少年的林泰承也构思不出来。总之他要别人不能欺负他，而是要臣服他。他要让世界服从他，为他喝彩。在人们为他喝彩之前，他要缄默得如同哑巴。

林泰承运气很好，赶上了全国恢复统一高考制度的第一班车，顺利考上了省城大学。如今，也算意气风发功成名就了，与当年在被窝里幻想的理想国还是比较吻合的。

林郁雪在"文革"期间也只四十岁左右，岁月与磨难并没有销蚀尽她的美丽妖娆，自内而外不由自主，散发一种异于常人的辉泽。男人们惧怕她眼中的幽光，可是幽光里有一种超乎寻常的魔力吸引着他们。有不惧、不拘她出身成分的，对她暗示好感，表示帮助，林郁雪一道厉光射来，剖出来人居心，可是她也不敢太放肆，太让别人难堪，不管善意恶意，林郁雪一律婉拒。孤寂中，她扑在床上号啕大哭："上帝啊，你在哪里？请眷顾我吧！他们都是些什么人，什么垃圾，一个小干部，一个小工头，一个大字不识的从前的马夫，都敢来表白追求我。把我的成分抹得再黑，打上一万个叉号，骨血里我还是比他们高贵！他们为我擦鞋也不配，为我和韬航擦鞋也不配。韬航，韬航，帮帮我吧，救救我吧，你在哪里？你不曾受到什么灾殃吧？不会的，不会的，有我这般爱你，有我这般祷告，有我这般思念，上帝一定会护持你，把你护持到我身边。我要与你倾诉这日日夜夜的寂苦悲楚，世间不曾有第二人历经的漫长无期的寂苦悲楚！听见我泣血的呼唤么？听见海涛不止不息的呜咽么……啊，我要死了，上帝在招引我，有洁白的天使在接引我，韬航，韬航，再见了，再见了！到了天堂你要找我，你不找我，我的魂灵将比凯瑟琳的魂灵还要哀怨悲伤，定要到人间纠缠你！我不管你快乐不快乐，只要你想着我，每一户呼吸，每一个细胞都要想着我，夜夜日日，时时刻刻，我的灵魂纠葛着你的灵魂。我怎样神魂颠倒地爱恋你，你便要怎样神魂颠倒地爱恋我！我要死了，啊，我死得——多么不甘……"

"啊，我死得多么不甘！"她苏醒过来，又坚强起来。泪把枕头与被褥浸湿了，明天是晴天，太阳会把它晒干。

今兲已是2005年的夏天了，林郁雪晾起昨夜浸湿的棉枕。楼下好像是樱寒回来了。

最近，林郁雪从樱寒眼睛里蓦然发现那种陌生又熟悉的爱情的光，这回林郁雪是由衷喜悦的。她希望樱寒能够详细地讲述她的恋爱故事，在樱寒讲述的过程中，林郁雪可以更靠近更真实地回味自己当年的甘美，而且她眼里的幽光再深渺再冷冽，在此恰是温柔而慈蔼的，桃花流水究竟是春天的气息。

林郁雪极爱侄孙女，樱寒从三岁起就一直是她灵魂的一部分。樱寒爱上了，林郁雪也似乎爱上了，她们有了欢畅的话题。樱寒给姑婆绘声绘色地讲她和费皓良无数无聊的插曲，而姑婆总听得津津有味，而且还总说，樱寒描述的费皓良性格外貌都有点像杜韬航，他们的邂逅相识也都是在同学家，这样气氛会越来越热烈，话题也越来越长。樱寒也知道姑婆在此过程中，有一种不同寻常的快感与陶醉，所以总是不遗余力附会。

林郁雪问樱寒什么时候把费皓良带家来看看？樱寒说，再等等，不知爸爸什么态度。反正每次约会我都汇报给你听。秘密有一个人知道，倾听，就不寂寞了，姑婆，对吧？

"哦"，林郁雪不思其意，不作究竟和应一声。

汉姝文 2019 年春天的日记（8）

春天的银杏树叶，雨中得意地摇摆，晴时安详地晒太阳，分分秒秒都在呐喊着生长。

青春勇往直前，青春华丽任性，青春的相遇电光石火。

青春的歌声在春夜里奔跑。青春的忧伤使春花瞬时落地。

年轻的时候不知道是年轻，误认年轻就是顺风顺水，年轻是喜气洋洋，年轻是无限永恒。可是，年轻是蒲公英的绒帽，轻风一吹，即刻飞走。

今天在接孩子回家的路上，我对他说，大人在一天天变老，孩子在一天天长大。康宁说，其实孩子也在一天天变老。孩子比大人哲学。孩子比大人热爱生命。

年轻的相遇，初见的目光里，已经在变老，以为那是天荒地老。夕阳后，是满院的月光。世界如何都美丽。

幸福是走在林荫道的回忆。幸福是坐在有银杏的窗前从春到冬的期待。

回忆是恪尽职守的老人，坐守孤岛上的灯塔，不曾离岛一步，不曾变幻一个姿势，四面的海风飘过大洋。

妈妈，妈妈们，我们爱着你们每一个。生出我们的妈妈们，都伟大而美丽，与爸爸们的婚姻都正确而完美。

可爱的粉嫩的孩子证明着天下爸爸妈妈们都是理智的英明的幸福的人。如果爱着自己的孩子，就不能说婚姻不圆满。天地未来因孩子明亮。孩子圆满一切。

爸爸没有微信。爸爸没有时间。爸爸只有两居室的书。爸爸有《红楼梦》与《红楼梦圆》。

爸爸似乎失忆了，但爸爸记得我。爸爸的头发雪白雪白。爸爸与我只谈《红楼梦圆》。我们说话总是匆匆忙忙。年轻人总是很忙，世界需要年轻人的忙碌。爸爸说红学家们都赞美贾宝玉清高不流俗，但谁都不希望自己的儿子孙子像贾宝玉没有事业追求。爸爸说林黛玉比贾宝玉有主见有能力。如果他们结婚，会永远幸福，抄家前抄家后，都会吟诗诵词。老年的爸爸与年轻的我一样，只活在精神世界里，虽然世俗工作做得也还好。

关于如何提高学生的语文成绩，我有一套严密可行的研究成果，比如阅读理解题、诗词解析题、作文，包括选择题，皆有规律可循。为什么文章作者不知道出题人的答案，我们老师与学生却可以用特有的方法解剖每篇文章，寻觅它的中心思想，每一个可能飘忽游移的心思？是的，用标准答案的答题模式与技巧，我们无限靠近标准答案，比作者标准。对，算是雕虫小技，简直惭愧，可是看见孩子与家长们面对提升的成绩露出快慰的笑容时，我焉能不开心？他们离心仪的大学、向往的未来，又靠近了，同学们，祝福你们都有美好的前程。哦，不必说感谢，老师是缘，学生是缘，家长是缘，爱人与孩子是缘。缘，是神明撒向人间的天罗地网。时时处处，我们在网里。

当年高考，爸爸和老师没有给我如此完整的解题技巧。当年，我不爱写作文。长大，我需要写小说。汉语，像祖先一样神圣而亲密。文字，是我的天罗地网。

写过这篇日记，就到2019年的夏天了。今夜下的雨，依然是春天的声音。听见夏天的脚步了。

第八章 黄昏梨霜

上帝也不能够让我停止爱你

　　汉姝文那天从蜃龙湖回来后，躺在床上，思潮翻滚，不停地想着秦晓慧，如今还有这样的奇女子！如果读了这样的小说，一定觉得是作者突发异想的杜撰。唉，也许生活真的永远比小说更为离奇而辛酸，只是经历过的人没有时间、心情、才能去写，去写的人又恐怕不曾有过丰富的经历。人间散失过多少悲凉又美幻的故事呢？唉，一个故事即便有人去写去读了，时间总是相对短暂的，故事中的人物可是用整整一生的时间，在无法超越现实的规则里黯然度日，度日如年。一生只能是一生！哪里有来生？哪里有后世？那只是善良人、失意人的美好愿望，不能实现自欺的愿望而已。悲哀啊，这有情的众生世界，精彩啊，这有情的众生世界！世界何其光彩，依何存在？世界依生命而存在！生命依何存在？生命依感情的丰美或衰萎而存在！

　　月圆的故事再没有联想的空间，残月则留下多少伤感与期待，它震撼每一颗善良无助的灵魂，直至残月在晓风里隐去。

　　姝文感到一种痛，一种压迫灵魂的痛，为秦晓慧而泣而痛——成全她吧！她一分钟也等不及，给康濛打了电话。

　　"康濛，我想好了：我退出，成全她。"

　　"什么？岂有此理！胡言乱语！什么退出？本来我和她什么也不算。我是你的，完完全全是你的！"

　　"她会因你而幸福。"

　　"我将因你而痛苦，你将因我而痛苦！凭什么我们要牺牲自身的幸福，去成全一个可以算作陌生人的人？"

　　"你会在这种牺牲中，有一种快乐与成就感。"

"那是变态的快乐，变态的成就感，我不要！你呢？亲爱的，你的痛会杀死我！"

"没有这么严重。我正准备体验生活写作呢。"

"你疯了吗？自古以来没有为了写作故意寻求失恋的作家，只是失意遇挫之后再有意无意走上写作之路的。"

"不。这样会成就她的幸福，你的仁德，我的灵感，好处可不少呀！"

"荒唐！难道那几毫升的酒精有这样大的杀伤力，把你的脑神经都搞紊乱了吗？"

"我是经过考虑的。"

"什么考虑？酒精作用下的思维是无效的！"

"什么酒精？清醒得很。"

"不，我不同意！秦晓慧是为我疯的，但她对我的感情是虚缈的，不可靠的。她只是一时自尊心受不了，以为相亲结果都是凭她说了算的。即便她看中了我，也只是外表，她了解我什么？一个人只有依恋了某人的灵魂才能算爱，才能算叫感情！"

"她一开始看中的是你的外表，这已经有了感情基础，你又经常去陪她，不就逐渐培养起感情了？"

"什么？我和她没有共同话语，在一起分秒难挨，简直生不如死！"

"真的这样吗？"

"骗你干什么！她看着我，目光时热时冷，我不只尴尬，更加恐怖，她是阳光下的幽灵。知道什么叫度日如年吗？我是度分钟如年！谁都没有我懂得，体验得深刻。一个星期去一次的，多去两次我都要疯了！现在幸亏认识了你，让我的精神、面目焕然一新，遇到你之前，你不知道我是多么彷徨落魄！"

"是的吗？"

"你现在怎么什么也不相信了？对某个人某件事物怀疑对了是你的明智，怀疑错了则是一种巨大的感情伤害，所以不要随便怀疑，特别是有关你爱的人，爱你的人或事。"

"好，我道歉，对不起了。其实自始至终我是相信你的，只是真的为秦晓慧难受。"

"先前在湖边，道理我不都跟你讲了吗？总不能白讲！人要善待自己，也要善待别人，这是一种权利也是一种责任。当自己和别人的利益发生矛盾时，德行高超者自然想到别人，而想到自己的人我觉得也无可非议，他有权利活得更加快乐自在，对别人他也尽了力就无可自责。它与损人利己的意义有本质的不同。他想利己也利人，谋求最大公约数，只是心力有限。说句实在话，在这个社会，一般的男士遇到这种情况，十之八九转头不顾，且在某些场合唾沫乱飞地吹嘘，有个女子如何痴情于他。"

"不过，一般的男士好像也遇不到这样稀奇的事？"

"谢谢，你说我不一般啊？"

"不要玩笑，移换话题，你先前的想法是自私的。"

"我承认自己没有你伟大，而你伟大无私得愚蠢！"

"康濛，你再用'愚蠢'这个词，我彻底和你翻脸。"

"对不起！但你应该明白我的用意，我的善意。我爱你，哪怕此际不可扭转的固执，我都极爱。"

"好吧，谢谢。不远，让我们试着分手吧。"

"天哪，你要急死我了，气死我了！我都白费口舌了！你到底想干什么？"康濛年轻的脸像重症肝病患者样土黄，姝文若见了，只怕要心疼？

"哪怕不是为了秦晓慧，为了奇幻的至高无上的灵感，我们试试？"

"也许你会在灵感花絮的抚慰中入眠，而我呢？我可不会写什么，只能白白剜心割肉地痛！"

"你先前不是讲吗，当自己和别人的利益发生矛盾时，想到自己的人也无可非议？"

"天哪，我都说了些什么？好，我投降——分手，试一试？手机二十四小时开通，候你佳音，等你反悔，向我投怀送抱！"说着挂机，跌坐地上，脸色冥纸般蜡黄。

当她听到他说"我投降，分手"几个字时，心猛地一沉，一下子掉进十八层地狱，全世界在旋转摇晃。他后面的话依稀记得，好像要她反悔，给他打电话……

她空空落落，不知道要干什么。她没有了眼睛，没有了耳朵，没有了思想，没有了灵魂，傻子一样呆坐着——生活真没意思！明天也会这样，后天也会这样……原来不认识康濛的时候，过得倒也有滋有味的，可现在拥有了又失去，生活怎样地空虚乏味呀。她想自己再也笑不出来了，人生真是无趣，不，她要寻求灵感写文字的，赶紧取来笔和日记本，却一个字也写不出来。心也不是痛，只是空，空得轻飘，空得静音，空得渺茫，空得世界无比巨大，巨大到消失。

她在这"空"中呼喊，但没有声音；她在这"空"中舞蹈，但不成影；她在这"空"中寻找活神或死神，可是没有任何响应。

时间在漆黑中膨胀。一夜，头发灰了，心上长满青苔。

"空"强烈地压迫着她，窒息着她，她要冲破，必须冲破，挣扎着冲破。她又挣扎了一个上午。时间在刀山上爬行，一个中午，一个下午。

她竭尽心力从胸腔里发出一声叫喊：让我生，或者让我死，不，生命不是属于自己，父母生她养她，寄生社会如许年，还未回报世界一分才力，如何有资格去死！

对·选择生！

一生一世都已去了，他叹息。突然，手机屏幕上载歌载舞。她的电话来了。

"喂，康濛……"怯怯的。

百鸟的歌声冲破乌云。他微笑一下，继而大笑，眼泪满眶："姝文，谢谢！别说了，知道了。"

"我真这么傻？你总看透。别笑了，我的自尊心受不了了。"

"别误解，笑是善意的，为你高兴，也为自己开心。"

"没想到，会这样。"

"好事，彼此会更珍惜。自觉是一次模拟演习，究竟深受其味，写了封信送你，留个纪念？"

"想看，先念念？"

"电话里念呢，浪费，我要看着你的表情念。"他笑了。

她看见了他笑容里的得意与邪气，没办法。"现在，想见你。"

"天黑了，家里能同意你出来吗？"

"撒谎也出去见你。"她的固执历来像小山羊攀爬悬崖样勇往向上。

"撒谎不好，直说吧。"

"对了，伏羊节还没过，来我家门口四方羊肉馆吧，我请你，妈准保同意。"

"半小时我赶到。"

"不，十分钟到。我恨不能此刻就见你，简直想不出来重新面对你是什么感觉！"撒娇了，炽热的。

"好，十分钟。"

"谢谢。回见。"声音里跳出绯红的花朵。

在一年中最热的日子里，吃辣辣的红油羊肉发汗，是汉州人的传统习惯。天上铄石流金，地下三五亲明，桌上羊汤热火朝天，食客面上汗若桑拿，辣得空气都要逃跑，热得铁锅都喘息。古往今来，汉州人正是以这种方式体现不畏艰苦的精神，不屈不挠的意志。在伏天吃热辣辣的羊肉汤，而到冬天，身子御寒功能增强。是名伏羊节。

中午周青蘋做了地道的汉州家常羊肉泡馍，姝文说吃不下，拿盒饼干又往房里去了，其实拿饼干也是做样子，今天她真个茶不思饭不想，脑子真空心思真空人间真空了。汉箫不语，婆媳两个不停嘀咕，姝文关门上锁，汤水不沾，什么个情况？此刻见她这样开心要去请康濛过伏羊节，遂爽快答应。姝文飞快换好一件勿忘我蓝花棉布裙，梳好头发，搭了双冰丝绵坡跟凉拖就去了。

出了小区，过了马路，右拐一百米，即到四方羊肉馆。一座七八十平方米的木构黛瓦顶的超大凉亭，更是食客用餐地。这家羊肉馆已有三百多年历史，口碑极好，选材都是本地山谷放养，吃着鲜草绿叶的山羊，羊汤制作工艺独特，不腥不膻，香而不腻，让人瞬时明白"鲜"字造字者为何让羊半分天下。此家半分天下的辣椒油，亦是秘方制作。六月天晒干的鸡心辣椒磨成的粉，山药粗的大葱，旧年的老姜，新鲜熬出的羊油，加入八角、花椒、小茴香，炒出香味四溢、红红火火的辣椒油。鲜与辣在这里奇妙组合。食客们吃得五脏六腑燃烧，辣得涕泪交流，而获酣畅淋漓之痛快。

只见康濛笑容可掬地走来。笑容，春雨温润。

姝文同样笑容可掬迎上去。笑容，春雨中的樱花温润。

这种笑，有快乐，有揶揄，有感慨，有一点甜蜜的尴尬。他笑眼流溢的光辉把她完全俘获，融化，不好意思地说："康濛，对不起，再不会这样。我永远不会离开你，永远，不让你离开我。"

"好姝文，这才是我的好姝文。"康濛一把将她拥在怀中，姝文使劲挣扎了出来，说不好这样哦。

他望着她，只是笑，望得她垂下了眼帘。她的心也一直是笑的，有一种近乎失而复得的欣悦，让她欢喜地沉默。晚风吹得非常惬意，加上惬意的爱情，人生真是美满得意。此际，谁要说世界有残缺，汉姝文一定要与那人据理力争，蛮横地辩论。

两个人选了座，点了餐。

她摊手："信呢？想看。"

他"啊"了一声，说糟糕，包忘出租车上了。她惊问，包里有给她的信？他说，对，还有一本书送她。她问什么书？他说，《查泰莱夫人的情人》。这个书？她心里嘀咕了一下，曾听说过这部"禁"书，说结过婚的人才可以看。多年后她看了，撇开其他意义不谈，竟真的佩服作者，简直算是把色情写成爱情，不禁想起中国上一代多少作家，把爱情写成色情，可笑而可恨。终其一生，不曾与人论过此书。

她问他包里还有什么，答曰手机和一千元，怕人家不肯还了。

她赶紧打他手机，关机了。他只道可惜。

她问，可惜什么？

"钱和手机丢了固然可惜，记录我们神圣爱情的书信，经了俗人手的玷污更为可惜。"说着只似看见马路中央一朵白荷花被汽车碾了，面上膈应着。

"这样想，我高兴。本来我为那封信的遗失疼得不行，现在倒为你的财物损失遗憾了。"

"好说话。"他笑。

"为什么不试试找一找?"

"司机模样依稀记得。我坐前座,他可劲地说谈轿车市场价格,我一心念着你,心不在焉敷衍。想着快些见你,上车就给了司机十元钱,反正一定够的,到了地方就跳下车来。"

"你坐的是普通红色夏利,车号末尾两位数好像是08,奇怪,在没有思维记忆的情境下,我竟记住了。"

"人是有这样一种记忆习惯,一是对某事物非常熟悉的经验作用,一是超常人思维。姝文,了不得呀,聪明得超常。"

"还有心思玩笑?"

"人要乐观,随遇而安。钱物损失了,不能让好心情再损失。打算给你重写一封信,只怕与那一封风格不同了。"

"如果努力,有希望补回损失,为什么不争取?其实真有希望,线索不少呢。"

"姝文,我小看你了。"

"可以到出租车公司打听。"

"不麻烦了。我这个人就怕麻烦。"

"凡事人做的。不做,不努力,当然没结果。"

"你活得比我积极。我太消极,骨子里这样,没治。"

她认真看了他一眼,低头说:"你先吃着,我买可乐去。"

"可见,没钱寸步难行。今天全托你照顾。"他笑。

"今天你就别客气了。"姝文转身给费皓良打了电话。不知为什么,得知康濛丢包的那一刻,像飞蛾扑火条件反射样,她第一个念头就想到费皓良。费皓良听见姝文的声音,像公鸡打鸣样高亢,欢欣异常。平日姝文很反感他的骄傲与俗态,今天有事相求,且硬着头皮忍受,遂把康濛丢包经过及确知线索讲他听了。

"我找朋友问问,应该没问题。感谢汉大小姐能够想到我,简直感激涕零!姝文,日后再叙。等我信息!"平心而论,费皓良话音利落,满怀自信,令人易生依赖之感。

姝文听了他后面的话，难免后悔不该找他，自己也不清楚到底是为信和书，还是为康濛的钱和手机打的电话。反正打了，就别多想了。

姝文买了两听可乐来到康濛身边。

"刚才打电话了？"他问，逼视着，目光里流淌出薄薄的敌敌畏气息。

"哦，出租车公司，总要问下。"她望着桌上的杯盘碗碟说。

"快吃吧。"

二人认真吃起来。

羊肉馆生意好极。食客们大吃海喝，划拳猜谜，汗流浃背，热火朝天，且甘愿互相影响，互成风景，像夏天害怕淌汗又需求淌汗一样。他们不怕吵闹，制造着吵闹，在辣椒油火红的叫喊声里，在羊汤奔驰心肺的浓香里，在啤酒气泡欢腾的歌唱里，碰杯就是知己地热烈吃喝，伏羊节就要过得热气腾腾如火如荼。这是汉州人的传统情状。论起汉康二人性格气质并不宜来这里，然他们是纯粹的汉州人，血液里难免流淌传统因子，而喧闹的环境似乎并不影响他们说话。

姝文不像一般汉州人能够吃辣，喝一口羊肉汤，配喝三口凉水，再喝饮料，方把口里辣味消解三分。康濛心疼道，又不能吃辣，还来这家？她便笑，舍命陪君子，开心啊。他笑道，有牺牲精神啊，好！又问她是否看过《查泰莱夫人的情人》这部书？她心里不禁奇怪，他说起"禁书"，怎么这样自然而平静。

"哦，没有，大学室友好像有此书英文缩写本。"

"看小说最忌看缩写本。一本书的好坏并不单取决于它的人物情节主题思想如何，更关键，看它的过程细节描述得怎样，如何精细、美妙、深刻感人。《红楼梦》原著八十回后的故事梗概，红学家们基本考证出来，多少人因对后四十回不满意，跃跃欲试写续书，却个个失利于文笔之平庸，过程粗陋，而令人不忍卒读。"

"是的，不是有个好故事，就会是一部好小说。老师定个作文题目，哪怕给了故事大纲，学生写出的文章却是参差不齐天渊之别。曹雪芹是天才，妙笔生花遍地开花，平庸的续书者焉可仰望？"

"又如精彩的人生并非看其结果的辉煌与黯淡，而是看它的辉煌与黯淡经历了怎样漫长、复杂、神奇的过程。"

"不过，许多人看书时往往只想尽快知道它的结局，关于人生，也希望早些预知未来，而对过程有些忽略，甚至漠不关心。"

"这便失却了读书的乐趣与人生的意义。过程比结果重要。"

"当人们懂得或者有心情去欣赏、感受过程的时候，青春风华恐怕已经不再。"

"对，所以我们不要做这样的人。"

"与你相对的每一秒，与你同行的每一处景物，我都用心感觉且铭记了。"高举生命意义的旗幡，她说了此话。

"所以，你美丽，富足。实际，懂得感情的人，哪怕在单调的冬景里，也会欣赏到诗和画。"

"未免太荒凉，不如没有感情与记忆。"

"不，没有感情与记忆才是真荒凉，真悲哀，无可救药。姝文，你是朝气蓬勃热爱生命的，你是必要感情滋养的，哪怕是忧戚无奈的感情，你也要无尽地回味并感受。我是一万分地赞佩你。"

"你不是这样吗？"

"我是懦弱的，消极的，悲哀的。你比我坚强，比我年轻，比我幸运。"

"不，不该这样，你看起来也阳光年轻呀。"

"那是外表，我指的是心。"

"我不是点燃你了吗？"

"我那点炭，终归会烧尽。"声音听来似千年树皮排满粗硬的鳞片，十分苍老。

"丢了东西就这样的心情啦？"

"无关。姝文，我比你更珍惜我们相处的时光，总怕消失，消失后我的人生就已结束。"目光里，沙漠苍黄残阳如血。

"不会，不会消失！经历这一场，我思考很多。我不会，绝不会有勇气离开你，除非厌倦了生命与世界。再不管秦晓慧，膨化的良知，我只要你，哪怕上帝把你攥在手心，我也会奋力争夺你！"

"你真可爱！不过，没有灵感写作怎么办？"

"我是相信磨难与痛苦更利于造就优秀的诗人作家，可是，现在我不要任何写作的快感与作家的梦想了。我只要你，有你生命才有呼吸与光辉！做一个普通人，将来做你甜蜜的家庭主妇，这才是最真实而快乐的人生。"

"姝文，你真叫我感动。为你举杯，这一天就成熟了。"说着举起可乐。

"谢谢。还是喝点啤酒？"

"别提'酒'字了吧？"

她不禁红了脸，轻叹一声，如细雨呢喃，说了句"好疲倦"。

"我也是。从昨天早上给你打电话跑步起，我们说过的话，经历的事，把所有青春的心力都掏空了。"

"写信累了？"

"嗯，本人不善于用文字表达，信不长，但是用心血化写，所以累。"

"丢了真可惜。"

"明天重新送你一封。"

"好，谢谢。累，不说话，坐会儿回去吧。"

两人对望，微笑。时间像要冬眠。一种隐隐的客气与陌生感潮湿地爬上心头。一阵心悸。她想一定是感觉错了，多心了，反正这两天感觉糊里糊涂的。

也许爱情的美好快乐是两人共同的感觉状态，它需要默契、投合、心情、精力，也需要理智的共同清醒或混沌。此际，他们缺少点什么，姝文为这种缺少而心悸。

她望着他俊秀的五官，望着他晚风中的落寞，望着他缄默中的沧桑感，有一种流泪的冲动。

他望着她纯净的脸，望着她路灯下的忧郁，望着她缄默中的温柔，有种莫名的歉意与感动。他抓起她的手，吮起她的手指，有些湿湿的，软软的，甜甜的，咸咸的。

手机响了，来电显示是费皓良，当着康濛的面，她极不自然，起身走了两米远接了电话。

"姝文,你的运气真好,我都没想到会这么顺利。我叫两位警官朋友往出租车公司问了,搞定了。说那个司机叫刘伟,以前因为这类事情被乘客投诉过,今天也是有心昧下此包,但经不起盘问,招了。本想拘留他几天,念他态度好,算了,出租车公司正责成他检查。包现在我手里,什么时候来取?"

"费先生真是神通广大。感谢。你在哪里?"

"美格大酒店。"

"我十分钟后到酒店门口,你出来一下?"

"可以,回头见。"

姝文便笑嘻嘻和康濛把事情讲了。他十分不悦:"怎么想到找他的?"

"为了你。"

"为你的信吧?"

"那也是为了你。"

"自己去取吧。"

"你放心就行。"

"难道你还要在酒店歌舞升平吗?"

"不知好歹,无理取闹。路上!"

"你能干得很,我凭什么不放心?"

"康濛,你太过分了!"

"对不起,我小看你了,头脑活络得很啊,居然想到找姓费的!"

"小心眼,榆木脑袋!他又不是野人、市侩小民,人家有本事找来为什么不找他?"

"我小看了你,也高看了你。原来你跟天下女孩并无二异,一样的俗气与虚荣,攀求富贵。他不是市侩小民,正踏破铁鞋无觅处吧?"五官在扭曲变形,似干旱的土地裂出条条深沟。

"不可理喻!现不跟你多说,取包去。等我,这里!"

姝文气嘟嘟走了,马路上正好过来一辆空的,上了车飞奔美格大酒店。

费皓良果然含笑站在美格大酒店门口，手里拿着康濛的包。他穿着灰色衬衣，打着芥末黄的领带，目光炯炯有神，一副潇洒自得的模样。姝文见他的那一刻，下意识想到，若按世俗眼光，只怕费皓良比康濛还要英俊潇洒，三标不凡。

也许权力与地位确实可以改善男人的气质与风度。想想隔壁单元有个中年人，从前又矮又委琐，当上处长之后，腰板挺直了，小眼睛也闪闪发亮了，人们都夸他越过越年轻，越过越精神。看来，男人切实需要金钱与地位，正如女人需要青春与漂亮提升魅力。不，不，康濛不需要财富地位，他自有一种独特的气质，迷人的风度，世间无第二人可以模仿的一种洒脱绝俗，也许由于他心性难得的清雅，落寞出一种贵气，安静出一种仙气。也正如此，他永远，永远走不出她的目光。

姝文收回思绪。费皓良迎向前，握了手："见到你真高兴！他怎么没来？"

"他，不太舒服。"

"明白。"他眯起眼睛一笑，"好，物归原主，清点一下。"把包递给姝文。

"不必点了。怎么谢你？"

"规矩是点一下。里面有封信，还有本书。你们都看这种书啦？"他坏笑，又说，"保持清醒哦。"

"林樱寒最近好吗？"

"挺好。我们工作忙，没你们那么多闲情逸致。我们都好几天没见面了，其实我和她只是一般朋友。"

姝文觉得讲这样的话没有意义，问先前的话："真的，怎么谢你？"

"真是我提出来呢，你又不能答应，比如简单的，吃饭喝茶啦，看电影啦，总之我们单独约会的，你都不能答应，干脆不要谢了。樱寒倒是说，下周音乐厅有场七夕音乐会，有著名演奏家来本市演出，请你和康濛一起观看。我先替她约了？"

"谢谢，过意不去哦。"

"哈哈，小姑娘能够在关键时刻想到我，感动噢，希望你多遇几回关键时刻。"

"又要诅咒我啦?"姝文苦笑。

"岂敢岂敢,你把我费某人糟蹋太狠了!我一向对女士既尊重又爱护,何况像你这样天仙一样的美女。"目光里有千万根花刺飞向姝文。

"好啦,我回去了。再谢。"

"祝你早日回归现实。"

"我一直现实。谢谢,再见。"

姝文急忙打车回去。车上,她小鸡啄破蛋壳看新世界样急切,展开信封,灯光有些暗,心情又不平定,看了个大概,最后只记得,回味着这一句:"我爱你直到永远,这是不变的诺言。"

到地方了,康濛却不在了。问服务员,说早走了。姝文后悔自己先前不该早结账,要不康濛没带钱,势必会等她。现在哪里去找他?也许回家了,因为打车也可以到家再取钱。

姝文沮丧,漫无目的地走着,向着康濛家的方向。路边的火棘看不见,白杨看不见,车水马龙皆视而不见。走了三四百米,腿有些软,头又晕,就坐在路边大石上,抱着康濛的包,仿佛抱着他的人,甚是温暖,只是,泪不住地流。

她再次打开信,借着路灯读起,一字一句都让她心跳不已,珠泪不断。

姝文:

感觉,你不会离开我,可此际心情沉重。

自十二岁梦见你,那个雨夜,为你相思,今已十二载矣。7月7日初见你,见识爱的模样,甜蜜而疯狂。相信,有几世纠缠的缘,欲于今生与你了断。

姝文,美丽的天使,降临人间,只是为了拯救一颗沉眠的灵魂。

你,亲人的亲近。你,唤醒荒芜的心灵,我应接不暇你的纯洁、美丽、柔情,多少次,掐着脉搏告诉自己,这,不是梦。

我感慨,人生如此绚丽。尘世如此温煦,死去的灵魂可以复生,我也可以遇上奇迹。

竟是，造化弄人？你要离我而去？最可悲的命运，才拥有花园，又骤然被夺去。不，我不能相信，无法想象你的离去。姝文，我的天使，失去你我的生命再没有存在的意义。

你伤我，废我。忘你，忘自己，忘一切。却有求死之本能，飘摇至海边，茫茫的黑，咆哮的音，旋转的力，巨浪卷去，身体分解无数分子，在深海里漫游，漂浮，漂浮，灵魂猛然从海底最深处跃出海面：我要找姝文。陪伴她，无论死生，我的灵魂要结伴她的灵魂，融合，纠缠。我是你的，你是我的，永不能分离，上帝也不能够。

上帝也不能够，让我停止爱你，或者让你停止爱我。

夜，比冬天的泥土死寂。月，如刀光剑影，闯入窗台。不，我看见了洁白的昙花，在铿锵开放，听见你昙花甜的语音在月光里飘浮，告诉我：我们的爱情是神明钦赐人间的厚礼，以证凡尘之美，胜于天堂。

想你，每时每分。爱你，从春至冬，至地老天荒。

无论结合分离，活着死去，我的灵魂，只是追随你。

我爱你直到永远，这是不变的诺言。

归来，归来，我的爱。

沧海桑田，你是我惟一、最后、永恒的爱。

康濛

2005 年 7 月 23 日

晚风吹来，竟有一些凉意，姝文的心下着淅沥的雨。她给康濛家里打了电话，这是第一次打他家电话。电话丁零零地响，她的心弦紧张得要绷断，无论是谁接，都有康濛的气息，康濛的温暖亲切！手指连心颤抖不停，稍不留神手机将从手中滑落。那边接了，一位中年妇女清凉的声音："哪位？"

"阿姨，我是汉姝文，找康濛。"强作镇定。

"哦,姝文啊,你好,康濛天天说起你。他出去了,还没回来。今晚他没去找你吗?"

"找了,我以为他到家了。"

"那你打他手机吧。姝文,有时间来家玩啊,阿姨想见你。"

"谢谢阿姨,再见。"她不想解释康濛丢手机的事,就挂了电话。

她一阵惆怅,一阵心焦,为了康濛,又充满欢愉、甜蜜、憧憬,为了康濛的妈妈。姝文想,康濛的妈妈一定美丽温和,油然而生一种亲近喜悦,将来一定会孝敬她热爱她,就像对自己的母亲一样。是呀,她是康濛的妈妈,该有多少温柔的秘密让她去探索,去深情地凝想与感激。很长时间过去了,姝文的耳旁丕回响着康妈妈凉爽的语音。

姝文闷闷不乐走回家,奶奶和妈妈正在看电视。周青藾问,姝文怎么不大高兴?还拿一个别人的包?

姝文没精打采,说没有不高兴,包是康濛的。周青藾问,和他生气了?姝文说没有,问爸爸哪去了?周青藾说,同学孩子结婚,喝喜酒去了,这个点,该回来了。口上喹咕着,眼前一片忧愁的芒草。奶奶接口说,他不喝酒,该当没事。说着没事,却是满面乌云。婆媳两个互相安慰着。

姝文把包带回自己的房间,灯光下端详着,爱不释手。其实,只是一个普通的黑色压花牛皮包,可它在姝文眼里就化腐朽为神奇了:它,曾被亲爱的人使用过,触摸过千回万回,光辉奇异,不同凡响。她把脸颊紧紧地贴在皮包上,一阵甜柔的幻想令年轻的脸燃烧得美如彩虹。打开皮包,取出《查泰莱夫人的情人》,塑料膜还未拆封,禁书哦,看看封面,赶紧藏到柜子底下。那封信,是神明给他们爱之魂在人间的诤语,多么珍贵的纪念哦,她欣欣然,郑重摆放在书桌上。又见包里有一个精致的黑色钱夹,一部银色手机,一串钥匙,钥匙环是只鲜丽的海宝贝壳,贝壳内用篆体刻了一个"康"。姝文联想,贝壳的前身是怎样可爱的一个硬壳动物,在深茫的海洋漫游成长,又经过多少偶然的机缘附属了康濛,而康濛与她又依凭多少机缘才得以相遇!人哪,应该珍惜每一次缘聚,珍惜每一个相关哪怕即刻擦肩而过的人。关联自己的一切人事,皆是时空的史诗交错,这种珍惜的心情本身就是一种无上的幸福，对生命虔诚信仰的一种感动，而一个人一件事物的生存价值，便在某人热忱的欣赏与迷恋中光耀地实现。平时哪个亲戚朋友如果盛赞姝文的某件小物，她都大方地赠予此人，相信这件小物将会更好地实现其价值，因为事物价值的高下就在于其主人对它赏识喜悦的程度。

至于康濛，姝文想，不会有人比她更懂得欣赏与爱恋了，所以康濛应该属于她。这样，姝文是快乐的，康濛也是有意义的。

姝文见包里还有一个得力软皮本，一支晨光水笔，一包湿巾，它们都睁着亲切的眼睛看着她。姝文虽然好奇，还是没好意思打开软皮本看一看。迅速把东西整理好，装进包里。姝文平时对别人的、不属于自己的东西从来不看的，只是属于康濛的，才如此贪婪地观赏。

康濛的手机响了，姝文开包接听。

"喂……"

"姝文，今天是我不好，对不起了。"

她听着他的声音竟然惊喜得泪水盈眶，停了半晌，才说出话来："没关系。你好吗？"

"好。我在朋友家里。"

"我给你妈打电话了。"

"刚才我也打了，明天再回家。"

"康濛……"

"请不要生我的气了，好吗？"

"好。我这个人即便生气都是转脸就忘。"流着大滴的泪珠，笑着。

"这样好。姝文，无论如何，请相信，我爱你，直到永远。不管我说了什么，做了什么，将来的结局如何，只请你相信，我爱你，你是我的惟一，永远永远。"

她再落泪："难道，我们会分离吗？康濛，我爱你，永远，永远。哪怕，你不再爱我，我仍将孤独无悔地爱着你。"

"姝文……"

"这是我的命运。我活着只是为了爱你，想你。"

"愿苍天助你助我，造就一部美妙绝伦而天长地久的爱情神话。"

"你，似乎，悲观？"

"不是悲观，这是爱情无能变异的自然法则。太美丽的爱情终是昙花一现，平淡的爱恋才会不死不老。"

"不懂。只是，听了这类话，心情不好。"

"姝文，真的抱歉。我总希望你快乐，可实际时常让尔不快乐，也许，由于本人天生的抑郁血性。"

"希望我的活泼消灭你的抑郁。"这句话她自己听了也感觉苍白。

"也许，谢谢。信，读了？写得特别乱。"

"感动哈，收藏了，谢谢。"

"姝文，你真的，不生我的气了？"

"如果生气，如何补偿？"

"可以礼尚往来，惹我一次。"

"不忍心，也不敢。"她笑。

"我，好惭愧！"

"权当一次纪念，一份别样的回忆。"

"姝文，你真好。你的好，安慰我，捕猎我。"

"无论怎样，我只要你想着我，眼睛里、思维里只有我，每一秒，正如我对你一样。"

"嗯，会的。今生今世，每一年每一季每一天，我想着你，看着你，无论真的人，还是美的影。"

"康濛……"

"姝文……"

年轻的承诺，面上春风，脚上拖着镣铐。

他的眼睛燃烧着感激的泪水。

她在汪洋的泪水里永恒地燃烧。

姝文想，无论将来康濛有什么言行，怎样伤害她，她终会原谅，因为对他的爱太热烈，太宽容。她原是心胸开阔的人，对别人总是尽可能地爱护包容，对康濛，自己的所爱，更是没得说了。

"康濛，听你的声音，说的话语，我真是幸福得无言描述哦。"

"谢谢，其实是我倍感荣幸。"

她笑了："彼此彼此。何时取包？"

"明天。"

"好。晚安。"

"晚安，继续，爱情的好梦。"

关了手机，姝文微笑沉思。是的，"天上方一日，地上已千年"，一天的时间里，他们的感情，像积累亿万年的熔岩于六十秒内喷发殆尽，热浪滔滔，浓烟滚滚，红雾漫天。

客厅里一阵骚动。姝文跨出房门，酒气扑面打来，只见爸爸人事不省倒在沙发上。妈妈跑东跑西倒茶拿毛巾，奶奶心里疼着，嘴上埋怨着，不会喝酒就不要喝，多伤身体啊。

汉箫醉了，肢体已不受自己控制，可思维还强力操控着，尽力不出言语，以免说真话，错话。只听他叫唤着快拿盆。姝文变魔术一样快，拿来一只塑料盆。汉箫一通翻江倒海呕吐，酒气把屋子湮没，姝文把大门也打开了散味。

大家手忙脚乱帮汉箫擦净安顿到床上。奶奶叫周青蘋不要管她，去陪汉箫。周青蘋平日都是陪婆婆睡。

汉箫很快睡去，一觉醒来，口干舌燥，欲起身倒茶，头重脚轻，支持不住，朝床上一倒。周青蘋惊醒，问喝水？汉箫闭着眼点头。

周青蘋端过水来，汉箫微睁眼睛，抓过杯子，咕咚一口喝下，又索一杯喝了。两人重新躺下。汉箫忽然侧身拥抱周青蘋，热切地亲吻她，抚摸她，每寸肌肤，每个生命毛孔，全被他，被他，打开了。周青蘋感到脸上有冰凉的泪，不知是自己的还是他的。

这一夜胜于新婚之夜的缠绵，周青蘋至此才懂得两性间妙不可言的愉悦。汉箫睡过去了。周青蘋翻来覆去，不能成眠。她羞涩，感激，怨恨，怨恨汉箫从前一直冷淡她，美好的青春豪奢地虚耗了。这么多年简直白过了！不经历这一夜她怎么能够知道呢？全是怨汉箫。他今天为何突然如此表现？年轻时她就隐约听说，他喜欢一个大学同学，没有忘记人家。周青蓣一直在回避这可憎的事实，今夜只得勇敢沉痛地面对。他太可恨了！她想摇醒他，责问他，一直不碰她，只因在心里怀念另一个人？太卑鄙可恶了！

周青蓣热爱汉箫，从不曾对外面男子多看一眼，飘过一寸心思。汉箫是惟一的，世间惟一又儒雅又正派的男士，她只爱他一人，托付终身的丈夫。却不能让他只爱她，或者只是多爱她一点，多些关心。

周青蓣终是善良贤淑的，思来想去后，消解了怨恨，无限爱意地望着熟睡的丈夫，任眼泪珍珠般一串串落下，在黑暗中闪出晶莹的冰凉的光。

汉箫一觉醒来，已是上午九点，阳光十分刺眼，尽管隔着淡黄色窗帘。他依稀想起昨晚的事。

他去参加朋友儿子的婚礼，竟然碰见了许安娉。许安娉与他不在一个包间，走廊里碰上的，没问她为何肯光临这场婚礼。那一刻，他只有惊异，喜悦，歉疚。二十三年了，他们不曾刻意或者无意，这样近距离面对面过一次，竟未作一瞬的迟疑，认出了对方。二十三年了！岁月无情地在他们的面容上、精神上烙下生命的痕迹。她却仍然"芙蓉如面柳如眉"，甚至比年轻时多增一份高贵的气质，妩媚的姿态。他疲乏，而目光温存又深情。

对视的一刻，又立即明白了这么多年自己的付出没有虚耗，对方一直在深切地思念着自己。强噎泪水，以免失态，两人握手寒暄。

"安娉……"

"汉箫……"依旧含辞未吐，气若幽兰。

"你没变。"说的是外貌，听来却是内心。

"你变了，不过好认得。"

"这些年，好么？"他眼中射出一千道光，望着整座大楼的华贵焦点，仪态万方的许安娉。且见她，头盘褐色卷发，粉颈上挂条白色南洋珍珠项链，身穿印花修身真丝连衣裙，脚踏银色露趾高跟鞋。可谓华容婀娜，令人忘餐。

"好也不好，也许，这叫生活。"

"我一直，祝福你。"

"听见了。再聊。"

"你的电话?"

许安娉把手机号告诉汉箫,回了各自的房间座位。很快,许安娉所在包间传来喧哗之音,想必人们认出或新结识了美名远播的林泰承副市长的夫人。午安娉拗不过主人邀请,勉为其难参加了这场婚宴。她想不声不响吃完这顿饭,早散场回家去,偏不得安静。首先,遇见了汉箫,也许今晚的到场只是为了遇见汉箫,这个理由胜过一切,高过一切。以至她心谢主人的邀约,可现正被庸俗势利的人们包围,滋味就不好受了。她尽力敷衍,虽掌得心应手,心底到底不痛快。

汉箫又兴奋又伤感,有熟人劝酒毫不推辞,喝了一杯又一杯,到最后别人倒劝他不要喝了。未至九点,急不可耐要走。他望了一眼许安娉包间的门,心跳得腿都软了,脚踩彩云下楼去了。出酒店即打许安娉的手机:"喂,安娉,我在饭店东边,太平洋保险公司大楼底下等你。尽快出来,好么?"

许安娉说了句"好的",就挂了电话。在座食客酒兴正酣,许安娉顾不得别人情绪了:"诸位,对不住了,泰承打电话,说家里有点事,我得先走一步了。"大家很是扫兴,不只是她是市长夫人,单跟这样一位天姿绝色的女子同坐一席也是万分荣幸啊。可她是市长夫人,大家又不能表现得太扫兴,说林夫人有事自然请便,回家请代我们向林市长问好。

主人见林副市长的司机未来接夫人,遂表示要新郎儿子用小车送许安娉回家,许安娉连不迭谢绝,说打车就行,主人不好坚持,遂送她到楼下,拦了车,塞给司机一百元钱。车开了,向着回家的方向。到第一个路口,许安娉便让司机掉了车头到保险公司。

看见汉箫,招呼上车,两人并排坐着。许安娉叫司机把车开到蜃龙湖,又转身轻轻地对汉箫说,湖边晚风清爽。

汉箫心血沸腾,不顾一切抓握许安娉的手。如火如荼的甜蜜。泪滑过他的脸颊,滴落她的手上,心里。

到了蜃龙湖,司机找了许安娉八十五元钱。蜃龙湖并不僻静,有散步的,乘凉的,游泳的,一切,红尘盛世象。他们在一张竹椅上坐下。

汉箫抬头望月。许安娉低头，目望沐浴月光的桔梗花，沉默无语。

漆黑的沉默。鲜艳的沉默。泪雨绵绵，二人。此际，神明当羞愧，为这份不人道的安排，相爱的人为什么要分离？世间最残忍不过，相爱的人竟然分离。

沉默在地狱。沉默在天堂。

人间。

"每天，每夜，想你。"汉箫道。

"每天，看见你，听见你。"

"我不爱她，她只是嫁了我母亲。我对不住她，除了新婚之夜，没碰过她。你好吗？"

她的脸在黑暗中红了一下，他看不见。

"还好。你太苦了，对她也不公正。你们没有孩子？"

他的脸在黑暗中抽搐了一下，她看不见："有一个女孩，很好。你的孩子，好吗？"

"好。女孩，漂亮，懂事。今年刚从音乐学院毕业，分到了电视台。"

"什么名字？"

"林樱寒。"

"其实，你很幸福。"他很欣慰，又有些酸味。

"看哪个意义上讲。我的不幸，人生的大悲，是因为失去了爱情。"

"但是你的忧伤化成了文字诗行。你能够宣泄，宣泄又赋予你不同寻常的快乐和价值。"

"承认。可是，无期痛楚，非常人可耐。"她长叹一声，"你，过苦了。"

"快乐，也有，像罪孽。"牙齿打着颤。

"唉。"叹息随风飘向夜空，"你写过什么？"

"填过一些词牌，不满意，没你的才气。你发表的诗文，我都读过。"

"谢谢。"

"你从没找过我？"

"找过。你单位，原来住的胡同，市府宿舍，远远地，看着你。你没看见我。记得吗，1987年的冬天，下了一场奇异的大雪，晚上下班你没骑车，没坐车，尽找偏僻、洁净，无人踩过的雪地走，我理解你的童趣与诗心。在你身后一百米，一步套你一个脚印走，那一刻，我多么幸福。离你家还有一百五十米吧，我停下了。你进院门前回头看了一下，没认出我，希望你认出，怕你认出。我又套你的脚印走回……"

她轻轻擦拭眼角的泪，仿似晚风擦拭桔梗花上的月影。

"在你眼里，我从青年变脸中老年，样子肯定惊着你了。"他说。

"嗯，这个样吧。"

"你孩子我见过。远远地，看不清。林泰承经常见，媒体上，得意人，也许，你嫁他，比嫁我好。"

"这么想？只能是宿命了。"

"宿命。"他忽然想到，她物质丰裕，精神充实，爱情的梦给予人生完全的富足。她在备受煎熬，同时享受着这种煎熬，特别是这种煎熬化为灵感与作品之时。如此，她尚算福人——失去美好爱情的人生可以称上福乐么？

"有这样一次月光，知足了。"他苦笑。

"汉箫，苦了你。可我，不能为你做些什么。"

"不，你给我的已经太多。"声音战栗着，"保持联系。"

"可以，只是，泰承是个多疑的人，在这个城市也算是公众人物。生活安静不能破坏。"

"明白。"失去，即永远失去。

天上星月辉煌，环湖灯光如烟花灿烂。湖上琼楼，湖下玉宇，湖中睡莲轻声呢喃，晚风飘洒香氛，迷迷蒙蒙，不知天上人间。汉箫忽忆起许安娉与林泰承结婚的那一晚，自己绝望地来到湖边的情景，不禁悲从中来，几乎要啜泣了，忍着把堵在心口的苦水咽回了。

"太晚了，回去吧。"她说。

"嗯"的尾音是长长的叹气。他站起来。

刚才晚风吹人新爽，进出租车后，汉箫的酒力开始发作，撑持着。

车内，两双眼睛悲凉凝视，似乎要用目光把对方吞下，而占为己有。

快到许安娉家了。热血烘干了汉箫的心,紧缩着痛,生离死别之痛,神经质地抓着她:"我再见不到你了?再不能了……"

"可以,再见。"她安慰道。

他急慌慌除下戴了二十年的小叶紫檀佛珠手串,递给她,说留个纪念。请她也留下什么,哪怕一枚指甲刀,一只挖耳勺,他也会如天上信物似的供奉。

她从皮包里取出一面镀银小镜,乃林泰承去年从香港买来。她把小镜送给他。他问贵重吧?她说不贵,留着吧。

她先到家下车。彼此挥手告别。人生有几回这样的告别。

汉姝文 2019 年夏天的日记（9）

今天是 2019 年夏天的第一天。昨夜下了一宵春雨，淅淅沥沥。今天下了一天夏雨，噼噼啪啪。芭蕉碧青的叶子一夜间长大成夏天。

我热爱着每一个季节。

其实白天的我多么幸福。我看着孩子幸福地成长，他的幸福让我感觉世界与未来全是花朵与糖果。我看着学生们刻苦追求未来的幸福，高考是每个孩子与家长不堪回首而又无上骄傲的记忆，我与他们一起书写记忆。有人希望高考换种选拔方式，其实，如何换，脱颖而出的几乎还是这些孩子，他们总有太多的智慧与毅力面对每一场选拔。优秀孩子喜欢考试竞争并排名，落后生不喜欢，他们有着别样的痛苦。家长个个望子成龙望女成凤，差生家长亦如是，因学生时代自己是差生，遂迫切期待孩子争口气，而忘记了遗传基因的选项。其实尽力了，都是好孩子。因为孩子们的努力，每个人的才能，竞争力都发挥出来了，各行各业都人才过剩了，就业难了。就业难，正是因为人才饱和，而国家发展蒸蒸日上，真欣慰。我喜欢孩子，热爱自己的工作，想着工作的光荣意义，就不怕辛苦了。为了别人，为了一种意义，生活即闪耀光彩。

世界真美好。唯有面对黑漆漆的夜晚，思想开始飞驰而疼痛。

人生像走在春天的桥上，以为前程通向一个永远幸福美丽的岛屿，然而仙雾散尽，断桥赫然显现，春水无边荡漾，悠悠回首，桃园消逝，蝴蝶尸积如山，断桥再断。湖心隐约有高楼画舫，湖岸没有木兰舟，竹筏如何？终究要启程，有渺茫的未知的期待。

相信，人间的理想追求，必是一分耕耘一分收获，唯对爱情的付出，不成比例。何谓得到何谓失去？失去的，时常即是得到。美人鱼的悲伤湮没大海，湮没教堂。王子无罪。不恨巫婆。做着别人的美人鱼，也有自己的美人鱼，世界因此美丽永恒，不问为什么。只骑白马，或乘竹筏，奔向自己的桃园。断桥之前只有结果，断桥之后是琐碎的过程。人生只是如此。

今天下了一天的雨。我听见花木的欢笑，也看见百鸟的恐惧。

夏天，是生长记忆的季节。

夏天，我依然围着粉红丝巾，处处感到绿荫下的寒气。

夏天，无论如何忙碌，总有突然站立红绿灯下的安静与彷徨。

风的形状不停变幻，可见麦田的倾倒之态，可听杨树林的吟哦，花园的叹息。我总看见你忧郁的眼睛。

有人因为时间而寂寞，而我因为忧郁有了时间。不能自拔。像天空无法选择晴或雨，只是一种存在。空气般无色无形无所不在，你忧郁的磁场，无所不在。

蚊虫知道自己的生命只有一个夏天，所以拼命地活着，叫喊着活着，待秋天到来，极淡定，面对死亡如睡眠。而我，以为生命有一百个夏天，铿锵挥霍，而秋风起时，不知所措，且只能接受秋风呼号。

孩子喜欢夏天，喜欢肌肤接触自然世界，不只血液要呼吸，肌肤每个细胞都呼吸自然。茂盛的森林与跳跃的溪水，喜欢孩子，也喜欢恋人。

打牌，他总关心最后的底牌，而我总追忆抓牌时排着队的一把好牌。

孩子可爱圆满，婚姻即证圆满。深爱自己的孩子，就不应抱怨婚姻的不幸与平凡，不然是虚伪之人，神明抛弃之人。

人们说我很幸福。我幸福地看着我的孩子。

楼下的无花果树在雨声中狂热地跳舞。

第九章 野 渡 花 发

我从来没有被拒绝的耻辱与记录

许安娉进了家,林樱寒和林郁雪都已睡了,林泰承在书房上网,一般到网上查资料看新闻,今天竟心血来潮到 QQ 上聊天了。许安娉推开房门,他"哦"了一声,又漫不经心补了一句,"今晚真漂亮,容光焕发啊。几点了,你先睡吧。"许安娉说了声"好"。还真怕他追问怎么这么晚才回来,见他淡然表现,又意外,又高兴。

林泰承认为上网聊天的人基本都是无聊者,无所事事寂寞空虚之人,一看网名即知主人的俗气或者故作高深,有的网名则可憎可怖了。他出于好奇还是点了几个名字,一会儿也有人找他了,可每个人聊不了几句他就逃了,但是网上虚拟的神秘感还是蛮有趣,很有诱惑的,何况他想练习打字。

林泰承取了"沉默化金"的网名,有一个叫"烈日"的人找他聊天,接受了。

"你好。"

"现在的人都太贫嘴,你如何'沉默化金'了?"

"不该说的话说了,可能造成难以预料的烦恼与后果,可以不说就不说,也好掩藏自己。"

"那你上网聊天干吗?"

"隐蔽起来讲话,不会带来麻烦,又对身心有利。"

"这样啊。不过呢,本小姐是不分场合,直来直去,怎么看法怎么讲。"

"佩服。工作环境不允许我像你这么做。"

"机关上班?"

"嗯。周围一百双眼睛看着你，一百对耳朵听着你，时时当心处处小心，总要再思而言，三思而行。"

"活得好累哦？"隔着屏幕她大笑。

"是的。你呢？"

"我轻松啊快乐啊，说话做事随心所欲！"

"羡慕你。"

"哪里？我快乐，因为天生乐观派。"

"这也难做到啊？"

"活着，就要快乐地活。人生与青春原本短暂，何必苛求自己？"

"人总要受环境约束。"

"有人可以冲出现实藩篱。"

"你是勇者。"

"哦，嗯，我为自己点赞，哈哈，为了快乐，不惜叛逆。"

"了不得。多少人，在别人钦羡的目光里生活，也做着如意的样子给人看，实际则是苦恼多多啊。我，算是这样的人。"

"我最是厌恶可怜这样的人。"

"我们还能聊吗？"

"今天本小姐心情好极，你很幸运！"烈日一边与林豪承打字聊天，一边用牙签挑葡萄吃，一边又接起电话与好友聊起口红颜色。

"谢谢。人们都戴着面具生活。一个人藏着各种各样的面具，根据不同的利害关系，而对上下级、亲友各色人甚至各个人分别戴上一副，只是不能完全暴露、表现自己。打字太慢，急了吧？"

"你总有绝对真的时候，让你真的人吧？打字慢没关系，我今天心情确实好。"

"也许有，但不能完全裸露。掩藏成了习惯。"

"但你失去了快乐，人生的意义。"

"谨慎使我得到许多世俗的利益，而人们的赞美，也满足了我的虚荣。"他未曾料及今天竟如此坦白。

"如果得到利益的方式并不正当，你还能够安宁吗？如果人们的赞美只是一种饰词,你还能张开笑口吗?"

"当然在正当范围内获得利益。别人若是戴着面具对我赞羡也没什么,反正我亦戴着面具。"

"实际呢,我不喜欢你这样的人,可是还想跟你聊,今天怪哦。"

"缘嘛。我一生只爱过太太一个人,对其他女性从来不屑一顾。"

"你这句话倒是引诱了我,挑战了我。本小姐就喜欢做让不可能的事变成可能:先生,我要让你爱上我!"

"这还真的不可能!"

"其实,这个世界没有不可能的事。"

"因为你年轻才这么说。"

"包管让你爱上我,而且呢,不以色相诱惑,文明乎?咱们先不视频,直至你爱上我。"

"咱们嘛,道不同不相为谋哟。因你直爽,才聊几句的。"

"从前与人网上聊天呢,我只聊娱乐、时尚、情感或者性,今天这样的话题,破天荒了。"

"烦了?"

"你说,一生只爱过你太太一个人?"

"是的。"

"你多大了?"

"四十六。"

"好男人,稀罕稀罕。你老婆真幸福,当为你感动一生三世啊。"

"貌似不感动哩。"

"奇怪?"

"不奇怪。"

虽然是网上聊天,林泰承还是不敢完全吐露心声毫无顾忌地聊。他放不开,总怕有人监视自己,由于这种心理和谁也聊不了几分钟,跟"烈日"已经聊得很深很难得了。

当今网上的人乃至现实生活中的人,不知怎么了,似乎普遍处于感情饥渴,乃至性饥渴的状态,谁都好像在期盼、等待一份艳遇,让单调乏味的生活添光增彩，网上与陌生人聊天者的动机也多有此因。还有一部分则是放松一下自己，娱乐一下，调剂一下现实紧张沉重的生活。这些当然都不是林泰承的目的，今天完全出于偶然或者猎奇，他走进 QQ。

林泰承本来对电脑一窍不通，也不感兴趣，直至一天听人无意说起，机关企业各部门科室为了跟上时代步伐都配备了电脑，多少科长科员连开机关机都不会，电脑仅作一个摆设，实在可笑浪费，好多开电脑的也只是用工作时间玩游戏。林泰承听了有些生气惭愧，便下决心学习基本的电脑操作。

今天真的不怪林副市长，实在出于偶然走进 QQ，他本能地拒绝触摸灵魂艳遇之类的事。

林泰承一生最大的欣慰与成功是娶到了心爱的女人，最大的失败也同样缘于这个女人——她不爱他，他不愿意承认事实，面对事实，但他毕竟真实地拥有了她，灿烂的笑容，非寻常的浪漫，拥有她撒娇时特有的妍丽。是的，许安娉也只对他一人做出这种美艳姿态，那么自然、应该，但她真的不爱他。她爱着汉箫，虽然二十多年来，他们几乎没提过汉箫这个名字，可汉箫天天生活在他们身边，甚至看着女儿林樱寒，看着看着都有汉箫的影子了，这是残忍、无奈、不争的事实。

外貌看来他比同龄人显得年轻英爽。额头挺拔，剑眉下一对锐利的眼睛，不怒而威，一般人无定力与其对视。在家里比较放松，在外真真泰山崩于前而色不变，以强大的能力战败无数政治敌手，仕途上一帆风顺。官场上得罪过很多人，亦施恩过很多人，最终他是胜利者，胜利者自然骄傲不羁，气度不凡。有倾慕他本人风度才华的女子，更有目光锁住他手中权力的女子，但他真的不屑一顾。他嫌她们俗气，或蠢或过于精明，偶尔遇个有才华气质怦然心动的，又要顾前瞻后了，因为他相信，正派的女子在任何情境下面对任何人都会保留感情与贞洁，他若得逞，她即失败。所以林副市长正派的作风在政府大楼里有口皆碑。别人都说他娶了许安娉，胜于三房四妾的艳福，同样多少人羡煞许安娉。

林泰承有自己的烦恼。他不喜欢曹久鸣市长。曹那双阴森的眼，眼镜王蛇似的，在原始森林不见天日的巢穴里成长起来。那张阴冷的脸，刷着冬天的糨糊样，似乎从娘胎里出来就不曾笑过。此人心思高远，性格独断，可人家真的欣赏他林泰承，拉他结伴对付任江市委书记。任江更是令人厌恶。尖嘴脸，似笑非笑的眼，使人联想他必是狐狸转世。其人心性贪婪，生活腐化，且这段时间有关他不利的谣言很多。林泰承只能与曹久鸣合作了。

林泰承是对得起自己口碑的，在保证自身利益的前提下，为老百姓做了数不清的实际工作。他的良心是平安的。

关于许安娉和汉箫，关于许安娉与姑妈的不和睦，还有工作中的种种苦恼，他都缄口不言，哪怕在网上的虚拟空间，仍然戒备。他和烈日换了话题。

"你多大了？"

"二十二。"

"和我女儿同年。"

"你们代沟？代壑？"

"哦？代沟。"

"人生态度？"今天烈日也懂"思想"起来。

"人当积极进取，进取之后可认命。"

"我觉得人要抓住一切机遇，及时行乐。"

"要对视道德的眼睛。"

"要撒开生命的缰绳，放飞自由，让人生酣歌醉舞。"

"某些自由是自私。某些自由乃是邪恶。"

"人生一世，把快乐的权利尽情享用。在法律允许范围内，我要尽一切可能快乐。"

"你，令我惊讶。"

"我愿意免费为你灌输新新人类新思想。"

"不必。如果像你这样，我的人生将一无所获。"

"错，你会硕果累累，挣更多的钱，拥有更多的美女。"

"我不做有风险的事。"

"现在就在做，我们在谈心哪。"

"这么危险？其实，我最多是好奇，想了解一下女儿的同龄人另有什么样的个性。"

"哦，玩笑，放心，不危险，不恐怖。本小姐豪爽，坦诚，性感漂亮，没有不被我俘获的男子，无论一世，还是一个夜晚。"

"我们做这样的交谈不合适，都差了辈分。实际，本人极其看不惯，十分厌恶时下中老年人不顾身份道德及良知迷恋黄昏恋与情色，实在损坏长者饴含抱孙、桑榆暮景的敬重形象。"他说得痛心疾首了，她则一面与其他男友女友聊起汉城路上一家酒吧调的蓝色妖姬鸡尾酒怎么浓郁诱人。其实，她和这样慢节奏"行将就木"的老人聊天，急得几次反胃，所以，从一开始，直至后来林泰承打字速度提升了，她都是与多人多群同时聊的。

"老夫子！我只是不相信如今的世道还有你这样的男人，拒绝刺激？"

"我认为，一切不是以婚姻为目的的恋爱都是不道德的。再者刺激是要代价的，如果付出的代价甚于刺激的愉悦，更是得不偿失了。"

"那么正统保守？你更激发了我的野心与欲望！"

"什么欲望？"

"我想征服你！"

"不可能。"

"能！保持联系，网上和现实都可以，遵照你的指示。"

"客气。网上。"

"我的终极目标，走进你的现实。"

"不可能。"

"我历来只有拒绝的权利，从来没有被拒绝的耻辱与记录！"

"很骄傲嘛。如果我现在就离线，永久消失？"

"消失不掉的，我一定能够找到你！我已确信我们在同一个城市。"

"在汉州，这没必要隐瞒。"

"好，你逃不脱的！"

"你的个性呢，倒也引起我的兴趣，我从没遇过，也从没想过，世上有你这样的女孩。"

"我是竹筒倒豆子，爱好性格都哗啦说你个知道，不管你会惊愕成什么模样。"

"我对你已经有了一定的认识，无论你说出什么，怕我也不能惊诧了。'

"我喜欢金钱，消费它的过程中，给予生命最大的欢畅与尊严。我喜欢追逐爱情游戏，它给我莫大的虚荣快感，赋予青春彩色的价值。何况爱情与金钱又时常结伴来邀约，真是快慰不过！"

"先声明，本人无心无力与你追逐这样的游戏。"

"只要你是男人，就该接受这个挑战。钱与爱与性都可分开，我们之间总该有一样维持着彼此的关系，看在今天已经与你聊了两个小时的份上，老天也会成全我们的。"

"你真自信坦率。不想打击你，但我万不能驯服于你。"

"在网上我这样的态度还真是第一次。原来都是浅薄的男人两句不到言语非礼来了，你太令人意外了，兴奋哦！保证，一月内，我和你，从网上走进现实！"

"不可思议，不可能嘛，想象不出。"

"要不还是先视频一下。"

"不行。"

"留个电话？"

"不可以。"

"哈哈，太搞笑了！今天的对话和以往完全倒了个，原来都是别人要求和我视频，留电话，由我拒绝。你真的那么古板、那么神秘吗？"

"有一点。"

"好，算我行大运，遇高人了。"

"当不起。我这样的态度，只因为我们是不同类型的人，不适合做朋友。"

"好，明白！相信，我是一个热情又义气的朋友，烦恼可以向我倾诉，困难也可以向我求助。"

"侠女啊！记着你了。"

"不,我要你爱上我!"

"试着网上交流一段时期吧。"

"要下线吗?"

"嗯。"

"我不舍得,我会想你……"

林泰承竟然莫名的心房变得湿润起来。

"啊?网上的话,不能信的。"林泰承居然也天真起来。也许这是网络的文字魅力所在,无声的,白屏黑字,彰显一种文化情愫,生命原始的温暖与神秘,闪烁别样的温柔。开满鲜花的陷阱。

"也许,我曾经在网上说过虚伪的情话,今天不一样。"

"有点感动了。"

"这么容易感动,你要失败的哦。"

"我原本铁石心,电脑让我改变了一些。"

"真的,从此刻起,我要思念你了。"

"如果我把你忘得一干二净,你不觉得亏吗?"

"不亏,这是一种乐趣。再说,我相信你不会忘了我。"

"好的,先这样。"

"什么时候再上网?"

"不好说,工作忙啊。"

"我会守候你,二十四小时守候。"

"莫累了自己,网上总能碰见。实在话,我今头一回上网聊天。"

"还真怕,你会永久消失!"

"不会,至少还要道一次别。"

"网上的话不能信的。告诉我你的电话吧,这样保险。"

"真的不方便,有缘自然会遇见。"

"好,先这么说。记着,无论,你在上班,在睡觉,在吃饭,在洗澡,都有一个人,在想你。"

"谢谢。再见。"

"再见!"

林泰承离了线，关了电脑，无端激动，空虚怅惘起来。他有点"思念""烈日"。凭直觉与理智皆可判断，她像自己描述的那样，是个豪爽、坦诚、性感迷人的女孩，似乎想认识她，又畏惧，别真的引火烧身。他承认，在现实中遇到这样的女子，会避之唯恐不及，可是，在网上为什么感觉不一样呢？难道他的潜意识里也需要一种刺激，一种无忌的放纵？或者仅是一种精神的游戏？至少，他有点迷恋了。

林泰承打开手机，回复了两个电话后，竟情不自禁再次打开电脑，刚登录QQ，那个可爱的仙女头像便在亲切地闪烁。

"你好，我真高兴！""高兴"两个字长得似乎就是高兴的样，他相信她是真高兴。

"睡不着，再聊一会儿？"

"其实，到了午夜我才是真兴奋。"

"熬夜不好的。我爱人正常十点即睡，说保证良好睡眠是美容的一项基本措施。"

"哎。一个女人老了，失去青春美貌，过得就没滋味喽。我都不敢想，老了会什么样，所以趁着年轻可劲地寻欢作乐。"

"有一种女人，随着年岁增长，阅历多了，学问长了，生发一种与其年龄一样厚重的高贵气质，一种不可言述的魅力。年岁有时并不那么可畏。"

"怎么说我还是相信，青春与美貌对于一个女人来说最最重要。"

"你特别漂亮？"

"当然。"

"自信本身就增加人的魅力。"

"可能吧。"

"你理想的生活与未来什么样子？"

"希望嫁一个有钱又爱我的老公，关心我，宠爱我，有花不完的钱，买不尽的快乐，随我任性！"

"能实现么？"

"不好说。"

"现有男朋友吗?"

"男友很多,没有一个可以结婚的。"

"冒昧,你在哪里上班?"

"税务部门。"

"恕我直言,如果你变换一种人生态度与生活方式,人生必定安宁温暖。"

"不,我不喜欢安宁,不要平淡。我需要惊奇和刺激,生命才无怨无悔,哪怕伤痕累累。"

"只怕真的到了那一步,你无力收拾残局而悔之则晚矣。"

"仁慈的先生,不要咒我啦!说点好听的?"

"敌友不分。巴望你好!"

"喜欢去娱乐场所吗?"

"偶尔。"

"酒吧舞厅,我所爱,可以完全地释放自己,找到自己。"

"感觉,你并不压抑?"

"感觉体内有奔跑的喧嚣哦,横冲直撞的,直至在酒精里麻醉,在身体的狂烈摇摆中平息。"

"孤独?"

"我做自己,真的自己,身心需要什么,尽量满足。关于孤独,怕每个人都有的,世界看来欣欣向荣,声色绚烂,每个人本身却更加孤独。"

"也许由于人的心理有太多的阴暗与隐蔽,而习惯的冷漠自私,以利益指导行动的处世方法,使人们不敢信任别人,关上所有的窗口,最终封闭了自己。"

"对头。没人无故赞我,说好听的是想从我身上寻好处。"

"你透视了别人,还有勇气说出,点个赞。"

"说出不说出,都这样。"

"心里想的,口里说得出,是了不起又畅快的行为。心胸坦荡,心境安宁,是最为幸福的人,只可惜,能够做到,有机会做到的人凤毛麟角。"

"我不爱思考,和你讲话真累。对不起,我要先说再见了。"是的,如火如荼的世界，如醉如狂的生活，日子总是妖娆地汹涌着奔向她，哪里有时间去思考什么，今天文绉绉的内涵得都不像自己了。哦，或许，对话者改变了自己。烈日不肯"思考"地想。

"好吧，再见。"

"想着我！一定再见！"

"再见。"

林泰承回房休息时，许安娉还没睡着，眼睛定定地看着窗外。窗外星光灿烂。知了的叫声绵延不绝，趴伏心室，一时又像毛茸茸的青虫，爬满全身，拂之不去。许安娉见林泰承进来，惊了一吓，强作平定："快睡，一点子吧？我等你呢。"后四个字说得十分悦耳娇媚，翠绿得像春天刚生发的青枝绿叶，往日他早像紫燕飞上枝叶嬉戏了，然林泰承今日只是心不在焉"哦"了一声。许安娉也许为了赎前一刻灵魂上的罪过，热情地帮林泰承解衣，主动拥抱。林泰承兴奋，但那是和烈日聊天之后的兴奋，对许安娉的热情却没心力迎合，这也是第一次的不迎合。实际，她的热烈原是半真半戏，但他的漫不经心激起疑虑，便审视又似关心地问，有心事啊？他说没啊。

忽然，她的声音钢针一样硬："你兴奋，不是为了我。"

"稀罕，会吃醋啦，可惜吃错了。"

"泰承，这么多年，我是信任你的，也感谢你对我的一心一意。"

"还真怕你不懂我，不知道呢。"他的目光似涂上蜂蜜的刀，杀了你，也是甜蜜的死。

"早晓得，这辈子，你陪我，我陪你过了。"

"不甘心啊？"

"甘心。"她背对着他说，语音拖得很长，仿佛一条花蛇在潮湿的绿草地上缓慢爬行，从今生爬到来世。

许安娉一向看不惯林泰承的俗态。林泰承不必长辈教导，才认字即晓得唯读书入仕是正途。他像大象掘盐，苍蝇逐臭般尽力攀登仕途。对于他这样高智商高情商之人，目标既然明确，太平盛世自然如鱼得水。只听前面的人扑通通掉入陷阱，又闻泥石流在身后排山倒海，唯他安然无恙，奔往康庄大道。祖辈数代农商，唯他真正光宗耀祖，住着公房坐着公车，政府夺他家去的，不又重新归还他了么？

他老于世故，得志而得意的做派，许安娉看不上眼，可又不好意思说出，无论如何，从他对功利孜孜不倦的追求中，她亦得到太多利益荣耀，太多平常女人不敢奢望的东西，甚至爱慕她的人也不敢放肆追求。当然，许安娉需要的也仅是一种止于精神的爱慕，她再虚荣也不愿别人对她纠缠影响现实生活和名誉。市委书记任江喜欢她，市文化局局长爱慕她，知名作家花岩崇拜她，可她是林泰承副市长的夫人，谁也不敢大张旗鼓随心所欲表现爱恋之情。只是偶尔让自己和林泰承在心情好的时候娱乐一下，林泰承看不起任何一个爱慕许安娉的人，天底下唯他们是绝配！对于汉箫，心情再好的时候也是提不得的。

两人无力地做戏般抱了一下，分开各自睡了。各人想着各人的心事，做着各自的梦，活泼的星星眨了一下眼睛隐去了。

汉姝文 2019 年夏天的日记（10）

青春是燃烧的夏。青春是剧毒的蛇。
青春敲锣打鼓走来。青春在惊雷一声呵斥中离去。
有人说，青春是用来挥霍的。有人说，青春是用来怀念的。
青春是正在进行时。青春总是过去时。
青春证明世界的精彩。青春注解世界的冷酷。
青春是梦的土壤。世界有梦才有方向。
梦的丝巾飘扬着芬芳的春天。梦的花布鞋沾满泥浆。
妈妈说昨天梦见姑婆了。姑婆才十八岁，漂亮得牡丹花都要嫉妒的小姐，她叫六十岁的妈妈喊她姑妈。她叫我喊姑婆，我才五岁。我在读《儿童文学》。我看不懂《红楼梦》，分不清小姐与丫鬟，她们一样美丽。爸爸说，周汝昌先生临终表达人生遗憾：这辈子没有写部《红楼梦》续书。爸爸说，写成续书与写好续书是两回事。张爱玲若写，当值得一看。爸爸说，他情愿与顾文嫣同时代，张爱玲的续书用来想象更美妙。
我在妈妈的瞳孔里看见了自己。
今天，我带宁宁住在妈妈家。临睡前，妈妈对我大声吼叫："你都多大了，快把梦用蚕丝包裹起来，放在保险箱里锁上。"妈妈，有你在，头发白了我也是孩子呀。妈妈，我喜欢你的白头发，仙界气质，安定我心。
晚霞映照下，妈妈，你真好看。
热恋的人才见过月亮。
失恋的人才见过夜的样子，它的血红的眼，一百双血红的眼，它的比天还高，比铁更重的黑袍。它的大脚步，比沼泽地还黏稠。我听过它的喘息，不停地喷射死神恶心的唾沫星。
天亮的城市，人们享受着忙碌的幸福，幸福的人里有我。

第十章 梦幻泡影

梦没有了生命便凋萎了

  林泰承不可能想到的是，余烈——烈日，次日清早就找朋友破译了"沉默化金"计算机的三人是林泰承副市长。余烈对林副市长有点印象，也有点好感的，知道他人长得帅气，且对夫人忠贞，余烈一心要打破他的安宁，他的神话，所以全力以赴要把这个游戏做下去。

  林泰承昨晚没睡好，老想着烈日，试图继续了解妞，或者让她了解他，反正想和她说话，隐秘地说话，但绝不会告诉她自己是谁，更不会和她见面以至恋爱去——焉可如此荒唐！

  他带好办公室的门，开机上网，精神也完全振奋起来。

  "烈日"在线上！

  林泰承发了"你好"过去。

  那边热烈响应："亲爱的，我想死你了！"

  林泰承高兴之余有些不快，觉得此女子也过于轻浮了。

  "谢谢，不过本人不习惯这种说话方式。"

  "慢慢就习惯了，你会喜欢且开心的。"

  "声明在先，我是出于好奇才上网聊天的，和陌生人聊天感觉确实微妙。"

  "不要打击我，我喜欢你，并且指望你迷恋上我。"

  "你并不了解我什么，如何就喜欢我了？"

  "凭感觉，缘分。你是很有内涵，对家庭很负责任的男人，小女子万分敬佩！"

  "好说话，惭愧！"

  "奇怪哈，上网聊天的男人女人似乎都在期待一场奇妙的艳遇，而哪个男人遇上本姐姐,是地地道道红火火香喷喷的艳遇!只是看姐儿高不高兴,你却总在回避躲避?奇谭怪象哦?"

"没什么,身不由己啊。"林泰承诧异自己怎么脱口而出这样的话。

"明白了。"

"明白什么?"

"我做你的地下情人。"

"啊,当不起当不起,心领了。"

"晕,这么紧张干什么,又没有强行你非礼我。"

"本人做事向来谨慎理智嘛。"

"那是从前,遇见我之后,难说。"

"现代的人无论男女老少,一说话怎么就容易提起感情的事呢?"

"时尚呀,离开色与情就非时尚了。"

"不正常。"

"大家都感兴趣都喜欢就是好的哦!"

"这句话就不对了。柏拉图指出人性中有三大成分,最好的是理智,其次是意志,最坏的是情欲。意志和情欲受制于理智,才是个人性格的正义。"

"要晓得,只有满足了自身切实的需求,人才是快乐的。"

"但是这种快乐如果需要丧失良知和道德,就是可耻的,该舍弃的!现在许多商家媒体,乃至许多文艺工作者只顾利益的驱动,不从理智、道义出发,专逢迎人的弱点,挑动情欲,而情欲愈受刺激,愈需要刺激,久之成为痼癖,就愈不受理智的节制,社会风气也每况愈下了。"

"大家都欢喜了娱乐了,难道不好吗?难道你相信柏拉图荒谬的精神恋爱说,一对真正相爱的人都不能享受性的快感吗?"

"我不曾有过精神恋爱的体验,但我想象得出它的纯真、美丽、恒久,有节制的欲望、感情,才是人性的至美!"

"这不会是你的真实想法吧?你在诲人不倦?"

"哪里?网民一律平等,何况像你这样的朋友,我怎敢以长辈领导自居,对你'诲人'呢?只是想和你沟通一些看法嘛。"

"晕死了，你真不谦虚！我怎么可能把你当作长辈，还领导？当你上了线，就应该明白自己的身份，一个无聊无趣寻求娱乐刺激的普通网民而已！无论你怎样有财有势，书读五车，也只是一个寂寞豆大的网虫！"

"你讲话真是盛气凌人，我要找地缝钻了啊。其实我连做网虫的资格也没有，我根本不懂电脑，也不感兴趣。"

"好啦，不要生气的啦，将来见面多罚我三杯酒。"

"女孩子喝酒不好。"

"抽烟喝酒我爱啊，我是没有理智和意志，只有欲望的驱使。"

林泰承最反感抽烟的女孩了，心想，永远不会让她认识我，不管她是怎样漂亮迷人。和她在虚拟空间讲讲话倒未尝不可，甚至确实很"娱乐"。这时办公电话响了，没有多么重要的人事，林泰承敷衍过了，再和烈日说话。

"你这样做很危险的，父母不管你吗？"林泰承想到董事的循规蹈矩的女儿林樱寒，觉得自己和许安娉是一对多么成功的父母。

"他们管不了我，就我一个孩子，自小宠爱。我要天上的星星，他们要往工厂定制梯子，宠得我太骄傲任性，长大了更是一意孤行，也无药可救了。"

"这么说你也明白自己很多地方做得不对，与他们意志相左的。"

"骑虎难下呗。我不可能改变自己的行为规则生活方式，他们很失望，但仍宠我。"

"中国的独生子女家庭很多像你这样的，真是可怜了天下父母心啊。"

"这样讲话本小姐不爱听啦，好像我多么堕落似的。"

"对不起。"

"实际上，父母一直以我为荣。小时候呢，我学习成绩优秀，又能歌善舞，经常参加学校、市里的文艺演出，给父母带来过许多荣耀。直至我上高一，十六岁那年，偷看了爸妈的黄色录像，才变了。"

"都怪文化市场整顿力度不大，不能持之以恒！唉，摧残了多少祖国的花朵啊！"

"哎呀，你自责什么？什么花朵！我哪里被摧残了？开得正红正艳呢!"

"对不起。"林泰承没有听出"自责"的含义，实际余烈在"你自责什么"这句话前都打了"林市长"三个字，发现后又删掉了。

"实际上那盘录像带，还是我爸整顿文化市场的战利品。他是文化局的，没收录像厅的。"

"那就更可悲了。"

"先生，你好像口口声声在提醒我，自己是怎样堕落不堪的女孩。"

"啊？没这个意思。"

"好啦，其实我够耐心了，原来我从来不和人网上这样诚恳又无趣地聊。"

"谢谢，我明白自己的荣幸。"

"呵呵，明白就好。说说你吧？"

"我没什么可说的。"

"网上嘛，没事的，隐私也可以说。"

林泰承是相信"网上没事的"，但还是本能地要掩藏自己，除非在可以洞察一切的神明面前，他才可以完全地袒露自己，且这个神明必须真实地与他面对面才行。

"这个社会说隐私也是有资格的人才能讲，不是每个人都可以的。"

"也许娱乐八卦需要有人气的公众人物才可制造，隐私不必，人人都有，人人皆可。"

"我平庸得很啊。"

"过于谦虚是骄傲了。让我生出这般耐心的人，相信不会没有故事。"

这时秘书小程敲门，林泰承也不回避让他进来。小程提醒九时三十分宏光大厦有个文化健身会馆成立剪彩仪式，请林市长参加。林泰承看了一下表，说，好吧，过五分钟下楼。小程看了一眼电脑显示器，本想恭维几句林市长刻苦学电脑的，但看到聊天的窗口又不便说什么了，哪怕和熟人家人聊天，也只是聊天，所以小程一声不响地出去了。

林泰承急忙给烈日发了告别的话："烈日小姐，对不住，现有急事，要下线。有机会再聊？"

"你将给我留下无尽的思念！下午，可以吗？"

"不行，下午有事。"

"晚上呢？"

"晚上也有事。"

"日理万机呀。留个电话？"

"网上碰得见的。"

"不，我要你的电话，联系方便些。要不，用一个专用的电话？"

"这样吧，过两天我单为你配部手机，号码只告诉你一个人。"

"谢啦，你真好！"

"先告别了。"

"好，再见。记着：我会思念你！"

"谢谢。再见。"

林泰承副市长去宏光大厦剪了彩，接着又去体育馆观赏本市首场慈善篮球赛，中午陪国内友好城市江东市代表团午餐，下午又是参观又是开会，忙得不可开交，费了九牛二虎之力，硬是将文化局体育局各方饭局推辞了。回家潦草吃了饭，赶紧到书房开机上线。

烈日难道真的"二十四小时"在线？林泰承每次开机她都在等他，看见那闪烁的卡通头像，恨不得亲亲它。

"我一直在守候你！"

"谢谢。力不从心啊，其实下线的每一刻都在惦记你。唉，真奇怪，我这么大年纪的人竟然迷恋上网络，耻辱啊！"

"想多了！每个人都有可能迷恋上网络，世界上没有绝对可能或者不可能的事。"

"那倒是。不知道自己为什么总想和你说话？"

"爱和我这样可人的女孩说话，是天经地义的应该与正常的啦！"

"不，我并不太了解你，即便了解你的那一些也不是我欣赏的。"

"上帝，你真是太不绅士了！为什么总是打击我？"

"不是这个意思，我只是想探讨一下自己迷恋QQ的原因。"

"不！难道你随便就能和一个网上的人聊得这么投机，难解难分？不是我你会迷恋QQ?"

"恕我直言，不是说网上骗人的把戏非常多吗？有七旬老叟扮成二十岁的女孩和人网恋呢。我凭什么认定你是自己所描述的女孩？"

"晕！我真的生气啦，视频！！"烈日连点三次视频。

"好了，第六感命令我，相信你。"林泰承像沙尘暴来临时关窗户一样，把视频窗口都关了。

"我还怀疑你呢，别是个丑老婆子？"

"五老婆子和七旬老叟正是一对呢。"

"你真忘了我们年龄的差距，和我平起平坐啦？"

"对，忘了，你让我年轻了二十岁。"

"还忘了你尊贵美艳的夫人？"

"这一刻，忘了。"

"好，我要你完全地走进我的世界！"

"那只是虚拟的世界，永远的虚拟。"

"虚拟正是现实的桥梁！"

"关于我们的友谊，我暂时真的做不出任何假设。此际我犹如魔鬼附身，不能自已自己的思维与情感。"

"哈哈，魔鬼的笑容特灿烂！"

"当有人踏进心灵的腹地，始知自己多么空虚无聊，于是要更大的空虚无聊去填补。"

"人生最终走向空茫，不如今朝有酒今朝醉，省得明日空追悔。"

"不，这是可怕的，堕落的，短视的。"

"难道你相信有末日的审判，佛界的神话？"

"不，我不相信。但我们要对自己的人生负责，对家庭负责，对社会也要负责。"

"哇，高大上先生！我一介小民，恰是无数的偶然造就了我鲜活的生命，我要尽可能地让它放出异彩，体验生命的美妙，感受世界的精彩，不枉红尘一场！"

"不想说服你，无能说服你。只问，你觉得自己快乐吗？"

"快乐，快乐得要崩溃！"

"人生过得安稳才好。你们这一代人看似幸福，实际可悲，没有安定的心，辨不清是非黑白，没有时间头脑去考虑生命高层次的含义，丢失了传统，践踏了文化，破坏了社会规范，耽误了青春。"

"拜托！停止你的说教，否则我要离开啦！"

"对不起。换话题。你如何看待感情问题？"

"不要天长地久，只要曾经拥有。"

"天长地久的拥有不是更好吗？"

"这个世界哪里找得到'天长地久'？不如洒脱一些。现代的男人女人都花心得不得了，哪里去找一对一的拥有！再说，在这花花世界，极品的男人不可能专属一个女人，极品的女人也不可能专属一个男人。"

"好男人好女人还是有的，只要用心去找。"

"真是有一心一意柴米油盐的，也只是平庸的人，平庸的男人我实在不屑。他要么帅气，能干，要么有钱，顶重要是有钱。钱不是万能，先生，可还有比钱更万能的东西吗？他自己挣钱最好，有个富贵的老爸老妈也行。"

"没有一个时代像现在这般的物欲横流，人性如此污秽阴暗，人们这样的厚颜无耻！我们的文化没有吸收到西方的精良，却丧失了自身传统的精髓！我们不伦不类，没有亮点，没有个性。"他简直痛心疾首，打下这些字。

"上帝！你都在说些什么？说到个性，我倒想讲几句。每个人都在追求而铸造个性，以便让更多的人瞩目自己，有时个性比容貌与才能更重要，个性让人做芸芸众生的惟一，成为光耀的焦点。"

"你很有个性。"

"谢谢！我讲话赤裸，敢作敢为，这种性格，还真吸引不少朋友。与我相处不累，不需用多少心思。小胡同赶猪，直来直去，彼此痛快。"

林泰承一想，确实由于烈日直爽的性格吸引了他，她是杂色的，也是绚烂的，他是"喜欢"她的。

烈日又发过话来："朋友，不要冷落我！你在干什么？"

"没有，我在想你。你点燃了我久已熄灭的热情，我欣喜又畏惧，品到了它的花香，更感觉到了它的毒素。我没有勇气退出，正如没有勇气靠近。"他自己也不知道，怎么打出了这么两行妖冶的汉字。魔鬼拉着他的手么？

烈日读了这样的话，笑了："你不是一直深爱着尊夫人吗？又何曾熄灭过热情？"

"我是指随着青春流逝，最为张狂的那种激情。"

"明白了。如今这种激情的复苏，是你的幸运还是我的荣幸？"

"也许都是，也许都不是。"

"我发现，我爱上你了！"

"爱我什么呢？我可没有钱。"

"为你破例高尚一次。"

"那也是没有结局的。"

"我何曾要求结局？相遇便是缘，相爱着，相处着，不计时间的短长，不是非常美妙的事吗？要求结局就不美妙了。"

"哦？这样想的？只怕我们之间连短时间的真实相处也不可能。"

"事在人为！我给你讲得这样明白，这样热情，你还是踟蹰不前，也太没风度了！"

"谢谢。心意我领了，尽力而为吧。烈日啊，我是喜欢你的。实际上每一个男人女人都有'坏一回'的本能，只是受环境的左右掩饰、控制了自己，所以在众人面前总是一副正人君子的模样，当然，能够控制住自己的也确实是正人君子。其实，他又何尝不想坏一次，让身心完全释放一次，飞翔一回？"

"那正人君子实在虚伪不过，悲哀不过了！"

"这种虚伪是可敬的，悲哀是庄重的。能够掩饰感情控制情欲的人，是多么高洁，难能可贵！"林泰承想起姑妈林郁雪。

"扼杀人性。不苟同。"

"你是时代的产儿，欲望的奴仆，理解你。但你不能取笑，那些纯真而无奈的人们。"

"不和你争论这个了。其实，你吸引我的，也正是因为，大家公认，你是正人君子。"

"你，怎么知道？"林泰承警觉起来。

"从你的话里，我早就晓得。"

"好吧，给我一次放纵，仅是言语与精神的放纵，让我们在网上尽情地聊天，甚至——相爱。"

"晕！这样腼腆的话语应出自良家妇女之口，是对引诱她的风流男人讲的话，不应从你大人嘴里流露！"

"声名要紧，前程要紧哪！尽管由于对你逐渐了解，你在我心中那样神秘奇异，深深地吸引着我。"

"一切理由都不是理由，我从不受花言巧语的蛊惑，只要实实在在的结果。症结在于你不曾见识真实迷人的我，否则不会这么吞吞吐吐左右徘徊了！"

"你的自信愈加迷惑我。举棋不定哪。"

"我承认，得到你的爱情将是对我个性的最高赞赏。先生循规蹈矩，谨慎沉稳，从前我顶不屑这样的人，今日却成了致命的诱惑。朋友，发发慈悲吧，拯救拯救她灼热的灵魂！我爱你，想你，急迫地希望拥有你！"

烈日一边与林泰承聊着，一边与朋友另个窗口聊天。约着明晚去彭家大院吃超辣地锅鸡。

"你说的，都是真话吗？"身体被一阵热浪袭来，一股冲动令他坐立不安。

"晕，我要死了！"

"？"

"我为什么要骗你？我对你怀着不曾对任何人产生过的高尚纯洁的爱情，不牵扯一点世俗杂念，只是希望真实地面对你一次一刻！"

"你让我羞愧啊。"

"你早该羞愧了！我放下所有的自尊与骄傲来讨好尔，你竟然如此冷漠地把守坚固的道德篱笆，拒我于门外，任我哀求泪流！"

她悠闲地跷着二郎腿，嘴里嘎嘣嘎嘣嚼着麻辣锅巴，打着上面的字。

"好了好了，烈日，我郑重宣布，向你投降。"

"懂得珍惜女人心的男人才是好男人！"烈日狂放地笑，把窗台上大丽花的耳膜都震破了。

"我明天单配部手机与你联系，但你要答应不与别人讲这件事。"

"好，放心，打死都不告诉别人！"

林泰承并不相信她的应答，可这份真真假假的应答还是给了他真真假假的慰藉。

如臭汉州人知道林副市长竟然像十七八岁的孩子去搞轰轰烈烈的网恋，是怎样的一桩丑闻，奇耻大辱的事件。想来后怕，还是逃之夭夭为妙，但不用情敷衍又难以脱身。

"我已经相信与你相遇是不可回避的缘，我看着它的柔美，它的狰狞。"

"先生，它绝不狰狞！我虽然在你眼里庸俗不堪，但请相信本小姐绝对负气仗义，大红缎子上绣花，亮刷刷的，从不做不利朋友的事。你要我赴汤蹈火，我就赴汤蹈火，你要我守口如瓶，我就守口如瓶！"

"果然侠女，在下感佩不已。"

"其实，我能让你感佩的地方太多啦！"

"你并这句话使我想到中国人的自信自傲在你们这一代人身上体现得可谓淋漓尽致！自尊自信自立自强是中华民族的立身之本，然如果不切实际地轻狂浮躁，只怕成为前进的障碍啊。"

"本姐姐不是多心的人，可你老大人总是逼我多心，指责我过于轻狂啊？"

"不敢，高傲的甜心，请息怒，请饶恕！"他也不知道自己怎么就打上了这些肉麻的字眼。

烈日张狂地笑："是的，请和应我吧，我想你到了崩溃的边缘！没有你的身体，请给我言语的安抚！"

一丛黑鸢尾花，开放在林泰承的窗帘上。心率加速了："烈日，拥有你的感情真是我三生有幸啊。其实每个人对自己日复一日平淡的生活都会厌倦，无论别人见他如何风光。谁都有压抑苦恼，希望看到异样的色彩，放纵激情，裸视灵魂，而为了体面，无奈地伪饰。烈日，感谢你啊，让我讲了很多知心话，谁都有讲真心话的渴望，可惜这个拥挤的世界却难找到一个讲真话的朋友。"

"谢谢信任。我绝不辜负你的信任！"

"感觉你是个真诚的女孩，虽然有些另类。我已被你吸引，灼灼燃烧了啊。"

"你的话语像这个夏日里最香甜的冰激凌熨帖我的心扉！"

"迷惑，迷糊，是什么在指引我，让我不顾尊严联络你，靠近你？"

"是缘！是爱！"

"是么？我还有爱的权利？"

"这个世界人人都有，不论贫富贵贱，男女童叟。"

"我将被世人讽笑。"

"你将被世人艳羡！"

"可能身败名裂。"

"没那么严重的，我会因你收敛锋芒。"

"思想需要休息一会儿。先再见？"

"不要犹豫，不要撤退！仙景就在眼前，仙乐就在耳边！再见，再见，亲爱的，我将茶饭不思地想念你！"

林泰承关了机，在书房睡了觉。

他辗转反侧。与烈日的交往，找了一百个反对的理由，又找了一百个支持的理由。

许安娉不知道，知道会怎样想？她会惊骇，嗤之以鼻，网恋？笑话！弱智，恶心，无聊！她也不会相信他会喜欢另外一个女人，唯她，知性而美丽，至善至好，根本不屑把自己与烈日相比。林泰承忽然阴郁得意地想：对，我为什么不能报复报复她，报复她的骄傲，对自己的冷落？是的，整整一生，她都在默默热恋另一个男人！林泰承心底生出一股怨愤，使他能够活生生地撕碎许安娉，还有汉箫！

他不曾给许安娉一点危机感，全心全意爱着她，照顾她。她不动声色

"引诱"诸多男人对她垂青膜拜,当然是止于精神的,林泰承并不过分计较,做出深究,女人嘛,都是虚荣的。他顶顶恨她的是,她把爱意情心全部给了汉箫!虽然只是精神,可恨的只是精神!他甚至疼痛地想,宁愿她失身过他,却万分痛恨他,或者把他淡淡地遗忘。可是,不是,不是!她的精神、她的世界完全给了他!

"不,我要报复许安娉,一定要和烈日来往!"林泰承恨恨地想。

令许安娉困惑、轻松更失望的是,与汉箫见面,当时实实在在失魂落魄了一天一夜,之后心中却空落得一无所有,对汉箫不复存在任何感觉!她讶异,惊恐,失落!这么多年来,一直折磨她,困扰她,滋润她的便是汉箫给她的爱情的梦。而今,梦的清醒、消失竟使她无所适从,没有了幻想、回忆、寄托,才知生命是何等苍白空茫。

她难道不曾真正爱过他?她爱的只是自己织造的梦境?萧萧竹林中,那么普通的一棵,还尽显沧桑、消沉、凄惶,他不是她的所想所爱!他甚至不如林泰承亮她的眼,懂她的心,是的,林泰承何其聪明,风流潇洒,一个眼神瞥来,她都要紧张心跳,把她的心思看得明明白白,难释难逃。

对于其他爱恋自己而又比较有品位的男子,一生最放纵也只是有过两次,妩媚的眼神有意无意与他们对视闪烁了两秒,实际她不曾钟情任何一人。她谁都不爱!

她谁都不爱,谁都不曾爱过!多么可怕,多么空寂!有个梦多好,为什么要醒来?美丽的梦,凄清的梦,芬芳的梦,只要一个梦,一个梦!谁能给她一个梦呢?啊,不会了,不会了!心无所思,情无所寄,梦没有了,生命便凋萎了!她失去了灵魂知觉,第一次真正地感觉到生命的寂寥,空惘。灵感之神也落井下石,不知躲避到哪里了——没有了爱情的遐想,哪有灵感缤纷的羽毛?

许安娉跌坐地板上,身上的素缎睡衣喝醉似的歪着,长卷发丢了魂似的飘散着。不知多久,趔趄起身,打开藏柜,扒出从前的日记,翻开笔记,泪落如雨。以往的岁月,鲜花澎湃,歌声飞扬,她是怎样的热情而苦痛,为了汉箫,为了理想中的爱情。每一字每一句都发自肺腑,书写她对他的思念渴求，对命运的控诉。也曾惊叹自己的顽强，在吞噬生命的恶涛里竟然能够一度又一度安全上岸。黑色的文字记载着她的青春、激情、哀叹，都是真实的，当时真真实实的心境，而今，竟然苦闷于不再有爱有痛，痛竟是好的，美的，甜的，实的，如黑洞魔幻，让生命疯狂而丰满。

没有痛，生命竟然是空的，死的？

蒙着黑布的睡棍轻敲她的头颅，囫囵掉入睡窟，凝结的泪盐粒样洒在眼角。早晨梦游般起床，蒙眬上班去了，日记也未锁好。

林郁雪吃过早饭，走过侄子至媳的卧房，看房间一片凌乱，不禁好奇。床上床下，桌面桌底，横七竖八躺着许安娉的日记，碎裂的古瓷片样，睁着绝望而神秘的眼睛看着林郁雪。她像僵尸打了复活剂样欣喜若狂，取来老花镜，轻悄悄带好房门，贪婪地读起许安娉的日记。青春蜕壳的尸体，生命的雀斑，爱情的花泥。文字是穿越时空的氧。

钟点工足足按了五分钟门铃，林郁雪才听见，恍恍惚惚开了门，又一头扎进许安娉描绘的世界。她发现一个重大的秘密：许安娉一直在深爱着另一个男人，渴念另一个男人。她更加憎恨许安娉，为侄子林泰承的缘故，可竟也懂了她，敬了她，为了一个与她自己一样受着感情困惑忧郁的女人。确切地说，她喜欢她，甚至爱她，狂热而哀怨的女子，一如自己。日记记载的竟是她林郁雪的心跳、笑影、眼泪，《虫声如雨》缠绵心头：

    一场雪白的哭泣
    诗词的喘息，彼岸花的呼吸
    翻江倒海，惊天动地
    承载着人间正道的悲郁

    磨冬天的墨，写春天的诗
    我那样，那样荒凉地跌居
    风信子黄昏的梦里
    微风才起

> 已然天荒地老地战栗
>
> 满天蝙蝠的黑翅
> 虫声如雨
> 月光喊喊
> 令天下红杏瞬时熄灭

人间原是这样《解读幸福》：

> 当晨辉打开窗棂
> 我曾陶醉于自己美丽的容颜
> 当灵感的天使甜蜜地亲吻诗人的眼睛
> 我曾为美妙的才智沾沾自喜
>
> 今天呀
> 我欲把一切虚幻的骄傲还予神灵
> 交换一份华丽珍贵的爱情
>
> 在禁闭的山野
> 我是一名无知的丑妇
> 可是神妙的爱情滋润着俗陋的身心
> 面对上帝与天空
> 我疯癫地呼喊
> 谁能晓得，我是天下最最
> 最最幸福的女人

　　林郁雪坐在许安娉的红木梳妆台前，盯视镜中的自己，不禁泪眼婆娑。只见，杜韬航风度翩翩地走来，年轻，温存，多情。
　　"郁雪，我要带你离开这个城市。"

"去哪里？"

"一个四季如春的地方。"

"有你在，哪里都风和日丽。"

"那好，请随我来。"

他挽起她的手臂，她沉醉地闭起双眼。"郁雪，睁开眼吧。"啊！一个琼楼玉宇，鸟语花香的所在！

"这是物质的世界，美的世界，你的世界。"

"这里没有寂寞哀愁、雨雪侵袭？"

"我将天天陪护你。"

"我再不孤独，呐喊哀叹？"

"我会看着你的眼睛，聆听你的笑语。"

"我再不害怕黑夜的悠长？"

"我将用神奇的画笔描摹你的优雅，你的幸福。"

"我将恳求上帝，在你的臂弯沉沉睡去，再不醒来。"

"我将亲吻你，直到天荒地老。"

"我将赞美上帝，直到地老天荒……"

……

林郁雪抬头猛然看见镜中的自己，一个满面皱纹的老太太，每一条纹路都经历太多苦楚、失落、坎坷，每一条纹路都书写着她伤楚绝望的爱情，对杜韬航殷殷无望的期待与思念。

雷声隆隆，泪雨萧萧：仁慈的上帝，你不能欺骗我吧？一生即将走过，我快没有机会了，没有机会等候他的出现，他的承诺。不，不，只要还有一丝呼吸，我也会等候，等候神迹的出现！

"慈悲的耶稣，求你用你的光照我，扫去我心中的幽暗！

"让我的叹息和在地所遇的一切祸患，足以动你的心。

"我是一个不幸的人，好似戴上镣铐，关在牢狱里一般，一直要等到你用脸上的光照耀我，释放我，句我显示和悦的容貌。

"求你命令风和暴风，对海说：平静吧！对北风说：不要吹吧！我就必得着极大的平静。

"我将不再住口,也不停止祷告,直到你的恩惠再回来,我的心重新听到你的声音为止。"

林郁雪听到了上帝的应答:"看啊,我在这里,看啊,我已来到这里,因为你曾寻求我,你的眼泪,你的心愿,你的谦卑,和你心中的忧伤,已经引动我到你面前来了……"

汉姝文 2019 年夏天的日记（11）

热恋的人才见过月亮。失恋的人才看见月亮。月光里流泻前世的琵琶曲。月光里飘浮后世的茉莉香。

月光从神的眼睛里孕育。月光是最活泼的婴孩。月光是最宁静的仙子，云一样白，雾一样轻。

我说的爱情的模样，与你，与他见的都不一样。多年后，也许，人们会说，汉姝文也不过叶公好龙罢了。

食水果为生，可以，我，而孩子，孩子的爸，离不开人间烟火，我逃不开厨房，像晚上逃不开月亮，月亮总是睁着圆圆的眼睛看我。我呼吸的空气是白的，月亮一样白。桃云对的空气，是碧绿的，荷叶绿，杨柳绿，浮萍绿，黛玉的氅衣那么绿。湖里倒映的天，倒映的山，倒映的树，比陆地更蓝，更绿，更美，像记忆比真实的影像更精彩。

每一天，我都看见人生，那位精神矍铄的老人，把牵牛花当喇叭吹，把桃花潭水当海听，把月亮当太阳歌唱，星星是老人笑出的眼泪。

欢乐的模样，是孩子稚嫩的脸庞，好奇的眼睛，甜甜的呼唤。呼唤与抗拒，缘，都在。白昼、梦里，花园、山崖，缘，看护一切生灵，穿越所有时空，精准预算，温柔的天罗地网。

我像寻找生命的意义一样，找到妈妈们温柔的眼神，找到学生，找到孩子。

我要拼命地活着，看孩子长大，成才，为了看着妈妈们变老，成为幸福的老人。拼命地活着，我要看九百六十万平方公里中国梦、中国红的模样。

共享一块墓地的，是缘，还是，临终要见的，是缘？

时间,是个大石碾子,像天空一样大,像墨一样黑,碾压过来,碾压过来。

与梦境恋爱,与文字结婚。

宁宁爸爸说,他有个初恋,像忘记去年七夕节吃的什么晚饭一样忘记了她。他说成就了婚姻的,才叫爱情,其他,不信。工作、父母、孩子,那么多事,哪有时间敲爱情的园门,看园中桃杏哪个开得更红,水中月亮与天上的哪个更美?没有时间,只有日子。

第十一章 十分花柳

时间在华美地流淌

康濛的妈妈说想见姝文,康濛遂征求姝文意见,爽快应承。

在千百意花店康濛订了一束花,十一朵红玫瑰,一朵白玫瑰,白玫瑰下压了一张粉红纸条,他亲笔所书:爱你到天荒。花店小姐下午四点送到汉家,姝文着实欢跃一番。

家人还在午睡。姝文轻手轻脚,捧着天上星辰似的捧着花,庄重而神采飞扬,把花供奉于自己房间的写字台前。

她含笑抽出纸条,看了又看,笑了又笑,亲了又亲。把那束花闻了又闻,亲了又舔,泉水的凉,蜂蜜的甜。

时间驾驶花车,芬芳奔驰,歌声像五彩花瓣洒满路途。有爱的人生哦。

五点四十分,康濛来接姝文。她正衣装整齐,坐在玫瑰花前神游仙界,听见敲门声,燕子般欢快飞去开门。

康濛提着大袋荔枝,姝文笑嘻嘻接过。康濛进门,与姝文爸妈和奶奶打过招呼,说明来意。大家并无异议。奶奶只交代"姝文,好好的",姝文笑着"嗯"了。周青蘋只道"勤谨些",姝文也笑着"嗯"了。汉箫左眼看了姝文,右眼望了康濛,肚里九曲回肠,往房内去了。周青蘋从沙发后取出一个新疆灰枣礼盒,一个蜂王浆礼盒,说送给他妈。康濛道了谢,与姝文下楼了。

楼道里。姝文心里插上红蓝羽毛,笑望着他,说谢谢送花。爱的海水涌上心头,他温柔地说了句"爱你,永远",又笑赞一句,今天格外漂亮啊。

她上身穿一件崭新的海棠红真丝衫,雪颈上佩戴一块蝉玉佩,下身着白色高腰蕾丝拼接九分裤，脚踏梨花白一字扣高跟鞋，十分靓丽。

"有美一人，清扬婉兮！"他赞叹。想必母亲见了女友要惊喜，心头一热，抓着她的手，没头没脑说道："姝文，你是我此生与来世惟一的惟一。"花的海洋，翻腾她心底。

只听一声"啪嗒"，一串"咕嘟嘟"向地心滚去，原来李明涛左手捧着什么书，右手提着哈密瓜正上楼，看见汉康二人这一幕，心上一惊，人一下子冻住了，哈密瓜一地金黄。姝文满面火烧云，早已挣开了康濛的手。楼道里有笤帚簸箕，姝文顺手取过，对李明涛说："李明涛，我爸在家呢，上去吧，我来扫地。"李明涛眼中噙泪，未语，跌撞去了。

康濛一边问怎么回事，一边接过笤帚扫地。姝文告诉，李明涛是大学同学，爸爸的学生，有时拜访老师。康濛问，不拜访同学？姝文说，不曾接待。康又追问，你爸喜欢他？姝文说，爸爸喜欢每个上门拜访的学生，李明涛，是他的学生，自己的同学，止于此。康濛盯着她坦荡的眼睛，心里安定了。

姝文回家取拖把拖地，和众人说了，自己和康濛在楼道碰见李明涛的事，又说以后也许他再不来家了，好啊。

奶奶连连叹息。汉箫连连摇头。周青蘋连连感叹"怎么这么巧"，一面叫姝文快去，自己拖地。

楼下坐了一群老太太，一边乘凉一边拉家常，姝文红着脸和几位打了招呼。于大娘说："姝文，出去啊？"说着从头到脚打量康濛。齐奶奶说："现在的年轻人，幸福哪。"

姝文面上绯红，朝大家笑笑："嗯，出去啦！"声音犹如一串欢跳的浪花。康濛也彬彬有礼向大家微笑致意，转身之后，二人相视一笑。

在刚才一瞬的侧视中，康濛意外发现，姝文清纯的眼睛里竟然飘飞一种生动的光彩，令男性想入非非的那种意味，不禁笑起来。

她问，笑什么？说着上下左右寻找有什么不对劲。他再笑，说句"再说"，走向路边一辆崭新的轿车，蓝灰，帕萨特。康濛拉开副驾驶车门，做了一个请的手势。姝文笑了："哦？惊喜！"

上车后他告诉她，爸爸听说他恋爱了，还要她的照片看了，大赞，开心，买辆车给儿子，约会方便。又说，他爸想见她。她笑笑。轿车簇新的气味，粉蓝的音乐，让她看见多少未来的花环。

她又想起先前楼下他的笑，问道："你刚才笑得那么诡异，取笑我哪？"

"岂敢，完美宝宝！"

"好啦，取笑就不地道了哈，看在本人对你怀着这般热烈情谊的份上，即便我一无是处，也该顾惜眼前人哈。"她嘟着嘴，只似一朵海棠花蕾。

"自然。本人十二分惶恐，十二分感激，汉姝文对我炽热的爱情。"说着笑望她。

她嗔道："好好开车！这样殉情可不值。"

"放心，咱们的人间悲欢才刚起程！姝文，生起气来都这么美啊，我真是抵挡不住你的诱惑。"

"诱惑？"

"不成心诱惑我，打扮这么漂亮干什么？"

"真是这样，那是礼貌，对你的尊重。"

"真冠冕！其实女人天生一种本能，不遗余力引诱心仪的男人，只是男人真的受了引诱，她又要做出淑女情状来。姝文，不要生气，这段话不是针对你讲的。"

"康濛，这一段话都不像你讲出来的！"她恼了。

他并不理会，信口说下去："女人的这种本能也没什么不好。世界有了女人，才五彩缤纷，多姿多情。女人需要男人见证她的魅力，男人需要女人见证他的力量。男人女人互需对方情感或肉体的滋润，精神与肉体至少占有一项，否则这种人生将极为悲哀与苍白，无论他和她的事业财富如何兴旺。"

"一对相爱的人能够终身相守，才是人生最奢侈的福祉。"

"嗯。不过，很难。热恋人的神经敏感而脆弱，不堪丁点干扰。"他的脸上又笼罩上习惯的忧郁面纱，流连着晚霞的光彩。

快到家乐福超市，姝文说去给他妈买点礼物，他连说不必，有新疆灰枣蜂王浆，妈喜欢的。车内有荔枝，你提着可以了。也便罢了。

车甜蜜开行。

到了康家楼下，姝文的心小鼓似的敲击，主动握了一下他的手，手心净是汗。他笑了，亲了一下她的脸颊："紧张啊？丑媳妇见婆婆才紧张。"她红脸："真坏。"深吸一口气，平定情绪，上了楼。

康蒙拿钥匙开了门，灯开着，却静悄悄的。餐桌上摆着凉拌藕片、钟家香酥鸡、蒜蓉秋葵、粉蒸排骨四个菜，还是康濛出门前即上桌的。妈妈房门关着。康濛放下礼品盒，从鞋架取双亚麻红提花拖鞋给姝文换了。他咬了下嘴唇，带愧说道："想必妈身体不舒服了，不好意思啊。"她望着他，未语。他又说，咱敲门看看。

姝文进门就感觉他家真旧，房子旧，桃木家具旧，电视柜上缠枝莲花瓶旧，花瓶里面的鸡毛掸子旧，养着君子兰的紫砂盆旧。他家的一切，似乎都在与时间较劲，做着无言的生死较量。只她脚上这双提花拖鞋鲜亮亮，向"现在"露出火红的笑靥。

康濛敲了妈妈房门。

房内蓝灰窗帘拉得严严实实，没有空调，姝文却感觉到一股冷气飕飕扑来。冰凉的木床，躺着一个冰凉的又长又瘦的阿姨，裹着银灰开衫，有些许短发水仙须根似的匍匐脸上。也许对未来望眼欲穿，眼球扑棱棱突出，盯着墙上那只旧得发白的知青斜挎包。墙上还挂有一只军用水壶，衣架上挂着八字领红碎花粗布上衣、蓝绿工装裤。这些用品姝文在博物馆的知青生活展览馆里见过，没想到在康妈妈的房间里也活生生展览着。一个时代的道具。而床上卧着的人，只是一个剪影，一张照片。

不知道是过去，是现在，是未来，在这个房间里，时间血淋淋地站着，嘀嗒嘀嗒，铿铿锵锵。

康濛唤了一声"妈，姝文来了"。照片动了一下，哦，坐起来了。她捋了下头发，脸上毫无血色，只似刚从奈何桥上下来。五官倒也精致，使人联想耗干汁水的柠檬，整个人依然散发着淡淡而清新的柠檬香气。见到姝文，脸上露出些许笑的波纹，仿似幼儿在白纸上画出一抹彩色，不成形，究竟是生机勃勃的。她真的被姝文的美貌与气质惊艳了，好一会七荤八素的，眼睛里竟生出一位年轻母亲对自己刚生下的婴儿那种疼惜热情的光辉。

只听她不自禁夸奖了姝文一句:"书没白读,好气质。"姝文的心美滋滋感动起来,甜甜地问了阿姨好,不料,阿姨脸上的光辉只化作一堆灰烬:"我,不舒服。你们自己弄了吃。康濛懒,姝文勤快些。"

康濛有些尴尬,姝文说,好的,待饭菜齐了,再请阿姨起来吃。康妈妈忙说:"别,我不吃的,再别打扰,去吧。带上门。"说着转过脸去。

康濛拽着姝文衣角,去了,轻轻带上房门。康濛一头的汗,T恤带着黏胶似的粘在身上,忙开空调,叫姝文先坐下歇歇,自己进屋内换衣裳。

姝文站着看墙上的《富春山居剩山图》,鱼缸里的神仙鱼悄悄望着她,喃喃私语。

康濛从房间里出来,讪讪的说:"姝文,你这身衣裳可上不得锅台,歇着去,看电视吧。我做饭,快的,妈妈先前搞得差不多了。"姝文反对:"刚才答应阿姨了,与你一起做饭的。"他无奈点头:"那,你看,我做。"

二人来到厨房,台面、地上东一个锅碗瓢勺,西一盘鱼肉蔬菜,连忙收拾。姝文说:"桌上都四个菜了,炒个苦瓜,烧个鱼头汤罢了。羊肉牛肉都收起来吧。"康濛说:"也行。饿了,快点开饭。"

鱼头是煎好的,放进砂锅,加入葱姜,倒上开水,放点醋,就炖上了。

厨房工作一时妥当,菜已齐备,色香味竟也有的。餐桌上早立着两瓶打开的赤霞珠葡萄酒,跟前又有三只水晶高脚杯,似依偎似分离三足鼎立着。姝文进门就见了,想必是康妈妈提前预备的。

姝文说还是请一下阿姨,康濛连道不必,不可,咱们吃。说着就要斟酒。姝文连连摆手说不喝。他倒笑了:"看你的样,有毒啊?"想着回头还要开车送她,也不劝了,倒了两杯白开水来。坐下,举杯敬姝文:"欢迎回家。"她笑了,饮了:"谢谢。家无常礼。不客气了哈。"

姝文夹一片藕吃了,十分鲜香,遂问阿姨调的啊?康濛点头,说凉拌藕是妈妈一绝呢,比大厨调的还爽口。

姝文笑了:"粉丝口气啊,好!"又吃一口,压低声音,叫他快吃,有话问。又看一眼康妈妈的房门,悄声说想知道阿姨的故事,声音比故事诡秘。他不免尴尬，点点头。

几乎不声不响，吃了这顿饭。又轻手轻脚，收盘洗碗。一切停当，尚未到八点。

他叫她到自己房间说话去，拉她坐在床沿。她打量他的房间，闺房般整洁。书橱里的书，柠檬黄降落式台灯，青瓷笔筒，天蓝窗帘同样在热情地打量她。她心里开着团团簇簇的红花儿粉花儿。

二人，静默，看着，笑着。时间华丽流淌。

时间载歌载舞。

"闭上眼睛。"忽然，他说。

她微笑，闭眼，两片睫毛像两片乌黑的小帘子。只听得左手中指套住一枚戒指，同时心上似上了一把锁。

他吻她的手："我爱你。"她睁开眼："戒指？这么冰凉凉，晶亮亮？从没见过。"

"陨石，天上掉下的陨石做成。"他原想说，它代表他们的爱恋与天一样久长。不知为何，竟没说出口。

"康濛，谢谢。真美！"

他立着她的手，目光里燃烧着二十四年生命的热情：哦，她属于天上的，天上的善美，天上的缥缈，天上的恒远。她的到来，是上苍的悉心安排，是太多的偶然孕育的必然。她必然在夏天向他走来。

"等订婚，送你钻戒，一切还按世俗的来办，尽管你是脱俗的，我们的爱恋不像在人间。"

"和你一起，就是最大的快乐和幸福。我可以什么也不要，不顾，只要你陪着我，让我看着你，听着你，我就是世界上最最幸福的人。"

他拥着她，她抱着他。

火红的玫瑰从东方开到西方，云雀冲入云霄，合唱一千个春天的歌。

请时光停下脚步，生命在此驻留。

"康濛，我真的不相信，世界上有哪对恋人比我们还幸福过？"

"这份幸福，只恐有鬼魅的作用。"眼睑下了霜。

"我只晓得，现在有你，现在我是快乐的，快乐得胜过仙人。"

欢乐,像天空坦荡而辽阔,是呀,如果人间每一场爱恋都是这样醉人,如果每一个人都曾这样惊心动魄地爱恋过,谁还会羡慕天堂,谁还怕燃火的地狱?

他拥抱她,以洪荒力量,人身七窍,每个细胞都燃沸起来。

用心用情的亲吻是美丽得叫人心碎的。康濛感觉到姝文咸咸的热泪,不禁想起一段网络流行语:"如果我是你眼中的一颗泪珠,我会顺着你的脸庞滑落在你的双唇之间,因为我真的好想吻你。如果你是我眼中的一颗泪珠,我今生都不会哭,因为我怕失去你。"今生今世只怕,我是你眼中一串串流不尽的泪珠,你是我眼中永恒的不能滑落的泪珠。

幸福叫人落泪,因为这份幸福过于富丽,富丽而虚弱。

忽然,她问,阿姨的故事?

他叹息一声,潦草说了。

康濛的母亲万美莹,1972年高中毕业,在火红的锣鼓声中,在母亲嘤嘤的哭泣声中,在天空雾嘟嘟的叹息中,作为知青下放到通陌市,知青点在桃云村。为着共同的命运,同来的知青尚知团结。万美莹个头蛮高,力气却没有,干活包括吃饭,都比别人慢一拍。知青六男六女,一男一女配对轮流做饭。与万美莹配合的是高红军,上工农活照应她,做饭生火关照她,可她总想回避他的关照,他的黑红的笑脸。

高红军仿似一棵苍劲的榆树,在城市里长得结实,在农村一样听到它生长的叫嚣之音。万美莹原是个盆栽的花卉,风雨来临初时不知所措,随即挺起脊梁过来了。割麦子、摘棉花、挑水挑土,白天把牙咬得嘎嘣响,夜里默不出声淌眼泪,究竟挺过来了。

她挺过来了,因为有一种温暖,一种色彩,乃至是甜蜜,来自学习劳动的过程中。

梁田是土生土长的桃云村人,也是生产队土长土育的惟一高中生,十分斯文,若不开口,外人都以为他是个知青,高红军倒像土长的青年农民。二人似投胎错了。

梁田热爱着脚下的土地,像热爱母亲、敬爱祖辈,像葵花热爱太阳,像杨树根一样扎实地长在这块土地上。

天上飘来一片云，云中飘落一朵雪花，这朵雪花叫万美莹。她衣裳上的丁香漫溢着香气，辫子像柳条会在风中说话，声音像百灵点亮山谷，肌肤像莲花白润。为了她的到来，天空更加碧蓝，泉水更加清澈。梁田心底的春雷骤响，响了一生三世。多年后他明晓，自己爱这片土地，但真是不能够爱上此地土育土长的姑娘。他只爱万美莹，一个被天帝贬谪的仙女。

眼神闪电交会，心底同一头小鹿撞怀，没对过话，这是他们的恋爱，如果这是恋爱。直到有一天傍晚，她在河边等候一个同室的女知青，偶遇着他。他红着脸告诉她，他对她比喜欢还要多。她是远方飘来的蒲公英，也许将飘回，但他会守候这片土地，守候年轻的爱与梦想，一生，一世。她忙说，言重了。他说将来农业机械化了，这里会是人间的风水宝地。她笑笑。这时同室知青来了，她走了。

她的背影，在柳风中飘远，黑辫子在夕阳中闪亮。

第二天，她收到了回城通知单，未及与他告别。当离开村庄，她感觉自己丢了魂魄，丢在桃云村，直至下半生。

而他，在家乡守候承诺，至老未婚。

姝文叹息。他听见秋风吹落片片红叶之音。她问，百年后他们葬一起吗？康濛心里一惊，说没想过。她说，戏剧演到四分之三场，可以精彩结尾。祝福他们，鼓励他们？他满脸疑惑，什么意思？她庄严说道，请他们结婚。他不禁脸红，不能的，都什么年纪了。她说，让他们带着遗憾到坟墓吗？你作为儿子，是不孝啊！他疑惑，世上有这种不孝吗？她点头。他满脸凝重，说会和妈妈商议。

康濛家离市中心广场较近，步行十分钟。姝文说去溜达一会儿再回家。姝文要与阿姨告别一声，康濛连说不必，自己倒推开妈妈房门看了一眼，无声无息像是睡着了。他像是自言自语"出去了，过会儿回来"，说着和姝文出门了。

现代的城市人口密度大，街道、市场、景点遍处拥挤，触目蚂蚁赶集，人山人海。也或许，人们喜欢拥挤，从四方风风火火赶来，凑成热乎乎的人群，热热闹闹，才是切实的人间气息。夏天，人们找不到多少纳凉的好去处，广场人多，嘈杂，但这里有普通市民浓烈的生活气息，像醉蝶花发出的俗艳而生动的气味。

康濛和姝文于木椅坐下,清凉的晚风飘入心肺。人群你来我往,花花绿绿,情侣们火红说笑,年轻夫妇追随孩子游戏奔跑,老夫老妻手拉手,如十五的月亮安详。人们像五彩的海鱼在生活的海洋里游弋。

一个五六岁的小女孩,小手、花裙脏兮兮,面上与年龄不相称的市侩,手里抓着一把玫瑰花。对康濛老成地说:"先生,买一枝花吧,送给女朋友。"说着眼睛直直看着康濛,一步不挪定定地等着。不知为何,外乡的口音令康濛的肌肤长出一层盐粒。他花五元钱买了一支被俗世蹂躏过的玫瑰花,都不好意思递给姝文。姝文倒是兴致盎然,主动接过来,经过康濛手的接触,这朵花便奇异不过了。

有三两讨钱的,或摊开手掌,或捧个洋瓷碗,姝文康濛两人把零钱都散尽了。康濛道:"再有讨钱的来不要理,实际上,给钱助长了他们的懒惰,迎合了他们不劳而获的心理,是看似善意实际非善的行为。他们破坏了社会风气,污染了社会环境,此际扰乱了你我心境。"

"看他们的外表真可怜哪,特别是小孩和老人。"她说。

"伪装与自残的讨钱人且不说,那些出卖人格尊严的老人有什么可尊敬,他们并非不暖不饱,多数为其儿女远走他乡去讨钱,最终还是助长了年轻人的惰性。要知道,年轻人懒惰,不工作不进取,才是社会最大的弊病,最可忧心之处。再说,孩子卖书是义务,年轻人工作是义务,老年人强身健体是义务,各尽其职,社会才会欣欣向荣。刚才那些人,真可怜的也有,骗人的占多数。"

"我不管他们有没有骗我,即便骗我,也只是他们在骗我,而不是我骗他们,本人良心无愧就行。他们品行不好,上天或法律自然会惩罚他们,让我面对哀怜求助的眼神无视走开,难以做到。"

"姝文,你能这样,因为你不曾为这种愚蠢的善良付出过代价。"

"这种小骗无关痛痒。"

"自然。若大欺呢,何去何从?"

"我绝缘坏人。"自信的口气几乎可以感动神明。姝文总是凭着善良的天性去做事,对谁都真诚,不戒备,也相信自己的真诚能够感动别人。

"这种说话太傻气。"他不禁笑了,"所谓,坏人永远不知道好人有多好,好人永远不知道坏人有多坏。或好或坏,或非好非坏,每个人几乎都是凭着自己的天性做事,而本性难移。"

姝文不禁说起,当代多少作家,专注所谓人性表述,乃至过及了,不惜违背历史事实与社会情理,故意把好人写坏,坏人写好,颠覆正常认知,是为"深刻""个性"。实际上,简直可以说,好人变不坏,坏人难变好,除了有时"好""坏"难界定罢了。

他说她的性格,倒是适合关门读书写作的。她玩笑道,作品关不得门吧?

他表述看法:"如果作品引起一部分人的共鸣,却得到另一部分人的责难,倒是正常的。很多伟大的作家在出名前,乃至生前,都受过读者和批评家的非难。实际是,一个人的作品,不可能让天下人都喜欢,只要有相当部分相当品位的人喜欢,就已经是对此作品一种光辉的肯定与褒奖。"

她说:"当今写作者太多,作品要获得大而好的影响并非容易。本人倒是酷爱文学,看书真是一项至高无上的乐趣。读一本好书时,我就想,如果付出一生的精力时间,用一生的磨难经历,哪怕仅仅写出一部这样的书,也是万分心甘。"

"写一本好书,不只是付出精力时间,更需要付出感情与慧识。这种感情,夸张、激烈、悲痛,非一般人所能感受承受。"

"怕。那一天提出和你分手,真是天塌下来的感觉,万念俱灭,万物不再。心想,我是不能承受失去你的痛楚的,也不想写作了,就这样平常地生活着,幸运着幸福着。"

他听着,感觉心像秋梨猛然从高枝上落了地,疼痛着:有一天,她会失去他。她将失恋,承受不能承受又最终承受的哀伤痛楚,也终将浸淫于她的文学梦境。他战栗了一下,竟无话可说了,全身被一种阴冷气息袭击着。

她说要回家了,他木然点头。她说,林樱寒打电话,要送他们两张音乐会门票。他不悦,说,若听音乐会,自己买票,不要她的。她说,不去拿票,林樱寒恐怕要生气。他说,生气就生气,正不乐意理她呢。她笑道，好刻薄。他说，反正他不喜欢她和她的男朋友。她急了：那是你对人家有成见！她好心送票，当然谢受。到时候一起去音乐厅，一定去。他不置可否。

他说回家开车送她，她要打车。一路无语，快到小区门口，她说了句，"阿姨的事，记着"。眼睛闪现温暖的光芒。他打个激灵，点头。

姝文到家时，家人都已睡了。轻手轻脚洗漱，才出浴间，奶奶把她叫进房间去了。

奶奶笑眯眯地问："姝文，到小康家了？他妈身体到底怎么样？"

"嗯，还好吧。"姝文表情难免尴尬。

"热情么？"

"热情。"她轻声支吾。奶奶只当她难为情。

"谁要是不喜欢我们姝文才怪呢，天人貌，菩萨心，比鸽子还温厚，哪个人家娶了我们姝文做媳妇，真是烧了八辈子高香了。"奶奶面上溢满自得之色。

姝文面上通红，忙道："奶奶，这样讲不好啦。"

"打实的，小康看起来呢，跟你有夫妻相，将来，该能过好。"奶奶似乎忘了菩萨跟自己说"姝文与康濛难配鸳鸯"的"私语。"

"是吗？奶奶，他和我长得可一点也不像呀。"声音里跳满欢悦。

"不过，人一看就是天生一对的样子。"

"真的吗？奶奶，你这样说我真高兴。"眼睛的光辉，能照亮一座古城堡。

"唉，如今看来，你爸妈啊，让人看不到多少夫妻缘。你妈真心疼你爸，这个我心里亮。怪你爸，泰山上的石头，寒冬腊月的冰疙瘩，一天下三次雨——少晴（情），知恩图报也不晓得。这段日子，你妈面上添了欢色，你爸个闷葫芦倒闷得长毛了。唉，我真替你爸欠你妈的情哪。"

"奶奶，我爸就那性格，历来少言寡语，东边日出西边雨——说他无晴（情）也有晴（情）。比如，表面上他对我冷淡不关心，但我相信，他是爱我疼我的。对妈妈也是这样吧。"

"疼你，可是说着了！这多年，你要星星，他连夜给你打梯子！这样疼姑娘的爹，打灯笼难找。"

"知道。所以觉得自己真幸福，你们疼我，现在又有了康濛。奶奶，你不知道，我每一天多么开心，风是笑的，树是笑的，云里飘着歌谣，人人对我微笑，我笑着祝福石头开出红花！"

"又胡扯了，还是恋爱把你闹得疯癫了！"

"奶奶，你还真说对了。有科学家研究过，恋爱人的精神确实处于不同常人的疯癫情状，脑神经高度兴奋紧张敏感，心跳脉搏加速，内分泌也发生相应的变化。可是，奶奶，这是一种多么甜美、奇妙、快慰的疯癫呀！哪怕一生只能这样疯癫一个季节，人生也该无怨无悔呀！"

"小丫头越说越糊涂，高兴得过头喽。姝文哪，凡事不能太过，水能载舟也能覆舟。"一层阴云刷过奶奶面上。

"奶奶说得对。"姝文带笑说道，"妈妈今晚不陪你啦，我陪你好了。"

"原本呢，我还没老到不能动弹，哪里总要你们陪，亏了你妈陪我睡了半辈子。这阵子你爸好像有心事，你妈陪他了。姝文，你不懂，我可心巴望他们像人家夫妻样亲亲热热的。"

"他们还好吧。是妈太孝顺你，生怕你这里痛那里疼，夜里要水要药的，不方便。"

"唉，我和你爸都欠你妈。"

"奶奶也客套了。"

"实心话。这一阵我老是睡不实，恍惚有什么事要来，还老梦见你爷爷。"

"爷爷都不知道有我。"

"梦也时，果真没问过你。"

"奶奶，这样讲，我多伤心呀，我还时不时在心底描绘爷爷的样子呢。"

"嗯，也怪。"

"算了，梦而已。"

汉姝文 2019 年秋天的日记（12）

  下班在路边，买了二斤落叶。一斤红，像血一样红。一斤黄，像金子一样黄。每片落叶都像一只枯叶蝶，我要把它们做成画，贴在墙上。剩下的落叶装枕头，枕着它睡眠，容易入梦。
  姑婆，如果你是姑婆，你会喜欢樱寒一样喜欢我？就像我听了你的故事，一步就踏进你的世界。
  我看过你的世界。地狱之火点燃的音乐，湮没你的白发，你的像山药样的十根手指。你的花园花木葱茏，爬着毒蛇，花蕊上沾满毒气。
  你的上帝，是天使，也是魔鬼。你把生命送给上帝的祭坛，用一生的时间与温柔，解读人间爱情的模样。
  姑婆，你是天使，也是魔鬼。用天使的翅膀飞翔。用魔鬼的利爪扯破生命的礼服。
  写作的人，乐意结识特殊性格者，容易结识特殊际遇者，为什么，姑婆，没有等我到来？我流连你的菜地花园，踏进你的帆船油画，走进你像暹罗猫的眼睛里。姑婆的暹罗猫夜夜失眠，往花园跑，找昙花说话，讲一万零一夜的故事。在 2005 年下第一场雪的晚上，永远睡着了，暹罗猫。妈妈说它去找姑婆了。去之前，跳上钢琴架，梳理毛发，不停不停，似乎数着它一辈子走过多少猫脚印，在带霜的瓦上，在盖着落叶的雪地里。
  我看见暹罗猫的眼睛蓝蓝地看着我，不，盯着我。妈妈说不养猫了。可她每天看见暹罗猫的眼睛。屋里窗外有一千只暹罗猫的眼睛。
  妈妈说，爸爸总是从夏天走来。爸爸的头顶淋着叫嚣的雨，闪电跟在身后。或者，从毒辣的阳光里走来，红辣椒一样火红的阳光，爸爸身上蒸发着海盐的气息。爸爸从海里走来。海，太远了，太咸了，与太阳太近了。海呼吸着太阳的呼吸，像爸爸呼吸着妈妈的呼吸。不，像妈妈呼吸着爸爸的呼吸。夏天，夏天，夏天。

妈妈说，看见了，看见了，梧桐叶落了，荷叶枯了，蝈蝈的叫声瘦了，秋天了，走进秋天吧。

相信姑婆有来生。恋爱的阳光像樱桃花一样灿烂，照耀姑婆的来生，一群花结了一群红樱桃，红宝石那样鲜亮亮。

一团火燃烧着，燃烧着，我的心。红石榴，红柿子，红辣椒，红晚霞，姑婆的院子火红火红。一只红石榴义无反顾跳了地，它犯抑郁了么，碎了一地血，染红了我的海蓝拖鞋。

第十二章　蜡　炬　成　灰

你会来温柔豪华地实践诺言

　　一天下午，趁着林泰承和许安娉不在家，林樱寒带着费皓良来见姑婆林郁雪。此事算她二人的约定，糖橙般甜蜜，一锅糯米粥的黏稠。

　　费皓良梳着复古绅士发型，偏分式的刘海，梳得一丝不苟，白色衬衣酒红丝绸领带，可谓龙凤之表，洒脱不羁。林樱寒的目光利剑雪白，蔷薇粉红，打量男友，心底咪溜溜生出喜悦骄傲之情，表面仍是淡然之态。

　　林樱寒开了家门，费皓良跟在身后。林郁雪正从楼上下来，蓦然见到费皓良，一惊一叹，竟骨碌碌轰隆隆摔将下来，脚崴了，扭了筋。费皓良随着林樱寒忙上前扶她到沙发坐下。樱寒迅速往冰箱取来冰块，用块棉手绢包了，往姑婆扭伤处冰敷，叫费皓良按着冰块，自己忙又取来一颗云南白药保险子，倒了小半杯红酒，让姑婆送服。

　　林郁雪糊涂，很糊涂。林郁雪清醒，很清醒！她怔怔地望着费皓良，眼珠似乎要从泥水塘般浑浊的眼眶跳脱出来，紧抓费皓良的手，只似抓着神的手："韬航！韬航！真的么？你回来了！回来了！真的来看我了，接我了！我的心哪，你要赞美耶和华，他守诚实到永远！我的神啊，我的主啊，我要尊崇你，我要称颂你的名！我要默念你威严的尊容和你奇妙的作为！樱寒，你们要赞美耶和华！凡有气息的，都要赞美耶和华！你们要赞美耶和华！"热泪如一条条白蚯蚓，爬满林郁雪的面庞，嘴唇像出水的鲈鱼腮不停翕动着。

　　樱寒心想，姑婆又犯痴病了，男友头一回上门哩，真糟心！她面上满是尴尬，鼻尖上净是细盐粒样的汗珠，一直咸到心里："姑婆，摔重了么？咱去医院。"

　　"樱寒，你不认识他，我的韬航！韬航，韬航！你为何不说话，没事人样？你说过，从没见过，我这样端庄漂亮的女子，对么？你说过，带我走，去一个只有我们两个人的华丽世界！是现在，现在么？我每天都盼着这一刻，时刻准备你的到来！走吧，走吧，现在！韬航，为何不靠近我，拥抱我？我的一切，冰清玉洁，在等候你……韬航，我多么欢喜！耶和华突现眼前，也只能这样欢喜！韬航，万水千山……我，不容易哦，啊不提不提了！在这个大喜的日子，天上地下万物欢庆的日子里，我想唱，想疯，多么开心呦！我忍受了怎样黑暗吃人的孤独，克服多少可耻的犹疑，战胜香甜的诱惑，只是为了今天这一刻，你到来接我的这一刻！韬航，你没变，一点没变，还是这样年轻潇洒，世间难寻的潇洒风度！我不枉，不亏，不，我一万分地感谢！感谢上帝，感谢命运，感谢深爱的你！上帝多么公义，他的允诺一句也不落空！在没有星星的夜晚，我亦疑惑过，动摇过，怕老了死了，来不及等候你的到来！卑鄙无耻的念头！韬航我忘了，我老了！老了，在对你的畅想里，对你的渴念里，对你的祈祷中，在下霜的日光里，蝙蝠飞舞的夜里，我老了，老了！老了的心还是那颗年轻时为你热跳的心！这颗心，今生来世都属于你……你多么好，一直没老，神迹，一点没变！哦，你嫌我老了么？不会，不会的！从我的眼睛里，神采里，你必定认得我，更爱我！是么？韬航，说你爱我……"林郁雪疯狂抓握费皓良，面上泪水滂沱沟壑纵横。

费皓良一语不得发，目瞪口呆！林樱寒目瞪口呆之余即明白，姑婆把费皓良看成她的杜韬航了，也许因为费皓良长得有点像年轻时的杜韬航。

"姑婆，醒醒！花眼喽，看错人了，他叫费皓良，是我的男朋友，不是什么杜韬航。"她取来凉毛巾，给姑婆擦了脸。

"不花眼，他就是！就是，一模一样！"

"姑婆，杜韬航现在已经八十岁了！"

"哦？是么？在我心里，他的样子一直没变，我只见过年轻的他，就是面前的他！"林郁雪指着费皓良说。十八岁那年，第一场雪的喜悦，弥漫她枯萎的眉眼。

"是吗？也许皓良长得真的很像年轻时的杜韬航。"樱寒点头沉思。

"让他握我的手。"

樱寒用目光示意费皓良，他茫然失措，握了这双颤抖、干涩、冰凉的老年人的手，不由得想到，传说中巫婆的手，也许就是这样，此时正抓挠着他的心。

"手型一样。没有从前温热。韬航，你不爱我了？不，让我背叛信仰也不信！"目光火红，可以点燃雪山。

"姑婆！他是费皓良！"樱寒吼叫起来，仿佛有情敌与她争夺男友。

"不，他怎么可以不是韬航？当然是韬航，来温柔地实践他的承诺的！我的时日不多了，再不来没有机会了！昨夜我还清晰地听见上帝的嘱咐：你要坚持，坚持，你的幸福就要到来！上帝的话真是一句也不落空！韬航，你，哑了么？只要你是韬航，变什么样也是我的最爱！"

"姑婆，你真的搞错了。皓良，讲话呀！"樱寒推搡着呆若木鸡惊恐万状的费皓良。

"噢——说什么？"费皓良从魔境中醒转过来。

林郁雪急切地接口："说你爱我！带我离开这里，去追寻我们的幸福生活！见了你，我不再老了；见了你，我的身心都轻盈起来！从此，我将快乐了；从此，我再不孤独了；从此，我再不害怕有魔鬼的黑夜了；从此，我再不嫉妒别人的爱情了；从此，我再不承受他人探询的目光了；从此，我再不会在生的熬煎里苦苦挣扎；从此，我再不哀求上帝，只是热忱地感谢他，歌颂他！"

太阳躲避到云海，绿叶纷纷从树上飘落。

"韬航，你变心了！说不出口，是么？多少次，在下着雨的黄昏，在狂风大作的午夜，我想过，怕过，你背叛了我，忘了我们的约定，可忙又呵斥自己太卑劣？韬航，人间最有风度最实诚的男子，堂堂正正的君子哦，焉可做此勾当？他是握着我的手承诺的，他是看着我的眼睛说的，流着泪对我说的，上帝可以见证！哦，上帝每天都对我做一万遍的允诺，你会来的，来温柔豪华地实践你的诺言！韬航，韬航！"林郁雪疯狂地摇晃着费皓良。

瀑布自千丈峭壁跌落，如雷咆哮，瀑水奔珠溅玉，水丝如烟如雾，费皓良全身淋湿。

樱寒侧过脸去，涕泣不止。

"你没有心了，只是一个没有灵魂的躯体！你失忆了，不记得我了，不记得对我一生的允诺了！韬航，你失忆了还凭借神的指示来看我，向我解释，向我告别——不，我不同意你的告别，我要天天看着你，陪着你，即使你已不记得我了！我可记得你，还是那样深爱你，更加更加爱你，我只要晓得你是我原来的那个韬航，爱我的我爱的韬航就行了！哪怕你不再呼念一声我的名字，不再说一句甜蜜的话，哪怕你总是面无表情忘了爱情的看着我，我仍是喜悦无比，幸福无比！我要亲吻你每一寸肌肤，碰触你每一根神经，呼吸你每一个毛孔，你是我的爱啊，全部全部的生命，全部全部的信仰！哦，我又见了你，我用一生的时间精力只是等待这一天，也终于等到这一天！为了这一刻，我没有理由怨恨你，为从前漫长凄苦的时日。韬航，你真的失忆了？由于思念我害了失眠，长期服药而失忆？由于命运无肯的不幸遭遇？你失忆了！失忆前的那一瞬你一定最担心是要把我遗忘！是么？哦没关系，我能认得你，能认出你，还是一样！我们总不能分离，我们的心终能相通，终能感应！唉，你失忆了，不记得我的美貌了，温雅的风采了，不再懂得爱我了！我是很失望，可是见你的欢喜的浪花又冲淡了这一切！你不再懂得爱我，我可懂得爱你，死心塌地为你付出，为你付出才是活着的意义和快乐！我要为你付出，全部身心为你付出！我的一切都属于你，一切都为了你……"

乌云飞跑集合，狂风挟持雷电追击，如豆暴雨厉声高叫，天地瞬时汪洋。

樱寒往姑婆房间找出镇静剂，与费皓良一个往姑婆嘴里塞药，一个喂水。

林郁雪从一个世纪的梦中清醒过来，樱寒欣喜："姑婆，醒了？他叫费皓良，我的男朋友，特来看你。瞧，他买来了你爱喝的龙井茶，特请朋友从杭州捎来的明前龙井。"

林郁雪顺着樱寒手指方向，看见茶几边立着一个绿莹莹的精品礼盒，"西湖龙井"四个草字在嫩绿的柳丝下飞舞。她再度狂热，眼睛直直地望着费皓良说："对，你也知道我喜欢喝龙井茶，我们在丁香雨茶楼共饮，共赏过像准备远行的小帆船一样的龙井茶叶。"

"姑婆，皓良本不知道你爱喝龙井茶，是我告诉他的。"樱寒纠正。

"他，真的，不是杜韬航？"她抓握侄孙女的手，抓握一世的命运与谜底。

"对，怎么可能，杜韬航早就成老爷爷了！姑婆，醒醒。"

"噢，这样，那，他，不认得我？"林郁雪眼里的火花在黯淡。

秋天的最后一片树叶，无奈地落了地，在寒风的吆喝声里。

"当然，他今天是第一次见你。姑婆，他是不是，长得有点像，年轻时的杜韬航？"

"樱寒，好孩子，你确定，他，不是杜韬航？"

"确定！"

"哦，韬航，不会回来了！不，不，他，是谁？他和韬航长得一模一样？上帝派遣他来送消息的！"

"皓良，有亲戚姓杜，叫杜韬航的吗？"樱寒表情严肃询问男友，眼角的黑痣闪着晶亮的光，似乎也在发出语音。

"没有。不过，天底下长得像的人多了去了，特别像姑婆这样上了年纪的人，看得更没得准了。"费皓良小心翼翼说道。

"他的声音，声音都和他一样！他的汉州话就是这么说的！这一刻，我的眼睛真的不花，比什么时候都亮，耳朵比谁都灵！"林郁雪面上每一条皱纹都滚烫地跳跃着。

"那也只是巧合。姑婆，你冷静，他再像杜韬航，也只是像而已，绝对不是杜韬航。"樱寒开导着。

"哦。白欢喜了。"林郁雪又一阵眩晕，头颓然歪倒在沙发靠背上，眼里满是雪白的幽怨，冰凉的彷徨，一眼不眨盯着费皓良。费皓良像待宰的牛颤抖着，不敢回望林郁雪凄索、怪异、骇怖的目光，黑黢黢，沼泽地的阴湿与凶险，可这片沼泽多年前曾是蔚蓝的美丽的湖泊。

洪水终要隐退。林郁雪安静下来，说："这样吧，樱寒，让他朗诵一遍纪伯伦的《爱情的故事》，听听他的声音，是否和韬航从前读的一样。"

樱寒从书橱取出纪伯伦的书，又给费皓良倒杯红茶。费皓良尴尬而又带着温热的感情朗读了，大学时期他担任过校朗诵协会部长呢。

　　林郁雪半卧沙发，背后靠着一蓝一黄两个软垫，腰的左右侧各露软垫一个鲜亮的角，像身上长的两只翅膀。她闭上眼睛，心河流淌出花红柳绿，灵魂的翅膀飞翔，飞翔。身体不复存在。时间不复存在。

　　　　在一间孤零零的茅舍里面，坐着一位青春年少的小伙子。他透过窗户一会儿向缀满群星的夜空张望，一会儿又低头凝视着手中一位姑娘的画像。那画像的每根线条、每种色彩，都在青年的脸上反映出来，因此，这世界上的秘密和永恒世界的天机都在这脸上暴露无遗。那姑娘的画像在与青年喁喁私语，情意绵绵，使他的两眼变得像耳朵一般，能听懂那屋子空间中遨游的灵魂的语言；那画像又仿佛把青年的一切化为一颗心。爱情使它像火一样炽烈，相思又使它像海一样深沉。

　　　　就这样过了一个时辰，那时间好似梦中一分钟那样短暂，又仿佛是在永恒的人生中度过了一年。然后，青年把画像在面前放好，提笔在一张纸上写道：

　　"……亲爱的！人们说，爱情会把人变得好似熊熊烈火在燃烧，能把一切都吞噬掉。我发现，离别的时间不能将你我的精神世界隔断。还有，第一次相见，我就知道我的心灵早已认识你不知多少年了。看到你的第一眼，实际上并非第一眼……我亲爱的！是我们这两颗被苍天贬谪下凡的心重新相聚在一起的时分，使我不禁再次相信，心灵的确不会泯灭，它将永世长存。只有在这样的时刻里，造化才算揭去了自己的假面具，露出了它那有限的常令人怀疑的正义……"

　　林郁雪似乎睡过去了。费皓良停止阅读，樱寒请他喝口茶，继续：

　　"亲爱的！我想让自己度过伟大、壮丽的一生，能让后世人常记心中，引起他们的爱戴，博得他们的尊敬。我遇见你时，这一生已经开始，而我深信它会永垂青史。因为我认为你是那样不凡，一定能将上帝寄存我身上的神力通过伟大的言行得以体现,就好似太阳催开百花,使它们争奇斗妍,馨香满园。似这样,我的爱将永世存在,为我自己,也为后代。我爱人们,这爱是纯洁的,毫无私心;我更爱你,这爱是高尚的,脱俗超凡。"

青年站起身,在屋子里踱来踱去。然后他向窗外望去,只见月光融融,月色迷离。他坐下来,又接着写下去:

"原谅我吧,亲爱的!因为刚才竟用了第二人称与你交谈,而实际上,你是我们同时出自上帝手中时我失落的美丽自身的另一半。原谅我吧,亲爱的!"

泪水从林郁雪紧闭的双目里汹涌而出,打湿了白发,浸湿了暗花衬衫,淹没玫瑰花盆。

她回到甜美的往昔,得到虚幻而又真实的慰藉。她又残酷地回到现实,是他是他!不是他不是他!这一刻的幸福也足以补偿她一万个失眠夜的辛酸无望。

樱寒给姑婆擦了脸,擦了像面团松软的年老的脖颈。

"你叫费皓良,好好,往后常来家里玩。我的日子,不多了,是神派遣你来,抚慰,嗯,这颗心的。樱寒,好福气。他真好,和韬航,一样,你们,多幸福!天天,相伴,甜蜜的,想象不出哪……'

"姑婆,皓良的确不错,我们一起,开心的。"樱寒说道。

林郁雪眼睛里的火光即将熄灭,像快没气的打火机,然使力尚可打出火星来,点燃一片落叶,燃烧一根枯枝,乃至一座森林。

她想:我的一生只灿烂了那一个秋天,一生只是追忆那个秋天的芳馨,一生也只幻想那个秋天的复归。主是公正的,仁慈的,只怨自己在那个秋天笑得太生动太肆意,只得用一生的苍凉与寂寥去补偿。主是仁慈的,公正的,在行将就木之前,还派费皓良来抚慰自己憔悴、奄奄一息的心室。

忽然,一个晶亮的念头跳出:"费皓良,主的使者,带重要消息给我的,必定!"林郁雪的眼神从茫然迷离又逐渐燃烧起来,目光喷射出一束束火苗,像一枝枝六月的香蒲棒,鲜黄鲜黄,勇往直前,气势逼人。她的燃烧则令四周一下子变成冰窖。

樱寒对费皓良,小声说:"咱到书房,有话讲。"

林郁雪捕捉到了:"樱寒,自私,残忍哟。让我看着他,让他陪着我,一分钟莫离开!"她捶打自己的心口,面上痛苦地痉挛着,像有血吸虫叮咬心脏。

"姑婆,我真的有话和他讲。这样吧,我们还在客厅,离你稍远些,你可以看着我们。"

"嗯,快点。"

樱寒和费皓良向阳台那边走去,离沙发有四米远的距离站着,二人压低声音讲话。阳台的美人蕉、时钟花,打开耳膜听。

"皓良,一直没顾上告诉你。姑婆是一个为情所困一辈子的女人,年轻时爱过一个人,叫杜韬航,今天看来,长得跟你有点相似。杜韬航遵从父意和另一位小姐订了婚,该结了婚吧,解放前离开了本市。曾信誓旦旦答应姑婆,将来哪怕离婚,也必娶她。看来是并不高明的谎言骗局,可怜姑婆执迷不悟,痴痴苦苦等了一辈子。"

费皓良不禁笑了:"那个杜韬航,不亏啊,有个对他这样情深意笃的女子,现代社会可难遇到喽。"

樱寒批评:"你们男人真自私,只要人家对他傻恋痴等,自己却不用感情,不负责任。"

"其实呢,大多男士甜言蜜语之时,是感动的、真诚的,只是由于时过境迁,没能力来实践诺言,只得选择逃避与遗忘。蓦然回首的刹那,某个夜晚,他会疼痛地觉醒,羞愧,想起那一个为他流泪、落寞的女子。"

"怎么,相信你?"樱寒细长的眼睛一片梨花白,眼角那颗黑痣跳蚤样叮咬他的眼。

实际上,他二人都认为,世上的人都不可信,只除自己。一旦信任了谁,迟早会被其伤害。反之则永远潇洒,笑看风云,世人由你操控。

二人亦明白,信任可以给人忘我陶醉的幸福感、安全感。信任原是人与人之间最为正常、健康、美丽的感情关系,可叹这个功利社会把人类最纯朴美好的情感纽带给遗矢了。不，他二人，大同社会也难彼此信任吧？

只听费皓良说："樱寒，我爱你，可以信任我，为这颗剧跳的心，为我们真挚美好的爱情。"声音温柔而深情，由于过于温柔深情，有一些虚假空幻的感觉，似从飘满花瓣的云霄中飘来。

"相信你。"樱寒感激之余，心底又无奈地叹息一句，'才不相信你。"

"我可为你付出不少。你大概晓得的，北京读书时，多名富绅追求我，都没答应，只为，动心了你。说到底，我不清高，势利的，可为了你，竟脱了俗骨。记得陈玲家初见你，即感应到今生有情缘牵连。那时起，我迷信了，沉醉了。"樱寒第一次和费皓良这样温柔、诚恳、热情地交谈，也许在姑婆的情绪感染下？

费皓良的目光明亮地流动着．咕噜咕噜："樱寒，你上我很感动。今生我若辜负你，必遭天打雷轰，出门车撞。"

樱寒伸手堵了他的嘴："别说不吉利的话。信啦。"又道，"今天姑婆把你误认成杜韬舰，我更相信，咱们的缘分是天意。姑婆临终前得不到一点杜韬舰的消息，怕真要疯魔。现在，我和姑婆一样强烈感觉，你是带消息来的。"眼睛里射出几缕蛇信子样的火焰，簌簌地响，爬到费皓良的脸上。

"哦？"他莫名心虚起来。

"姑婆说你和杜韬舰很像，总该有些像，有些缘？"

"五千年的缘了，都是炎黄子孙，天下一家亲的亲热呢。"他笑了，又道，"等回家去问爷爷奶奶，是否有姓杜的亲戚。"

"终究有缘，姑婆见你这么激动，我都不知说什么好了。"

"樱寒，别介意，实话，见她，我发怵。"说着手臂上的汗毛刷刷竖立起来。

"她是一个可悲可怜的老人，对你只有爱意善意，这你要理解。"她轻轻抚平他受了招魂术般站立起来的汗毛。

"理解。"

雷声熄了，雨声停了，知了又叫了。林郁雪安静了，也终于感觉到脚的疼痛："樱寒，脚扭筋了，痛噢。"

樱寒两个走近林郁雪。

他走来，他走来，他走来！林郁雪欣喜地看着费皓良。她已经清楚地知晓他不是她的他，可是她又无法不把他当作他，心底不可遏止翻腾着恋爱的欢跃的浪花。是的，在遥远的从前，她也曾这样欢喜过，炽燃过，歌唱过。多少次，她幽幽的痴痴的冷冷的哀哀的望着在黑暗的旷野里狂烈燃烧的玫瑰，秾丽的玫瑰，生刺的玫瑰，灼热的玫瑰，呜咽的玫瑰，热烈，芬芳，永不熄灭！亲爱的人，你听见玫瑰绽放的卜卜之音么？闻见玫瑰澎湃的芳香么？看见所爱神采飞扬的颜容么？此际，她苦涩而狂喜的泪水是否淋透了你？

电闪雷鸣，满世界下着缤纷芳菲的玫瑰花瓣雨，林郁雪豪奢地感受它，它的汹涌壮丽，令人窒息的香气。她的身体在奇幻地飘浮，飘浮到远离尘世的云端，飘浮到完全消隐，消隐于这场绚烂摄人心魂的玫瑰花瓣雨。

是哦，没有爱情的生命终究不是完美的生命，华美的生命乃是爱情的华美，而爱人者终比被爱者幸福。感谢能够给自己带来爱的感觉的人，哪怕相处了短短的一刻，哪怕短短的一刻之后是无尽的寥落与痛楚。得即得，失亦得。

林郁雪老眼里流淌着滔滔的玫瑰花瓣雨。

她清醒了，彻底清醒了，面前是费皓良，侄孙女的男友，不是自己的心上人杜韬航。可是费皓良真的太像杜韬航，五官身材，举手投足，都是一个模子铸出来的。比两片红叶都像，比两只公鸡的唱声更像！若要对对他们的头发根数，怕也是一模一样。世上怎会有这样相似的人？不，必定，有血缘牵连！

樱寒说，姑婆，脚疼，咱快去医院吧，别耽误了。林郁雪似乎没听见，盯视费皓良再问，家里有无亲戚姓杜？

"姓朱姓喻的有，真没姓杜的。"

"远亲？朋友？"

"没有。"

"爷爷奶奶健在？"

"都在。奶奶得了胰腺癌,晚期。"

"奶奶多少岁?"

"八十一。"

"我看看她?"咬着牙的低声询问却是如山命令。

"哦,嗯,不能。"费皓良嗫嚅着,声音小得就像说给自己听。

"见她,必须。"林郁雪似乎听见了上帝的召唤,是的,上帝派遣费皓良送消息来的,不用做任何怀疑和迟疑!

"那,回家,问问爷爷。"费皓良支吾道。

"不行!现在,即刻,带我去!"话音一落,林郁雪感觉到自己冷漠而傲慢的语气里,竟然带有几许少女的撒娇意味,心不禁颤动着。

樱寒抱着姑婆的暹罗猫,漫不经心抚摸着猫洁白的身体,眼睛像猫眼,盯着姑婆。角几上白瓷盆里开放着三朵鲜红的玫瑰花,猫猛然蹿上去,淡紫的鼻子贴着最高枝的一朵花上,嗅着,嗅着,醉了一样。

"皓良,带姑婆去医院看奶奶吧,正要看脚,拍个片子,开些药。恰巧我好一阵没看奶奶了,一道去。"樱寒说。

"樱寒,楼上两盒无花果带去,胰腺病吃了好。就走!"

林郁雪感觉生命的意志被一种神秘的力量牵引着,无数只无形的手拉着她向前去,奔往人生高潮。樱寒要替她上楼取衣裳,她坚持亲取,樱寒遂扶她上楼。

费皓良愣愣地立着。

林郁雪换上一件藏青重磅真丝连衣裙,立领盘扣,云襟上飞扬一朵丰满的黑牡丹,又特意戴上一对海水珍珠耳环,又第一次郑重围上那条太阳菊披巾,面上即刻光辉灿烂起来。樱寒望着林郁雪,又是惊艳,又是叹息,心想,姑婆是多么与众不同的老太太呀,有着女王的高雅,女巫的邪性,是离奇的经历与凄艳的心怠,才孕育出姑婆特别的气质吗?无论如何,她是个悲哀的老太太。

想着医院里空调冷,林郁雪从衣柜里取件沙漠色薄羊毛对襟衫,叫樱寒装衣袋里带着。

林郁雪对着镜中的自己庄严地审视。一头白发,雪花白,月光白,菊花白，丝丝缕缕散发阴冷与忧伤。眉毛几乎掉净，留下新月的轮廓。凹陷的眼窝，像烈阳下逐渐干涸的池塘，发出无声的嚎叫。眼光怎么那么像自己养的暹罗猫，碧蓝、幽邃、闪现利剑的寒光？唉，她已然衰老，不堪，一切器官，只除一颗玫色的心。不，审美的锐利的眼睛仍可看出她少女时代的沉鱼之美，她对镜，骄矜、凄婉地做了一个稍纵即逝的笑容。

樱寒说还是告诉爸爸，医院就诊方便些。林郁雪连说不可，催促他二人快走。

费皓良开车，樱寒与姑婆后座，车内谁也未言语。费皓良头上冷汗汩汩冒着，十分钟，经过爬着毒蛇、黑乎乎的长长的河流，经过一个又一个烈药爆炸的十字路口，经过遮天蔽日无边无涯的原始森林……哦，医院！

到了医院。林郁雪直说先看费皓良奶奶，再去门诊看脚。樱寒和皓良一左一右扶着林郁雪去病房，皓良另外一只手提着无花果礼品，樱寒提着衣袋，三人并行，像绑在一起的竹排，随波而行。

费皓良奶奶住在13楼一个单间。三人默默地乘电梯上楼。平时，费皓良爸妈与姑妈轮流陪护奶奶，爷爷偶尔过来，这会子巧，家人不知是找医生还是买东西了，都不在。

费奶奶正躺在床上，黄瘦的脸，枯萎的眼，望着窗外，窗外空无所有。她对世界做着倒计时的告别。见皓良三人进来，脸上清亮起来，好似重阳节后的梧桐叶上打了秋雨。

樱寒先皓良问了奶奶好，这边皓良把女友姑婆介绍给奶奶，挪把椅子到床前，请林郁雪坐了，忙着倒茶去。樱寒和费奶奶显得很熟稔亦亲切，询问病情，饮食睡眠，十分热切。看着这么俊俏、暖心的将来的孙媳妇，费奶奶不住称谢感叹。

林郁雪坐一边不语，尽力使自己的眼神显得柔和些。

樱寒和费奶奶谈得感觉差不多了，转身对皓良讲："我们下楼去门诊，给姑婆挂号排队，让姑婆在这儿休息一下。"

"嗯，好。"费皓良一个挺身，一个转身，动作比消防人员听到出警命令还快。

"皓良，樱寒，慢些。"老人们叮嘱。

樱寒二人带好门出去了。

林郁雪把椅子挪了一下，靠近一些，虽只挪了一厘米，却表示了亲近之意，对费奶奶说："老姐姐，羡慕你哪，得了皓良这么个好孙子，一表人才哦！"

费奶奶眉开眼笑，疾病阴霾一扫而光："嗯，打小时，皓良又聪明又漂亮，讨人喜欢喏，一家人的心头肉哦，神仙送俺家的宝贝疙瘩！"

"怪樱寒，两人认得一年了，今日才带来见我。一见他，我就喜欢。"说到"喜欢"两个字，林郁雪爬满皱纹的脸不自禁红了，仿似干枯的玫瑰标本，猛然沐浴了雨露。

"在家，皓良乖着人疼，工作上，晓得上进，真真好后生哩。你家樱寒，又是个喜人的孩子，长得真叫俊，通情晓理，教人怎么看怎么爱。这两个，郎才女貌天生一双，配得巧。"

林郁雪蓦然生出一个荒诞的念头，樱寒是她的情敌？那么，谁会败哪个赢？她们的优点较相似，只是当年的林郁雪可没今天的林樱寒世故精明，尽管这种精明世故是成熟后的林郁雪亲身所授。

"樱寒和皓良委实般配。"林郁雪心头掠过一丝无谓的酸楚。

"只怕我这个身子骨，等不及他们成亲，抱重孙了。"

"多虑。回头我和樱寒爸妈商量下，两个孩子看好了，终身事议得。"

"劳动妹子，难为妹子了。"费奶奶笑了，使人联想到墙角那朵打盹的蓝色喇叭花，蔚蓝的愿望渺渺开放。

"莫客气。我对你，一见如故哪。"话是脱口而出。林郁雪自己也奇怪，与外面老太太讲话，像今天这么"百姓"客套真是第一遭呢。

"这两天右眼皮跳得凶，莫管好坏，有点事。这会子明亮了，好事哦。妹子，我见你眼熟哩，攀高了，莫见怪。"

"老太婆有呱拉。"

"妹子，你精神好，风度好啊，贵人哪！"

"什么'贵人'！这一辈子，不容易咯。"林郁雪长叹一口气，叹息声似圆荷上的大雨珠，跌入湖中的那一声绝响。再叹一声，很轻，飘起，好似夕阳之下，寂寞的村庄升起的袅袅炊烟。

"看见你，不由得，想起解放前俺那茵小姐，天仙模样，学问又好，心眼又实。哪个想，年纪轻轻，去了。这阵子，我老是念起她，梦见她，她老了，许是你这个样……"费奶奶原本浑浊的眼睛又蒙上了一层雾气。

"你们小姐叫什么名字？"

"王成茵。"

"王成茵？"

"嗯。当年，小姐家洋楼洋车，往来的都是达官贵人，威风哪！"

林郁雪知道是谁家了，心怦怦跳着，人家都能听见，脑神经只似被许多无形的手爪拉扯着，心脏似要自行脱将下来。她咬紧牙关保持镇静。

费奶奶自顾自接着说："茵小姐的命，起初也算好，找了那么俊秀、有学问的姑爷，出过洋哪。对茵小姐那个体贴哦，才说渴，汽水就递上了，才说花香，香水就送来了。下了班，一道吃饭、看电影，如胶似漆。哦，茵小姐说他，留洋学生才会的那一套，对，叫绅士，喜欢他绅士。茵小姐天天眉飞色舞，老先生称心，我也跟着美气了。老先生呢，是解放前咱汉州市长哪，娶了三房太太，命硬，太太都去了，统共只留得茵小姐一个孩子，特别惯。"

"吓，国民党的市长！"

"哦，嗯，国民党。见小姐可和气喽，对我们，也过得去。"

"他对国家对人民犯下的罪恶深重！"林郁雪义愤地说，也许义愤只是来之于"茵小姐天天眉飞色舞"。又追问，汉州起义跑哪里了，他该接受人民的批判！

"唉，老先生后来也没个好下场。说那好事吧，茵小姐和姑爷认识两个月就订婚，结婚了，小两口甜蜜蜜，梁山伯祝英台也不能比他们相配相爱。"费奶奶沉浸在蜜瓜甜的回忆里。

"你们姑爷叫作杜韬航？"

"嗯。你也晓得的？"费奶奶又自语道，"对头，订婚登报了，全汉州人哪个不晓哦。"

"恍惚听说，你们姑爷不爱小姐，他父亲逼他成亲的？"林郁雪的声音颤抖得变异了。

"卖布不用尺子，胡扯喽。姑爷的父亲，在姑爷与小姐认得前一周中风了，再没得醒来，唉，一世不知有这么个天仙儿媳，更没得见过孙子，想起这个我就难过。"费奶奶流下了眼泪。

世界漆黑，颠倒，旋转。林郁雪几乎晕厥过去，可用尽体内仅有的意志支撑着："听说你们姑爷，并非一心一意对待少奶奶，好像喜欢人家小姐呢？"

费奶奶脸上掠过一抹笑影，感觉似秋风拂过夕阳中的黄树叶。只听说道："要不夸我们小姐能量大，那么个多情的姑爷硬是被她收服得服服帖帖。老先生原先调查过，说姑爷国外荒唐过，回国又和一位小姐好上了，姑爷自个儿说是一个远亲学生而已，算不得朋友。老爷警告，看在女儿份上，允许恋爱，再不许往来什么女子，一旦发现，姻缘解散，前途灰茫。嘿，哪里要得老先生操心哦，姑爷对小姐原是做一辈子的打算，一天不肯耽搁，只想快娶了小姐，过那和美日子。姑爷怕他家老太爷有个长短，守了孝，姻期要拖延三年，所以订了婚，就忙碌结婚。结婚三个月，他家老太爷果真升仙去了。"接着又自顾自夸说道，"茵小姐噢，生得真叫个如花似玉，肚里又有墨水，世上能有几个这样的好女子？姑爷修了三世的福气哦……只说那姑爷对茵小姐的好处吧，像天上的星星数不清哩……"

"杜韬航，你真该死！该五马分尸！油煎活剥！你该一万次地死！！"林郁雪切齿骂道，眼睛里冒出熊熊怒火，太阳中心一样炙热，可以燃化宇宙所有花木铁石。

"姑爷和茵小姐死得惨哪……那个冬天，冷啊，天昏黄黄哦，不是正牌兵，不是共产党，是国民党逃兵，乱兵，有枪，打劫，死得不值啊。年轻轻，都死了，这么漂亮有本事的人！姑爷，汉州财政局长哪，就这么不值一钱年少少死了，荒郊野外，那天仙下凡的茵小姐……"费奶奶含泪絮说。

林郁雪愤怨满腔：仁慈的上帝，你欺骗了我！你怎么能够欺骗我？！万恶的上帝，你竟然真的欺骗了我！！杜韬航，我要将你千刀万剐！黑魆魆的心呢，我要把它剁烂成泥！上帝，上帝，怎么会有这样残酷不公不义的事情！？我曾听见午夜他对我热切的呼唤，在床前向我诉说热恋的向往，那样真切切，真真切切！昨夜我还闻见他身上的雪茄与香水的味道！怎么可能?！他骗了我！他已然死掉！我要敲开他的坟墓，请全世界高明的巫师让他复活，我要询问他美丽的允诺与约定！我要他再次看着我的眼睛说"你是我惟一的永恒的爱"！是的，他热情地说过，郑重地承诺过！可是，他在年轻的时候竟然已死，在坟墓里如何睡着!？他竟不曾托一个梦给我，欺骗了我整整一生，荒芜我整整一生！一生啊！为他，我一分钟也不敢迟疑，不敢懈怠，艰难地绽放着冰冷的青春之花，等候他的从天而降！谁能够想象，我抵制了多少次魔鬼的引诱，保持着身心的清白无瑕！多少次，揽镜自赏，心如刀割望着逐渐褪色的容颜！丰艳的肌体终究逃不过时光的黑手，没有人记忆，享有我富丽的青春，我活了七十七岁，人生只是一张白纸，印满辛酸泪痕的白纸！万能万恶的上帝，我要起诉你控告你——啊啊，怎样控告判决，我终是输家！啊，我生命的血浆已经耗竭，只剩这悲哀、丑陋、无能回春的空皮囊，还有这颗怨气冲天欲哭无泪的心房！我也曾怀疑，他会背叛我，也曾疑惧，他早已死去！但更是相信，他健康，诚实，在有生之年要实践年轻的承诺，至少与我面对一次，至少他要向我表示谢意歉意，以及给我缥缈的来世的约定，我那样坚信啊！有上帝在空中的声音作见证的啊！我怎么能够相信，你和我的信仰同一时际向我反目？怎么能够相信啊！啊，我的心碎了！痛得碎了，碎了，碎了……却还没死掉！还没死掉——杜韬航，我要敲开你的坟墓！碾碎你每一根骨骸，像吹掉眼睛里和皮肤上的灰尘一样吹散它们！我会笑着叫着，你死吧，终于死了，完全地死了，像灰尘一样不再存在！啊，像可恶的灰尘一样你仍然存在，存在我忧悒的眼睛里，存在我洁净的皮肤上！啊，让我吃了你，吸了你，你终是消失了？消失了！消融于我的身体里，融进血液，流淌过心室，你是我的了！可是我恨你，刻骨恨你！啊，我的痛，我的怨，我的哀，我的仇，比海还深，比天还广！啊，卑鄙的上帝，从此我呼念你，只是诅咒你，斥骂你！杜韬航，上帝的小丑仆从，你死吧，早该死了！不，你死了还要把你从坟墓揪出，我要质问你！面对我吧——啊，费皓良！什么费皓良，他就是杜韬航！他要回答我一切的质问疑询！啊，我竟然痛得这样清醒，没有死没有疯！只是要等候他的回答……

林郁雪疯子似的表情着实吓坏了费奶奶，人间怎会有这样一对鬼火一样幽深、恍惚、痴傻而晶亮的眼睛？费皓良奶奶惊悚着，诧异着，站在冰水里般战栗着。先前几分钟内，她还为林郁雪身体里安静、神秘、高贵的气息感叹呢。

　　林郁雪猛然一句"什么费皓良，他就是杜韬航"费奶奶听得真切，如雷贯耳！林郁雪在她眼里真是魔鬼化形了，惊吓之余面红耳赤，争辩道："皓良是我的孙子，姓费，杜韬航是茵小姐的姑爷，怎么能是一个人？"

　　"他们确实不是一个人，费皓良是杜韬航的孙子！"林郁雪不知哪来的念头，哪来的勇气。

　　"救苦救难的观世音菩萨啊，告诉我她到底是什么人？"这回费奶奶歇斯底里了。

　　"上帝不存在，菩萨也不存在，只问我和你！"林郁雪冷笑，病房内刮起地狱的黑风，阴冷，潮湿，旋转着。

　　"你是哪个？"

　　"我是人间最最命苦的女子！她没有爱情，没有婚姻子女，只有一个支离破碎的梦境，只有无尽的对青春与生命的追悔！心中只有恨，没有爱，一个沧桑的令恶魔也生悲悯的女子！"

　　"不懂。你叫什么名字？"

　　"我的名字曾被那人柔情地虚伪地肮脏地呼唤，不再应用它，我没了名字！'哀、怨、怒、苦'这些令人厌恶的字眼从今便是我的名字！"

　　"说明白点。"

　　"你是我的仇家，冤家，你告诉我一个真实而冷酷，生命与爱情的答案！如果不知道，我虽抱恨却能含笑离开人世，带着热切美丽的期待去见慈悲的上帝，而今愤怨在我心胸怒燃一团不熄的火苗，它烧毁我自己，也将烧毁周遭的世界！"

　　"人要爱不要恨，年纪大了，更懂的。"

　　"懂，我爱了一辈子！空空凄凄爱了一辈子，受骗了一辈子，枉过了一辈子！谁为我申冤？谁为我主持公道？我想新生，从头来过！啊，没有一丝一毫的机会了！这可厌的白发，这可恶的枯皱的肌肤！我只有恨，只有恨。即便天使经历了我的经历，也只知道恨，恨，恨！我的恨可把地球的一切花草毒死，把无垠的星空震落击碎！我的恨可把所有神灵羞惭至死！"林郁雪疯狂叫嚣，幸亏病房隔音效果好，外面的人听不见里面的疯魔。

"你没得救了。"

"没得救了，没得救了！早一点知晓，早些年知晓，我的恨与悔还能够开出淡香的白花。而今在这个黑天雪地的绝境，我只看到死神冷漠恶心的眼神！我在抗拒他，又在热烈呼唤他——真不甘哪！上帝，曾经的慈父、爱人，今日最大的仇家，怎么能够这样不仁不义啊！你欺骗了，欺骗了一个最最忠贞于你的温柔女子！我如何相信如何接受啊……"

"这辈子受的苦，来世总有回报。"

"不，不！来世我看不见，来世就不是林郁雪了！"

"这辈子这么着了，你不是来不及了么？"

"你个恶婆子，乌鸦嘴！来不及，我是来不及了！可你和费皓良，来指引我行动了！"

"我们本来不认得你，没瓜葛。"

"有！是神指引费皓良和樱寒相识，再让我认识你们！"

"你才刚说，神不存在？"

"我需要他时就存在，厌恶他时就要躲开！"

"不懂。我心里头端坐着样样通晓的佛菩萨，使我安心过生活。"

"好，让你的佛仁慈，让你安心过生活，告诉我，费皓良和杜韬航什么关系？'林郁雪的脸靠近过来，眼睛里冒出一万根白亮的针刺，盯着费奶奶说。

"你……"费奶奶痉挛着。

"说！"

不知名的力量在诱迫费奶奶：

我叫赵春兰，十岁上就到茵小姐家帮佣。茵小姐比我小五岁，她人长得俏，脾气又好，我对小姐又敬又爱。府上世面见了，不该说的不说，该做的，仔细做去，直巴望主家省心。他们夸我做人实诚，分内事做得利索。这个好话我受得起。主家直说要我在府上做一辈子工,那会子听着这个话,心里头欢喜哦,相信自个儿一辈子叫个安居乐业了。

茵小姐十二岁上母亲下世了,他父亲又娶了两次亲,一个肺病去了,一个生孩子难产,大人婴儿全走了。老先生再没心思娶亲了,只守着茵小姐过活。小姐对我不薄气,得了空还教我读书认字呢。他家多年的佣工费爱华对我有意,茵小姐晓得了,说两个合适,请她父亲做主,我们成了亲。

一年光景,茵小姐和杜韬航姑爷也结婚了。姑爷调到市政机关,任了财政局长,上班就近,住在王家。杜家老太爷中风昏睡床上,小闺女城东老家陪着,两个用人打理里外,姑爷半月十天回家去看看。姑爷的妹妹早年定亲,夫家也怕杜家老太爷突然仙去,要延期三年姻事,也草草办了婚事。两件婚事才忙过,杜老太爷灵真去了阴间。杜姑爷妹夫家弟兄多是非多,景况又不好,索性搬过来,住在杜家。小姑子刁钻刻薄,茵小姐与她性子不合,话不投机,慢慢断了往来。杜姑爷感念丈人,珍爱茵小姐,用上牛劲做事业,一心一意在王家过日子。

茵小姐婚后一年半,生个白胖的儿子。王母娘娘蟠桃会上的仙桃见过么,那样粉嫩的脸,大眼睛亮晶晶,天上的星星亮哦。年画中的宝宝哩,那么样好看,把人的心都疼化了。王老先生亲自给外孙取名,叫杜方洲。

我没生出孩子,茵小姐生了,我跟自己当了娘还欢喜,只当大家往后的日子都装在蜜罐里。哪个想到,这么快,这么快,就换了天。睡进墓里也忘不了哦,冬至那一天,晚饭还没好,王先生与杜姑爷一道进了门,两张土色脸,只像叫什么神煞追打着,说快收拾,金银细软带着,换身衣服带着,带上干粮,公馆不要了,就出发。

原来,守军撤了,"共军"就要围城,王先生与杜姑爷在官厅里模糊得了消息,直往家赶,告诉门房,来客一律回绝拜访。

好像这漂亮的公馆就要沉入大海了,能带上的恨不能都抢到岸上去,茵小姐骂我了,东西带多了把自己坠下海哪。她的大衣柜、大木箱,首饰盒全都敞亮着,我跟小姐忙乱打理,只拣值钱的轻便的打包,又把宝宝吃喝拉撒用品装箱带上了。我和爱华只一个衣包罢了。

屋里厅上乱得一锅粥。我们自己把家抄了。王府样气派的大公馆哦，用的、穿的、看的，老古董新洋货，多少宝贝哦，丢下了，丢下了，割肉疼哟。

美国汽车。说是细软要紧，车子还是装得炸药包紧密，姑爷驾驶，王先生前座。后座上，小姐东头，爱华西头，我抱着宝宝挤中间。才三个月的宝宝哩，去逃难哟。

轰轰隆隆出城向南去了。

宝宝哭，车内有声音。宝宝不哭，个个做哑巴。到了第二天下晚，出城总有三百里路了，也不晓得哪块疙瘩，没得村庄，麦田下着霜气，望不到头，几个稻草垛大坟墓样蹲着，西南上有个树林子，飘荡着鬼影子。

猛地，小树林里蹦出一串枪响，车胎爆了。车才停，又一串枪响。王先生说了句"乱兵"，杜姑爷说了句"糟糕"，茵小姐说了句"照应宝宝"，三个人再没声息，样样了结。我看见他翁婿两个带枪上的车，唉，全结了。

只听见有个公鸭嗓子喊，"有个女的，死了"。

我抱着宝宝听见第一声枪响，早吓得身子半瘫到座下了，爱华也趴在地下。外头鬼叫似的喊，问车里还有活人吗？

爱华忙叫喊："有！活人！老乡饶命！积个阴德！东西归你们！留条命！"外头有人笑道，好，善心有的，几个人？爱华举着手下车，跪着求匪徒："他们贵人，我们穷人，留命，积德，大人们下辈子再受用。"我抱着宝宝下了车，说车内没人了，跪下求生："大将军们，饶我们三口人命，回家去为你们上香求佛，保一辈子平安富贵。"

几个人嘀咕着，有声音吼道："起来！快跑！不许回头！"我和爱华抱着宝宝飞跑，没命地跑，没有回头，头上有镰刀一样的月亮。天亮了，有村庄了。走了半月，到了爱华老家。爱华父母早丧，七岁起跟着叔叔过活，婶子量小，容不下，爱华留个纸条给叔父，到城里找活谋生。爱华给叔父寄过两回钱，倒没告诉哪家做生活。

到了老家，才知道叔叔不好过，两个儿子，一个病故，一个当兵没了音信。叔叔婶子见了爱华，一团欢喜，只当亲生疼爱。我和爱华早商议妥了，说杜方洲是我二人生的娃，也就叫费方洲了。叔叔疼方洲，比哪家爷爷疼孙子都上心，巴望一刻不停抱在手里，看在眼里，含在嘴里又怕化了。

家乡没人晓得我们在城里的生活。土改我们分到了地。方洲入学后，还一边跟我们学务农。说也奇，山上田里哪个草木，方洲都认得，有个什么医用好处也都晓得。爷爷带他到街上书店买了多少"草木""伤寒"书，方洲中邪样看迷了，又拜村里老中医为师，学出多少本领。用方洲的土方新方，有瘫子会站了，牙痛的不疼了，不生育人家养出娃娃了。虽说方洲没读成大学，会这么个医道，已够立足人世了。1992年吧，方洲到镇上开了中医诊所，前年，在城里给皓良买了房，要给我娶孙媳妇哩。

后来，我和爱华生了一个闺女儿，良心话，我们两口疼方洲胜过亲生姑娘。方洲忠厚模样，孙子皓良不一样了哦，和他亲爷爷一样有风度长本事，真是一个模子铸出来的！看见他，不由得念想过去，茵小姐和杜韬航一对郎才女貌的人物，命苦哦，花儿才开，年少少去了……如今，我的病，也到头了。这段日子老是梦见茵小姐，倒是欢喜见她的，只不过，方洲和皓良的身世，独独我和爱华晓得，白天琢磨夜里嘀咕，告不告诉他们。这会子，跟你讲出来，心里的石头挪开点光亮了。还请你守着这个秘事儿，先不要和皓良说。

"你说费皓良和杜韬航一个模子铸出来的，这个我信得。这么着，费皓良的思想就是杜韬航的思想，费皓良的感情就是杜韬航的感情，费皓良的言语就是杜韬航的言语……"

"哪门子鬼话？"

"我就是杜韬航刚回国恋爱的小姐，等了他一辈子，一辈子……最后的结局，是你给我带来的这个可憎的故事！"

"你等了他一辈子？不晓得他们结了婚吗？"

"杜韬航说他父亲逼他定亲成亲的，等老父去世，再和王成茵分离，娶我为妻。"

"他骗了你，定亲前他父亲已昏迷，不久下世。姑爷这么漂亮、正派，怎么会骗人……不是你胡话吧？"

"说瞎话的人早就被天杀了！我倒情愿自己是胡话，平淡又正常地过一辈子，正常地做一个女人。"

"姑爷这么样么……许是你缠着他，他找不到借口？我们看着，他对茵小姐全心全意呦，两个真叫琴瑟和谐相敬如宾哦。"

林郁雪满脸的泪："当年，他说清楚，早结了。我兴许疼痛一阵，总该会忘掉的，总该会走一个女子该走的人生之路。存心，骗我，误我……葬哪里了，我找他去！"

"这……无头案呦。可惜了，茵小姐。"

"对，他就该死无葬身之地！只是，我找谁去？问谁……"眼神跌入深渊绝望。

这时，费皓良和林樱寒推门进来了。

林郁雪猛地跃起，抓住身着白衬衣黑西裤，与当年的杜韬航一样装扮一样五官身材的费皓良："告诉我，告诉我，你真的骗了我？我要你亲口讲！"

"没有！没有！"费皓良全身筛糠战栗，打上摩丝的头发都在痉挛。

林郁雪哈哈大笑，面上和颈项的皱纹脱胎虫般蠕动："是喽，你不会骗我，怎么忍心骗我？我喜欢你，想你爱你，爱你会读诗的眼睛，爱你头发的味道，爱你衬衣的圆纽扣，爱你皮鞋的光亮，你的一切一切我都极爱，你知道的！你怎么会骗我？你骗了王成茵！你是一个骗子，可骗的不是我！"

费奶奶也奇怪地进入戏剧角色，竭力争辩："不，他骗谁也不能骗茵小姐，他们天仙配样甜甜美美，甜蜜还传染了我们。"

"你骗了我？说，到底骗了谁？"林郁雪睁着一双老树洞样的眼睛望着费皓良，疯狂地摇撼他。

"什么？不要说了，我谁都没骗。"费皓良答道。

"不可能！至少骗了一个，要不两个都骗了！"林郁雪叫嚣。

"你疯吧，他只会骗你，不会骗茵小姐，他是真爱茵小姐的！"费奶奶大声说道。

"奶奶，我姑婆有心病，不要和她争了。"林樱寒劝解。

"樱寒，不要吃里扒外！不要叫她奶奶，她不是费皓良奶奶，费皓良的亲爷爷亲奶奶早就死了！她刚才亲口跟我讲的！"林郁雪叫嚷。

费奶奶惊厥过去。

林樱寒忙去喊医生护士。费皓良则痴痴地站着，痴痴地问林郁雪："你说的，是真的？"

"当然真的！好笑么？"林郁雪冷笑。

"可恶。"费皓良心底充满失落，乃至莫名的仇恨，以至使他情绪失控。

"天底下最残酷的故事是我的故事，我的眼泪可以淹没所有的陆地，我的冤屈可以感化一切恶魔！"

"不要跟我讲！我是没有同情心的，连恶魔都不如！"此际的费皓良好似魔鬼寄魂了。

"上帝！！你亲口承认了！你连恶魔都不如！！是的，你连恶魔都不如——快否认！！！"

"不，我承认！我只跟疯子讲真话。我只受利益的驱动做事，亲情友情爱情都是在利益的指导下应运而生。"魔鬼指引着费皓良打开心窗讲话。

"你真畜生！"

"我活得滋润极了，要风起风，要雨飘雨，要花开花，有人羡慕有人赞佩，还不行吗？"

"上帝瞎了眼！"

"你的上帝本来就子虚乌有，是空虚的失意人的偶像，我的上帝就是自己！需要什么，自己去竭力获得，必获得。"

"你虚伪，自私，卑劣！"

"好厉害，一针见血！只有你看透了我，那是我的优点优势呀，姑奶奶！"费皓良冷笑道。

"你该忏悔！"

"等到临终前一刻吧。"

"上帝！你伤害了一颗人间最为纯洁的灵魂，葬送了一个女子的青春，谋害了一个无辜的生命，都不忏悔吗？她为你断送了一生的快乐幸福，孤零零，等候了你整整一生啊！！"

"有这样的事吗？世间有这样痴傻的女子吗？如果这件事发生在本人身上，哇，太美妙了，简直不可思议！告诉我，是一个楚楚动人的美女吗？想着都叫人兴奋，干吗要忏悔？"

"上帝！杜韬航是这样的人么？？他不是人！是魔鬼！野兽！上帝……"林郁雪终支持不住，晕死过去。

汉姝文2019年秋天的日记（13）

　　这是一个灼热的世界，火焰像水一样流淌，纵横城市。拥挤的广场。

　　魔鬼是红色的。魔鬼是黑色的。魔鬼夹杂着爆炸声，向人间涌来。魔鬼奔往天空，是为了毁灭海陆。

　　魔鬼住在心里，人们并不知道。五颜六色的世界，越看越花绿。

　　花，开放着夏天，树在奔跑，鸟飞兽窜，人人奔跑。

　　霓虹灯点了火。蝙蝠的歌声湮没了城市的灯光。

　　人人奔跑，向火山口。

　　拒绝安静，逃避安静。眼耳鼻舌身意，鲜艳地膨胀，奔跑着膨胀，找不到自己，地球上的海水，像火焰，淹没了城市。

　　身体为了灵魂而存在？灵魂为了身体服务？

　　自然世界需自然，动物本能之自然。人类研究自然。人如果是动物，是最接近神灵的动物。

　　爸爸为李纨悲哀，为宝钗哀叹，曹雪芹若在当代，又会为什么样的女子悲哀？

　　有些女人，青春张牙舞爪，妖气蒸腾，她们，也会成为母亲，成为老祖母么？

　　妈妈说，小说中的人物，读者可以褒贬，作家不可褒贬，何况，你眼睁睁热乎乎地邀请她，走进了自己的小说？每个人，都是地球的孩子，历史的孩子，宽容些，宽容些，孩子！

　　妈妈把山楂串成项链，挂在脱了树叶的银杏枝上，地上的银杏叶发着灯泡样明亮的光芒。

　　妈妈说，一辈子爱一个人是幸福的。只是，要早些晓得，自己爱的是谁，或者要明白，爱的是人，还是文字，还是孩子。或者，不要晓得。

妈妈，一个做过妈妈的人，当然知道人生的答案。爱孩子，总是超越他们的父亲，不，超越人间一切！不过，不过，文字，还要继续。

妈妈，我写到第十三章了，你四十六岁。今年，我三十六了。人说，三岁一代沟，妈妈，我发现，做过父母后，代沟浅了，不分什么七零后八零后九零后，共同的名字是"爸爸妈妈"。孩子，让我们活成人间幸福的样子。

妈妈，你有我了，为什么还可以抑郁？梦里你告诉爸爸，你想念他超过对我的疼爱？坟墓的寒凉，超过人间的春秋？你告诉他，你把文字都已忘记？没有文字，怎么活呢，妈妈？

第十三章 红杏墙头

我将攀附你的耳边轻柔地诉说对你不能抑制的欲望

　　林泰承听余烈说他父亲是文化局的，想着曾与文化局副局长余泽忠有过一面之交，感觉余某人还是蛮正派的，遂请小程秘书打听他家是否有个女儿叫余烈，在税务部门上班。小程秘书说有的，林泰承心里踏实多了，也真的新配了一部新款诺基亚智能手机，手机号只余烈一人知道，说好暂时不通电话，为此林泰承学会了发送短信。

　　林泰承谨慎，每次下线前把聊天记录删除净。他亦知，上网和陌生人聊天，以至网恋，是极不健康、不光彩的行为，却又无法抗拒。今天又好不容易抽了空和烈日聊起天，而一旦聊起来，立即被魔鬼附身了。

　　"这段时间忙啊，家里忙，单位也忙。"

　　"想我吗？"烈日问。

　　"想。"

　　"知道吗？我想你要想疯了！"

　　"不怕我是个丑陋邋遢的老头啊？"

　　"才不是，我更想着你见我的惊喜与惊艳。"

　　"嗯，自信，好啊，喜欢和自信的人往来。"

　　"我也是！我们天生一对耶！"

　　"哦？看来此缘注定。"

　　"现在还怀疑啊？伤人家的心哦！我早就把你想象成最亲密的人了，可以拥抱，亲吻……"

　　"你——让人胸口发热。"林泰承的脸自然一样发热。

　　"我爱你！以从未有过的速度，从未有过的热度！"

　　"不怕见了面没感觉，为今天的话追悔难堪吗？"

"等着，见后必彼此倾心！我将赠你二十岁的灿烂，三十岁的华艳！"

"但愿，如果，我可以给你四十岁的深情，五十岁的感激。"林泰承情不自禁地热忱。

"哇，好感动哦！"

"我真的感觉自己恋爱了啊！"

"点击你QQ资料的那一刻我就开始热恋了！"

"怕，是梦幻，一场掀起风暴的孽缘。"

"不像先生作风？"

"嗯，一生少有的举棋不定啊。想你，不能安静。"

"不要犹豫！退却，我将替你万分遗憾！相信，我会给你带去全新的色彩，全新的生活，你会更加年轻自信，风度迷人！"

"想着你时，跟你聊天之际，我已经年轻了好多。"

"跟一个比自己小的人恋爱，总要感觉年轻些。"

"还有一种相反的说法，跟一个比自己大的人恋爱，才知自己年轻。"

"嗯，都对。"

"确实相信互为矛盾的说法，在某些条件下都正确。人们有时不必无谓争论，应该肯定自己同时肯定别人嘛。"

"说说到底怎么喜欢我？女人可都是贪婪的哦，不要吝啬你的花语艳词！"

"喜欢你的靓、你的艳、你的热、你的狂、你的还没了解却万分渴望了解的年轻的一切。"

烈日狂笑："很会说哦！再说怎么喜欢你夫人的？要真！"

"喜欢她的温柔、浪漫、优雅、美丽，丰富的内涵，以及金贵的一切。"林泰承十余秒内发出上面一段话，但立刻后悔了，果然烈日责怪起来。

"存心气死我啊？我大度，但不能大度到自己心仪的男人对另一个女人如此放肆的赞美！对一个女子有价值的赞词你都留给她消费独享了！"

"三月桃花六月芭蕉怎么比美，你们不是同一类型的人，不好比较。如果你觉得说真话不好，以后要编谎了。编谎，倒似乎不需要和你说话了?"

"嗯,听真话。"

"怪哦,多少话,想讲,只想跟你讲。"

"呵呵,请知己谈!放心!谢谢!"烈日对着电脑大笑,喝口菠萝汁,剥着开心果,悠闲地等他"知己谈"。

"这几天,家里事,烦心。爱人叫鬼了怪的打了萎靡针样,没精打采,目光飘忽忽,又猛地一眼不眨看着我,我怕疑问与你的事,她又一句不说,转脸望到别处去,落寞之状,奇奇怪怪。我的姑妈一直与我们同住,快八十岁的人了,旧病新痛的,前天住了院,倒是难为我爱人,天天陪护。女儿谈了一个男朋友,不大放心哩。我呢,这几天精神不佳,右腹疼,吃不下饭,工作又忙,应酬多,酒场多。真不舒服啊!"

看他一个苦衷,她一笑,笑了几回,回信息道:"这么多的烦恼哦,好心疼你。"

"除了想起你,有些轻松。依赖想起你,才有些宽慰。"

"我真想靠近你,依偎你,安抚你,给你欢慰和激情⋯⋯"

"你给我多少曼妙的联想,没有你,我将立即委顿。没想到啊,遇了你,才知道自己是多么寂寞,失意,愤懑。哎,烈日,你没有骗我吧?我真的需要你的感情与思念啊。"

"没有!要多少我给你多少,多么激烈狂热都可以!"

"谢谢。这一生,对她痴心哟,没出过一次轨。像我这种身份又有风度的人,哦,不谦虚了,算是相当节制,难得了。她回报我的可没有我给她的多啊。"

"她有背叛你吗?"烈日感觉探人隐私的味道,敲着键盘笑,亦奇怪自己,为什么林副市长谈到其爱人,心里竟感到一种暖意呢。

"没有。女人就该忠贞,男人有花心当理解。"

"不同意,矛盾,女人都忠贞了,男人花心谁去?男女平等这么简单的道理也不懂?照大人意思,我和你来往,将来再发生亲密的事,你会看不起我喽?"

"得罪。小猫咪,东方的花魁,西方的女神,在下遇你,幸运之至。"

"女人都喜欢赞美，而能够恰如其分地赞美女人，也是一个男人最起码的风度。你，不讨厌。"她笑了。

"多谢。"

"我相信男女间有一种关系，他们互相取悦对方，而非真正的恋爱，也非完全的打情骂俏，轻浮中含有真诚，嬉戏中含有庄严，容易开始，容易结束。它不得重视，也不该轻视。其实，我不相信任何男人，全世界的男人都不信任一个。真信任，付出了，伤害的只是自己，也是惟一保护自己的办法，不在意，无所谓，我比男人还冷漠，轻快，潇洒！"

"不能投入是件悲哀的事啊。"林泰承有些失落地发过话来。

"逢场作戏，真中有假，假中有真，自己也分不清的，不过遇到对上目光的男子真的很爽很过瘾的。男人的目标是女人香艳的肉体，我的目的是游戏的刺激快乐。我明确地向他们撒出诱饵，而如果不暗示有望得到我的身体，他们根本不会理我。现代的男人真实际讲效率啊，他们绝不会把时间精力和金钱无所获地耗费一分一毫，付出一分必须得十分。不可能或仅是很难俘获的女人，他们不会多看顾一眼，天底下贱女人多的是呀，他们要的只是效率，结果。"

"你是如何驾驭他们，或者他们如何驾驭你的呢？"

"我只是撒出诱饵，让他们觉得有望达到目的，在他们被欲望折磨到燃点的时候，我立即抽身退出。如果实在退不出，就只好献身了，我也将投入游戏一回，谁占了谁的便宜呢，谁能说清？结束之后，我告诫自己，无论穿衣服不穿衣服的他如何优秀，不要回首，所以我的心灵一直完好无损。"

"你的意思是一直保护好了自己的心灵，却没能够保护好自己的身体？"

"心灵的伤是愈不合的，身体的伤也是身体的花。对待你们可恶的男人只能用'以其人之道，还治其人之身'了。"

"你的想法真够另类！可是，烈日，你不能把我当作一个俗男子啊。"

"我早就发现你不是一个俗男子！不过哈，男子过于正派不招人喜欢的，男人俗点色点啦，别过分，才有趣味啊！"

"谢谢指点。"

"谦虚啦,你活了快五十岁,这个道理懂得的。"

"从前,我正派哪,为她。"

"别提她,我不舒服!"

"你对我也将用从前对待其他男人的方法?"

"不是有俗语吗,'妻不如妾,妾不如偷,偷不如偷不着',如果见你之后真的爱上你,你将永远得不到我,我要给你最美妙恒久的想望,你没能得到我,便永远记忆我渴望我!你们男人永久不变的是对女人的征服欲,你不曾征服我,便会一万次想象这场没能实现的征服,也便是一万次的思念我,且是裸体的强烈的思念。因为我爱你,在乎你的思念啊!"

"什么逻辑?如果你不爱我,倒有可能得到你?"

"嗯,差不多吧。你得到我之后,很可能把我忘到九霄云外,不过无所谓,反正不爱你,才不在乎你对我用几分心几多情呢。"

"这样说,见面之后,总有收获,同时也有失落?"

"嗯,可以这么讲。"

"怪女子!渴望见你。"

"渴望拥有你!"

"我把你想得与梦露一样性感了。"

"哇,梦露是我的偶像耶!说给你惊喜,但你把我想得太好,要失望哦!"

"不会。你的自信早就感染了我,对你用尽了生命的热望啊。"

"将来你终会因我感慨,得意!此际,你应该感觉到我芳香而火热的呼吸,我将攀附你的耳边轻柔地诉说对你不能抑制的欲望,而你在欲望的大火中将生命之美之荣耀从大洋的汹涛里升华至天上!"

"烈日,真会勾引人啊,此刻我身体的每一个部位都在渴念你、思盼你啊。"

"先生,是你在引诱我啊,我被情欲困扰得难以自制了!体内每一根神经、每一个细胞都在狂热地绽放,膨胀,饥渴着你温柔又强盗式的触摸与相合……"

"如果你爱上我怎么办？爱上你不是要拒绝的吗？"

"什么都不是绝对的。如果见你，真的让我的心灵与身体都难以抗拒，又何必抗拒？"

"好，爽性。告诉我，此刻你如何平定自己的情欲？"

"我想见你！现在！你折磨得我要狂要疯！"

"抱歉，不能见！"

"如果我告诉你，你再拒绝我将永久消失？"

"相信你对别人可能这么任性，对我不能。冥冥中有声音告诉我，要安静宽心，烈日终会属于你，跑不掉的。"

"同样告诉你，用这种低级迷信的把戏可以骗别人却骗不了我。"

"没骗你。现在真的不能见你，一是公务忙，二是家里烦恼多，暂无良好的状态见面，虽然真的渴望见你。烈日，现在你来决定我们的前途吧。"

"我还要屈服？欺人太甚！"

"误会。包容，耐心一些，好吗？"

"——"

"委屈，将来补偿你。"

"唉，兴许你的迷信是对的。嗯，亲我一下吧，用上各种方法、各种形容词！"

"亲你。不想让你可能已然平定的情欲再度焚烧，免了形容。"

"我的情欲自己会解决，不劳操心。"

"可我自己受不了啊？文雅些，安静些，好么？烈日，相信，我喜欢你，你是一个不同寻常的女孩。"

"休息了。再见！"

"再见，想着我啊。"

"想你，想你！再见！"

林泰承下了线，忽然感到右腹一阵剧痛，也许该抽空去医院检查了，他忧虑地想，脸色阴沉下来。

第一人民医院的花园里，林樱寒和费皓良两人并坐在凉亭下。

"皓良，爸不大赞成我们的事，说你和他一个部门工作不方便。"

"多大的，不赞成？"费皓良紧张地问。

"不鼓舞。"又带着笑意说道."放心，真要家人反对，离叛他们，我也会跟你好。"

"樱寒，谢谢！我不会辜负你。爱你，永远。"

"我们，会幸福。"樱寒的眼睛里满是幸福的光。

"樱寒，我真的害怕你的姑婆，总把我当成她的民国情人。别见怪哦，常理讲，像她受过这般刺激精神折磨的人，疯了正常，不疯奇怪。"

"她是有主张意志坚强的人，只除了爱情搅糊了头脑。她会撑持下去，游离在美丽梦幻与冷酷现实之间，游离在极端的幸福与痛苦之中，直至完全崩溃，倒下。实际，她在认识杜韬航并爱上他之际已经疯了，整整一辈子，没能正常理性思维。爱，可以成全一个人，也可以毁灭一个人。"樱寒叹了一口气，又道，"或许，成全即毁灭，毁灭即成全。"

"你，理性，不犯恋爱与人生的错误。"不知他是称赞还是揶揄。

樱寒盯了他一眼，道："命运却躲不过，谁也不可十足把握人生之舵。"

"也许吧。谁会想到，我爸不是爷爷奶奶亲生的？虽然严酷的真相没能离间他们，可阴影终存在，至少，我想知道亲生爷爷奶奶的形象履历。"

"知道又怎样？如果他们还活着，且可以给你带来实惠荣耀，也许你会相认，投靠他们。反之，他们的贫贱玷辱到你光亮的颜面，怕要躲之不及吧？你会诘问，这么肮脏低贱的老头老太是我的亲祖父母？我流着他们微贱的血脉？你会仓皇逃窜，且噩梦连连。"她不无讽刺地说。

"现在是，我已知，亲祖父是当年时髦的留美博士，祖母是位漂亮小姐。再者，如果你的姑婆不纠缠到我，我也将认为她和爷爷的故事是一段风流佳话。"

"你要知道，你奶奶的父亲是解放前国民党官员，你爷爷和他一样做了多少对不起人民的事，历史能查吧？不羞耻啊？"

"不。他们都是谋士俊杰栋梁之材，我敬仰他们。"

"老早以前,他们的身份,也许会影响我的工作生活。现在不会,所以我对他们唯有敬仰。"

樱寒没想到费皓良今天这样坦率,坦率得令人恼怒。

"好,明白了。你养祖父母在旧社会是受压迫的民众,却是新中国的主人,你和父母都该报答你现在的爷爷奶奶。"

费皓良心底冷笑:你林樱寒这样知理有良心吗?遇到同样的情况只怕你比我也良善不到哪里!

他嘴上却是温和的:"我爸妈本来孝顺爷爷奶奶,知道身世真相,比往常只有更孝顺。实在话,是本人感觉不是滋味罢了。"

樱寒沉默了。想起姑婆的情人杜韬航,风流潇洒,狡猾无耻,自私无情。姑婆说杜韬航的外貌和费皓良一模一样,樱寒是相信的,甚至相信他们的性情、品格也一模一样。林樱寒忧痛起来,又想:我不会像姑婆那么傻,恋爱时节也不能傻。她自知遇上了一个难以对付又难以抗拒的对手冤家,且行且看吧。

汉姝文2019年冬天的日记（14）

你是光，你是呼吸，你是冬最后一声苍冷的叹息。你是春最为骄傲的芳泽。

你是诗歌，你是灵感，你与灵感自身一样神妙。你是一世珍藏的辉煌景致。

春花粉红了世界。春风烂漫了山野，飞翔的花瓣，飞翔的蝴蝶，飞翔的绿叶。是你定义春，定义善与美，定义飞翔的心，甘甜的忧郁。

你是细雨里苦涩的泪，你是春园中莫名的笑。

可听见？可听见？春天的梦？

深夜，已然，虫与鸟都已安眠，无有风声雨帘，这是静寂的夜。可以，听到自己的心跳，让我聆听自己的心跳，直面灵魂。

神，请望向我，陪伴我，指引我，直面灵魂。

直面灵魂，打开心门，恍若前世的柳岸，梦中的芝香，你从西方走来，我坐在东方的河畔。

神，我可以回眸？可以起身？可以娉婷？可以飞奔？可以吗？

莺舞燕飞，红桃白李，陡波缓流。我听见你的步履，坐在东方的河畔，花粉迷蒙。

神，回避，无视我的焦急，我的迷惘，我的心痛。

门，砰然关闭。未跌水中，姿态诡谲。

神，降临。

神为何再度降临？

降临就请靠近，亲授爱的真谛，让我懂得一回，爱的相遇，爱的别离，梦中的灰蒙的柳岸。

我是梦中的人，却是真实的痛，在冬天痛着春天的痛。

可晓得？可晓得？

是的，冬天的风，像野兽的趾爪，抓挠窗户。

是的，屋里有暖气，穿春秋睡衣，衣上有樱花送暖。樱寒，你的名字，为什么叫樱寒？

第十四章 人间天上

这是一方美艳得令神明嫉妒的世界

上次康濛和姝文讲了秦晓慧的事,闹得不愉快,姝文也没和同学爬蜃龙山。康濛今天想起,便说要陪姝文爬山。

康濛说:"你爸妈同意呢,最好是晚上爬山,在山上城市的夜景一览无余,璀璨晶莹一如天堂,山顶的晚风可以把人吹得惬意到天上。"

"对,美的只是在晚上,在高处,天上。"

"姝文,你大进步了,一直说到爱情与幸福的本质了。"他有些不怀好意地笑。

"怎么就本质了?"

"对不起,是我想歪了。我以为有爱情的男女晚上在一起才会有幸福与美的境界,直至亲热后到达天堂。"

"气死我了!好,不必问爸妈了,我决定,星期天一早去爬蜃龙山。"她正色。

"唉,我真是搬起石头砸自己的脚,丢个千载不逢的机会。"

"怎么千载不逢?你不是说明年春天我们就要结婚吗?"

他大笑起来:"姝文,你怎么这么可爱,有时腼腆傻气得像十五岁的小女孩,可又能一下子跳跃成熟到二十五岁的热恋女子。"

"好啦,不敢说话了,到处语病,让你挑剔不尽。"她嘟起嘴,瞪了眼。

他温柔地望着她:"宝贝,知道么,你的每一句痴语真言,于我都是那么可心。我恨不得把你的声音话语吞到肚里收藏起来,还有你整个人,真不知道怎样才能把你占为己有?"

"我也希望,和你一起,永远永远。"心如蒲公英般温软起来。

他抱紧她,爱怜地狂热地,抱紧她的生命。

"姝文,我找不到词语形容你的美,表达对你的爱,只知道,你是最纯美的天使中最纯美的那一个。你是我前生的前生,来世的来世,惟一和最后的爱恋。"

歌声汹涌。花海澎湃。

淹没于欢乐的海洋,她想:如果谁曾享受过这样的欢乐幸福,将来误堕炼狱,也该无怨无悔的啊。

星期天清早,康濛来姝文家接她爬屡龙山。姝文穿了一件橙黄色T恤,胸口有木耳边和蝴蝶结装饰,下身穿了一条怀旧牛仔中裤,背了一个青色帆布旅行包。姝文如何穿着,都显得朝气蓬勃,美丽异常。

姝文提前让妈妈准备了饮食,两人都没吃早饭,说屡龙山又不高,爬上去再吃。

晨风吹得人实在舒爽,恋爱人的心明净欢畅,花草频频点头送来吉祥的祝福,石阶叮咛相爱的恋人记忆相携的每一个脚印,阳光只有一种表情,笑 笑,笑!天堂绝对不在天上,只是在这真实不虚的人世,在恋人彼此的眼睛里,彼此的手心里,燃烧的胸膛里。

走到半山腰,苍松翠柏中,建有一座观音寺,姝文进去请了香,仰望观音菩萨像,庄严许愿,行礼。康濛看她如佛教徒般虔诚之状,想笑也不好意思笑了,也像她一样行了礼。复制的心愿,复制的华美。

出寺,上坡,路边一亭,名曰"放鹤亭",古有隐士于此放鹤,生活悠游。此处有石桌有石凳,遂歇息。

姝文拿出酸奶,各人喝了一盒。

"刚才许的什么愿?"姝文笑问。

"你先说。"

"你能猜到。"眼波里流荡着活跳跳的桃花水。

"猜到是我的事。要你亲口说一遍,我亲耳聆听一遍。"

"说了就不灵了。"

"那你还问我?其实,什么灵不灵,我只想享受你甜蜜的声音,幸福的畅想。说吧,真的太想听。"

"俗套啦。"她笑。

"'我爱你',俗套吧,可它是永恒而经典的爱之语,天天听爱人说,也像仙乐赏心悦耳。"

"好,说啦——大慈大悲的观世音菩萨请保佑,康濛和汉姝文相亲相爱,白头偕老。"

"我求的是,康濛和汉姝文相亲相爱,早得贵子。"

"俗,坏。"面上恼,心里欢。

"真爱你呀,姝文。"意味深长望她。

在他目光的照射下,她燃烧起来:"知道么,我爱你,你的一切,优点、缺点,与你相关的一切人和物,不要理智不要理由,爱你的一切。"路边两朵鲜红如血的茑萝花惊奇地望向她。

"幸亏我比较仁义礼智信,值得你献爱心,否则恐怖哦。"他笑,"其实,爱需要理由,需要理智。"

"不,不要理由不要理智的爱,才是最热最真最迷人的爱。它可以唤醒沉睡的生物,消泯世界的苍凉,让春天永驻人间,让所有的花儿在一个时辰绽放。"

"姝文,你的单纯和炽热,让我无言以对。"他感叹。

"什么意思?你的心灵没能回应我?我在空谷独自呼喊,用尽气力地呼喊只是无意义的哑音?"她有些痛地问。

"不是。我和应着你,只是神灵在不断增加心的砝码,让我不能与你一起轻舞飞扬。姝文,实际,能够遇到所爱的人,有心去爱,真的太难得太幸福。"

"相信。"

"姝文,我相信你,却不能相信自己。我不能像你不顾一切地投入,尽管深知,你是惟一的惟一、最后最后的爱恋。"

她有些满足,又不免惆怅。

天上乌云拥挤,雷声滚落,只是并无雨滴。

"我懂得自己却不能改变自己。姝文,我总怕自己不配你的爱,世俗讲,真是不配你。我不功利,也许是种清傲,却也是本人失败无奈之处。

咱们户国，早过了朴素为荣的时代了，而本人，不肯让生命过多耗费在对金钱的喜爱与获取上，也因此注定，我不能让你过上富有的生活。像你这样美丽的女孩，生来即该享受世俗的华丽，为此，我对你满怀歉意，同时心底感到深深的不安。"

"郛我也告诉你，本人从没有过富丽生活的欲望。我容易快乐，容易满足。生命中有你，世界，足够奢华。"

"你是真的好。"他微笑了一下，"可是，知道么，我是个无趣而悲观的人，总是庸人自扰想着一些无用的问题。"他长叹一声，道，"关于人口爆炸，地球生态破坏，民族冲突军备竞赛，多少问题令我疲惫又消沉，而自知没有能力改变这些问题的一丝一毫，又不能不想它，我对社会无害可又真的无益。"

"工作上，你修复多少印上时间疤痕，或遭意外打击的瓷器文物，这个功德很大啊。我认为，世间多少问题，各行各部门都有专业职责人士监督、解决，太平社会，各人做好本职工作，对家庭负责，就是尽了人生义务。"她笑了，"我倒觉得，你的生命闪亮点，更多在于，于你妈妈，于我，你是多么重要。"眼睛里飞出火焰。

他笑了，面上只似冬天的土地欢喜地看见雪花飘扬："是了，这是最切实际活着的理由。认识你，使我忘却了烦恼，或者，麻醉了神经。我轻松，快乐，像个孩童似的对世界一无所知，顶顶欢快，沉醉，沉醉，一如梦中，生怕醒来，生怕，消失。"她睁着清泉眼望他，他接着说，"渴望一种宁静的生活，融入自然，完全的。不喜欢现代过于发达的工业社会，消耗太多能源，破坏了生态，而人们像苍蝇追逐污物一样追求利益，唯利是图，多么可悲。社会要前进，然某些前进的脚步，可以节奏慢点。人类走出蛮荒，趋向文明，不再为衣食苦恼，这，很好的，今倒该返璞归真，返回自然，寻求精神的安宁与富有。希望，有那么一片净土，青山幽静，碧水清澄，心如止水。那是一个不能实现的梦，可是，人是万分需要梦的营养、慰藉。姝文，现在，你是我的生命，生命赖以依存的梦幻。"

"我属于你，永远。"

"姝文，'我爱你，这是永恒不变的诺言'。这句话说给你听，有取悦你之意，可更加取悦安慰我自身。"

"可我却没让你看到希望的彩虹，未来的温暖？"

"你是惟一的彩虹，惟一的温暖，失去有关你的幻想还真是不能过了。可是，将来谁也不能预料啊，我的天使，再高深的预言家也不能真正预言。我不信神，可是世界看似无序实则有序运转，谁在操控？我不信佛，可佛理讲得对呀，一切终究为空为幻影，有情世界终会消失，继后再诞生，恒久反复、存在，尽管复原的时间漫长。"

"爱可以改变世界，拯救世界。"

"对，除了爱！不同种族、肤色，不同信仰的人们都要相爱。"

"爱情的力量更伟大。"

"亲爱的，一旦失去它，毁灭性也最强啊。"

"凡事我只设想好的图画。"

他笑了一下，浮光掠影，随即恢复习惯的忧郁神情："在年少的海滨，我丢失了快乐的钥匙，无力寻找，坐在湿润的沙滩，聆听海涛声声，不止不息。不曾料，你走来，手里奇迹般地晃悠着我丢失的钥匙，我欢呼着迎向你，大海丢在身后，拉着你，一步一步离开海岸，走向繁华的都市。可是，当夜幕升起，出于一种习惯，一种本能，我时常闻到昔日海的腥气，听到它的澎湃之音。"

"如果，我天天伴你左右，如果，结婚，就可以共同保存那把快乐的钥匙？"

"但愿。姝文，我无法抗拒你的美、你的可爱，希望永久保持这种美好的感觉。"

"我也希望，永远沉浸于此，晨风清新，老山幽静，花木芬芳。"她站起身，含笑望着翠绿的山岭，百卉含英的美景，说，"世界当如是美妙。"

"美妙的，总怕化空。"他叹息一声，"一样的风景，不同人不同时期欣赏，心得不同，亦与同游者相关。我们正陶醉于此寺观清净，视为世外桃源，只怕有人或许我们将来也会害怕它的空寂。"

"也许，无论如何，同一心率跳跃，即好。"

"姝文，真好。"

在他深情款款目光的注视下，她有些不知所云："情话是说不完的，雷同的，重复的。"

"谁也不厌烦它的反复，对么？"

"嗯。我不要听你话语表达的意思，单听你的声音，已经迷醉了。"声音战栗起来。

"姝文，好会说话。"

"真性情哦，掩饰不了。"她笑，"康濛，有你，我的十方世界皆灿烂。"

笑着谈着，不知不觉过了一个多小时。游客多起来，人们脸上似乎都流露着爱慕望向他二人，如果他俩穿着古装，一定会让人疑入幻境，误以为仙子下凡。

二人手拉手继续登山，笑语像鲜花，像珍珠撒满山径。

到达山顶，神清气爽，心旷神怡。极目远眺，蜃龙湖像一块巨大的翡翠镶嵌在地面，晶莹碧透，汉州的高楼像一块块神奇的积木搭成，人们像蚂蚁搬家在里面忙碌。

山上树木郁郁葱葱，清风夹带香露果珍一直吹进心府。他"自然"地揽过她的腰，一同阅览美景。她迟疑了一秒，垂着眼皮，松开他的手。他笑道："怕你掉下去啦。"

"不怕，你会陪我掉。"

"姝文，我们都打算结婚了，不要太保守，好不好？"

"不习惯，青天白日的，对吧？"

"意思是，当夜幕笼罩，可以亲近？"

"不是啦。"她急得脸红。

"姝文，我想请求你一件事。"他说，表情严肃。

"什么事？"

"今晚，我想让你陪我。舅妈住院手术，妈妈陪她两晚。"

"不去！"她断然拒绝。

"别多想。只为，相陪，或说话，或不说话，一个夜晚，温馨、美好、难忘的夜晚。"他的声音，笼罩着洁白的月光。

她的内心被一股甜美的波浪冲击着,在花的海涛中流荡,温柔,芳香。只是,又真的没勇气。

"不敢,爸妈不会同意。"

"撒谎,就这一回,说我们去看通宵录像。"

"不能欺负人哦?"

"放心。"他笑出漫天红霞。

她居然比他更为激动起来。从今天早起到明晨,整整一天一夜,将和他相陪相守,怎样奢侈绚烂的时光,把每一秒切开一千个单位留驻,珍惜?姝文满脸流光溢彩,以至不好意思再朝康濛看,只得将燃焰的目光投向缥缈的远方。

一时姝文有点累要歇息,康濛说带了块草地垫,带她到东山下那一片杏树林歇着。很快寻到一方清幽之处。二人欢欢喜喜铺好草地垫,垫子足够两人躺下。康濛建议躺下歇息,姝文不肯,两人对面坐下。树叶密密集集,形成一张巨大的绿伞,地上开着天真的一年蓬,风儿轻轻的沙沙的,蝉歌鸟唱,甚至奇怪的大白日听到响亮的蛙鸣,无一人影,只似远离红尘身在世外。

康濛再次请求姝文躺下。她拗不过,想想反正这里没人,随他躺下,闭眼享受幻妙的天籁。绿色的呼吸,粉色、白色、蓝色的呼吸,澎湃的呼吸。

这是一方两人的世界,灵魂相合,温柔得令人心碎,美艳得令神明妒忌,载歌载舞,飞舞得忘了自我的世界。

这方世界,自由民主温暖友爱,遍处是大自然的神工杰作,人人怀有艺术家的好奇,喜乐生活,神灵欢喜地到各家做客,湖海日月,花鸟木石各自绽放宁静、祥和、博爱、生命内在的光彩。一方真正的净土。这里的爱情甘甜,妩媚,长久,这里生活着康濛和汉姝文……

一对男女争吵得难解难分,把康濛和姝文从幻梦中唤醒,二人对望一眼,坐起。无意听他人争吵,可争吵之音还是慷慨地灌进耳朵。

女:"你是永远改不掉的,见一个爱一个!天下妖精比野花都多,年轻的,永远有更年轻的!你怎么能够爱完?"

男:"对她们和对你的爱,不一样。对她们顶多是一种对美的事物之爱,一种肤浅外表的爱,对你则是灵魂的依恋与爱,谁也替代不了你。"

女:"为什么不把所有的爱都给我?"

男:"说实话,你不要生气。"

女:"已经气死了。说!"

男:"我喜欢的别个女子,你也见过,人群中属于非常出众的吧?见到她们叫人兴奋,就像你见到一朵鲜丽的花,一幅秀美的山水图,一件精美的玉器,产生的喜悦之情一样。爱美之心人皆有之嘛,科学家测试,小婴儿都喜欢漂亮人物。恕我直言,你算老大不青春了,给不出那种浅薄热乎的外表之爱,但是,要相信,我这颗心,跟你随你,一辈子。"

女:"哄人,无耻!我就问你,你和野女人亲热时,不愧疚不嫌脏吗?"

男"事后觉得脏,当时没什么。"

女:"呸,恶心!"

男:"你要我坦白的。"

女:"作孽!分居!"

男:"不行。"

女:"离婚吗?"

男:"不离!我改。"

女:"不信!"

男:"……"

……

姝文和康濛朝那两人看了一下,二人穿着与气质倒也是文化人的形象,怎么会跑到这幽雅的环境里吵架,且当着别人的面?姝文简直想去阻止,康濛说她太可笑,又道带着 MP3 来了,两人各塞一只耳机听起音乐来。

一炷香时间,吵架男女去了,又三三两两走来其他游客。

姝文说饿了,把食品一一摆出来,红豆面包、牛油饼、巧克力豆、腰果、咸话梅,手上摆着,心里生出童话中森林里过家家的感觉,面上也便笑了出来。康濛笑问，过家家了？

她笑了："幼儿园时的想象，今天成真了，知道了长大的模样。有个你，是你，陪着，真好，谢谢。"他看着她的眼睛，说："是我，谢谢你。"

他喂她一口巧克力豆，她喂他一口话梅，眼神不时相遇，温柔的，童话的。

待吃好收拾，虽说不远处有垃圾桶，姝文还是把垃圾纸都装袋放书包了，说不麻烦清洁工了，更因为这片清幽之地，不容玷污。康濛则问："你可想过，刚才食物包装那么精美洁净，打开食用后，怎么包装纸转眼成垃圾了呢？"姝文说："包装纸已经完成它的生命价值了。天道循环万物轮回，惆怅什么？婆妈！"他笑，竖大拇指，"英武"！

姝文忽然问道："秦晓慧怎样了？我想，看看她。"

康濛面上自然，只似说与自己无关的人事。她妈为她物色了一个她们认为和康濛长相有点相似的叫吴奇的人，正式交友起来，她妈希望他们能结婚。只是吴家经济状况不好，父母下岗了，家里有个单身哥哥，性格孤僻，三十几了，对象还没说上。如果吴奇和秦晓慧结婚，就做上门女婿，秦晓慧的父母中意了，只一个女儿，以后能天天照应着，心里踏实。秦晓慧两周没犯过病了。她父母去单位反映情况，领导答应只要秦晓慧不再犯病，年底让她上班，工作另外安排。

"哇，好美的结局。"姝文欣喜地说。

"是的。你那时节还要和我分手，让我和她好呢，差点制造两场爱情悲剧，害苦四个人。"

"当时我也是舍身为你为她，哪个料到有这样的戏剧喜剧。"

"凡事真的不可预料。将来的我，将来的你，将来的世界，谁也不能预料。"

"将来的我终是爱你的，将来的你终是爱我的，将来的世界终会毁灭，也会重新再来，将来的宇宙终会存在，无休止运行。你先前说过。"

"嗯，姝文，你好聪明。"

"不，我很笨啊，比一般人都笨，动手做什么事都比别人笨，某些情境下，脑子真是榆木疙瘩一样，反应迟钝，理解力奇差。只是状态好时，有灵感时，神灵看顾写文字的时候，才感觉自己有些小聪明。"

"哎呀，这简直有天才的特征哩。"他夸张地笑。

'不要玩笑啦。康濛，你说秦晓慧的男朋友长得像你吗？"

"和他照过一面，觉得一点不像自己，不过在秦晓慧和她妈眼里可能有点像。"

"我不相信世界上能有第二个康濛！哪怕，近似的像。"她笑，有些骄傲地说。

"人有形似，神似很难。就像名家字画，大家的精神、胸怀、气质都消融于作品了，别人想模仿，形似容易，神似很难，有高手模仿很像，也只是张'像'。"

"嗯，形似你难，神似更难。康濛——全世界只有一个！"她笑了，调皮地，嫣红的。

"如果，一个人认为自己的恋人是世间的惟一，那么他的爱会非常执着狂热，一旦失恋，无可医治，陷入一世黑渊。"他的表情严肃，大理石的冰冷。

"不明白，你是叫我不要把你视为惟一？你是说将来我有可能失恋？"花刺扎着她的心窝。

"我只是说一种看法。实际，我十分感动你视我为惟一，实际，我比你还怕有变故。从前，我无声无息，死了一样地活着，从外表至内心，你改变了我，简直是奇迹。"

"我竟把握不了你，你的意思。"她说着，眼中涌出泪，显得十分疲惫。

他扶她躺在红格草地垫上，头枕他的腿上。他看她像只黄红的大蝴蝶，随时会飞出树林，飞到开满百合花的山谷。

她想：这一刻我是幸福的，胜于一切人世的幸福，够了，够了。竟然睡着了。

他想：她那么天真美丽，又那样热忱地对待我，我该好好爱护她，不能伤害她，一丝一毫。所有伤害她的人都该受炼狱的折磨，她挚爱的我伤害她更该受责罚，再残酷也甘当。须知，最容易伤害到她的只是我，因为她爱我，惟一深爱我。

姝文醒时快两点了，康濛问做梦没有？她说，睡得香，什么梦也没有。他笑了，现在知道为什么只羡鸳鸯不羡仙了？现实太好了，不需要梦了。

"没有梦的人生，原是美满的。"

"可以这样讲。失意的人只能把希望与快乐寄托在梦里，福乐圆满的人不需要梦，别人梦里祈求的他们都已有了。不过，好像这样的人不多吧？红尘无奈多，人心又有贪婪一说。"

"我要你，只要你，一生的梦，一世的追求，贪婪不贪婪？"清亮亮的两湖秋水，盯视着他。

"姝文，让我找地洞逃啊。我无权无势无名无利，拥有一个总做分母的人，说不起贪婪。只是，我总感觉，自己是山野之人，你若希望，于红尘闹市中拥抱我们的人生，怕真的是一种'贪婪'。"

"我真的得不到一句，你确定美丽的承诺？"她阴寒的眼波，淹没了他。

"不，"他咬着牙说，咬碎生命的风筝线，"我已经承诺太多，沉重的包袱让我无力抬头与你面对。"

"康濛，我不满意你的回答！"她气恼地疼痛地叫唤。

"姝文，请相信，即便上帝指着天堂与地狱问我：如果你不爱汉姝文即进天堂，如果爱她即进地狱，爱？不爱？我会用响彻天地的声音回答：我爱汉姝文，永远永远。"

"好。"她依然皱着眉，"你的比喻不恰当，如果爱我，怎么就进地狱了？我不值得你爱？"

"比喻是不恰当，但可说明我的心意。咱不说这些了。"他恳求着。

她长长叹息一声，令一朵白色的曼陀罗花低下头去。"回头下山，咱去看秦晓慧？"

"不行，怕她还未对我断绝念心，她在不清醒的状态以为吴奇是我，吴奇按照秦晓慧母亲的意思，对她很关心，给她不少安慰。我和吴奇照面的那一回，她妈说她情绪波动了两天，自那以后我一直没去，兴许她如今安好，咱又何必没事找事去。"

"你怎么不早点告诉我她的消息？"

'原谅，不知道你这么关心她。"

"和你相关的人事我都关心，何况这样一个奇异的女孩，痴情人在我眼里都是可爱的。"

"痴情人最容易做出不近情理的事了，这样的观念可要不得。"

"真喜欢教育我哈？"

"多想了。你在我眼里像个天真的孩子，多少想法很幼稚，我不自禁总想提醒你。"

"好，我无知！"她的圆脸拉成了长脸，太阳红变成下弦月的苍白。

"姝文，说你大度比谁都大度宽容，说你明理比谁都通情达理，可是你小气起来，多疑起来，钻起牛角尖来，真叫人哭笑不得，没办法。"

"越说越难听了。"她的眼里一下子蓄满了泪。

"对不起，真不知如何劝你了。回家，跟我回家吧。"

"不去！"

"不。姝文，会非常愉快的，这一个夜晚……"他的声音温柔，像夜晚一样，星月共舞，箫声缠绵，海潮样的花香。

"生气了！"她撒娇。为何，心肠总是那样柔软？她自问。

他月纸巾帮她把泪擦干："对不起，宝贝别生气了，千言万语汇成一句'我爱你'，千山万水唯有一句'我爱你'，永远。先前我使你不开心了，请宝贝责罚。"

"罚 背我下山！"

"恐怖哦，怕要同归于尽。甘心，只可惜了你，青春年少的。"

"不怕。"

两人收拾好东西，下山。康濛背着姝文及她身上的包，艰难下山，才下了二十个台阶，不知他是累还是紧张，出了一身汗。她不好意思，忙下来自己走。他笑了，汗珠也亮晶晶在额头笑："知道你不忍心，舍不得我。"

"舍不得自己，不想和你做孤魂野鬼。"

"做鬼也风流。"

"快走吧。"

"急不可耐啊，需要二人世界？"

"康濛，你再说一句无理的话，我就和你决裂。"她威胁，像春风胁迫细雨。

"遵命。"他讨饶，像露珠对阳光的乞求，"再不敢了。只是我认为有理，你认为无理，意见不统一，怎么办？"

"我说了算！"

"你让我想起一个笑话，一对夫妻制定了和平共处的原则：当双方发生争吵时，第一条，妻子永远是对的；第二条，妻子有错时，参考第一条。"

她欢笑起来，像一串串风铃花在原野上打滚，加之下山有点累，竟气喘，捧心西子般的楚楚动人。

先到姝文家。周青蘋取出自己亲手做的柠檬味的冰镇果茶，康濛和姝文端杯即饮，连赞好味道，好爽。汉箫也从房间里出来了。康濛向长辈们请假，说今晚和姝文想去看通宵录像，试试能否受得了一夜不睡。一会儿出去，在外面吃饭。

周青蘋丢了口头禅"好的哦"，皱着眉，嗓音比平时变宽了："还要出去啊？试验能不能一夜不睡，没意思吧？"

汉箫望着茶几上的果汁杯："日出而作，日落而息，想来算上逍遥人生。"一字字像闷热的天气里，稀稀拉拉的大雨珠，左前方一滴，右后方一滴，才落地，即被热气与灰尘吞噬了。只听奶奶说："医院、铁路、建筑工人、搞科研的，人家都是没办法才熬夜的，你们工作不熬夜，惜福吧。"

"是姝文和我打赌的。"康濛编谎。

奶奶望着姝文："打这个赌做什么？"

"玩嘛，他说谁赢了将来吵架就听谁的。"姝文道。

"要是都赢或者都输不白赌了？再说，现代年轻人吵架，不都是男的让着女的么？"奶奶道，眼睛盯着康濛。

"我赢算我赢,他赢还要参考奶奶的话。"姝文笑道。

康濛忍俊不禁:"好。"

"那就不用赌了。"周青蘋今天反应快。

姝文忙说:"妈妈,我能赢的,让康濛输得心悦诚服。"

"姝文,熬夜难受的,还有,安全吗?"周青蘋面上露出她一贯的忧郁本色。

"大家放心,保证安全。"康濛郑重承诺。

"去吧。"汉箫十分慷慨。

"吃了饭再去,中午你妈烧了红烧鹅,留你晚上吃的。"奶奶瞧着姝文说。

"你们吃吧,康濛要带我到外面吃饭的。"姝文声音里跳跃着欢喜的小鼓点。

"晚上看录像,空调冷,姝文,换条长裤。"周青蘋叮嘱。

姝文说了声"好",欣欣然往房间去了。

康濛每次来姝文家,都能感受到周青蘋婆媳的关切,也都不可回避地感受到汉箫的寒冷以至敌视,特别是大家都处于暂时的沉默里,正如此际。

汉箫,这个特殊的来自极地的生物,无言地带着肆意的冰雪风霜,康濛惊畏之余,亦在探询他。只见他面色苍黄,头发最近花白许多,眼里满是忧惧,嘴角紧闭,仿佛闭锁着神的启示,生命的秘密,总不能开启。汉箫感觉到康濛的有意察视,显得不自在起来,康濛迅速收回目光,同时也不自在起来。好在奶奶和康濛聊起家常,问他妈最近身体怎样,他爸给他妈找过医生么。

这时姝文走出来,众人望去,见她穿了件午夜蓝宽松 T 恤,胸前印着一个小姑娘的彩色背影,下穿浅蓝铅笔九分裤。轻盈的,早春的,一株小白杨,沐浴在阳光里——姝文,赏心悦目了每一个人。

康濛和姝文在周青蘋婆媳千叮咛万嘱咐中出了门。

下了楼,二人如释重负。康濛说请她吃必胜客?她说不要。

康濛推荐饭店:"我家门口有个地锅店,特别火。传统铁锅,真正木材生火，打野鸡，地锅鸡味道绝了。十八种大料煮成，鸡肉又鲜又嫩又有嚼劲，地锅上层一圈面饼，又软又脆，就着汤吃，那个香啊，多少国宴菜怕也没得比。带你去尝尝？"

"改天吧。"她望着他，像妻子看丈夫的温柔，"今天，咱们一道去菜场买菜，回家去做饭。"又甜蜜一笑，"我想，会非常快乐。"

他也笑了："嗯，一起买菜，一起做饭，再共进晚餐，在家里，还真浪漫不过。"

"浪漫"，是一种心境，它自然绝不做作，真诚绝不伪饰，华丽绝不人工堆砌，温馨绝不庸俗。有真爱真情自然有浪漫，而刻意营造寻觅的浪漫，则俗气。浪漫不需要挖空心思绞尽脑汁寻找，在恋人不经意相遇的目光里，在默契、宁静、火热的生活里，处处可见诗意，处处可见浪漫。

他面上忽露尴尬之色："上回去我家，妈妈请你吃饭，结果做了半成品，今日我还满怀歉意。再道一次歉？"

她笑了："你妈身体那状况，若不理解，就是我不讲道理了。"他忙说，谢谢谢谢。她问去菜场还是超市买菜？他说听她的。

她笑了："菜场乱，但菜更新鲜，还可以讲价，讲价好玩的。"

"好，还真想看你怎样和人家讲价。"

"好，瞧我发挥。"她笑。

"相信，你是个好主妇。"他含情脉脉，揶揄地望向她。

她甜蜜地生了气，瞪了他一眼，说正经些。

他不禁思索：她的眼睛怎么这么神气、灵气？有时纯净如百合，有时安静如秋湖，有时含蓄如明月，有时灼热如火焰，有时迷茫如云霞，有时恼怒如小狮，何种境况都辐射一种动人心魄的美。

"真美，你的眼睛。"

"谢谢。其实，你的眼神，时常摄我心魂。"她低头说道。

"是吗？要表现出来！我看你，过于谨慎，安静。"他有些坏地笑。

"好啦，买菜去。"

到了菜场，姝文不住地感慨："看，这红绿青白的菜多么美，这花菜、番茄、辣椒、蘑菇、胡萝卜多么可爱，简直是一件件工艺品，像是刚刚从自然之神掌心里跳脱出来，叫人不忍心切了它们，吃了它们。如果这些菜是我种的，我，不舍得卖！"

"你讲不得菜价的！"他做失落状。

"对，农民不容易，菜贩不容易，我不讲价。"她本性毕露，慷慨陈词。

"声音小些，别让卖菜的听见，非骗你不可。"他笑。

"骗吧，能骗多少，比起这些菜的可喜算得什么。"

"悲怆啊，将来只能我买菜了。"他做悲怆状。

"有爱心好吧？不知不觉，回报了，真高兴。"她笑。

"你的爱心，不知不觉间成了一种狡黠的手段。"他感叹。

"不好听！罚你买菜。"

两人说说笑笑，买了菠菜、番茄、西兰花、鲫鱼、羊肉等，没讲价，又进水果店买了玉石般的葡萄、火炬样的火龙果。二人并肩而行，温馨如一对夫妻，快乐如一对神仙。

到家后，康濛拉开客厅卧室所有窗帘，晚霞像活泼的鸟儿，争先恐后一拥而进，《致爱丽丝》弥漫整个爱之屋。他们一块择菜、洗菜、切菜，兴冲冲故事。姝文笨，菜切得无规无矩，小的对大的，如远星对满月，丑的对俊的，如卡西莫多对爱斯梅拉达。康濛看了只是笑。

只听得姝文尖叫一声，菜刀朝地板上一砸，人一闪，一跳。康濛惊悚出一身冷汗，一看是姝文切破了手指头，殷红的血汩汩流出，眼里噙着泪："怎么办？"康濛嘴上说着"没事没事"，一边摁住姝文流血的手指，瞬时止血了。康濛找来云南白药，撒在小小的伤口处，又用纱布包起。姝文安定下来，只是眼睛总盯着自己受伤的手指，娇弱得俨然一个凄惶的病人。

康濛让姝文或客厅或床上休息一会儿，姝文不肯，拿个小木凳坐在厨房，说要看着康濛干活。他心头一热，认真地说："宝贝，你真的好笨。将来，我会好好照顾你，只要你能陪着我，就像现在。"

陪着，静静地，灿烂地。

她也认真地说："企望。不过，我也打算好好学习家务了。"

他放下手上的姜，倾身过来，在她的额头亲了一下，如春风亲吻红海棠的甜蜜："自己动手，丰衣足食。"

康濛偶尔跟妈妈帮厨，心血来潮时也看个菜谱、美食的电视节目，所以炒两个菜给姝文吃，还是应付得来的。洗好鲫鱼，姝文说她要烧鱼，跟妈妈学习过两回。康濛说手不沾水就罢，他协助她。

姝文说，红烧鱼不能用红酱油，一定要炒糖色，才会色彩鲜亮，味道鲜美。康濛开燃气点火，油锅才热，倒了二两冰糖，待慢慢融化。姝文眼也不眨，盯着锅里，见糖色从淡黄色变成鲜亮的金黄色，又变到沉稳的琥珀色，和妈妈熬制的过程一样哩，锅里此起彼伏冒出多少个气泡，姝文心里就开放多少朵喜悦的小红花。

只听碗架上康濛手机响了，见是妈妈打来，他本能地紧张起来，一边接一边走远了。万美莹想告诉儿子，她在医院了，世界是白的，床单白的，枕头白的，医生白的，墙白，窗户也白，白茫茫大地真干净的雪花白。她怕这白色，爱这白色。昨天，她做了梦，自己变成了白蝴蝶，飞到白色的村庄，白亮亮的水边，天上下着白月光。可是，话到嘴边，她没说。只告诉康濛，冰箱里有骨头汤，下个白汤面条吃。再过一个白色的夜，明晚她回家。康濛说了声，晓得，保重，就挂了电话。

姝文怕有什么事，心里翻腾着多少怪异的念头，还好康濛笑嘻嘻过来了，说妈妈明晚回家来。姝文如释重负，嘴里叫了一声，糖色怕是炒过头了，忙往锅里倒开水。再煎鱼，翻身，葱姜花椒红辣椒剁乱往锅里抓，一时，左右手打架似的往锅里加醋、料酒、糖、鲜酱油的，倒上开水，调个中大火，盖上锅盖。姝文长长喘了口气。康濛一边看了笑。

鲜鱼味夹杂各种调料与怪怪的糖色味，袅袅绕绕，从厨房传遍餐厅客厅。可惜，因为糖色熬苦了，鱼也苦了，气味都苦，鱼肉苦得无法下咽。姝文尴尬，康濛说没关系，也别浪费，把鱼捞出来，再清水煮，蘸醋吃。姝文面上泛出未糊锅的糖色红。

康濛清炒了份胡萝卜丝，一盘西兰花，一盘孜然羊肉，才出锅，便夹块羊肉给女友品尝。姝文赞香极，康濛忙谦虚说是孜然粉的功劳，汉州古巷人家特制的。一份山药骨头汤，鲜美之味扑棱棱飞翔出来。康濛今天确实发挥超常，几个菜弄得色香味浓，姝文连赞了得，厨师的手艺哪。

"谢谢夸奖。"康濛非常快活，关了灯，点上两支柠檬香的蜡烛。立刻，空气中的每一分子都渗入如梦如雾的馨香，蜡烛燃烧得狂烈，美丽，又憔悴。蜡烛油真是像眼泪，白的黄的粉的泪，落在姝文的心上。她竟神伤落下泪来，指着蜡烛说，看不得它，开灯！他吻去她清凉的含着柠檬香的泪，开了灯，吹灭蜡烛。

他握着她的手，心想，她太善感，我们这么欢喜，两情相悦，还要流泪？

她想：我激动，感激，珍惜，害怕；我忧伤，欢悦，心魂颠倒，千百种情感在心中交融，唯以流泪，见证这场相遇。

他想：如果，哪一天我伤害了她，所有的神灵与魔鬼都不会放过我。我爱她，爱得心都碎了，每一个碎片都是满满的她的形象名字。我爱她，爱得只剩下这一颗碎的心，碎的心便是整个美的红的世界……

她想：多么美，此刻，死神恼怒地扑来，我也将恬静地微笑，向他伸出年轻的洁白的手臂……

他说，菜凉了，吃饭吧。

开了瓶樱桃酒。

两人不停碰杯，"为相遇""为相爱""为明天""为来世"。他不停给她夹菜，她奢侈地夸奖他的厨艺：一个西兰花，怎么可以炒得这么甜嫩，泡着牛奶长大的西兰花呀？哎呀，平时不爱吃胡萝卜呢，怎么可以把它炒得这么香甜？

他把鱼肚上的肉挑给她，说从记事起，就听妈妈说知道鲫鱼、黑鱼、鲤鱼、草鱼、鳜鱼、带鱼等各种食用鱼的长刺部位和规律，妈妈总把刺少与最美味部分的鱼肉让他吃。她笑了，又说起她爸能在蜃龙湖边坐等半天，等钓鱼的钓上大的野生鱼，半天啊，只为让女儿吃上纯正野生鱼，又赞野生鱼就比养殖的鲜美多了，再总结：自然的什么都好。

康濛感叹，她爸真好，心里忽又嘀咕，她不会恋父吧？又不免自我安慰，不像。不可能不可能。

一时姝文饱了，放下筷子，一边坐着，看康濛吃。

她心里想：一对恋人一起买菜，做饭，吃饭，其实是一件多么平常的事啊，为什么自己这样开心感动？是的，将来结婚后，有无数次这样的事，也许正因为有无数次，多少夫妻最终厌倦了平淡的乞活，厌倦了对方。不，不，我们不会厌倦，我不会厌倦，正快乐不过求之不得呢。每次都像第一次，每次都像最后一次，于是，我们终是最最幸福的一对。

有了酒精的作用，她脸色红润，胆也大起来，一直专注、炽热地望着他。

他也不时停箸，辣椒红地回望她。

是啊，普通人几乎要厌倦的平常生活，为什么他们两个感觉到千种柔情万种风情？胜过风花雪月的缠绵，超过游戏和聚会的华丽与浪漫……

饭毕，姝文手破，不能洗碗刷锅，擦桌抹地等全由康濛一人包揽。他打趣，笨人笨福，她笑，一步不离跟着他，像宠物跟着主人，像孩子跟着父母。

收拾停当，康濛建议出去散步，姝文不肯，说机会难得，要多享受两人在家的感觉，又想，出去再老晚回来，邻居见了，引起议论多不好。这点她没说破，他也想不到单纯的她会这么想。

姝文落座三人沙发，康濛靠近坐了，打开电视，正播新闻，世界问题太多，二人难免就时事发表些议论，怕搞得精神太累，便问姝文是否换个频道，竟心有灵犀似的，说看文艺节目。

电视调到汉州电视台的音乐节目《华丽变奏》，姝文惊喜地叫："新主持人？哇，林樱寒！"

康濛说句"正是"。

"上电视变了，没她本人漂亮哩，不过，还是相当精致哈。"姝文笑说。

"妆化得太浓，机械生硬，不自然，不亲切，机器人样，还紧张。"

"人家刚出镜，没经验呢。看见她，我觉得可亲切了。"

"简直自作多情，她哪里能够记得你？"

"我见她亲切并没要求她见我亲切。我们的兴趣和性格不相合，只是骨血里感觉到一种亲切，对她。"

"不觉得她太做作吗，你怎么会喜欢她的？"他的眼睛似要吐出蛇信子了。

"是不是喜欢，不知道，只是有种亲近。我喜欢一切美的人美的事物。对于美，我没有免疫力。林樱寒很美。"

"你指的表象，肤浅的美，就论这种美，她也比你差去十万八千里。看一个人，灵魂美更重要啊。平心而论，看外表那个费皓良不丑啊，你怎么不喜欢他呢？"

"我不欣赏那种类型的男士，再说，他为人圆滑，有些无耻。"

"你怎么发现他无耻的？"他倒提高了警惕，眼睛里都长出利齿了。

"原来你说过。"她灵机一动。

他倒也记不起来，叮嘱了一句："你可不能和他来往哦，没有好处，甚至危险的！"

"知道。"其实，她并没有感觉到多少危险，只是不愿和那种人多交往罢了。

"换个台吧。"他说。

"关了吧。"她说，不知是不是生气。

"那，干什么呢？"

"我，想走了。"她怯怯地凉凉地说。

"姝文，不要这样，你让我有些忧虑，为我们的未来。我们默契，欢乐，胜似任何一对情侣，我们敏感脆弱，超过任何一对见面就吵的恋人。"

"你在指责我？叫我承担责任？"目光涌流千年的悲伤。

"好，怪我。我不妥协没有出路。"

"康濛，我明白了。"她的眼里涌满了泪，起身欲走。

他拦住她，抱着她。

被他抱着，奇妙，身子瞬时柔筋脆骨。

追寻生命的第一束光一样，他热切地吻她的泪眼、脸庞、嘴唇。

火伞高张。电闪雷鸣。万紫千红。平湖秋月。

他和她都在想：这份爱情最容易相守，也最容易碎裂，为什么？它太美丽？不象理由。它太火热，融入骨髓？它将千万人万千年的感情熔浆，在这个夏天让康濛和汉姝文激情喷发，富丽演绎，在绚烂的诞生中疼痛地毁灭，在悲壮的毁灭中炫耀地诞生？

他说今天也累了，洗澡休息吧。她脸上不自禁一红："你先洗。我的手破了，冲冲就好，只是，没带睡衣。"

"穿我妈的就是。"说着他拿来一套白底蓝色小花睡衣，散发着清凉的月光的味道。

他先洗去了。很快，容光焕发，从洗澡间出来了，穿了身蓝格子睡衣。

"他真清秀俊朗。"姝文心头一跳，又不禁有些自得与喜悦。

康濛给她拿出一套新的洗刷用品来。

浴室里，姝文闻到一股浓烈的康濛的味道，不禁沉醉。春花沉醉于春风？

康濛在客厅里喊："姝文，手不方便，我借你一双健康的手！"

姝文检查一下反锁的门之后，叫嚷："你真过分！"

"玩笑啦，不信你把门大开着，我保证看都不看一眼。"

"过分"的玩笑令姝文浮想联翩，但不能具体，她的生理知识有限，只知自己太快乐太甘美。这一个澡冲得实在舒畅，如沐一场春雨，身心每个细胞都滋润飞扬起来，穿着康妈妈的睡衣则油然而生一种宁静温暖。

突然，姝文惊叫，看，伤口都进水了！

"没事的！换一张创可贴。"他安慰道，帮她揭下纱布，又亲了亲伤口处，拿来创可贴贴了，感叹道，"我们这些人，幸亏生在和平年代，一点皮肉伤就大惊小怪。"

"皮肉伤可以叫唤，心受伤只能隐忍，现代人，容易伤心呢。"

"这个，不说了。今天够累的，咱别坐客厅了，躺床上讲话吧。"

"我在阿姨房间，你在自己房间，不嫌叫唤得累吗？比打电话还累吧？"

"到一个房间。"

"什么？"大叫。

"那，打手机。"

"嫌贵，不过好玩。"

"好，不浪费，最经济，躺一张床上去。"

姝文"啊"了一声，康濛认真地说："姝文，真的，我们只是互不干扰文明地躺着，好吗？"

"你要答应，咱绝对井水不犯河水！"她妥协。

"好，答应！"他笑。

她点头。

"只是，你犯我怎么办？"他笑嘻嘻的。

"不会！"她斩钉截铁。

他又笑："用不着这样义正词严吧？多大的事？"

"不和你斗嘴了。"

"那赶紧上床。"

"哪个屋？"

"上我的床。"

她再挑眉瞪眼，鼻孔呼呼冒火星。他看她的样子极可爱，心里并不急，直笑，拉她的手说道："不要计较啦！你先上，睡里面，我睡外面，省得你掉床。"说着合上天蓝丝绒麻蒲公英绣花窗帘。

康濛的单人床睡两个人自然窄了，不免肌肤相触。也许是他的诡计，她无从猜测，佯作不在意，却有无限暖意与快感荡漾心头。

她要拉开窗帘看星月，他说那把灯关了，房间漫溢着炽热的幽暗，滚烫的岩浆淹没了两人的呼吸，心跳到对方的心跳里。

他的手，太阳中心淬过火。她的手，月光里浸泡过一千年。他握住她的手。侧过身，亲吻她，拥抱她，她战栗着，无力拒绝。他的吻，他的拥抱更加狂野，鸟语花香飘过，千军万马踏过，疾风骤雨之后，她猛然清醒，推他："康濛，怎么说话不算数？"

他喘息着："姝文，不行，请答应，我不会辜负你！"

"不行不行，放开我！"

"姝文，我们都打算结婚了！会看到，一个新奇的世界……"

"不行！真的不行！除非真的结婚！"她坚持。

他放开她，跌跌撞撞下了床，到客厅坐着。在噬人的香艳的黑暗里坐着。

她目不转睛望着窗外，窗外满天的明星，明星簇拥着朗月。她心潮起伏，紧张羞愧，更生透明的欢喜，像这无垠的纯净而活泼的星空。

这小小的一隅，是康濛的房，康濛的床，康濛的枕，康濛的被，康濛的窗——康濛的世界，爱的世界，多么神奇！"是啊，我多么爱他呀！"她想着，刚才如果与他顺理成章亲热下去，其实也不是多么大的罪过，我们会结婚的，百分之一万结婚的！况且自己这么爱他，为什么不能够为他奉献呢？可是，明天如何面对妈妈呀，她知道了会多么伤心，害怕呀！不只是妈妈，每一个亲人，熟识的朋友，我都将无颜以对，刚才已经过分了！不过，他的拥抱与亲吻多么迷离，眩晕，芬芳呀……

星月看着她，笑着她，恼着她。面对辽远的清亮的星，向着如银似水的皓月，姝文随着古今中外美丽的爱情神话遨游，和康濛穿越时空幻化为遥远的传说。

他轻轻地走来，清凉的身影，年轻的姿态，梦幻的姿态，樱花粉般轻柔的声音说："姝文，刚才对不起，我一时激动不能自制，忘乎所以了。现在，我已调整好自己，让我们同床共枕一夜，请相信，我真的不会，绝对不会碰你。"

"嗯。"姝文的声音轻得自己也听不清，像她的影子在说话。

月影婆娑，花木摇曳，夏虫呢喃，姝文心海澎湃，不能成眠。康濛满脸流泻幸福与宁静，沉沉地进入梦乡。

汉姝文 2019 年冬天的日记（15）

最适宜我的痛苦是爱情的折磨，鲜艳的狂热，甜蜜的痛楚，灵感的家乡，心灵的最亲密之处，上帝也为我的温柔与专注，感动而折服。

生命中最美丽的时刻，一定是思想他的早晨。一生中始终战栗心怀的，必定是花丛初遇的心动。相爱与季节无关，与晴雨无关，与各自走来的道路无关。

没有预演，那一天极平常，天上无虹桥，河中无兰舟。抬头，看，昙花正在空中怒放，天堂鸟从东到西千里辉煌。

眩晕，而记忆如此清晰，岁月的刀将每一片花瓣，每一片鸟羽，雕刻记忆的画版，生命全部幸福的意义。

曾经幸福过，妈妈。曾经幸福过，姑婆。汉州城的石板路，曾经走过一个幸福的姑婆。

幸福的人，爱城市，更爱旷野。姑婆，我给你读旷野的故事。

在荒僻的旷野，没有一个人影，没有一只彩色的走兽，一条清溪都没有。只有繁盛的野草，抱围一座低矮的茅屋，茅屋前的竹椅，坐着你和我。

在那灰色的旷野，我们离太阳最近，与月亮最亲，在那死寂的旷野，旷野是全部的世界。

我，温暖地看着你，绝不询问矮树林的东方，有什么奇伟的山，壮美的海。

享受着安宁，也绝不害怕霹雳暴风，还有令人窒息的黑暗，我将与你一样刚强。与神与魔平静地对话。

爱，我真想，真想和你蓦然掉进一个深渊，完全属于你我的深渊，我会多么兴奋沉醉地感受,你的智慧与力量,不管深渊里有无兽虫,无论是死是生,只要你目不转睛,向我投射燃焰的目光。

妈妈,写作的人都是梦中的人么?姑婆不写作,为什么,姑婆是梦中的人?梦,是我们家的基因密码么?樱寒不做梦,为什么樱寒也不快乐?

哦,梦中的人,有着梦幻的眼波,梦幻的彩发,披一袭梦幻的轻纱,踱步梦幻的森林,梦幻的香草岸。

梦中遇见梦中的人,言说梦幻的话语,梦幻得梦中人亦未明白,只是愿意,情不自禁沉溺梦幻,迷醉于西天的云彩,河岸的榛树叶,月下的杜蘅露。

梦中,可以火红无忌地笑。梦中,阳光永不枯萎。梦中没有洪水猛兽,亦无梦外的喧嚣浓艳。

梦中晓识,身在梦中,却如此真真确确地感知,生命本真的丰采。于是,自欺,祈盼,梦,别醒来,人、神,都别扰我,别扰妈妈,别扰姑婆,我们只合宜,在梦中。

我确信,姑婆在梦里,走向天堂,走向来生。

第十五章 此恨绵绵

我经历的痛与哀已达到生命所能承受的极限

屋内，窗帘半开半合，林郁雪半卧双人楠木床上，目光枯黄似深秋即将凋落的树叶。深蓝睡衣上胸前那朵粉色的杜鹃花，在月光里睡着了，不，死去了。

许安娉坐在她的床边。两人梦游般迷惑，绝望。

许安娉说着梦语，哀伤的："我宁愿像你一样，有人折磨着灵魂。我没有爱，没有恨，没有灵感，没有目标，没有寄托，空的，空的，我是空的，灵魂是空的，空落落，空落落……一个诗人，像我这样，才是最可悲悯，贫穷。"连衣裙上的紫罗兰花瓣，在她的叹息中，纷纷飘落。

林郁雪愤愤的："冲天的怨怒焚烧着我！我要亲手把他钉上十字架，用他的血液浇灌我午睡的玫瑰，在最适宜的时机香艳地绽放，然后欣喜地凋谢，结果。"

"你的躯体行将就木，可你的心还在燃烧啊，不管是什么材料在燃烧，你在兴旺地燃烧！可怜的痴人哪，我却万分羡慕你！"

"我诅咒敌人的灭亡，也渴慕自己的死亡，我经历的痛与哀已达到生命所能承受的极限。"目光里游动出微细的小黑蛇，黑亮亮的小蛇，簌簌作响。

"我却渴望灵泉里能够开放出你这样毒辣的死亡之花。我没有爱，没有恨，不曾爱，不曾恨。"雪花，飘洒，目光里。

"你是一个古怪没有爱心的人，不跟你说了。"林郁雪冷冷地说道。她身立阔大的冰河，目光宁静，望着岸上一队队落叶乔木，瑟瑟发抖，可不想上岸。

"愿神明眷顾她。给我灵感，也许，但愿，我能为你把凄哀的爱情故事记写下来。是的，嗯，让我写别人吧。"许安娉的眼睛盯着墙上花好月圆图中那对私语的白头翁鸟，不，白头翁盯着她。

"轻描淡写，我的人生只是一个故事？呸，我的存在只为了成就你一本轻薄的书？"

"写进书里已经是对你悲哀生命的隆重礼遇与补偿了。我不写，你不照样，默默地，悲凉地，走向坟墓？"

"没人能够写出我的痛郁怨哀！上帝也不曾懂得，否则他不会这么忍心待我。"千万条火蛇在眼前飞舞，而胸腔里旋转着雷鸣狮吼。

是哦，名林郁雪者，七十七岁之惊骇绝望，七十七岁之积郁沉痛，天下谁人能写？

林郁雪深吸一口气，从天堂通往地狱的黄土道上的空气，道："晚上，让樱寒带着那个费皓良来吃饭。"

"好的，不知人家有没有空。"许安娉又道，"我一直没见过他，倒也想看他是什么模样。"

林郁雪发作了，白发像柳絮飘扬起来："我做了多大的努力，下了多大的决心，要他来家坐坐，敢不识抬举？他不来，叫樱寒永远不要理他——唉，樱寒真不该理他哩。"

"听泰承说，此人老成得很，相当圆滑，叫樱寒当心，分手为上。想到这一层，怕泰承不高兴我们把他请到家来。"

"我说叫他来他就来！莫说了！"林郁雪疾言怒色，恼怒的老猫的表情令许安娉不敢违拗。

许安娉给樱寒打电话，樱寒通知费皓良，他想推辞，因实在没有胆量面对林郁雪。林樱寒不容置疑的口气又令他无从开口，沉吟一下，又问她爸妈在家吧？樱寒轻松地说，不知道，做好思想准备，也许都在，想必妈妈在家。

费皓良下班去超市买了两盒乳清蛋白粉，即与樱寒碰了头。他外看自然，内则心惊肉跳，踏进林泰承副市长府上。

许安娉第一眼见小伙子气宇轩昂，琴心剑胆的气质，心生喜悦，又不无失望，发现此人眼神锋芒毕露甚了。许安娉的态度便从矜持转变到冷漠，都忘了招呼客人落座。

林郁雪远远地端坐沙发，两只眼睛死死盯着费皓良，用超人的意志力保持着理智，沉默着，沉默着……六分钟后，也许，她过了六十年，吼道："走吧，即刻。一秒钟莫停留！再莫出现，永远。樱寒，快带他离开，快，快！"

费皓良求之不得，樱寒和他瞬间消失了。

林郁雪跟许安娉说她累了，回房，不吃饭，莫打扰。语气里历来的毋庸置疑。

许安娉扶林郁雪上楼回房，带好房门，去了。

林郁雪跌跌撞撞，搬挪藏在衣柜里的小木箱，窸窸窣窣，取出钥匙，打开木箱，土褐色的气味扑面而来。

炭灰床单上，太阳菊丝巾跳跃着，像往玻璃地上泼出的金黄的水，向远方漫溢。她亲吻着每一滴水珠，抓扑着每一朵阳光。

她展开杜韬航约她去丁香雨茶楼喝茶的那张粉色纸笺，看着，眼珠子粘连上纸笺，看着，再看，卷起，展开，卷起，送入口里，咽入，腹中，心里血里。

箱底，抖落出彩凤嫁衣，一辈子，没绣完。嫁衣倒在床上，鲜红鲜红，万千根红刺，刺着眼。张小泉龙凤剪刀，锋利地尖叫，碎了嫁衣，凤头落了，凤尾断了。

生发三世怪味的笔记，贴在胸口，干涸的泪腺竟然再度涌泉。

她颤颤巍巍，哆哆嗦嗦，找来一个土色铁皮饼干盒。丝巾滑入铁盒，笔记跌迕铁盒，嫁衣飞蛾扑火般，一片片飞向铁盒，玫瑰红打火机，火，扑腾扑腾燃起。

不管几十年的东西，不管怎样沾满泪迹与血痕的物品，火总是绝望地欢跃，激越地叫嚣。一股浓浓的尘封味道，一缕惊怖无望的死亡味道，一阵凤凰涅槃的重生味道。

林郁雪撕裂的心在火中狂笑，在火中舞蹈，在火中痛哭。啊，过去了，过去了！结束了，结束了，这一生过去了、结束了！这烦嚣的世界结束了、过去了。

火，天生痴狂。火，天生无情。火，天生为了清除污秽；火，天生的为了毁灭。倾盆的泪也不能浇灭。火中，没有神迹，没有异象，林郁雪眼睁睁地疼痛地祈盼。

一堆带着余温的灰，一堆无迹可循的灰，一堆即将四方飘散的垃圾灰。她每一个细胞都像沸水在战栗，抓起一把灰，撮起手指碾着，舌舔着，口吸着。

一切早该结束，上帝再残忍也不忍看着这种痛法的生存。林郁雪把多年以来由于失眠而开的安眠药片一股脑儿灌进胃里。

她洗了脸，水像白月光一样，流过她的脸。

她换上预备的白色寿衣，戴上鸽血红宝石项链，象牙手镯，像落进雪潭的一块玉，安静地躺到床上。皎洁的月光，像莲花香飘拂她的脸上。她好像睡着了，好像插上梦的翅膀了，好像遇见她的他了。

她好像获得新生了，还是那么年轻，高雅，漂亮，少女的眼睛里充满对爱情的渴望，她的上帝在温和地指引她……

林郁雪的死令林家活着的三口人都悲痛万分，同时也心生欣慰。死，其实是林郁雪最好的归宿，最仁慈的安排。

林家静了许多，空落了许多。

林泰承终于鼓起勇气，抽空去医院做了检查。他到了肝硬化晚期。检查之前，虽也做过可怕的设想，当隔着门，一对蝙蝠耳亲自听得干部医院程生院长对许安娉说出他得了绝症，还是难以接受，不能相信。

狮王无预备遇逢黑牛群致命的袭击。

世界乌漆墨黑。"不可能！不可能！我还有未了的心愿，没活尽兴！我要活！不想死，不想死啊！世界还在，我不在了，不能，不能啊……"林泰承心底悲痛叫嚣。

他推开门，程院长电击样发起抖来，嘴唇哆嗦着劝慰："林市长工作日理万机，致贵体抱恙，我等当尽心竭力，康复市长。医院即刻成立专家组，请林市长相信汉州市医疗水平。每一个汉州市民，都期盼、祝福林市长尽快康复。"

林泰承向许安娉虎啸狮吼要来检查报告，心惊肉跳的，一字一字读了，又往手机百度，深晓自己病入膏肓，医生专家如何努力亦怕无回天之力。这种绝望的情绪就足以置他于死地，平生第一次不可控制自己的情绪，理智被命运之神踩踏了。

他是有才华的人，积累了几十年的学识经验，尽归尘土？造物真是昏庸奢侈，焉可如斯浪费！

生命最无奈，是没有做好生命结束的准备。他没有机会感受太多美妙的最后一次，一场风光的演讲，一次华美的旅行，一个与爱人销魂荡魄的夜晚，甚至一餐盛宴，再不可，以常态心情享受一次。生命多好，世界多好，多好，然要弃他而去。

从此，没有太阳，没有月亮，没有玫瑰，没有前呼后拥，没有主席台，没有灯红酒绿，没有亲人，甚至没有仇敌，没有没有……

如果没有机会时间做这些思考倒也罢了。林泰承痛心入骨。

漫漫几十年，回首仅是一瞬间。他想起祖辈、父母、姑妈和儿时的自己，怎么就像昨天一样近前清晰呢？想起少年的屈辱，青年的奋斗，中年的得意，都是那么温柔，那么无奈。他帮助过太多人，得罪过太多人，他们或微笑或愠怒地走来，他向他们挥挥手，等到阴间，到来世，到永世的黑暗虚无里，再见，再清算，一定要再见啊！无论如何，他们都是幸运的，因为他们依然拥有生命，明天的后天的太阳，还会向他们温暖地献媚。

多少明星官员，得了绝症，隐瞒粉丝，隐瞒领导同事，瞒一时是一时，直到不久，人奔黄泉，天下大白，叫人唏嘘。林泰承认为，之前的隐瞒，就是欺骗，一边自欺，一边欺人。好端端一个人，生场病，无故做了个骗子，不值。今日已然确诊，既然没有一点奇迹的可能性，林泰承绝不隐瞒绝症消息。

当晚，他去办公室处理事务到深夜。次日上午，他把秘书小程招来医院，神情凝重，前情后事交代一番。在小程眼里，林市长像是为国为民即将奔赴刑场英勇就义的战士一样，感觉悲壮之极，临走不禁号啕大哭。林市长也止不住流下了眼泪，不是被小程，似乎是被自己感动了。他起身，一个千斤重的拍肩,让小程灌注了新鲜血浆,向林市长隆重鞠躬,含泪而去。

四十余年,林泰承浪沙淘金,得个肝胆相照的弟兄,环保局熊道和局长。小程去后,林泰承即给熊局长打电话,说了生病的事。熊局长顿足长叹,随即赶往医院。二人国事家事一番长谈,熊局长哽咽说道:"请哥哥安心养病,这辈子,你的事就是我的事。"林泰承起身给他一个拥抱:"遇得兄弟,实乃此生大幸事,来生必要再会。"二人不禁洒泪。

明日,汉州城里,上自市长、下至做芝麻饼的,都晓得了,林泰承副市长得了重病,自然各有论点,包括绝大多数没有论点的论点。

算是第一时间,曹久鸣市长率领几位常委,去医院慰问林副市长,说了多少暖心又隔肚皮的话。他们送来花篮水果,各人还送了红包,林泰承竟推辞不得,心里恨煞自己,怎么就成了不治病人!接着几天,看望的人接连不断,他厌烦之极,幸亏高干病房有个独立客厅,一般来人,只叫许安娉去见,向人说明病情,重复,再重复,恨不能用录音机播放,再听来人说那安慰的空话。那些话,飘散着发臭的花香,裹着尖刺,闪烁死神白眼珠上的光芒,十分可憎。至于红包,他和她不在乎,不,他们恨死这种红包了!好在,一周后来访者不见了,安静了,死般安静。

他嫉妒每一个健康的人,活着的人。

他嫉妒,嫉妒一个人。

这个人,林泰承总也挥不走。他,定定地站在面前,像一块万年巨岩堵在路口,推不动,绕不过去:他要交出她了,放弃她了,要把她归还他了……生命里最舍不得的,竟然还是许安娉!最不能容忍的是,许安娉将牵手汉箫!

许安娉的嗓子哑了,在看到林泰承的确诊报告时,就那么一瞬,嗓子哑了,甜润的嗓音消失了。她不说话了。头脑真空了,心口绞着痛。她感觉自己的生命随着林泰承一起结束了,但并没发现是爱林泰承的缘故,是的,在生死关头,也没有戏剧地发现自己爱林泰承。可是,她真的不能,不能够失去他!她恼他、怨他、又愧对他,想补救,一万分想补救,让他再活一次地补救。

失去了林泰承，原来竟是失去了一切，荣耀、安全、关怀，甚至爱情。她不爱他，可他竟是她的一切。他是她坚硬永不腐朽的盾牌，他是她迷茫之旅不灭的领航灯，他是她鲜花不败的神秘符咒。且再没有人领略她的无礼、浪漫、妩媚，因为她再无机会无礼、浪漫、妩媚。

病房里，许安娉握着林泰承的手泣不成声。林泰承一阵感动，如果用死亡来换取，感知许安娉的真心真情，足矣！

"你刚才说，我是你的一切，失去我就是失去一切，说明，你爱我胜于一切！"林泰承激动而自得地说，脸上竟出现滚烫的红晕。

她抬起泪眼，坚定地，残酷地："不，我没有发现自己爱你，只是，真的不能失去你。"

"唉，都到这个份上了，为何不善意欺骗一回？"

"就因为到这个份上了，更不能欺骗。今生，命里注定，你陪我、我陪你过了，感谢你给我一辈子安定、温暖、风光，却也恨你，束缚了我。"

"好，现在，你可以——找他了，没有束缚了。"林泰承辛酸而尖刻地说。

"不，他也不再是我的向往和梦境。我现在成了一个不会爱，没有灵魂的人了。"

雪白的墙壁，雪白的床单，雪白的满天星花篮，在许安娉的心里，死亡不是墨黑，是雪白雪白的。

他一个鲤鱼翻身，手撑床面，坐起，像二十岁的小伙子那么敏捷："不会吧？我不相信！我用一生的时间、智慧、爱情来赢取你的爱，却失败了。即便现在，仍不放弃，哪怕走进坟墓之后，若有灵知，我仍求索，你又怎么能随便放弃你刻骨铭心的爱情，云消雾散？"他几乎笑出声了。

"每个人的性格和爱情都不一样。我句句真言。我不爱他了，或许曾经爱过，或许我爱的一直是自己编织的梦境，反正，现在不爱他了。"

"好好好！意外，真意外！其实，你该爱我，正如郝思嘉，最后终于发现自己深爱着白瑞德一样惊喜和痛悔，我一直在期待这种奇迹！"目光燃烧起明亮的青春之光，照亮自己，也照亮别人。

"也许你有白瑞德的精明、强悍、自私,而我却一点也不像郝思嘉,性格修养丝毫不一样。"

"无论我们的性格和德行如何不一样,本人用种种心智赢得的荣誉利益,你却心安理得,与我分享了。"他讥讽道。

"这正是我对你的感恩和对良心的歉疚,而一切,与爱情无关。"

"好,不要说了。要知道,我有多爱你,就有多恨你。"他咬着牙说。

"你有多恨我,我就有多恼自己。我一直试图自己能够爱你,特别是最近,可是不能够,我比你还要失望,不会爱的人才是最痛苦的。我非常羡慕一个人能够热情地爱,不管爱的对象是谁,也不管这个对象如何对待他。"

"好了,不企图你的爱情。可你对我,总该有几许负疚吧?"

"当然。"

"好,这种负疚,便是挥之不去的牵挂与思念?"

"失去你,我再无安宁,再不欢笑。有你在身边,我才感到强大安全,乃至温暖。"

"上天真是公正!"他哈哈笑道,"我总企望,感觉,你能补偿我,用你的追悔、孤独、愁思,尽管为这种补偿,我付出了,壮年英逝的代价。"胸腔里叹着气,"我并不悔自己的一生,无论对待感情对待事业的追求上,只是,真的不甘,在英年逝去。我,没有活充分!"

"想问你,你,走之后,希望我过得悲苦么?"说着她的身子哆嗦了。

"希望你,物质生活丰裕,精神上却不能宁静,作为我对你一生无望爱情的补偿。"

"其实,我对生命已经厌倦,宁愿此际躺下的是我。"

"不,那样便宜了你,而我会更加痛苦。你要活着,凄惶地活,空空落落地活。"

"你诅咒我?"

"是的。这一生,你何曾用心考虑过我的感情感受啊,你这个自私的女人,一心忆念空幻的自编的爱情,却不看顾一眼,给你爱,给你信念、安定、快乐、一切的人。"

许安娉急切地说道:"不,如今,我仅渴望,你能陪我安度晚年!"心都跳出来地叫唤。

"其实,你需要的,只是一个相熟相对的伴侣,而不是爱人。也许,你忽然明白,在老年没有爱情无所谓,却不能没有一个相陪相守的伴侣。"

"泰承,真的,你不懂,我多么多么期盼你能够健康!"

"你并不是出于对我的关心与爱恋,只是为了自身利益的考虑而已。"

"你剖析的,没想过,只祈盼你还像从前一样陪我,哪怕仅是出于一种不能更改的生活方式与习惯。泰承,我真怕失去你,真的不能失去你。"痛哭流涕。天都被她哭灰了。

"你有这样脆弱吗?如果真是这样脆弱,倒是因为我这么多年对你的纵容。"

"是的,你不曾让我见识真正的雨雪风霜,为我阻挡了一切外界的不洁和干扰,我所遭遇的风霜,是自己用空想的白羽变幻出来。"

"是啊,你是一个多么幸福的女人,到了快五十岁,才需要自立。"

"可是,现在我是一个最不幸的女人。"

"我在一夜之间接受了这个天崩地裂的病症事实,你又有何难接受一个从不曾爱过的丈夫的离去?"

"不要在我的伤口撒盐了。泰承,命运对你对我都很残酷,让我们在最后相伴的日子里,多谅解对方,不要再彼此伤害了。"许安娉擦干泪,长叹一声,"唉,姑妈去世也好,见你这样,真不知她会怎样呢。"

"我和姑妈,真是割舍不断,不久,又要见面了。"他苦笑道。

"樱寒出差明天回来。唉。"

"往后,樱寒靠你照顾了,好在她已经毕业工作,要不我真是不忍撒手去呢。"他脸上掠过一抹笑影,"樱寒这孩子,比你坚强能干多了,只怕将来是她来照顾你,而不是你去照顾她。"

"反正,我们只能相依为命了。"

这时林泰承给余烈配用的手机妖娆地恶作剧式地响起来,林泰承一秒钟的惊愕后,果断摁断。可是手机又立即固执地风风火火响起来,似乎要把手机响裂了方肯罢休,许安娉盯着丈夫尴尬的脸:"需要回避,我出去,只是，回头要解释。"他犹疑一下，点了头，不，垂下头。

"搞永久消失啊？打你一万个电话了！"余烈哇哇地叫唤。

"不好意思，忘了开机。不是我想永久消失，是天想。"其实，近日，他认真想过，快销此号。

"太愚人了吧？"

"唉，烈日，这是最后一个电话，最后一次联系，有话尽管说吧。"

"我不同意！"

"无从选择。"

"野蛮！"

"命运不测，姑妈才烧头七纸，我又病倒了。"

"我可以给你活力，重新健壮站起！"

"不可能了。"

"你的病，真像谣传那样可怕吗？"

"什么？怎么，你知道？"林泰承惊呼，人被雷击了似的。

"对不起，我早知道你是谁。"电话那头笑了，很响。

林泰承感觉像被扒光了衣服，亮相在聚光灯下供人观赏，而自己由于强烈的灯光却看不清周围的一星一点。

"哦，没想到……"他喃喃地说。

"没什么，莫紧张哦！"她又笑起来，特有的放肆的笑，"我不是那种俗女子，给你麻烦，提贱要求。"

"谢谢。"林泰承松了一口气。

"我只是想见你一面而已，为了证明曾经说过的，见面后你会喜欢我爱上我。"

"我现在的样子很难看，见不得人了。"他长叹。

"没关系，电视上你风流潇洒的模样，我永生难忘了，不在乎你现在的样子。"

"我在乎啊。你给我留下了非常美好的印象，漂亮性感，爽快洒脱，这种思维里织造的形象不会比你本人差，让我带着绚丽的怀想走进来世的期待，可好？"

"你临终也不遗憾，不怀恨没能见我？"

"命数难违，难违啊。"

"为你呢，我着实失意了两天。前些天你忙，没理我，我很生气，即想退出。上周爸爸朋友给我介绍一个男朋友，本市人，家里开实业公司哦，住别墅，开宝马，太合本小姐心意哈。我男朋友第一次见我就爱上我啦，会黏人，比我大两岁，可什么事都听我的，感觉很爽。我们天天见面，热恋起来啦。"

年轻的声音，年轻的得意。

"恭喜啊。"林泰承真诚地向余烈道贺。是的，他的生命即将终结，热恋是年轻人的特权，世界是年轻人的，有何资格去异议？

"谢谢！不过，还是希望见上一面。"余烈道。

"真的不必。"林泰承不愿意别人知道自己临终前的一场闹剧，怕人耻笑晚节不保，对许安婶坚贞的爱情嘲讽式玷污，一旦他和余烈的事曝光，什么传言都可能编排出来。实际，余烈由于对新恋爱的重视和喜悦，也不想惹个不必要的麻烦，坚持见他仅是出于女人的虚荣心，让她的网恋对象去盛赞她，崇拜她，而她也早已揣摩出林泰承不会让她到医院见面的。遗憾也许是有的，雨天里望着电脑屏幕，蓦然生出一种无名回忆，一叹再一笑，算是纪念了。

人是多么奇怪。两周前，他们感觉自己"热恋"着对方，一个夏天接一个冬天热恋下去一样，竟一下子毫不疼痛甚至没一点感觉地遗弃了。可见，这和热恋的感觉是虚幻的，是自己想象的，希望要投入那种热恋状态而已，并非真正的热恋。

"把照片传你手机上？"余烈问。

"好吧。"

照片传过来了，像模特的时装表演，而模特确实性感迷人。

"你真的很漂亮，太漂亮，然今日须听天由命，不得相见，不可爱恋。"林泰承这一席话像是发自肺腑的。

"嗯，等来生，再相遇、相知、相爱吧。"余烈的话语似乎很热烈，而实际是一堆毫无感情色彩的文字符号而已。她需要的仅是林泰承对她的赞美，或者是她并不相信却期望的空口诺言。女人的虚荣啊！

"安心养病吧，我会想你祝福你，有时间再电话。别提最后一次的事了，不要那么决断，那么冷漠，我们差点有缘上演一部现代爱情佳话。"

余烈是潇洒的，无意的，情话是没有意义的，林泰承倒生出一丝怅惘，虽然只是这一刻，虽然这几天心境太乱，没顾上也或许是内心有意回避有关余烈的怀想。

林泰承目光呆滞。这是一个洁白的世界，冰冷的世界，恐怖的世界，没有明天的世界，是一个充满异味滋生病毒的世界，一个寂寞空虚无聊无趣的世界，这里只有对往昔的追忆，还有对无情的死亡的等待。他失去了一切，别人的敬仰，人生的欢娱，自由与爱情都随着健康一同离去。

林泰承落下末日之泪。

许安娉推门进来，见林泰承这样伤怀，忽生疑惑、醋意，这是有生以来第一次滋生的醋意，竟这么强烈？她质问道："刚才是谁的电话？这部手机什么时候配的？我怎么不知道？"

"我要死了，这个手机也死了，本来它就不该诞生。"

"好啊，你口口声声说爱我，爱我一个人，爱了一辈子，怎么现在竟和别人缠绵缱绻得掉眼泪？真恶心！"许安娉怒不可遏。

"安娉，能见到你吃醋生气，真是荣幸，你这种表情真迷人，真暖和我心，早知道我就大大地让你吃醋生气，可惜老天爷不再给我时间和机会。"

"怎么回事？解释清楚！"

林泰承握着许安娉的手，正色道："安娉，许我留存一个小小的秘密到阴间，相信，它并不损害你什么。"

"可我真的想知道。"她低语，而妥协。

林泰承此际视余烈为梦幻与耻辱的结合，不想提她，向任何人。

"真的没什么。安娉，无论你怎样待我，我仍爱你，爱你一个，永远。"

深不见底的海，响着蓝色歌曲的海，起风的海，他的眼睛。

许安娉带点满足，带点不甘。是的，她奇怪，自己明明不爱林泰承，却如此在乎他对她的感情。虚荣吗？自私吗？好像是，又好像不是。也许，她不甘心，也不能原谅自己跟一个不爱他，他也不爱自己的人共度了一生，现在她至少有一个圆满的理由面对人生的遗憾与失误：为了成全某人对她忠贞不渝的爱情，她奉献式地体面地维护了婚姻。是的，林泰承不解释也好，假如他真的说出一个破天荒的秘密，爱上了另外一个女子，那才是奇耻大辱，难以平复。唉，不说也罢。秘密？秘密便是不可知，以及不可知带来的神秘和妙幻，有无限的想象空间，许安娉依靠这种想象，也将可以消耗些许百无聊赖的时光。

　　林泰承依照一套严密的治疗方案有条不紊地治疗，也只是有限延长日子罢了。来看望的领导、下属、朋友，每天渐少，及至门可罗雀了，林泰承平静地面对。

汉姝文 2020 年春天的日记（16）

一直以为，每个春天都一样，一样的鸟语花香，一样的伤春情怀。可是，有一个春天，叫 2020。

2020，每天见证历史。2020 的目标，是活着，有人说。

原来，活着多么美好，原来，熙熙攘攘的人群多么好，奔腾的车流多么好，原来，这是人间烟火，这是太平盛世。

我们只要平安，回到从前，忙忙碌碌，平平常常，原来是多么幸福。人生那么些困惑，原来是神明送我们的生柿子与山楂串，没什么，尝一尝，主食依然是五谷，色香大全。

2020，中国人过了一个前无古人后无来者的冷清的年。央视春晚的烟花味尚未散尽，大年初一的街头，蝘龙山，快哉公园，冷清得如史前文明。

史前文明的街头，走着我们一家三口，去给康宁爷爷买部华为手机。店员戴了口罩，我们戴了口罩。看着口罩世界，以为自己走进了有关疫情的电影。

这个春天，有的人，不出门，不聚集，即是贡献。有的人，逆流而上，奔赴病毒的狂欢地，与死神赛跑。有的人，放了历史上最长的春假，享受天伦。

有的人，时间比生命还多。

有的人，紧张地生活，忘了生活是生活。

宁宁的爸爸不读诗、不看小说。2020 的春天，他教会了宁宁下象棋、跳跳棋。我们一块看新闻，看每天新增新冠肺炎确诊人数。

宁宁的爸爸养水仙、养幸福树、养热带鱼、喂流浪狗。因赋闲家中，流浪狗突然涌现宁宁爸爸眼前，每天下午七点到小区北门聚会，等宁宁爸爸送美食。当他正常上班后，流浪狗神奇地消失了，想来像一个梦。

像一个梦，却是实实在在地恐怖。像冲上烽火线，怀着那份无畏的气魄，我往菜市场买菜，分别给一对爷爷奶奶，又一对爷爷奶奶，再一个奶奶送菜，一周一回，清早出门，下午两点到家，自己也满载而归。宁宁每次一蹦三跳迎接我，像迎接战场上凯旋的将军，而将军必带回丰盛的水陆美食。

荤的素的，红的绿的，高的圆的，菜依然那么新鲜可爱，看不出与哪个春天不同。难忘的是，猪肉摊站满了人，顾客手一指，卖肉的一刀切下去，不管肥瘦，不管一百二百，大爷大妈，竟没人嫌贵，没人说话，微信扫了钱，拿起肉就跑。卖肉的当比我更难忘，一世生意，只怕最少费口舌的是2020年的春天。

我对自己放心，所以，我去买菜，不要宁宁爸爸去。网上说，2020年的春天，都是男子买菜，除了我家。其实，柴米油盐里，散发的，都是爱的气息，如果，有心情相信与感觉。

此生，为谁柴米？谁是星月？

无色无形，更可怕，像病毒。我习惯无色无形，梦的雾霭，梦的花香，梦的叹息。

谁与我擦肩而过，我都屏着气，别人看不出来，在2020年的春天。

桃云村比汉州市更安全。这个电话该打，这个电话该接，不能把临终提前到2020年，这黑色得不可原谅了。

为人女，为人母，为人妻，为人媳，为人师，太多的责任，没有资格去死的人，都怕死，特别是因病而起，一无价值，不可死。有人爱的人，为了爱的人，不敢死。怕死的人不会死。好好活着，2020年的春天。

2020年，是车祸最少的春天。2020年，是最纯净的春天，空气像农耕时代纯净。

姑婆，你不是到天堂了么，为什么还溜达人间？那是前世的故事，不信，你问樱寒。樱寒，我们为什么会相识，让故事变得这么简洁？

第十六章 三 生 暧 昧

我将天荒地老地寻觅芬芳的爱情

　　姑婆林郁雪的离去着实打击了林樱寒,当得知父亲林泰承的噩耗,生命的血浆被抽去大半,前思后想,对自己的未来有些不乐观了。现汉州电视台王浩台长由父亲关照提拔,算是感恩图报,林樱寒任职电视台,并试做音乐节目主持,实际,林樱寒的性格和资质并不适合做主持人。

　　与费皓良的前景同样不乐观。费皓良鬼迷心窍,对其死去近六十年的祖父出奇的迷恋崇拜。他不遗余力探考祖父祖籍,骄傲地得知,父亲的曾祖父曾中过清朝的进士,当过奉天府丞。只是,祖上男丁不旺,五代的单传,单传了下来,也算不易了。

　　相反,费皓良的父亲对其祖辈毫无兴趣,甚至对自己的亲生父亲也无心情探听。他一心一意孝顺养父母,令费爱华、赵春兰夫妇很是欣慰。费皓良请求父亲改回原姓杜,父亲不同意,两人心底都有些不快。

　　费皓良不由自主地迷恋其祖父杜韬航,由于后来的麻烦,费皓良又认为是恶魔的驱使了。

　　林郁雪凄厉、痴狂、神经质的双眼时常瞪着费皓良,令他惊悚不已。林郁雪出殡,费皓良跟随曹久鸣市长参加了,整个过程里,他不停地看见林郁雪歇斯底里的样子,听着她骇人的耳语"我要报复你,我恨你",费皓良冷汗不断,黄豆大的汗珠从额头滑落,依靠强烈的意志,没有使自己失态。

　　回去后更是噩梦连连。他本来非常唯物,不相信人有灵魂一说,然而,林郁雪的魂灵着实存在,她会突然从花盆里冒出,从油画中优雅地迈出,从穿衣镜里飘然而出……白天她穿着一身红裙,披着一头红发,脖脖挂着一串鲜红的铃铛,向他年轻妖媚地笑,疯狂地叫,一句也听不真。夜晚，她穿着洁白的婚纱，披散一肩白发，脖子垂挂一串白骨，对他温情脉脉，谄媚地做出各种姿态。费皓良驱之不竭，赶之不尽。她总是突然出现，蓦然消失，令费皓良寝食不安。

费皓良拼命地工作，在工作环境里林郁雪是不出现的，可到了家里，林郁雪似乎无处不在。他试图换个环境，在朋友家住了一夜，可林郁雪还是无孔不入神通追来。不过，住在宾馆是安全的，难道他要一辈子住在流浪的宾馆？如果太像家了，渴望温馨小家的林郁雪只怕还会追随过来。

奇怪的是，费皓良每次与林樱寒约会后，总能安静一个下午或一个晚上。可是，他太想摆脱林郁雪，由林樱寒牵藤而来的林郁雪，于是他想摆脱林樱寒。

当得知林泰承副市长患上不治之症，费皓良破釜沉舟做出决定，离开林樱寒。他逐渐冷淡她，希望她能主动提出分手，尽管在冷淡的过程中，林郁雪的魂灵变本加厉折磨他。他告诫自己，鼓励自己，一定要挺住，闯过这一关，闯过这鬼门关后，一切将豁然明亮，四通八达。

他不跟任何人提起自己的烦恼，相信跟别人哪怕家人说了，都不会有一点益处，只能让麻烦变得更加麻烦。所以他冷静、无助、坚定地和林郁雪的鬼魂做斗争，相信坚持到底就是胜利。林郁雪由于刚刚死去，魂灵活跃，时间久了也许会慢慢隐去。一切却并不像他设想的那样，林郁雪的魂灵出现的频率不但没低，反而更高，且表现得更加狂热了。她不断地笑，叫，唱，就是不好好说一句话。她主动献上热情的吻，甚至自己卸下婚纱，露出玲珑的身体，蛇一样缠绕他，冰凉地抚摸他，费皓良在她的爱抚中，心脏只差停止跳动。他便频繁找借口住在宾馆，住在宾馆的同时更加冷淡林樱寒。

林樱寒由于心绪不佳，工作频繁出错，索性请假休息。

有两位密友来家看望她，随意谈论起性格与血型的关系。林樱寒说她爸是 O 型血，妈妈是 B 型，想必自己不是 O 型就是 B 型，两个朋友却坚持说她的性格真的不像 O 型也不像 B 型。说 O 型血的人特别活泼开朗，B 型血的人大度乐观，但做事没主见。林樱寒过于安静，又爱沉思，确实不像 O 型血和 B 型血的人。林樱寒不再和她们争辩，朋友只好自圆其说：

"其实，这是一种现代迷信，血型只有四种，而世界上有几十亿人，自然有几十亿种性格。"

第二天，林樱寒去医院看望父亲时，悄悄做了血型鉴定。结果一石掀起千层浪，这浪也只能在林樱寒的心底默默翻腾：她A型血，不是父亲或母亲亲生！她连问三遍给鉴定报告的人，目光里喷射出刀光剑影："确定？"人家斩钉截铁："确定。"

太意外了！无论如何，她要知道真相，无论这个真相怎样惊人残酷！

林樱寒在林泰承与许安娉的脸上来回逡巡，这么多年来不曾有过一丝怀疑，自己不是父母亲生。他们多么爱她呀，没有一点点做法让人怀疑，她并非他们亲生。她盯着林泰承看，自己像他吗，像又不像？同样，她琢磨着许安娉，像她吗，不像又像？她装作不经意，询问、证实了父母的血型，科学不会出错，林樱寒被彻底击垮。那么她的身世隐藏着怎样一个耻辱与阴谋呢？她想，等有机会和许安娉独处时，一定问个水落石出。是的，最大的可能性就是许安娉不贞，和林泰承结婚却生了一个别人的孩子！她一定要让真相大白，让蒙羞的人蒙羞，让被蒙骗的人不再受蒙骗，让林泰承不必受蒙蔽含冤离开人世。她这样一想，又觉得是天意了，天意在这样的情境下，揭露这个可恶肮脏的秘密。是的，林泰承绝不会知晓她不是他的亲生女儿，如果知道，依凭林泰承的秉性不可能对她林樱寒付出这般慈父情怀，而许安娉对自己情人的女儿本该爱护有加。林樱寒想到这一层，竟对许安娉一点情意谢意也没有了，只有愤慨，以至让许安娉受辱而后快。是的，是天意！如果林泰承副市长此际不是躺在病床上，而是满面春风坐在主席台上作报告，是天意，林樱寒也不想揭破这个秘密，哪怕知道这个秘密的人由于良心发现或者在别的利益驱动下来揭露秘密时，林樱寒也会竭力阻拦。现在，副市长林泰承已经病入膏肓，她要挺身而出，大义凛然指出真理的方向。

林樱寒想，命运对她是何等残酷，接二连三的打击令人崩溃：世界上最亲密的人，亲爱的姑婆骤然离去，给她无限关怀和荣耀的父亲到了病危，一直视为父亲的父亲并不是亲生父亲，一直追求深爱自己的男友冷漠如霜！凶残的命运之神，还有什么暴风骤雨火山雪崩，都来吧！人生什么遭遇磨难她不能承受呢？来吧来吧，置人于死地的打击都来吧！毁灭吧，这灰暗的末日世界，只要有人与自己一同毁灭，无论仇人、恩人，有人与自己一同毁灭，她便放声大笑在这灰暗的末日世界……

汉箫听说林泰承得了绝症，又震惊，又失落，对他怀着恨意，同时怀着同情与歉意。他全身颤抖和许安娉通了电话，要求下午能到医院去一趟，看看林泰承。许安娉沉默一会儿，说了声"也好"。

许安娉没有和林泰承提起汉箫的事，怕他拒绝，不如让汉箫做个不速之客。其实，这几天两人心底里想得最多的便是汉箫，他总是活跃在他们各自的心海。

下午三点，汉箫敲了林泰承的病房门。

许安娉开门："来了？"说着接过汉箫手中水果，一袋青苹果，一袋玫瑰香葡萄。

汉箫不自然应了一声。

"稍等，我问一声泰承。"

"嗯。"

林泰承得知汉箫来了，惊讶之余又立即脱口而出："让他进来。"

林樱寒也在病房。

林泰承脸色暗淡，可双目明亮，明亮地盯着汉箫。汉箫早已不是林泰承想象的年轻的汉箫，头发稀疏花白，只似深秋的芦花飞，双目枯黄，褪色发白的蓝条T恤，更增添他的暮秋之气。也许由于感情困惑，人生种种折磨，真显落魄，而知识分子那种萧索的孤傲之气尚存。

汉箫迅速望了一眼林樱寒，想问一句"你们的女儿"？却紧张得一语不能出。林樱寒冷眼旁观，许安娉和汉箫难掩局促，林泰承难免激动。林樱寒在冷静察视中，对三人都露出鄙夷，因为凭借推测与感觉，她与汉箫目光相碰的一瞬，便痛楚失望地明白了事实的真相。她本想走出去，让他们三人畅快地做一次最后的交谈交代，可是为了平衡心中的伤痕与不平，她要醒目而难堪地立在他们面前，看他们如何艰难地对话！

可是林泰承发话了："樱寒，出去一下。"

"我头晕，走不动。"声音比昨天许安娉做的夹生米饭还硬。

"就一会儿，坚持一下，樱寒！"林泰承开始命令了，用市长父亲的威严。

如果是往昔，单凭教养林樱寒也早回避了，可今天，她没有。

"不。我什么都知道了，我知道的可能比你还多，你们何必在乎我在不在场？"林樱寒轻蔑地说。

"樱寒，你疯了！胡说什么？你知道什么？今天到底怎么了？"林泰承一头雾水，脸红了，却更加阴暗了。

"你们隐瞒我这么多年，我有权知道真相，这是真相大白的时机了！说吧，没有廉耻心的人们，都无耻地做了，一辈子都过来了，还怕什么？说吧！"林樱寒叫嚣着，左眼下的黑痣剧烈地跳动着，连衣裙上每个小蓝星都发出讥讽的光芒。

"樱寒，你惊着我了，没病吧？"林泰承关切地问。

汉箫簌簌发抖。许安娉瞪大瞳孔。

"我好好的，百分百健康，你们才都是些病态的人。是的，谁先开口呢？说出内心窃喜、耻辱的事件真相？许安娉，我的妈妈，端庄高贵的妈妈，你真勇敢、真机智呀，讲讲你人生的辉煌战果吧。"

林泰承顾不上手上打着吊水，挣扎跃起，平生第一次打了林樱寒一个响亮的耳光："闭嘴，胡说什么？都想些什么了！"

许安娉忙上前拉丈夫躺下。

林樱寒吃了一惊，捂着脸颊，哭叫道："她的情人都在眼前了，还要说什么？"

"出去出去，滚得远远的！"林泰承向樱寒咆哮。

"你真可怜！如果我是你，非杀了他们不可！"林樱寒一边愤愤地哭着说着，一边捂着脸走出了房间。

"造孽！"林泰承叹息一句。

汉箫惊魂未定，不能成语。

许安娉一边给林泰承拍胸打背，一边劝道："不要生气，跟自己的女儿生气，不值当，身体当紧。"

林泰承喃喃道："她怎么知道的？怎么能这样？"

"其实，与她无关。"许安娉道。

林泰承恢复常态，请汉箫坐下，问他过得可好？母亲健在？孩子怎样？发出一连串的关爱疑问。

汉箫竭力调整情绪，说还好，这辈子，母亲多亏媳妇照顾，有个女儿，很好。

"我女儿，原讨人喜欢的，稳重，关心人，谁知今天吃错药疯了似的，让你见笑了。"

"年轻人容易冲动。"

"这一生，后悔吗？"

"后悔不起。"

"如果，上天给我权利，我想说，"林泰承目望明天的一缕霞光说，"我愿意，把安娉还给你，希望，你们，有幸福的晚年。"林泰承艰难地微笑了一下，令人心生温暖，只是同时眼睛里不经意流露一种实施诡计般的得意之光。

许安娉忙接口："不行不行！泰承，乱说什么！"

"不，我是严肃的，真诚的。今天，汉箫来我很高兴，让我有机会讲出心愿。"

汉箫心想，真是"人之将死，其言也善"啊，说："林泰承，你让我惭愧。"

"惭愧什么？大家这辈子，说好也好，说不好还真的不好，自己已经不能享有的为什么不做个人情，让最需要她的人接受呢？"

许安娉脸上红一道绿一道，恼怒之极："把我作为礼物随便送人？只怕你没有这个权利，林泰承！"

"好。至少，我可以表态，我同意，万分赞同，你们结合，在我，病故之后。"

"不行，我没心情了！你——过世后，我一个人过。"

"什么？你说没心情了？"林泰承做惊愕状。

"是的，没一点心情了。"许安娉冰冷地重复。

汉箫的心沉落一万米海底。

"怎么会？这是你们两人向往一辈子的事情与幸福啊！我本以为可以安心去那边，不再为你操心了。"林泰承做忧虑状。

"时间，是魔术师。曾经让我神魂颠倒追求一生的爱情，只是自己苦心编织的梦幻。遵奉真实，真实是，我没有心情了，让梦幻成为梦幻，这是它最美的归宿，最高的价值。"许安娉冷冷地说。

她，立雪山之巅，不见足下，唯望高冷苍穹。

汉箫脸色煞白，嘴唇哆嗦着，眼里似乎有泪珠涌现，林泰承看在眼里笑在心里。

汉箫强作镇定："不该说这个话题。"

"难道大谈特谈，死亡话题？"林泰承嘲讽。

"其实，我只是想看看你，这么多年了，也真怕，再没机会见你了。"汉箫诚恳地说。

"想看看，思念一辈子的人的丈夫，想看看一辈子的仇敌，想看看，疾病死亡怎样让一个得意的人不再得意？"林泰承带笑问道。

"不管你讲得对不对，至少少说一条。其实，先前提过。"

"你说，你是一个对我怀着歉意的人，不太理解？高尚？自大？以为许安娉爱了你一辈子，所以对我有所歉意？"

汉箫悠悠长叹："莫提了，恩恩怨怨，天理明鉴，奖罚分明。"

许安娉忽然半幻半痴似的说道："都别说了。无论作为偶像、道具，我都让你们真真切切地爱了一场、一辈子。我才是空无所有，爱的感觉没有丝毫。是的，谁也不能让我激起爱的涟漪、爱的火花，我才是真悲哀。"

林泰承恼了："冷血女人，我呵护你一辈子，爱了你一生，你就用这副冰寒的嘴脸、带刺的话语对待我？"

"我多么希望，自己能够爱。无论爱你爱他，可是心就是不能够，可知，我的痛苦？"

"好了，够了，闭嘴。我恨你，到了那个世界，还要恨你，纠缠你。"林泰承的面孔蒙上阴间戾气，令人生畏。

"放过我，此世了断。"许安娉的声音充满哀求。

"不能，不甘，今生之失败。成功的事件不再怀想，失败的事情永志不忘,直至来生的来生,我必要追寻,直至圆满。"

一片片,花瓣,黑玫瑰,一片片,从空中飘落,飘落,湮没了许安娉。

"如果,现在,我说爱你,来世,放过我?"

"不要违心话。"

乌压压的玫瑰花香,把她身上的蓝灰真丝裙打了七道褶皱。她闭上眼睛。

"来世,必定相遇,我们。"汉箫望着林泰承说道。

"痴心不悔啊,你对许安娉。可惜,我们遇到的是一个表面热情如火,实际心如铁石的女子啊。"林泰承道。

汉箫的态度比自己预备的还要诚挚:"其实,这么多年,我无时无刻不在祝福你们,一直与你们,孩子,生活一起。"说着哆嗦了一下。

"看着她,我总想着你,恨着你,想着,三人,每天碰面,每天,生活一室。"林泰承不知不觉扯下了面具。

今天,汉箫真心实意来看望林泰承,也许,是此生最后一面,渴望生出勇气,和他讲出那个天大的秘密,免得林泰承做冤魂屈鬼,也免得自己被那个秘密折磨得人不人鬼不鬼,直至带着罪恶,恓恓惶惶走进坟墓。他的心要见阳光,在黑暗的隧道里,在潮湿寒冷的古墓里,他停留太久,太久。他是正人君子,渴望阳光。

可是,面对林泰承,面对许安娉,面对林樱寒,勇气早就逃遁得无影无踪。人生有许多秘密,并不给人愉悦和安全,相反,是无尽不能言的苦涩,压抑,无奈。人如果坦荡勇敢到面对谁都能知无不言,是一种多么大的幸福与畅快,正如卢梭,这个古今中外最最真诚坦率的人,是多么令人钦佩,更令人羡慕啊。

汉箫本以为林泰承的病危可以给他带来勇气与转机,这一刻他明白了,自己将更加悲郁地踏进坟墓与炼狱。

汉箫想告辞,立即告辞,带着纷乱的思绪,带着破碎的爱情,带着枯萎的信心和热望。林泰承得意而绝望的眼神,许安娉彷徨漠然的目光,林樱寒冷傲讥讽的眼风,汉箫一辈子不能忘记。他想告辞,即刻离开这里,逃避出去，逃避到更深更不堪的回忆与蚕茧之中。

　　林泰承一眼不眨地看着汉箫，说："谢谢你，还记得我爱吃青苹果。"汉箫说"自然记得"，原预备给林泰承送红包，可直到临走也没好意思从包里取出来。

　　林泰承强作笑颜："这是，最后，一面了？"

　　"今生也许，来世未知。不管，你的情况，安娉的态度，爱之梦，不弃，有份怀想，知足了。"汉箫认真伤感地说。

　　"许安娉真是一个幸福的女人哪，可又多么悲哀，全不自知。好吧，既然如此，来世再纠缠，地老天荒的敌手和兄弟，等你，再会。"林泰承真诚而悲壮。

　　许安娉似乎灵魂出窍了，向着窗外高远的天空，喃喃说道："是的，我是幸福的，幸福恰是我的悲哀。我永远只能作为你们爱情的道具，而我，也仅是在寻找自己爱情的道具，却不能自欺，长久拥有。我有沸腾的血液，飞扬的热情，却不可释放，我将天荒地老地寻觅绚丽的爱情，盼望奇迹，明知，梦中的奇迹，不会降临。"

　　"奇迹，是我，你要辨识。"林泰承道。

　　"放下骄傲，奇迹，眼前。"汉箫道。

　　"希望，只是，不能……"她的声音低得只有自己的心听得清楚。

　　汉箫从病房出来，头重脚轻，恍惚而欲摔倒，恨不得封闭的落地窗忽然开一个口，让他在一瞬间里结束这纷扰泥泞的人生之路，但上苍不肯恕他，还要承受生的煎熬折磨，直至心血流尽呼吸终结。

　　他跟跟跄跄走回家，周青蘋问脸色怎么这么难看？他说看到街上出了车祸，一对骑摩托的情侣被汽车碾压车轮下，血红透一条街。姝文又惊又惧，叫爸爸不要再提再描述。

　　姝文纯洁如天使的眼睛，令汉箫心脏擂鼓跳动，想再细细端详，可无力抬起眼皮。单听她的声音吧，真真比百灵鸟悦耳，这美丽的声音却有一股巨大的震波，一直震到汉箫每一根细微的神经末梢。

　　他把目光移向周青蘋，这棵生长于幽谷的寒兰，不管天阴天寒，有人无人，静静地开放，静静地散发淡如晨雾的花香。这个善良贤惠的女人，眼角额头有细细皱纹的女人，热诚地爱了他一生的女人，令汉箫不堪重负的女人。汉箫移开目光，不敢面对她，愧对她啊，恐怕要三生三世追随她、补偿她……他垂下沉重的头颅。

他把目光移向母亲，求助母亲，母亲应该让他问心无愧的，不，不，想到那一件事，再度移开目光。

是的，还有林泰承，许安娉，包括林樱寒，怎么所有的人都令他沉重，良心负疚呢？他对每一个人都犯了罪！可是谁又来补偿他的无言与哀伤？哪个生命也不像他那样矛盾凄楚，活到今天已是不易，也许，是一个男人与生俱来的责任感驱使他坚强地活着，可是他对谁尽过应有的无愧的责任？

心绞痛着，汉箫不能再想。

汉姝文 2020 年春天的日记（17）

2020 年的春宴，突现不速之客，最渺小，最庞大，消灭集会，"消灭"人群，消灭欢声笑语。

新冠病毒，无声无息，寻觅寄居地，无声无息而气势汹汹，杀向每一个靠近它的自然人。

瞬间，全民口罩。一夜之间，全民皆兵。

人们的眼睛如受惊的雀惊惧地交谈，除了自己，质疑每一个人，沾染了毒气。

武汉，像一夜白发之人，在江边哀叹，徘徊。江雾呢喃着瘟神的咒语，樱花蕾紧紧闭合春天的眼。

新冠病毒，企图在地球占一席之地，中国人民发现了它，中国人民不给它无耻的机会。

比冬天还寂寞的春天，比夏天还火热的春天，奔跑着，奔跑着，从社区到医院，从重症病房到方舱，这是人与魔的较量，是光明对惊蛰老人的童音呼唤。

钟南山，雷神山，火神山，一个个传说悲壮诞生。

中国人热恋"使命"这个词。使命，如山沉重，如春光盛大。

守城的武汉人民，与死神赛跑的白衣天使，逆向而上的运输人，亲爱的警察、志愿者、快递员，每一位负重前行的人们，在没有硝烟的战场上，你们都是勇猛的钢铁战士，是这个时代最可爱的人。因为你们，春天如约而至。

春天如约而来。

4.26 万援鄂医疗队员无一人感染新冠肺炎，本省一亿多人口，未有一人因新冠死亡，可是，2020年的春天，我们每个人都呼吸到死神阴郁的气息。

每天从窗台眺望大街。人一天天走向拥挤，车一天天开向堵车，堵车了，热泪盈眶！

热泪盈眶，摘下口罩，手拉手，走向新生的春天。

2020之前，没有人预言新冠的到来。2020年之后，再不相信世上有预言家。

热爱生命，珍惜生命。生命只有一次。没有来世。

伤害别人的安康幸福，那种"自由"，是种卑鄙与自私。

新冠病毒，证明，地球村人人平等。

儿时听老师说，到共产主义社会时，人就不讲国籍了。老师，共产主义社会比河外星系遥远么？

每当读到"中国"，写下"中国"两个字，为什么要落泪，不只是2020年的春天？

这个春天，我想起世上每一个认识或不认识的人。

樱寒，我怎么把你当作亲姐姐一样想念？妈妈也想你。你不肯和我微信，我总想着咱二十二岁的样子。谁都有过花的年纪。我心里的姑婆，根本没曾姑婆过，她活了一世花的年华。

花的年华，是诗，不该化身小说。

大家如何都活成了小说的样子？

爸爸研究小说人物，却不敢面对自己。

妈妈想念爸爸，超过我，超过宁宁，超过你。我叫她想念活着的人，谁都好，她不，她不。

樱寒，你的孤独让我哭泣，你可以，可以向我敞开心扉，可以说，我像姑婆的上帝一样安全。别怕走进小说，小说是虚构，爸爸知道，妈妈知道。

第十七章　潇　潇　雨　歇

你们意淫了二十几年

汉箫见林泰承的当晚，林樱寒得空和许安娉独处。林樱寒关了电视，屋里即刻安静，空气也似乎凝固了。

林樱寒单刀直入："妈妈，有什么隐瞒我的，请直讲。你和爸爸感情有问题，你和另外的男人有亲密关系！下午，来医院的是谁？"

许安娉吃了一惊："樱寒，礼貌点！"

"我是不礼貌，可你还无耻呢！"

许安娉忍无可忍，跟林泰承下午一样，给了林樱寒一个响亮的耳光。

"我恨你，"林樱寒捂着红肿的脸，哭嚷，"我要揭发你！我要让你难堪！"

"有什么可揭发的？有什么难堪的？我清清白白！"

"真会演戏，谁清白你也不能清白！"

"我问心无愧。"

"伪君子，你的表情真够问心无愧！"

"樱寒，你不能用这种口气和我讲话！"许安娉的眼里涌出了泪。

"不！你知道你让我多么惊讶？多么屈辱吗？"

"樱寒，你疯了！"

"我验了血型，A型！你B型，爸爸O型，对吧？我不是你或者爸爸的亲生女儿？"

"啊？怎么可能?！"许安娉从来不曾这样震惊，柔软的卷发都立起来了。

"是的！"

"验错了吧？"

"不会！我提醒人家，仔细验了，明明白白！"

许安娉靠近樱寒，握紧她的手，安慰道："樱寒，如果这样，这里面有问题。不过，可以确定地告诉你，我是清白的，如果你不是爸爸的女儿，你根本就不是我的女儿。你先冷静，不要和你爸爸以及任何人提起这事，明天我们去做亲子鉴定。"

"什么？我不是爸爸的女儿，就不是你的女儿？"林樱寒呆若木鸡。

"樱寒，不要难过，无论结果如何，你仍是我们最最心爱心疼的女儿，我们永远爱你。如果你有什么想法，可以不做鉴定，我一如既往，当作什么也不曾发生，继续给你热烈的母爱。"

"谢谢，妈妈，不过，明天还是做鉴定去。下午来医院的，可以告诉我是谁吗？"

"他叫汉箫，是我和你爸爸的大学同学。我和汉箫都有个文学梦，毕业那一年，我们恋爱了。毕业后，得知他家里早有了女友，是他妈替他找的，说心善人勤，家务好，我和汉箫就分手了。你爸爸追求我，我们顺理成章恋爱结婚了。"

"不过，你和姓汉的感情蛮好？直到今天，他都没有忘记你？"眼中又带刺了。

"谁知道？我们没联系过。"许安娉讲这句话有稍许不自然。

"噢。"林樱寒若有所思。今天见到汉箫，有个神秘的感觉：他与她有不解之缘，他——是她的亲生父亲！她感觉有些荒唐，却是那么真实强烈。不过，如果他真是她的亲生父亲，那么今天是最后一面了！她冷酷地想。因为他不能给她荣耀与亲切，是的，比起市长父亲林泰承，他太平民，阴郁。林泰承满脸黄黑，有气无力地躺在病床上，都比汉箫显得光耀、刚强。汉箫是她的亲生父亲，与其说她不能够接受这个事实，不如说她不需要，看不上这个父亲。

林樱寒看着许安娉想象她和汉箫在一起的情形，如何都不般配，许安娉和林泰承倒真是一对合适相配的夫妻，自己也真该是这对高贵夫妻的高雅女儿。她没有把种种有关汉箫的想法说给许安娉听，但是，两人都不能平静了，也似乎生分了，不能像原先那样亲密，尽管先前许安娉一万分真诚地保证，无论怎样她们永远是亲爱的母女。

许安娉一个劲地在心底询问：怎么可能？不过，林樱寒真的不太像她，无论长相、性格都不像，和林泰承也不是太像，和林郁雪倒很相似。不过，林樱寒自小就生得清秀漂亮，大家一直都非常宠爱她。如果她生得丑陋一些，也许许安娉、林泰承及其姑妈，倒是要怀疑，是自家的孩子吗？

如果林樱寒真的不是他们的女儿，那么他们自己的孩子呢？她会想尽办法打听她的消息，她要她，林樱寒也要，两个孩子都要。唉，命运哪，命运真是不测。是的，谁又知道明天会怎样呢。

次日，许安娉和林樱寒悄悄去医院做了DNA亲子鉴定，忐忐忑忑两天，待检查报告出来：两人没有血缘关系！虽然之前两人也感觉这种结果的可能性很大，当医生正式宣布后，还是大大地意外吃惊了。林樱寒震惊之后只有疼痛与怨恨，许安娉震惊之后却有一种新鲜与喜悦，因为这个世界上还有一个她尚未识得的亲生女儿，是的，她相信，亲生女儿只会比林樱寒更加可爱。

二人从医院打车回来，路上一言不语。林樱寒跌跌撞撞下车，跌跌撞撞进门。

"为什么？这一切到底是为什么……"林樱寒的眼睛里蓄满了晶亮亮苦涩涩的泪。

"樱寒，不要难过，你仍是我的女儿，永远是我的女儿。既然如此，只有一种可能，在妇幼医院抱错了你。孩子，真的不要难过，是我们有缘，过了二十多年，享受了温暖的亲情。"

"抱错了？抱错了！我不是你和爸爸的孩子！我曾以你们为荣，我曾那么深爱的你们，不是亲生父母……"林樱寒神思恍惚，声音像幽灵一样缥缈，"一切过去了，过去了。从姑婆去世起，我就感觉自己失去了灵魂，也将失去一切。强壮的爸爸生病了，快消失了……现在，妈妈又没有了……爱情也随着姑婆没有了……我什么都没有了……没有了，没有了！可我有满腔的愤恨，对整个世界，我只有愤恨！"林樱寒的眼睛冒出火苗，大红彼岸花一样炽热而恐怖。

"樱寒,不要这样,你不会失去妈妈,妈妈也不能失去你,你永远是我的好孩子,和从前一样。"

"不,你还有一个好孩子!"林樱寒说完这句话,脑海里猛然跳出一个清纯可爱的女孩形象:汉姝文!是的,她的眼神,表情怎么那么像许安娉?原来怎么就没发现呢?是的,汉姝文,姓汉,许安娉的旧恋人汉箫也姓汉,他们是一家人?抱错了?一对相爱的恋人分手了,分手后各自结婚了,结婚后两家同一医院同一时段生了孩子,两个孩子抱错了,交换了……林樱寒的思维飞快地转动,编排着戏剧故事。如果无意抱错,便是天意,各自抚育着情人的孩子。如果有意抱错,是犯罪!

林樱寒为此际自己这份灵感惊骇,得意,同时冷漠地审视着许安娉。如果是无意抱错,便是医院的责任,可以要求医院赔偿精神损失;如果是有意抱错,此际她更相信是有意抱错,罪犯不是汉箫便是许安娉!看许安娉的态度确实不像演戏,那么许安娉是不知情的,是无辜的。

"告诉我姓汉的电话!"林樱寒猛然说道,语音里净是刀光剑影。

"找他什么事?"

"有事,大事!快点,告诉我,妈——"

许安娉点头,从手机通讯录里找汉箫的电话,其实她像背自己的身份证号样,早背上了他的号码。

林樱寒用自己的手机打了汉箫的电话,问:"姓汉吗?"

"是。哪位?"

"林樱寒。我们在医院见过。"

"有什么事?孩子……"那边的声音开始颤抖了。

"我想和你分享,你的秘密。"

汉箫在电话那头也呼吸到她语音中呛人的毒气。

'什么秘密?"

"你有多少秘密?见不得人的秘密?"

汉箫不说话了。窗外一树碧绿的梧桐叶,蓦然离枝,纷纷飘坠下去。

"说呀,说出你二十二年的得意,说出你二十二年的恋心,说出你二十二年的卑鄙!"声音比狮的利齿还凶狠。

"孩子，你真的，什么都知道了？"汉箫又恐惧又辛酸又惊喜地说，眼中涌出泪花。

"知道，都知道！只是知道得太晚了，你让我做了成人式的孤儿。"

"怎么会？你爸爸妈妈，都知道了？对，你怎么知道的？"

"汉姝文，是你的女儿吗？"林樱寒答非所问。

"是。你认识她？"

"她，很美。"林樱寒带着嫉妒由衷赞叹。

"孩子，你也特别好。"

"不要说了！我恨你，永远恨你，你这个罪人，该进十八层地狱！再见！永远！"林樱寒咬牙切齿地说，挂断电话，差点把手机键揿掉，同时把那头的汉箫撂倒了。

许安娉小心问道："樱寒，我不明白，你刚才和他说的话。汉姝文，是谁？"

"汉姝文，汉姝文！你什么也没记，就记住了汉姝文！你不要问我什么，去找汉箫吧，找你的旧情人吧，让他把二十二年的罪过都向你坦白吧！我不是你和爸爸的女儿，汉姝文才是你们的女儿！"林樱寒吼叫着，哭嚷着，冲进楼上自己的房间，砰地把门关上了。

许安娉慌忙给汉箫打电话。

汉箫惊魂未定："谁？"

"汉箫，我是许安娉。"

"噢。"汉箫再次有白日碰见鬼的感觉，魂魄俱丧。

"现在，能出来吗？想和你谈一谈。"

汉箫犹豫着，思想着：崩溃，完全崩溃吧，在这一天……

"哪里见？"勇敢地，他孤注一掷了。

"晴雪茶楼，二十分钟后。"

"好。"

汉箫哆哆嗦嗦取出汉州白酒，咕嘟一口，再一口，胸膛热了，脸红了，眼红了，头重脚轻，内心却增添了不知名的勇气和信心。

二十分钟后，晴雪茶楼，楼上雅座，冰裂纹窗格，熟褐色桌椅，座上对坐着许安娉和汉箫。

翠绿的服务员背影。时间是铁。时间黑魆魆。时间轰隆隆。白刃相接,腥风血雨。

"告诉我,秘密?"她的声音很轻,却是神灵撒下的一张大罩网。

收网了。

汉箫的头,歪倒了。

许安娉盯着壶中绿茶,说可闭眼讲。

"请,稍等。"他的嘴唇打着战。

她望着胡须爬了半张脸的他,心头一阵温热,一股爱意油然蒸腾起来,这是令她魂牵梦萦,黯然神伤整个青春的人哪,这是曾经令她愁肠寸断给她无数灵感的人哪!他仿佛是从千米地下掘出尚会眨眼的古物,她欣赏着他,研究着他,怜悯着他,血红的泪缓缓地,继而大颗大颗滚落,落到干涸的沙漠,汪洋的苦海。

茶凉了。汉箫抬起头,睁开泪眼。

"安娉,我刚才做了个梦,我们仍像二十三年前那么年轻,无忧无虑,甜美恋爱……很久不做这样的梦了,这样一个梦,比生命本身奢侈。"

他此刻的笑容让她清晰地看到二十三年前的他和她,同时她发现,他说话有嘴唇哆嗦的毛病了。

"岁月,都为你流逝了,血液,都为你流淌了,悲苦,全是由'许安娉'这个名字培育。"

"谢谢。"她说完即悔,这两个字多么卑微,于是,立刻又补了句"对不起"。

"你和林泰承恋爱,结婚,给了我致命的打击,深晓一生的幸福与安宁被断送了。每天每夜,我盼望奇迹,你翩然回来,让生命闪光。你想象不出,我受着怎样渴念你的煎熬。"其时,她控制了他每一根神经,充盈于每一个生命细胞。她的音容笑貌、窈窕身影,无时无刻不出现在眼前,诱惑着他,折磨着他。他呼唤她,拥抱她,可只有肆虐的风沙,寂寞的月光,问上苍,求神灵,只有空谷回音,雨打芭蕉。

"在清冷的夜晚,没有一个人流过像我那样多无言辛酸的泪。苍天不负有心人，奇迹终于发生了。

"我家青蘋临盆去妇幼医院的那一天，你也去了。走廊里我碰见了林泰承，看了一个侧面，他没看见我。第二天，你和青蘋都生产了一名女婴。我借口看孩子是否不适，进了育婴室，其实是想看看你的孩子。很巧，两个孩子挨在一起。就在那一瞬间，只是一瞬间，一个大胆罪恶的念头在脑海里诞生了：我要你的孩子！看着她就像看见你一样，我的一生将会多么绮丽光彩！是的，是天意，就是天意：两个孩子挨在一起！我又迅速瞅了一眼门口，两个值班护士正哈哈笑聊得欢，毫不关心注意我的行为，先前进来时，也只是随手一指当日出生孩子的方位。于是，我迅雷不及掩耳地把插在孩子胸口分别写着'周青蘋之女''许安娉之女'的纸牌交换过来。我心怦怦地跳，腿脚哆嗦，不敢停留，许是神助，顺利出来了。一切人鬼不觉。当时我借口回家了，再没敢到医院来，母亲陪着青蘋，直至出院。"

说完汉箫长长地出了一口气，压在心头使他不得气喘的巨石挪动了一下。许安娉一直屏气听他述说。两人的目光始终不曾相碰，汉箫望着许安娉的椅背说，许安娉看着桌上的郎红釉茶杯听。

"没想到，没想到，樱寒不是我的孩子……那，我的孩子呢？我和泰承的孩子呢？"

"她叫汉姝文，天使女孩。"汉箫的脸上有了苍凉的笑意。

"有照片吗？"

他慢慢取出钱包里姝文的照片，递给许安娉。照片上的女孩，头戴太阳帽，身穿太阳裙，快乐地奔跑在沙滩上，海像绿宝石那样绿，天像蓝宝石那样蓝，浪花像灿烂的笑声奔涌着。

阳光的活泼，天上的美丽，温暖的天使！许安娉脱口而出："我爱她，她是我的！"

"原谅，从她诞生起，我就夺取了你的宝贝。我不能自已，看见她正如看见你。她就是天使，爱人，一切希望与甜蜜的代名词。我小心翼翼，呵护着她。她的脸、手、脚、衣喏鞋袜，皆有仙气。家里有她的气息，你的气息，一切都光辉起来，芳香起来，我的精神终于振奋起来，时刻处于狂喜之中。我，新生了。"

当时，周青蘋婆媳也欣慰，认为他太爱自个儿的孩子。然而，多少次，阴霾突然遮天蔽日，他的笑容骤然凝固：福乐哦，滋生于罪恶的土壤，各家抚育的不是自己的孩子！林樱寒虽秀丽机灵，可和姝文不好比呀，一个俗世的，一个真正从天上来的。再说，谁都爱自己的孩子，再丑再不乖的孩子都是自家的好，只除他。因为爱，窃取了所爱者的孩子，带养她的孩子，胜于自家孩子用心。于他，姝文是爱人的爱人，心肝的心肝，快乐的源泉，罪恶的魔窟。让他无法面对许安娉，不敢目对林泰承，不能安心相对母亲和妻子，也不能坦然面对两个孩子，尽管她们都是在有爱与温暖的环境中成长。随着姝文的长大，从她的眼睛里、神态里看到更多的许安娉，使他不敢和她亲近，可是对她的关爱比在她幼时尤甚，因为，他一分钟也没有停止爱、停止思念年轻的爱情。多少次，他曾设想，许安娉和林泰承见了自己的孩子会多么骄傲快活。姝文，满身的神奇，可以让枯萎的花草重新绽开笑颜，让冰冻的河流即刻叮咚流淌，让一切苦恼烟消云散。二十二年来，他生活在充满柔情爱意的大榕树下，低吟浅唱，虽然没人懂得，也不敢让人懂得他的吟唱。

汉箫含泪叙说着。

"确实，你夺走我很多欢乐。姝文，我的孩子，太美丽可人。"许安娉一眼不眨地看着姝文的照片说道，贪婪之状，只似冬天昏迷的种子祈盼惊蛰的呼吸。

他哆嗦着嘴唇，却说不出什么。

"好吧，过去的就过去了。你所做的事严肃说来，是——犯罪，"她抿下嘴唇，清亮亮地说，"不过，如果可以，我代表泰承，不追究。"她相信，爱是无罪的，纯洁的，光明的。

他感谢她的宽宏大量。在那不见天日的岁月里，他曾不停跋涉在沼泽地里，迷茫，哀嚎，相信神明是公正的，看在他多年自责愧疚的分上，她，饶恕了他。

"安娉，谢谢。前些天，得知林泰承病到晚期，我心急如焚，想想该是坦露秘密的时候了，鼓起勇气去了医院，可是，面对病重的他，清澈的你，还有高傲的林樱寒，实在说不出口。不知樱寒后来怎么知道这个秘密的，实际，是她，救了我。"

"樱寒无意验了血型，和我们不符，怀疑起来。首先怀疑了我，怀疑了你。我说她不是林泰承的孩子，就根本不是我的孩子。我们去做了亲子鉴定，结果意外了。她认识姝文，不知哪来的灵感，居然推测到了事实真相。"

"噢，这样。樱寒对这件事，不能接受，不肯原谅？也不怪她，她恨我。"

"我会劝樱寒。"她给他兑上热茶，他则还似第一回见她那样欣赏她美丽的手，优雅的动作。

"我想见姝文。"语气像青苹果爽脆。

"我，没勇气，向姝文，青蘋和母亲坦白这件事。"

"可以，缓缓。我只是想见姝文。"眼波里闪现着绿莹莹的笑意。

"你打算，告诉林泰承？"说着，心像被蜜蜂蜇了一下。

她轻咬了一下嘴唇，点了头。

"此生，我再不能，见他。"他又垂下头去。

"嗯。"

他松了一口气，嘴唇又剧烈哆嗦起来："明天，我带姝文，见你。"

"好好好！"许安娉满脸光辉。

"安娉，你真的，不恨我？"

她想，恨不能给自己和别人带来益处，不如宽容理性，正视现实，再说，一个人犯错犯罪的动机，值得玩味，原谅他，因为，错出于爱。

"过去的，过去吧。姝文曾经是快乐的，樱寒也曾带给我们很多快乐。"

"我想，和樱寒谈谈。"他的嘴唇更哆嗦了，似沸腾的水顶着水壶盖。

"好，我和樱寒说说。她太有性格了，从小就主意大，我的话她也不会全听的。唉，说不好听了，她真的不大像我。"

"是我作的孽，该惩罚的，躲不过。"

许安娉叹息一声，道："明天上午九点，你带姝文到快哉公园南门等我。"

"对，忘说了，姝文崇拜你哩，爱读你的作品，告诉她明天能见你，不知怎么兴奋呢。"说着脸上飘出一缕如梦如雾的笑意。

"真好，我恨不得此刻见到她！索性，你现在就打电话，让她出来，我们一起吃晚饭。"

汉箫犹豫，又犹豫，点了千斤重的头。

电话接通后，汉箫说要给姝文一个惊喜，叫她现在到晴雪茶楼。姝文答应了。许安娉贪婪地听着他们对话。

汉箫说二十分钟可以到，许安娉的心怦怦跳起来，比年轻人恋爱的心，跳得还欢快而紧张，比妈妈初见新生儿还兴奋。忽然想起，出来匆忙，随便套件孔雀蓝收腰长裙，披着长卷发，脸都没擦洗一把，慌里慌张来了，女儿见了不知是否失望。想到这些，心里稍有不安，又想，儿不嫌母丑，何况还有"粉丝"关切呢。又想，"粉丝"这个词音译得可爱。乱七八糟一想，时间运转快些了。

她又全神贯注想女儿了，激动，紧张，只似要屏住呼吸。汉箫问什么也听不见，她一句话也说不出来了，睁大眼睛，向窗外大街凝望。她像饮了仙药，霎时年轻十岁，不，年轻二十岁，一个初为人母的年轻妈妈！汉箫不客气，贪婪地凝望她，她毫不知觉。

忽然，门口，飘来一个女孩，雪白衣裙，像春天的蒲公英一样轻盈，白莲花一样耀眼！许安娉不顾礼仪，冲到楼下，见着姝文，又迟疑了，怔怔地看着：哦，多么灵气美丽的人儿，纯洁无瑕，如人间初见，再凶煞的魔鬼见了她，都要改邪归正敦厚善良起来。她是我的女儿，多么骄傲自豪！我的女儿，有些像我，是像，神态表情，可胜于我，她是完全远离尘俗，不食人间烟火的精灵！

汉箫下楼了，还算比较自然地向姝文介绍："这是许阿姨，笔名素尘，你的偶像。"

姝文睁大眼睛，定定地望向许安娉，像葵花仰望太阳："真好，许阿姨好"心里感叹着，她真美真年轻，这种文雅又矜贵的气质，与她的文字天作之合哦。

许安娉脱口而出:"姝文,天使孩子。"眼里涌出欢喜的泪花,弄得姝文不知所措。

"许阿姨,您的诗,感情真挚,热烈,语言特美,我特喜欢!读您的诗,我爱上您啦。"姝文荒不择言,脸上飘过两朵红云,飘过奶油蛋糕的香甜气息。

"我也喜欢你,一见就喜欢得不能自已,早认识就好了!"许安娉热烈地说,一张脸开放成红牡丹。

两双欢悦的目光交融着,燃烧着,汉箫却掉进了冰窟。

姝文在心底揣摩过无数次素尘的眼睛、神情、声音、发色、气质,今天见了她本人真是又惊又喜,没想到爸爸要给她带来如此巨大的欢喜,对汉箫欣然说道:"今天真高兴,谢谢爸爸!"汉箫惊慌失措,自语般地说没想到,这样,这样开心。

许安娉有些嫉恨汉箫了,完全理解汉箫的自谴了:这么多年,他夺取她太多的甘甜。

许安娉提议去秋萱饭庄吃晚饭,说环境清幽,在复兴路,很近,三人步行去了。许安娉与姝文并排在前,汉箫像个多余的尾巴,在后面拖着。

一路上,姝文激动得不行,叽里呱啦说个不停,一点不像二十二岁的大姑娘。她问许安娉的作品是否真情实事?灵感一般在什么时候涌现?喜欢读谁的作品?问她是什么星座血型?喜欢什么颜色?许安娉认真回答了,每一次回答都得到姝文热烈的响应:"和我一样耶,我也喜欢普希金、莱蒙托夫的诗!""我也是处女座!B型血!""我也喜欢白色、粉色、黑色!"

许安娉在心里不住地感慨:哦,我的宝贝,我的心,我的血,她是我的,她就是我!神明,竟赐我这样的恩典,让我拥有这样可爱的精灵女儿!她的心肺、头发、指甲,每一个细胞都有我的基因!美与灵慧,继续,她继承我,复制了我,和应着我的心率!生命多么伟大,自然多么伟大,我是不死的,永久的年轻美丽……

到了秋萱饭庄,服务员似乎认得许安娉,殷勤之极,带笑领他们去了尽西头一个小包间,许安娉让姝文点菜。姝文看着菜谱,点了清蒸多宝鱼、豉汁贵妃贝、蜜汁山药、夏果西芹，许安娉充满喜悦眼巴巴看着女儿，叫再点，不肯了。许安娉又叫汉箫点，他说她们吃什么，自己都爱吃的，姝文点菜时考虑了他呢。许安娉遂又点了这家的特色菜，香辣虾、蟹肉燕窝羹，问姝文可以吧，姝文说爱吃。

许安娉又点了两瓶红酒，服务员笑盈盈取酒去了。

吃饭时，许安娉给姝文夹菜，汉箫给姝文夹菜。这家饭庄菜味特别鲜香，姝文亦不客气，跟着他二人宠爱自己一次，不怕胖了，大快朵颐起来。许安娉和姝文谈笑不断，从诗经谈到希腊神话，从李白谈到拜伦，从杜丽娘谈到欧也妮，从曹雪芹谈到莎士比亚，从《老人与海》《飘》到《呼啸山庄》……

汉箫生出十双眼睛，贪婪、喜悦、紧张、疼痛地凝望生命中最心爱的两个女子。

饭毕，许安娉有会员卡，可以打折，正付款，汉箫抢上付了。许安娉顺口接道，下次她请，有时间多聚，姝文聪明，叫人喜欢。

姝文甜蜜蜜地望着许安娉，许安娉温柔慈蔼地望着姝文。

分手的时刻终于到了，三人都恋恋不舍。汉箫感觉到一种疼痛的胜利，姝文将自然地跟他走，回家。

许安娉不再麻木了，惶惑了，生命因女儿全部活转过来，日月花露重新闪出光彩，生出意义。人需要爱，需要爱的付出，停止爱，生命便停止运转。这段时日，许安娉几乎确认自己死了，没有感情了，没有人能够让她燃起激情，亲情随着爱情全部安息了。而今，姝文的出现，竟让爱情随着亲情同时生长起来。她的心灵，不只对姝文，对汉箫竟也似乎重新温润起来，不，是整个世界温润起来。

女人天生有自恋的倾向。红尘里有了姝文这个女儿，许安娉不再自恋，孩子不正是自己的化身吗？谁又能够永葆青春，可是孩子替你延续了青春；谁又能够回到懵懂时代，补偿人生的失误？可是孩子作为你的第二生命，可以为她指导，以免犯下自己从前的错误，让她毫无遗憾完美地走出一条全新的生命大道。许安娉的母爱在这一天里爆发得比这二十二年来累积的还要多、还要深。

出于报偿，责任，骄傲，善心？总之，许安娉要尽快告诉林泰承，他有一个其美无比、可爱无比的女儿。其实刚才都急不可耐，想带姝文去见林泰承，苦于没有找到适当的理由，暂时无法向姝文说明真相。今晚见面之后，她想，迟早、应该不会太晚，会说服汉箫告诉姝文真相。许安娉需要，万分需要姝文知道她是亲生母亲，是的，如果她听到姝文用那银铃似的声音喊她妈妈，会幸福得眩晕哦！

许安娉迈着久违的年轻欢快的脚步，走进林泰承的病房，啊，她要告诉他一个天大的秘密，一个喜从天降的消息！

林泰承脸色异常阴暗："一天没见你和樱寒，哪里去了？"

"怎么样？饭吃了吗？"

"你还知道问我！"

"我不是给王主任打电话都交代清楚了吗？泰承，不要生气，我要告诉你一个重大的消息，你不要过于激动才好。"她左手指点着右手指，右手指点着左手指，又紧张又开心。

"什么重要的事？都到这个地步了，什么事情对于我来说，都不算重要了。"他说，冷冷的，凄凄的。

"泰承，真的，非常重要。"说到这里才知这件事并不容易开口，是的，她能原谅汉箫，能对汉姝文一天的感情胜于对林樱寒二十二年的情感。林泰承会如何反应？能接受吗？幸亏他是躺在这里，否则，恐怕他非把汉箫千刀万剐不可！他林泰承辛辛苦苦培养了情敌的女儿，太嘲讽，太失颜面了，这一生也太窝囊了！爱人的心一生都在为她的情人而跳，日日相伴付出完全父爱的女儿竟是仇敌的女儿，自己可爱的女儿竟被他巧取豪夺……想到这些，许安娉的心一落千丈。刚才一味沉浸在姝文的美好亲密中，单纯地想象着林泰承得知世间有这样一个女儿会多么兴奋慰藉。

许安娉沉默了，林泰承倒沉不住气了："不是要告诉我一个重大的消息吗，快说。"

"没什么，瞎想的。"许安娉欲搪塞过去。

"不像，你从来骗不了我。你先前的神采，比古代淘金女从江水中意外淘到一条金笋还要兴致勃勃。快说，我都这个境况了，还顾虑什么？"

"那，你要宽容，冷静。有失，有得。"

"好，闷死了，说。"林泰承不耐烦地挥挥手。

许安娉还是不知如何启口，心想要是把姝文带来，林泰承见到这样美丽妙不可言的人儿，什么气恼怨恨也不会有，什么解释也不必。于是她想再度搪塞："要不，明天再说？今天，没心情了。"

"卖关子哪，我更想知道了，到底什么事？说。"他皱着眉，一双锐利的眼睛命令着。

"泰承，请冷静，失中有得。"许安娉重复着先前的话。

"说。"

"是这样，泰承。"许安娉谨小慎微地运用措辞，以减免汉箫的罪过，而使林泰承的怨怒降到最低程度。

林泰承不可遏制地爆发了："什么？什么？林樱寒不是我的女儿？是那个无赖，弱智汉箫的女儿，太可笑，太捉弄人了！我要让他绳之以法，偷窃我的女儿！我二十几年辛苦养育了一个杂种，一个野人，真没公理没天道啊！我要杀了他，要他坐一辈子的牢！我要咒他世世辈辈雨淋霜打受磨难！林樱寒——怪不得，她的冷漠怪诞并不是空穴来风，她不像我们，好的教养倒是从咱家里熏陶出来！"

林泰承瞋目切齿，草莓鼻上的黑头蹦跳出来，三天没刮的胡须也戎装上阵站立起来。他浑身战栗，床铺簌簌发抖，玻璃杯掉地了，输液管断了，灯光像野兽在嚎叫。

"泰承，你怨，你恼，理解。但是，事已至此，不如宽容，对待罪人，让他良心受过。"

"闭嘴！自从结婚后，他无时无刻不出现在我的眼前我的家里！我竟替他养了一个女儿，一个豺狼的女儿！他的影子，小丑的细胞，每天都飘浮在我的家里，他的女儿还骗取了我二十几年的父爱！恶心！龌龊！如何这样……许安娉，你这个女妖，竟然把这件事说成重大的好消息？你很自慰，得意，搂着情人的女儿就像搂着情人一样，搂了二十几年，睡了二十几年，付出了二十几年母亲、情人、变态的爱！你知足，很快感，是吧？啊，他也搂着抱着你的女儿，就像搂着抱着你一样！很刺激，很快慰，是吧？啊，你们意淫了二十几年！苍天哪，公理何在……"

林泰承肝部剧痛，昏迷过去。

林泰承住院之后，费皓良一直有托词未与林樱寒同去看望，只是陪着市府领导去过一次。费皓良由于受林郁雪魂灵的纠缠，逐渐冷落林樱寒，希望让林樱寒提出分手，以彻底摆脱林家影像。当得知林泰承到了癌症晚期，对他的政治生涯再无携助，从林樱寒的婚姻里难取所需，遂铁心铁意：甩掉林樱寒。

最近虽然备受林郁雪鬼魂的纠缠，工作成绩倒还突出。费皓良与林樱寒秘密相处近一年，然而机关内未传风声，至少曹久鸣市长浑然不知。曹市长对自己这位才俊秘书赏识有加，遂将在外贸局工作的外甥女李晴介绍给费皓良，见了两次面还算谈得来，但被精明的林樱寒侦察到。

林樱寒早就感觉到恋爱危机，但是有老爸老妈身份的撑腰，一直感觉有惊无险。如今林泰承濒临绝境，更讽刺绝望的是，她根本不是位高权重风流倜傥林副市长的千金，精神完全垮了，底气泄尽，她再不能够高昂头颈对费皓良发号施令。

林樱寒自感无颜再见林泰承，对许安娉则满怀憎怨，对自己的亲生父母更是毫无感情兴趣，甚至永远不想见他们一面。她一味埋怨命运对自己的不公与捉弄，感觉被命运之神彻底踢开，抛弃，全世界面目狰狞。

林樱寒给费皓良打了电话，冷冷地说："出来一下，现在，有事讲。"
"电话里讲。"
"不行，重要！"
"好，不过，只能晚上九点之后。"
"现在！否则后果自负。"
"什么意思？一个小时之后吧，老地方。"

一小时后，费皓良与林樱寒坐在"洛神吟"咖啡屋的包间。

咖啡屋里光线又暗又潮湿。林樱寒看见地上落满枯黄的秋叶，空中飘浮着呜咽之音，墙面迸发出土褐色的水琴音，低，很低，然穿透心肺。

她甩掉猩红单肩包。二人猩红地对视。

"一帆风顺，春风得意啊？连老朋友都忘了？"林樱寒满口吐刺。

"岂敢！"费皓良悻悻的。

"比我好？脾气？家庭？"

"什么？不懂。"

"别装了，我见过。"

费皓良的脸飘过一丝红枫云，很快隐去了。

"樱寒，我早就想和你谈一谈。咱们的性格真是不适合，都太有个性主张，不能和谐。"

"林副市长的事业蒸蒸日上之时，我们的恋爱之树也茁壮成长，现在林副市长奄奄一息了，那棵小树自然没有雨露营养了。"

"误会了。"

"是的，我们的性格很不合调。你，我，都太自私，功利，狡猾，谁也骗不了谁，谁也不甘心吃亏。"

"樱寒！"

"今天，我还你，期盼的自由。"

"惭愧。"

"好，为你的惭愧，用钱买断。"

"不懂。"

"给我三十万，一刀两断。"林樱寒的嘴里含着樱桃，声音轻，分量重。

"为什么？我没有。"眼神如黑豹般冷酷严厉。

"为了纪念，我们曾经，恋爱了一场。"以猞猁般冰冷的眼神盯视他。

"可以用心，用感情去纪念。"他试图用"温柔"之语音说话。

"费皓良，你以为我是十六岁的小女孩随你哄骗、打发呀？"

"好，那我也直截了当告诉你，我没有钱。"他"悠闲"地喝了口咖啡。

"有没有我不管，但你必须给我。不管这个钱从你亲人那里去要，还是从你的大款朋友那里去借去骗，必须给我！"

"不给呢？"他挑衅。

"让你身败名裂，前程绝断！"每一字都从刀口里蹦出。

"怕，你没这个能量。"

"狮虎轻易不斗，别逼我。"

"什么撒手锏，亮出来。"他轻蔑地说。

林樱寒慢条斯理，像回放电影浪漫镜头一样，带着缥缈的笑意，从皮包里取出一张化验单，推过来，道："我有，我们伟大爱情的纪念物了。"

"什么？不会的！"他惊跳，跺脚。蓦然眼前浮起，一个多月前，森林公园，那一夜露营。那一夜流星雨。

"狮子口，果然大，少点。"气焰低了三尺。

"一分，不能少。"

"我真的没有，弄不了这么多钱。"他沉吟着。

"神通广大的费皓良，焉可被这区区数目为难？"

"樱寒，仁慈些。"他祈求。

"不。世界向我剥夺的一切，我要出击，索回。"林樱寒的头发冒出灰白的烟雾，眼睛射出血红的火苗，蓝的、绿的、粉的、鬼魅的影子，在火光里蹿跃，火光闪烁在散发异味的烟雾里……林樱寒的脸在奇妙地变幻、衰老，那一双凌厉的暹罗猫的眼睛把费皓良彻底击倒。

"林姑奶奶，我是费皓良，不是杜韬航！饶了我吧，谁之错谁担当，谁之罪谁受罚！我本不认识你，没有林樱寒，我根本不认识你！"

他跪了下去。

林樱寒的嘴唇一张一合，费皓良打寒战听着，"是的，林樱寒是替我报仇雪恨的。她不是我家的孩子.可和我投缘，前世的来生的缘，替我向杜韬航报仇雪恨来了！你是杜韬航的孙子，与杜韬航一样虚伪、卑鄙、风流，即便现在，我也时常被你迷惑。可是我恨你恨你恨你……"血红血红女魔的口向着费皓良叫嚣。

"想杀死我？吞食我？好，来吧！"费皓良张开双臂站立起来。

"是的！我要亲手杀死你，剁碎你，埋葬你！埋葬在干旱、万里无人的沙漠，漆黑的坟墓里，将冒出妖艳的恶毒的罂粟，你的血肉培育的罂粟，烟花一样，不断地冒出，罂粟，不断地，我再一万次，掐断它，随风飘散。我追随在风中，舞蹈于沙尘中，让死亡之音乐永远旋荡在天地……我恨你、恨你、恨你！我将把天叫破，把地喊裂！"

"来吧，来吧！末日的末日，死亡中的死亡！虚伪的人群，丑恶的世界！结束吧，结束吧！外表芳菲实际腐臭的爱情！"

林郁雪哈哈大笑："结束了，结束了！胜利了，胜利了！"费皓良同样疯狂地笑语："结束了！结束了！"

笑声飘得很远，很远，不像天堂不像地府。

费皓良定定地清晰地看见了对面坐着的林樱寒。

"你要的钱，两天后，我送你。"费皓良擦着额头上的汗说。

"好，爽快，来生再相遇一个季节。"林樱寒冷笑，把账号给了他，"收到钱后，我会杀死，我们的孩子。"

费皓良身落冰水地打战，眼睛再度把林樱寒变幻成林郁雪："不！让我们今生了断！"

"好，无情的人，负心的人，今生了断。今生了断……"

费皓良恍惚结了账，跟在林樱寒身后，恍惚走出咖啡屋，恍惚走着，一段人生之路。

林樱寒意味深长凛冽地看了一眼费皓良，道了一声"再见"，转身，向马路对面走去。费皓良望着曾经爱慕过的女人，腹中有自己骨血的女人，心头不由得一阵酸楚，同时一阵晕迷——喧闹的街市幻化成咆哮的海洋，林樱寒正带着孩子走向海洋最喧腾张狂之处！费皓良一个箭步冲过去："不能！我的孩子！"在生命的最后一刹那里，费皓良同时看到了林郁雪年老的狞笑与年轻的美笑。林樱寒回过头来，费皓良已被汽车碾成血浆，血的海，红的海！这烦嚣的、浓烈的、悲怆的夏天……

汉姝文2020年夏天的日记（18）

学习好的孩子盼开学，差生怕开学。老师替好孩子急，老师替差生急，这是处处要竞争要排队的社会。开学了。

一切正常了，该考的试一定考。怕排名的学生，可知，长大做一个被别人需要的人，有人需要你，就是幸福。长大，依然被排名，可以忽略，做一个快乐的人，足矣。我祝福天下人，快乐幸福。

过了白天，是晚上。

为什么，小说易写难改？

小说中，家人大哭，大笑。现实中，总是温温地哭，温温地笑。我看见的你们，依然是小说的模样。

无论南方北方，橘子依然是橘子。

爱家人，爱世上每一个人，而爱比被爱得到的更多。

缘，诞生于鸿蒙的第一声啼鸣，笑傲于银河最后一滴精露。无形无影，却有声有色，不分昼夜，永不歇止，奔波每一时空，计算所有迷蒙时空的交会。

缘，最为庞大而精密的组织，最为工细而公正的机构。从不失误，不差毫厘，从不把责难推诿，不言语，却分明听见"我是必然"，不显身，却时时处处见其飘逸的姿影。

缘，珍藏花木星辰一切秘密，网罗天堂炼狱所有因果。流泪的女子祈祷一千回，傲慢的男士求告一万次，它唯行迈自己从容的步履。

你我，是缘。他她，是缘。

爸爸妈妈，做你们的女儿，是缘。

缘，不是珍藏，是用来生活的。

热爱世上每一个人，热爱家中每一个人，热爱每一个早晨，每一只鸟，每一朵花，每一片落叶。

樱寒，妈妈想你，爸爸也想你，他藏在《红楼梦》里，因为他生活在现实。

樱寒，早自2月19日起，汉州市再无新增新冠病例了。自3月我们更关注海外疫情了，如果可以，回来吧，中国最安全。

中国十四亿人向世界吹哨，唤不醒要自由比生命更重要的人。

少叫爸妈担心，是一种孝心。我们都牵挂你，樱寒，回来吧。

妈妈瘦得厉害，我拉她去医院检查，医生说一切良好。她的头发全白了，2005年的第一场雪一样白。医生说她是健康的。她不读诗不写诗了。我亦奇怪，真正痛苦了，倒不读不写了？心在流血，一滴，一滴，生生地痛，文字是止痛药，可妈妈不用了。

奶奶临终前，我听见她喊你汉樱寒，爸妈没听见。妈妈认真上起老年大学，文学班摄影班，一节课不缺，不过她不和爸爸讨论什么。她喜欢忙，忙得忘记生活的存在。

一个人，要到五十岁，才可以回忆，开启人生第二性格的生命？妈妈们让我感慨。

第十八章 灯火阑珊

一切只是浮躁的时代寂寞空虚的灵魂之产物

汉箫和姝文到家不久，就接到许安娉的电话："汉箫，我和泰承讲了，他很愤慨，昏迷过去，现正抢救。请你向姝文说明实情，让泰承见见姝文，我想，他会因姝文的可爱而动容，把怒气平息下去。这样，对他的健康有帮助。或许，他也可以稍微平和，对待你我。"

汉箫沉默，长叹，脚下的地像积木搭成，抖动着。

"明天上午，我带姝文，去医院。"

"到了再联系。你，不必上楼。汉箫，难为你。"

接完电话，汉箫把姝文带到室外，拐了两座楼，找处僻静花坛坐下。皓月当空，晚风习习秋虫唧唧，汉箫把二十几年的凄惶与矛盾讲述了。姝文惊愕不语。

汉箫抬头看着各家窗户里射出红红白白的灯光，忽然想起"结婚也叫成家"这个白话。只听姝文说："爸爸，无论如何，我爱你和妈妈。"

汉箫热泪盈眶："姝文，好孩子。"

"还告诉妈妈和奶奶吗？"姝文问。

"能拖且拖。"

姝文点头，幽幽地神往地：许阿姨是我的妈妈，崇拜这么多年的人，是我的妈妈，多么好，我多么喜欢她。我真幸运，有两个好妈妈。忽又想到，爸爸思念了许阿姨一辈子，又把妈妈自己的孩子送了人家，对妈妈多么不公正哪。

汉箫眼中含泪，望天说道："我对不住你妈，对不住所有人，二十二年，每日每夜，时时刻刻，我受着惩罚。"

林泰承睁开疲惫的眼：一枝吮吸琼浆玉液的百合，一朵含笑的出水芙蓉，一株茂盛的美人蕉，突兀、神奇、亮丽地降临死寂的空间——姝文来了！

林泰承混沌了："我在哪里，天上？你是谁？仙孩子？"

许安娉温润的声音传来："泰承，她是姝文，我们的女儿。"

"是么？"他的每根汗毛都跳起生命的舞蹈。

"是呀，我们多么幸福。"许安娉眼里的欢喜可以把春天湮没。

林泰承挣扎坐起，搓揉眼睛："女儿，喊爸爸，我才敢相信！"

"刚才，她喊过我妈妈了！"许安娉声音的得意，可以使枯树开放出万紫千红，"姝文，喊爸爸。"

姝文迟疑一秒，甜甜地喊了一声"爸爸。"

林泰承欢喜赞叹：真的！我的天使女儿！宝贝，九个头的恶魔见了你也不会生出邪念，胸中有五百年怨毒的人也会消解黑压压的仇恨……

姝文含羞微笑。

林泰承心底情不自禁作起赞美诗：圣女啊，尘俗拒绝你的降临，最清冽的河流都不敢沾一滴水珠于你白裙的花边。天使啊，有你人间不必再制定法律，因为世间不再有犯罪的民众。只需看一眼你的笑容，人们将互相关爱，百花常开，绿树常青，世界大同！是啊，没有知识的人也会聪明起来，俗人也作起诗来！苍天何等体贴，对我厚爱至此，自豪啊，知足！只可惜，我的家中，生命里没能早出现这样一个精灵，有她的灵光照拂，我的一生定会像圣徒一样光明磊落！

"好好好，真个好孩子！"林泰承口里忙不迭地夸耀。

学业、爱好、工作、男友、未来，一家人谈笑风生，其乐融融。最后，姝文答应林泰承有时间就来陪他。

剩下许安娉和林泰承两人。林泰承严肃而又冷酷地说："我闭眼之前，必须让樱寒和姝文换过来！我尽到最大的人情，不追究汉箫的法律责任和感情损失。"目光凶狠，坚定，回光返照般的明亮。

许安娉点头："实在的，我和姝文真投缘，说不尽的话题，和她一起，真是流着蜜的光阴。我和樱寒，可没那么投合。当初，樱寒和姑妈，倒是好得蜜里调油。唉，别提了，人哪，讲缘分哦。"

"阴错阳差。"林泰承长叹一声，"过去的就过去了，而现在，将来，在我还能拥有的时间里，有机会弥补的遗憾，必要补救。"眼中噼噼啪啪燃烧起生命的火光，绝不像一个病入膏肓的人，"安娉，和他谈去，把我的意思、态度讲给他，姝文和樱寒必须换过来，尽快！"又冷冷地补一句，"我太对得起她林樱寒了。"

晚上，许安娉去找汉箫谈话了，此时的林泰承丝毫不嫉妒他们见面来往了，他相信妻子属于自己，与他心心相印，命运与共，姝文是他们的。

林樱寒来到病房，脸色如白菊般苍白，身穿 chanel 黑色 V 领收腰长裙，十分瘦弱，一进门就流泻一地的《寒鸦戏水》曲。轻手轻脚把食盒放在林泰承床头桌上。她亲自煮了条黑鱼，鱼腹内裹着赤小豆煨熟的，又用鱼汤下了面条，脸上努力挂着笑，跟林泰承说，吃黑鱼对肝脏好，趁热吃，一边就要打开不锈钢食盒盖。林泰承忙制止，说放着吧，现在没胃口。

林樱寒把单人沙发椅稍稍拉近床边坐了。林泰承望着憔悴的樱寒，本能地心头一酸："樱寒，精神不好啊。"此际，他想着她是汉箫的孩子，想着的同时又忘却了她是汉箫的孩子，还是自己疼爱了二十多年的女儿。

林樱寒咬了一下嘴唇，说道："爸，费皓良车祸了，明天，出殡。"

"什么？！"林泰承惊愕之极，身子起来又倒下，道，"可骇！可悲！人有旦夕祸福。"长长的叹息，"曹久鸣赏识他，本是前途无量，意外意外，可惜可惜。"摇着头，"明天，出殡？"

林樱寒眼中含泪"嗯"了一声，"不过，没人，请我去。"

"不去，也罢。当初你和他相处，够谨慎，没外人晓得。"

"爸，这些天，我悲观了。我想，离开汉州。"

"你自己决定。我不干涉你任何做法。"

林樱寒的心拧了一下，红了脸道："爸，你不管我的事了？"

"如果，你这么想，我不反对。"林泰承没有表情地说。

林樱寒把眼泪回流肚里——机会只给敢言敢为的人，既然今天来了，总该试一试。于是，她鼓起勇气："毕业前，我通过了研究生考试，有机会去法国留学，放弃了，回了汉州。昨天，我和专业老师通了电话，还可以去得。"

"好啊。"

她低头沉吟，轻声说道："不过，需要一笔钱。"

"那就不好办了。工作不顺心啊？其实，多少人羡慕你的工作啊，该珍惜才是。"

"好了，你别管我了。"林樱寒忍着泪，移开话题，"昨天夜里，我梦见姑婆了。"

"她，好么？说什么了？"他又像慈父望着她了。

"她说——"

"说什么？"

"她说，让我好好照顾你，让你好好照顾我。然后，她变成年轻时的模样，真漂亮，一个劲地向我笑，只是不再说一句话。"

林泰承沉默半晌，道："你真的想离开汉州？"

"嗯。"

"我给你介绍一个朋友，去省城工作吧。"

"不，我想离开中国，去法国。"

"去国？"

"浩良对法国情有独钟。姑婆也曾神往法国。"又勉强带笑说道，"爸，不知道啊，大学里，我修过法语。"

"哦。"林泰承应一声，不再发表看法。

林樱寒平生第一次遭遇和林泰承独处时无话可说的尴尬，也许，她和他的感情、关系已经走到山穷水尽的地步。当林樱寒掩上病房门离去的那一刻，深深后悔，这一次简直有辱人格的拜访看望，同时懊恼着自己判断的失误，不该生出赌博的心理。她恨着全部、全部的世界！

林泰承则一味思念着姝文，嘴角呈现着慈爱的甜蜜的笑意。

林樱寒走时已近九点，约莫半小时后，余烈走来，像变魔法似的凭空冒出来，着实让林泰承惊了一吓。

林泰承不禁"啊"地叫了一声：眼前的女子，狐媚眼，一字眉，胖鼻头，厚嘴唇，五官浓重而夸张。穿着太阳红一字肩包臀裙，颈项舞着铂金项链，耳上飞着蝴蝶耳环，十厘米高细跟鞋，整个人青春洋溢，而又妖气腾腾。眼神目空一切，似乎脚下发生地裂，也不肯低头察看。身材偏于丰满，显得比实际年龄老成，浑身散发一股浓烈得令人眩晕的香气。她是一个可以给男人无限想象空间的女子，只是不能激起林泰承的想象了。

余烈主动靠前，握着林泰承的手，娇滴滴地说："亲爱的，你好可怜哦！变成这个样子了？"

"人生无常。"林泰承道，"你刚进来时，真没认出来。"说着连忙像躲避瘟疫似的从余烈柔软的手中抽出自己冰冷的手。

"因为你心里没有人家，所以走到面前也认不出来嘛。"余烈佯作生气，嘴唇像朵盛开的黑郁金香。

"没没，没想到你这么出众。"林泰承解释。

"刚才喝茶碰见尊夫人了。"她带些诡秘的表情说，"她和一个小老头一起。我就突发灵感看你来了，你好颓废哦。"余烈一边说着话，一边撩着卷发，或者摸摸鼻孔，弹弹红指甲，抖抖没穿袜子的脚。反正她没有安静的一刻，旁若无人。这种旁若无人的气势、放肆、自信不是一朝一夕一地一境所能造就。她的种种小动作也并不叫人特别讨厌因为一切并非做作出来，而是出自她天性的任性、轻佻，所以别人只能作为一道特别的风景观看了。

"她是找我们的朋友商量事情的，我知道。烈日，我让你失望了。"

"来之前预料过了。"她说什么话都是大大咧咧的样，也或者说开心的样。她似乎不知道什么叫悲伤，不是孩子的单纯，是一种生命的盲目。

"不过，确实吓我一跳哈。"说着她竟面露笑意。

"你这样健康，生机勃勃，我却羸弱，行将就木，两个世界的人喽。"

"你的光荣世界已经过去，而你将去的清凉世界，我们迟早报到。见到你，更让我相信，人要及时行乐，今朝有酒今朝醉哦。希望，临死一刻对自己说：这一生真不枉活虚过。我利用自身条件，尽所能享受了生命，消费了世界，无怨无悔。"言毕大笑。

"现在,我无力评判别人的观点了,特别是你们年轻人。可是,我还想跟你说一句:活着,要有责任心,要有美好的目标,才得真快乐。我至此地步,真心希望,人有灵魂一说,还有来生的可能,害怕一切就此终结。"

余烈嘴里一边嚼着口香糖,一边说:"包括,期待我们之间故事的延续?"说着,嘴里吹出一个合欢花大的泡泡来。

"也许,命运,捉弄人。"

"好吧,亲爱的,让我们来生再续情缘。"余烈伸个阔大的懒腰,牡丹香、橙花油香、白麝香纷繁奔涌。

余烈的话空洞得令林泰承顿生反感。

"刚才进来,几人见了你?"林泰承似乎此时才意识到,大晚上面对一个这样妖艳的女郎,是一件多么不正常的事。

"一个,值班的。好啦,我要告辞了。对了,忘记告诉你,我订婚了!"晃动着她的战利品,左手中指上的钻石戒指,像流星一样明亮。其实,林泰承早看到了。

"恭喜。"林泰承不带感情色彩地说了一句,"烈日,这部手机我也不用了,你留着吧。"林泰承把智能手机递给余烈。

"真不用啊,我就不客气了。"余烈随便地接过来,手机在掌心跳了两下,只听她热情洋溢地说,"亲爱的,让我们吻别吧,我将带着这个甜蜜之吻奔向茫茫的人生之旅。"

林泰承未及反应,余烈倾下身体蜻蜓点水吻过林泰承,冰冷的吻,污浊的吻,力不从心,装模作样。林泰承感觉胃里爬进一只蚂蚱,一阵恶心。

一切结束了。望着余烈留在空气中的背影,闻着余烈留在空气中的余香,林泰承感觉一阵空惘,轻松。一切本不该发生,一切本没有意义。结束吧,这轻浮的恼人的虚幻的一切,一切与爱无关,一切与情无关,一切只是浮躁的时代寂寞空虚的灵魂之产物!

他想:我不会再忆起她一次,从现在到坟墓到来生。她也会潇洒地消度她的精彩人生,会遇到无数个风流有趣而又污秽的男士,她生来为了诱惑男人，她生来为了被男人诱惑。可是，她与林泰承无关，今生与来生都无关。

康濛约姝文去看父亲送的新房，他们未来的婚房，再策划如何装修，姝文欣然前往。进得小区，姝文眼睛不由得不亮，公园式清雅，假山草坪，廊道交错，小桥流水，水中睡莲恬静地问候阳光，缥缥缈缈的花香，进入身心每一个细胞。

高楼如山巍峨。这里是幸福的家。

姝文笑说："你爸真疼你哦"。康濛笑："中国式爸爸。可惜，没有生养个中国式儿子。中国式儿媳，不知能否让儿子回归中国式？"

她说不懂，他说会懂的。

二人眼睛望向不可知的远处。

拐了两个弯，进了5号楼栋，乘电梯到了九楼东户，四室两厅，足有一百四十平方米。房型正气，客厅、卧室、卫厨处处亮堂堂，站在阳台可眺望美丽的蜃龙湖，这也是姝文最为喜欢的。有暖气设施。阳光，月光，轮流照耀，四季如春，家的模样。

姝文转了一圈，回到客厅，说房子很好，可惜，感觉与自己无缘。

他急："不可以，不可以乱说，你是这座房子惟一的女主人。"

她叹，只怕直觉灵验。

是的，原来没见她穿过黑衣裙，今天怎么穿了件黑色碎花连衣裙？不是故意，这是天意。

"不要这样！你让我害怕。"他摇着她的肩。

"其实，我真怕，怕失去你。"这句话触痛了心弦，他用吻封住她不吉利的唇。

当他拨开花雾，当她被海浪推向海岸，二人泪流满面。

没讨论装修的事。她说下楼，外面坐坐，他点头。

一出楼栋，二人目光皆被东侧绿植一棵二乔玉兰吸引，树上红红粉粉，花开如春灿烂，而枯叶颓废如冬落寞。二人都没说什么，默默转身，绕过羽衣甘蓝花坛，在凉亭坐下。

姝文告诉康濛这两天家里经历的风波。

周青蘋听说姝文不是她亲生的,自己的女儿被丈夫换给人家了,着实要疯。"老天!老天瞎了眼了!"周青蘋第一次如黄昏的母豹子样发脾气,对汉箫凶狠地说:"恨死你了!离婚!"

婆婆举起拐杖噼里啪啦打儿子,平生第一回怒骂儿子:"畜生!良心狗吃了!对得起哪一个!"

周青蘋坚持离婚,说姝文归她,婆婆也跟她,房子归她们,叫汉箫赶紧滚。汉箫喏喏着,说人家现在要换女儿。周青蘋彻底崩溃,大喊大哭,说姝文是她的,谁也不能抢走!疯了样跑过来拉抱姝文。她安静了几十年,无论欢喜忧愁,都安安静静的,这次完全换了一个人。

婆婆不舍得儿媳离婚,拉着儿子一起向儿媳跪下谢罪。周青蘋急忿怨痛,病倒了。

婆媳两个都不舍得把姝文换走,说:"管她是市长的千金,皇帝的女儿,休想跟我们姝文换。"可是林泰承亲自打电话来了:"不换,法庭上见!"

康濛感慨:这算一段奇异的故事了。为了爱情,最理智的人都可能做出不可思议的事。汉教授这样有修养,为了爱,却不惜用亲生女儿窃换所爱者的女儿。实际,他们人人皆苦。

"爱,是人间最无奈的事。"他感叹。

"嗯。不过,能够爱,或者被爱,都是幸福的。"

"谁都渴望被爱,这场悲剧,最可悲是你妈,她怎么样,都可以理解。当下,要紧的,人家要换你,你怎么打算的?"

"我爱我家,爸妈和奶奶,不舍任何一个。只是,亲妈妈我也爱,权当有两个家,两对父母,但不希望真和林樱寒换。"

"林樱寒?"

"对,忘和你说了,林樱寒实际是爸妈的亲生女儿,她现在的妈妈诗人素尘,是我多年的偶像,我的亲生妈妈。"

"噢,林樱寒冷僻的性格,一般人受不了的。你有个诗人妈妈,生活当增添色彩。"

"林樱寒的爸爸林泰承副市长,现到了癌症晚期,见我喜欢,才一味要求我与林樱寒换。"

"姝文，我建议，劝你妈妈和奶奶，先同意和林樱寒换，等林市长去世后，你们再换回来。因为现在迫切要换的只是林市长。"

"素尘妈妈恐怕也希望换，她说喜欢我呢，舍不下。"

"汉姝文真叫个人见人爱啊。"他调侃道。

"不玩笑，正经的。实际，不管我归谁家，两家长辈，都是至亲至爱，不会冷落一家，他们谁也不会失去我。"

"只是，他们自己心里不踏实，总怕你会飞走，回家和他们谈我的建议吧。"

"嗯。对，昨天素尘妈妈说，林樱寒的男朋友费皓良出车祸死了。"

"啊?!"

"是的。真不敢想，一个鲜活的生命说没就没了！"

康濛的嘴巴好半天没合上，半晌，透过亭架上常春藤叶的间隙，望着天上的云，说："可惜，于家于国都可惜了！"

他的沉痛状，姝文倒感新鲜起来，说："你不是不喜欢他吗，说人品有问题，怎么难过成这样？"

他叹道："这样一个人，风华正茂，去了，可是大损失。我说过，人人要想着为社会奉献，世界才会欣欣向荣。这个人，学习读书二十年，自己辛苦，却也是白白衣食家庭社会如许年。工作要奉献了吧，才积累三五年经验，能力未及大发光，人走了，才华学识全付之东流，损失了他自己，也损失了国家社会，枉费了造物心机。他的人品有问题，但有能力，总该发挥光和热，好事坏事都做了，再清算人生，这个生命才叫圆满功成。像一头小狮子，明知它长大要吃肉，伤害其他动物，但我们依然盼望小狮子顺利长大，半路夭折，自然惋惜。"

"是啊，很为他难过呢。唉，二次还说要谢人家，也没机会了。"

"所以，要珍惜生命里的每一天每一时。"

"嗯，珍惜。"

沉默一时。他叹息一声，说妈这几天情绪不好呢。

"告诉她，我们要结婚的事了吗？"她问。

"告诉了，开心的。我呢，想着结婚，又开心，又觉得缥缈，不真实。"

"在你的世界里，我总感觉，一切飘忽，仿佛梦中。"

两人缄默。

有孩子红红火火的打闹声像波浪冲来，有大人花花绿绿的说笑声像鸟羽飘来，人们睁着夏天的眼睛望向他们，可康濛和汉姝文缄默于 2005 年的夏天。

唐青蘋婆媳两个都被这场变故打击得卧床不起了。周青蘋终不能忤逆婆婆，泪雨婆婆听了规劝，不再闹离婚。听了康濛的建议，先让姝文和林樱寒交换，等林泰承去世后再换回来。让姝文保证了千遍万遍"不忘本不变心"后，同意了，让汉箫去和许安娉交涉。她们要求先和林樱寒见一次面，不料，林樱寒不肯见面，回绝得坚定冷酷，不留余地。汉箫不敢向妻子和母亲如实汇报，只说她太忙，心绪不稳定，等换回再说。

夜雨滴答，滴答屋檐，滴答梧桐叶。林樱寒翻来覆去，无法入眠：明早，去做人流手术。其实，她很决断，毫不犹疑，特别在半梦半醒之间，见到费皓良和新女友无视她的存在，谈笑风生地向她走来。可是，在半醒半梦之间，姑婆林郁雪半乞求半命令地对她说："樱寒，留住孩子，他是杜家的独苗苗，我会帮你照看。"在林郁雪温情而严厉的目光注视下，林樱寒浑身虚弱，竟不能违逆！

天快亮时，雨打纱窗的声音太急，她想把玻璃窗也关上，便下床走到阳台，一道闪电亮过，一声响雷炸过，林樱寒一阵哆嗦。阳台溅了雨水，太滑，她一个趔趄，摔得头昏眼花，下身一阵剧痛，血和着雨水汪洋了一地。她挣扎着起来，快速处理，半惊喜半失落，看见了血水里，那个花生米大小，本可以成为一个鲜活生命，一个新的费皓良的小肉枣。

林樱寒满脸斑斓的水珠，不知是雨水、汗水还是泪水，凄厉地呻吟……

许安娉艰难开口，与林樱寒商量关于汉箫的提议，向她保证，等林泰承去世后，一定让她和汉姝文再换回，并请她保密，别告诉林泰承。林樱寒说好，但要帮一个忙。许安娉笑了，客气什么？尽管说，能做到的，一定尽力而为。

林樱寒说："我要离开汉州，去法国留学，需要钱。你能给我多少？三十万行吗？我先对付两年。"

"我和你爸工资奖金加稿费，统共存了二十来万，我留零头家用，其余都给你。"

"妈妈，你真好。"林樱寒瘦削的脸发出金麦子的光辉，实在没想到会这么顺利，于是，又大方地说了新要求。说姑婆原留给她一枚家传祖母绿宝石戒指，她要收藏，留着念想。许安娉未作迟疑，打开保险柜，感叹着"姑婆说等你结婚时送你，唉，都没看到你结婚"。从首饰盒里取出一个现代枣红绒布戒指盒，递给林樱寒，这一刹那里，忽然想到姝文，又自嘲，唉，都送了。林樱寒打开戒指盒，戒指跳出一串串翠绿的光环，光圈闪现着鬼魅之影。她凄然一笑："婚，总要结的。"许安娉点头，握了一下她的手。

樱寒又说，爸爸收藏了几幅好字画，可否送她一幅，留作纪念。家的纪念，国的纪念，要国画。

许安娉皱了一下眉头，说："我倒听你爸说过，收藏的字画里，算得上文物的，将来要捐博物馆，算不上的，倒可以送你一幅带出去。这个回头问你爸，哪幅让你带去。"

樱寒忙说："别问爸了，我不要了。"又拉着许安娉的手，温情地说，"妈妈，给我钱和戒指的事，请千万别和爸爸讲。我永远记着你的养育之恩，以及今天的大恩大德，你是我惟一的好妈妈。"林樱寒说了一串令许安娉宽慰的话。

"樱寒，你永远是我的好孩子。只是，你的亲生父母现在很想见你，也愿意向你敞开爱的怀抱。"

林樱寒冷冷地恨恨地："不！我的亲生父亲汉箫自我生下时，就嫌恶我，舍弃我，现在又能怎样？我的母亲这样懦弱，乃至愚蠢，我顶瞧不起这种人，无法尊重她，亲近她。妈妈，请不要和我提起他们！你们愿意把我和汉姝文交换过来，就以法律程序交换，但我是成年人，有自己的自由，想去哪里就去哪里。"

"只怕，他们家人不满意。"

"妈妈，你不必管，手续正常办，他们说不出什么。"

当晚，林樱寒戴着墨镜去洛神吟咖啡屋凭吊了一番，又站在马路边香樟树下对着那个费皓良出车祸的路口，凝神痴想了二十分钟，然后头也不回钻进了出租车。

次日早晨，林樱寒带着存有二十万人民币的银联卡，提着简单的行李离开汉州去了北京。她没跟林泰承与许安娉告别，更没给汉箫和周青蓣一个电话的问候和道别，只是给许安娉留下一封信。

她走了，离开了汉州，也将离开生她养她的国土，将忘却一切的一切。没有人知道她是谁，曾经历过什么，没有人能够看懂她的表情，看透她年轻而苍老、自私而疼痛的心灵。

姝文住进了许安娉的家，林泰承为她取了新名林芷思，这个名字也只是林泰承一人呼唤，许安娉早把"姝文"这个名字刻入心肌。

林泰承在生命的最后一段时期里，与病痛顽强斗争，精神上却无比慰藉，妻子温柔体贴，女儿乖巧伶俐。人间温煦，使他更加留恋生，无奈死神的脚步更加沉重急促。

许安娉和汉姝文忘年交的母女关系，令两人都处于极度幸福状态。她们探讨着文学、人生与爱情，多少重合的观点，无尽欢声笑语。

姝文经常瞒着林泰承，有时也瞒着许安娉，去看汉箫、周青蓣和奶奶。每次见面，大家都激动得热泪长流，妈妈和奶奶总预备许多她爱吃的甜食菜肴，她总是吃着和着泪水的食物答应，一定会回来。

汉姝文2020年秋天的日记（19）

妈妈，妈妈，你怎么，怎么可以，一夜睡去，再不醒来？！妈妈，妈妈，郝思嘉觉悟时，对白瑞德表达过了哟，她的悲楚比及你不算遗憾。爸爸睡到了地下，你才发现自己一世爱的是爸爸？妈妈，妈妈，你不是天天聆听自己灵魂的声音么，你不是比谁都关心灵魂的声音么？为何迟钝到爸爸到了地下，才明悟爱情真相？你关心灵魂的声音，关心得把文字都遗忘了，把我和宁宁都丢下了。

我的小说还没写完，没出版，妈妈，妈妈，你怎么，怎么可以找爸爸去了？你不是作家么，作家不是心理强大么，怎么就纯粹变成了一个小说人物？妈妈，妈妈，你初见我时，说要陪我到老，我们要一世文学，为何为了一个长眠的爸爸，把后面几十个春天的阳光抛弃！2005年的《恋梦为生》，你的结局，尚有清风飘扬，落花如诗。为何，到了2020年，竟漆黑至此，你和爸爸，在漆黑的地下，能看见对方明亮的笑容么？啊，看见，必须看见，不然，我的小说，不可完结。

樱寒，为什么不早一天来家，需要隔离十四天，你早知道了哦。早一天，妈妈还会说话，微笑，还会用她甜润的嗓音喊你樱寒。樱寒，我和妈妈说了，这个房子，我不需要，你住吧。

这个家，像戏剧舞台，闪烁歌咏的烈焰，琴架上的花瓶，像香薰一样，散发着艾米丽午夜的叹息。哎，可以省略钟表，时钟花会报时，这个小花园，你喜欢的，我知道，樱寒。我知道，你会重新养只暹罗猫。蓝眼睛的暹罗猫，不停地追逐自己的尾巴，从早到晚，一年四季。

我知道，你肚里的孩子名叫柱有光，就像你知道他是男孩。

你那与爸爸一样年长的丈夫，竟因新冠肺炎去世了，我们中国人，认为这种死因,太可悲。不说了,已走了。他不知你肚里有了孩子,不说了,反正房子没留给你和孩子,流浪不好,你回来吧。汉州有你的家,你的心在汉州,我知道。

如果,早一天来家,哦,不说了。我们还有一个妈妈,疼孩子是她的职业,请她与你一起照顾杜有光吧。我知道,总有愿意去法国留学的人,你帮他们申请学校吧,是的,这也是项工作,我知道,你有能力抚养杜有光。

樱寒,这个房子适合回忆,追忆爱情,你喜欢住,你住。

小说还没完结呢,李明涛说,他的文化公司愿意策划出版《恋梦为生》,他要亲自设计封面云云。我像妈妈对某中学同学拒绝了一辈子样,拒绝了李明涛。妈妈,我知道,你在老年大学时遇见了那位同学,又一次拒绝了他,那,为何,不对爸爸阳光灿烂些?妈妈,不劝你了,反正你要忙起来了,樱寒想你给她带孩子呢,我知道。与她一起追忆从前吧,这个房子很神奇,会像放录机样把从前的影像一一展现。

回忆是幸福的。有回忆的人是幸福的。

第十九章 梦 成 古 今

每一次短信都有一份美好的回忆

有一天，林泰承问姝文男朋友谈得如何，姝文如实回答了，林泰承说带他来看看。

姝文给康濛打了电话，他说过两天吧。她质问，为什么今天不行！他答，没有心情。她生气了：我看你都没有心情见我了！他说，这两天心情真的不好，原谅。她气得把电话挂了。他又打过来，问现在有没有时间出来？她恼道：还有必要见面吗？

"想看你，说说话。"他的声音里有一种疲倦，一种沧桑，一种别样的温柔。

她心软了，但嘴还硬："说什么？道别的话吗？"

"姝文，见面再说，好吗？我都不知道见你之后将说些什么。"

"什么意思？真要道别，电话里讲就行了，何必再见面。"泪，已经不知不觉涌现出来。

"姝文，见一下，好吗？"

"位置？快哉，荷花池？"

他的心拧了一下："嗯，半小时。"

同时到达。

半池枯荷。半池莲蓬。

"今天，8月27日了，后天，我要开学了。"莫名的陌生，她没话找话。

她，将是史前文明，像看文物一样，他专注地看着她，清丽的面容，闪光的直发，健美的身姿，荷香的呼吸。她将远去，远去，消失夕阳楼外。

她被他看得不知所措:"怎么回事,老看我干吗,不认识啦,说话。真的,要变天了,怕下雨,想早点回去呢。"

"这些天,没见你,我预支了,下半生。"声音被霜打了,"这一生,结束了。"

前些日,梁田感到心口有青蛇咬的疼,白天夜里,抬手举足便是一身冷汗。该去医院了。可是,朦胧而绚烂地,他看见,她在收拾行装,秋风急促,霜叶如花。桃云村里,将走来一个五十岁的万美莹。他被这种幸福迷醉了。不去医院。他要在第一时间见到她。他要在家中守候,守候余生的灿烂,坟墓里永恒的芬芳。

梁田把大学生村官、党支部书记谢尚奇与文书陈晓请到家中,讲了自己三十年的人生故事。年轻时他带领村民办农场,养鸡,养蜂,养鱼,没几年,村民们温饱不愁,欢欢喜喜脱了贫。饿时,要产量,饱了,要质量,现又时兴吃土鸡土猪,野生鱼虾,又转回去了,本来,自然状态最好了。如今,咱们借着青山绿湖,每到周末,多少城里人来游玩,他们看着咱们劈柴生火,老法制芝麻香油,土制豆瓣酱,摘棉花弹棉花,原生态的农村生活,全稀奇!多少人家生活,像演戏给城里人看,图乐子了,这是现代桃源生活哟。懂知足,这里是桃源。

谢陈二人开心说道:是啊,天道好循环,当年城里人逃离农村,现又羡慕农村绿色生态。多少转来转去的事,都是进步哦。

梁田又说自己有点积蓄,盖了青瓦白墙二层楼房,这个四合院。如今尚有存款六十万元,自愿捐赠五十万,在桃云村设立爱心助学基金,支持孩子们读书。谢陈连连称赞。他又告诉他们,世上有个叫万美莹的人,像太阳照耀了他一生。她爱桃云村,会来桃云村,和他结婚,请允许她,以及她相关的人,居住这个院子,直至终老。并允许他们夫妇百年后葬在桃云村,他家祖坟地。谢陈二人表态:可以,政策若冲突,再议,心意,保证温暖。

当天,办了助学基金的手续。

万美莹,一颗心像石头沉入深潭,沉寂了三十年,蓦然,一道耀眼的阳光，像根火红的箭，穿透深潭，一切鱼虫水草都欢腾起来。

她听见自己心的召唤，像金灿灿的稻穗对秋风的呼应，像奔腾的潮水对海滩的渴望，像走在无边的花园，听见神明温柔的耳语。她听见自己心的召唤。

没有他的手机号，有他的位置，地球，中国，桃云村，魂牵梦萦了三十年。一直在地球上，与她一起，绕太阳公转，分秒不懈怠，自转，桃云村，有个人。

儿子开车，带她去了。去了。青山绵延，碧湖千里。千里奢华。桃云村，一个已证涅槃的小院，天蓝的瓦，梨花白的墙。东墙外一座荷花塘，飘忽的花香，飘忽的琴音，琴瑟静好。西墙外彩蝶为红薯花跳舞，藤蔓纷纷绕绕，向桃树李树唱诵爱慕的歌曲。南门外柳树婆娑，燕子呢喃，讲述春天的故事。院里种了一棵美人蕉，亭亭少女般，亲切地微笑。柿子树上，挂着一个个火红的小灯笼。

梁田看着万美莹。万美莹看着梁田。时间，是一条阴冷的蛇，爬进青丝变白发？时间，是一棵小青松，蠹立多情的心田？是前世的柳絮，还是今生的雪花？是昨天的泪珠，还是今日的花露？哦，从此，亲亲爱爱，永远，没有尽头。他们将向神明证明，什么叫永远。

时间飞翔，乘着彩色的翅膀。一分钟不延迟，去民政局。他们领了结婚证。然后，去医院，途中，他心脏骤停，走了，含着笑。她含着笑，握他的手，等着，那里，叫永远。

她住在蓝瓦白墙的小院，种花种菜，养鸡养蜂养梁田的花斑狗。

太阳一大早金灿灿地笑着，问候她的院子。晚上，月亮清亮亮地微笑，送上丁香白的月光。月光如水汹涌，她闭上湿漉漉的眼睛。有个坟墓在温暖地等她。人间有个最温暖最闪亮最辉煌最诱人的字词：来世，在等她。

泥土的芬芳，给她一呼一吸。泥土富有而永恒。

康濛将陪伴母亲，让她的余生温暖而璀璨，让她像年轻人追求伟大的梦想一样，追求死亡与来生。

而他，在那小院里，只当此生，业已出家。母亲才拉开人生绚丽的帷幕，他，已结束此生。

他想，留职或辞职，为公家，为私人，工作究竟一样，继续古物修复，拯救时间，抹平时间留下的伤痕。今天，康濛到单位办理辞职，领导考虑他手艺精湛，说先停薪留职，某些修补活，继续做，复活某些死亡的时间。

她说祝福阿姨晚年幸福。

他说请她当他出家了。

他看着她，隔着千山万水，看不见今生，却清晰地凝望着来世。

"姝文，我说过，我的青春，是落寞的青春，注定要无声无息，寂寞地度过一生。"他艰难地开口，"所以，我必须坦白。命运，把我带到桃云村，更是性格使然，我走进桃云村。"他牙齿打战，勇敢地抬起头，看着她的眼睛："忘了我吧。"

天上乌云滚滚，排山倒海，似千军万马奔腾悬崖之上。

风，像魔鬼咆哮。

她看着他，他在外星，挟持日月，飘，飘，越飘越远。

"姝文，我爱你，胜于生命，却不能拥有你……"接着说了什么，她听不进一个字，早已泪流满面，竭尽气力说"不相信不相信"，低低的声音如霹雳，震落莲蓬里梦游的莲子，丢下一句"你太残忍"，转身飞跑到路口，正好一辆出租车路过，去了。

他怔怔地站着。

夏天的天变得真快，先前还烈日闪耀，这一刻却风雨大作。荷花枝呜呜涕泣，柳条披头散发，跳着世界末日的舞，燕雀比赛似的栽进火棘丛中。一切那么突然，一切突然地结束了。

姝文的世界结束了。

康濛的世界结束了。

芳菲歇去。

康濛把姝文的自行车送到汉箫家的楼下。打手机，没接，发了短信，说不认识她的新家，把车送回原来的家了。

康濛全身湿淋淋，被河神追打的反叛的水鬼状，跌撞到家。鞋子醉了似的,一只跌落鞋架下,一只像打翻的小船,沉入餐桌下。扒树皮样,扒下T恤长裤,一头栽倒床上。

写字台上艾草盆景,睁着一千只灰绿的眼睛看着他。窗外雨打梧叶,一声一声。

打了一夜电话,没通。姝文关机了。

次日一早,康濛看望汉箫一家,送了康乃馨花束,并请转交一封信给姝文。

周青蘋和婆婆见到康濛跟见了姝文似的,欢喜得紧,一团火地围着。康濛问候长辈们好,语气像桃树的落果生涩,旋即借口告辞。

汉箫给姝文打电话,关机了,便给许安娉打,让她转告姝文来取康濛的信。姝文很快来了,可是失魂落魄的,白蜡的脸,白蜱的声音。

周青蘋和婆婆见姝文这般模样,心疼得不行,非留她吃了午饭再走。姝文执意要走,态度有些生硬,令周青蘋和婆婆不能接受。姝文顾不得那么多,取了康濛的信,跌撞下楼。她浑身颤抖,手像抽去了筋骨,信封飘飘坠地,哆哆嗦嗦捡起,反复几回,左手撕,右手扯,门牙咬,切牙磨,好不容易把信拆开,走着看着,泪如雨下,信淋透了。

姝文迷迷糊糊到家,一头扑到许安娉的怀里:"妈妈,他和我分手了。"说出"分手"两个字,不禁号啕大哭。哭得天昏地黑。

许安娉的心一惊一痛,抱紧姝文,问还有希望挽回么?答说没有。自尊比爱情重要。抑或,孝心比爱情重要?

母亲警告:"不要任性,铸成一生大错。"女儿认定:"是命运。"

许安娉想,如果让她从头来过,人生轨迹恐怕还会这样走过。人并不是由于年轻犯错,而确实是由于性格决定命运,性格之手一刻不息牵扯着命运的长发,跟跟跄跄向前。

许安娉颤声劝慰:"孩子,坚强些,勇敢些,一切都会过去。"其实,她想,一切,都不会过去。失去美好爱情的人生终是苍凉,女儿一生的悲剧从此拉开帷幕。

母亲陪着女儿流泪。

窒息的世界。

姝文茶饭不思，神思恍惚，整日以泪洗面，令许安娉既担心又操心，说了好多看似有道理实际毫无用处的话。因为，爱过就爱过了，特别是一个视爱情为生命的人，失去之后，终身都是难以忘怀、不能解脱的。

姝文上班了，忙碌分散了注意力，精神稍微好些了。

康濛给姝文打了七十七个无人接听的电话后，终于放弃了。向姝文问候了九十九次短信，姝文也没回复，只是把康濛从前所有的短信存档，抄写日记里。每一次短信都有一份美好的回忆。原来，每一个普通的日子都不普通。而今，哪怕再拥有一个黄昏，也比上天成仙还难。

她想，从前自己是多么幸福呀，如果当初用即将失去的心情，去珍惜去感受 多么奢侈的人生哦。一切竟来得这么突然，当懂得珍爱之时，一切已经不复存在。是的，再给一个黄昏，一个黄昏，大赞红尘大爱人间！可是她又绝无勇气，绝无心情去见康濛。

她把康濛送的信件礼物瑰宝样珍存。那枚陨石戒指闪现着神异的光晕，她想，这是贵重的，无论物质价值与精神含义，应该归还他。她也终于给康濛拨了电话，每按一下数字键，心跳都要加速度运动。铃声刚响一下，康濛便接了，姝文泣不成语，不能发出一丝语音。

他的声音喜悦中迸发着沧桑气息："姝文，好吗？想你。你，恨我？天，罚我，每一秒受罚……再无宁静，无欢喜。姝文，听见说话吗……"姝文一任泪水闸开似的流，连一个"是"字也发不出来。

"姝文，在听？不肯，跟我，说话？白天，晚上，每时，每分，想你，你的笑，你的好。我真傻，真傻，怎么舍得，你走开，我死了，死了。一生的悔恨，罪过，不释怀，不恕自己……"

她不能再听他的声音话语，心底不停地自语"我要疯了"，然后摁断了电话。她给他发了信息，问"还你戒指，什么时候方便"？短短几个字，却发了六分钟——她的视线太模糊，她的手指太无力。他又打来电话，她不再接听。他回了短信："陨石戒指，一世一回，祈请收存。我爱你，永远。"她不言语了。

开学的第二个周末，听说东风电影院重映七年前轰动全世界的电影《泰坦尼克号》，姝文毫不犹豫去了。这一次和十五岁少女时期看的感觉完全不一样，她长大了，经历过一场轰轰烈烈的爱情。姝文可谓从电影的起始哭泣到剧终，只是没人能够懂得，她哭泣的是自己昙花一现惊天动地的爱情。

电影散场时，泪眼蒙眬中，她发现了一个似曾熟悉的身影——康濛！他像落尽树叶的梧桐，站在萧瑟的秋风里，瘦弱，憔悴。姝文转过脸去，怕他看见，可又立即转回目光，贪婪地看着他，这个她曾经爱恋也将继续爱恋，爱恋一生以至来生的人。她贪婪地追随他的侧影，他的背影，最终消失在茫茫人海。

"My hart will go on"这首来之天外，优美伤感的歌曲，在她心底，一世回旋。

姝文由于心绪不佳，工作忙碌，没有经常性和周青蓣联系，周青蓣和婆婆既忧又怕，姝文别是忘了养育之情，无奈之时，两人又互相安慰，姝文绝不是那种忘恩负义的人。只是这段时期，姝文对她们确实冷淡，于是，周青蓣有事没事和汉箫找事，生气。汉箫变化厉害。自觉欠妻子太多，明知周青蓣时常是无理取闹，却总是忍气吞声。由于妻子和母亲精神不振，身体欠佳，汉箫开始做起家务，买菜、做饭、洗衣样样都干，还时不时受妻子刁难，可毫无怨言，低三下四应付。实际，如此情形他是满意的，他要赎从前的罪过！夜晚也殷勤起来，只是周青蓣不理，可他并不气馁，几乎死皮涎脸巴结。

林泰承请好友熊道和给姝文物色男友，提了两家，都是政府工作人员，林泰承感觉还好，然姝文不肯见。林泰承又和许安娉谈话，做姝文工作。为了抚慰林泰承，姝文倒是见了人家，只说不喜欢。林泰承再拜托熊道和，将来他不在了，丫头终身大事，还望兄弟费心。熊道和只说，请哥哥放心，此事交予他了。兄弟对嫂子和侄女敬爱之心，无论哪一天，都一样。林熊二人含着泪握了手，说了上面一番话。

林泰承顽强地和病魔做着殊死抗争，却未创造奇迹，怅然离开人世。林樱寒一直没有和他联系一次，通一次电话，他也始终没有提过一次林樱寒的名字。许安娉经意不经意提了，林泰承立即移换话题，所以别人也一直不知，他是否把林樱寒彻底地遗忘，还是有所怀念或怀恨。他去世前，曾把汉箫叫来，警告他不要妄想把林芷思带走，否则，他会变成厉鬼来折磨他，许安娉的女儿应该陪伴孤老的许安娉。汉箫只得允诺。

周青蘋也没少打听林泰承的消息，待他去世后，立即叫汉箫与许安娉交涉。此际的周青蘋不嫉妒他们的爱情了，也许由于有世俗利益的相争与频繁的接触，他们相处得很实际自然起来，没有不寻常的痕迹。汉箫很是为难，实在难以向许安娉启齿，许安娉太喜欢姝文，依赖姝文。没有姝文，许安娉的生活将荒凉得不可想象，无以维持。

汉箫硬着头皮，向许安娉试探了一次，态度非常决绝：不可能！她会誓死保护自己的权益，要亲生骨肉，冷酷的面孔倒是惊呆了汉箫，他原来只看见过微笑的温和得如圣女的许安娉。汉箫说不出正当的理由，只说是妻子和母亲的意思，没有姝文是活不了的。许安娉冷笑道："没有姝文我也活不了啊！我的孩子，已经陪她们过了二十二年，二十二年带给她们多少欢笑希望啊，而这一切的欢乐正是夺取了我的呀！也没要求你和她们补偿，已算仁义了！"

汉箫无获而返。周青蘋想了想，说："我愿意成全你们。离婚吧，你和许安娉结婚，把姝文还给我。"

汉箫说："都说的什么话，我不会和你离婚的。过去，我欠你太多，现在要补偿，照顾你到终老。"

"你不是一直爱着许安娉吗？"

"但爱不能指引符合良知合乎规范的行为。我不能够，她也不会愿意和我结婚。最热情、最失意的年代都过来了，现在又何必。青蘋，请求你给我时间和机会报偿你。"

"那么，你帮我要回姝文。"

汉箫沉默了。

汉箫给姝文打电话，让她下午下班后，务必回来一趟。

妈妈和奶奶看见姝文像霜打的茄子，郁郁寡欢，又是心疼，又是苦恼，嫉妒，以为姝文还在为林泰承的离世伤怀。

周青蘋问姝文过得不好啊？姝文点头，说和康濛分手了。周青蘋和婆婆惊得肉疼，一个问什么时候，一个怪怎么不早说，一个问分手原因，一个骂起杀千刀的。姝文平心静气讲了大概过程,末了说:"他是尽孝,咱都别怨他。别说这件事了吧。"忍着没掉泪。

奶奶点着拐杖,喘着粗气说:"以后咱姝文找个比他强一百倍的去!散了好,什么人,什么人家,本来也没看中!这个妈,亏她做得出来,奇闻,丢人,还害了儿子一辈子!"

周青蘋连连摇头,又点头,说比电视剧里演的还稀奇!不过,就算他妈得了终身去处,也不该用儿子终身幸福追赔去。儿女们,小花朵才开,他们的幸福比什么都要紧。这个妈,自私过了,不可恕!

姝文说,她倒是为他妈感到欣慰。康濛,说到底是性格问题,要自由爱冷清,所以他不去桃云村,哪天也会躲进梨云洞。他与咱们不是一个世界的人,究竟无缘。别提了。口气淡漠,像是谈起高考结束那天下的一场太阳雨。

周青蘋连连叹气,叹出黄沙漫天。奶奶恨恨说道:"歪脖子树,凶险,躲远点好!不提不提。"

姝文抬眼望着妈妈和奶奶,说:"前段时期,没多过来,往后一定常来,很想你们,想家里所有。"哎,这个家,曾经有神人康濛走过,踩过,存在过。

"孩子,和新妈妈合得来吗?能习惯吗?她会做红烧鲫鱼吗?"婆媳两个抢着问。

"好的啊,她为我专门买菜谱学做饭呢。"姝文脸上飘过一缕笑意。

"噢。姝文,你不是,不是该回来了吗?"周青蘋鼓起勇气吹起生命的号角。

"妈妈,新妈妈和我谈过这件事了,她说没我真是不能活了。这么多年,她一直不开心,说我使她新生了,是全部的寄托。妈妈,我真的,不忍离开她。"

"那你忍心离开我和你奶奶啊?"

"我不会离开你们的,永远不会。只是现在,新妈妈太孤单,我须陪她。你们三人相伴着,想想比她好过一些。"

"可是,你是我们拉扯大,付出了全部心血与感情的啊,姝文,好孩子，没你我也不能活哦。"周青蘋簌簌掉下泪来。

"妈妈，我还是你的女儿哦，心从来没有离开过你，你永远不会失去我。你权当，权当着，我出嫁了。"

一辈子与世无争，凡事都礼让别人的周青蘋还在力争："你让她权当你出嫁了！"

"妈妈，她真的好可怜，替她想想，好吗?"

"她有什么可怜，有人追捧有人爱，享受了大半辈子富贵！我才是真可怜，一辈子没人爱过，自己的孩子被男人送人了，养大一个别人家的孩子，成人了，又被人家要走了，亲生骨肉见一个面都不肯，我活着图的什么啊……"周青蘋呜呜地哭泣。

一阵风起，窗户哐当大开，梧桐叶夹着雨珠纷纷打进屋里，窗台文竹呛了一口雨水。姝文起身关窗。

姝文奶奶举着拐杖追打儿子脊梁："忤逆子，全怪你！我早死倒罢了，眼不见为净！"

周青蘋见婆婆动怒，止了哭："妈妈，都这般了，怪他做甚，命哪。"

姝文忙劝："奶奶妈妈，爸爸有苦楚，别怨他了。我们都要调整心态，善待别人，善待自己。"讲到后面八个字，姝文不禁叹了一口气，这句话，她和康蒙从前说过。

大家不言语了。

汉箫始终没说一句话，面对谁他都是罪人，本该受她们审判，且不会申诉丁点理由，因为理由本身就是十恶不赦的罪过。

姝文打破了沉默："哪天方便，和新妈妈见个面，你们会互相喜欢的。"

许安娉请汉箫一家人吃饭，专门托朋友从星级饭店请来厨师到家做饭。周青蘋打第一眼见许安娉就消除了敌视，心里还不住地想：好俊俏哦，怪不得汉箫为她五迷三道的。都四十大几的人了，皮肤还玫瑰花瓣紧致光润，体形姑娘样窈窕，年轻时还不知怎么漂亮哩。还这样有文化，有气质，这种贵派的气质可不是学来的，是几十年的学养和阅历磨炼出来，且只有心高气傲、美貌不凡、内涵丰富的女子才能造就出来。周青蕻很是仰慕她，以至她觉得，汉箫根本就不配相思人家！

姝文自从和康濛分手以来，第一次这样高兴，和谁都亲热，谁都让她喜欢，谁都万分喜欢她。

满桌佳肴，青红白绿，香味扑鼻，家常炒，大席汤皆有，各人都有自己最爱的菜。一家人样，其乐融融，姝文的话最多，只是喊妈妈时，两个妈妈都答应，也都脸红，之后再喊妈妈，两个妈妈都不好意思应答。姝文就说，以后妈妈们同场时加个姓吧，许周二人都点头笑笑。

汉箫自始至终木雕人样，不言不笑，除了姝文，也没人热闹他，心底则一万遍重复：你们开心就好。

饭后，许安娉把林樱寒自小到大的相册都拿出来，给他们看，讲些有关林樱寒有趣的往事。

最后，许安娉讲："樱寒这次出走，非一时意气用事，是其性格必然造成的结果。她呀，太孤傲，养尊处优惯了，受不得一点挫折，又敏感多疑，心胸有点狭隘——我说这些，你们不要生气，都是自己的孩子。男朋友又出了车祸，所以她毫不留恋，远走高飞了。我到最后都答应好好照顾她，一辈子疼她，可还是走了。我和泰承一辈子辛苦积攒了二十万元也都给了她，她才得以去法国留学。"

"那，你不给她钱，不是就不走了吗？"周青蕻反问，由于问得太急促，显得有些尖刻。

"她和我谈过，无论如何，会想尽办法离开汉州，离开中国，我只是使她的道路变得平坦些。这个孩子，感情淡，泰承直到临终也未得她一句问候。只是和我通过一次电话，说她一切顺利，不必牵挂，除了问我身体可好，谁也没问。我就主动说了泰承去世的事，她说声知道了，再无别话，挂了电话。"

"这孩子怎么不通人性？"姝文奶奶有点恼。

许安娉马上接口："也别怪她了，反正凭她的性子能力，在外面吃不了亏，樱寒属于有出息的孩子呢。"大家都不好说什么了。许安娉又接着说，"樱寒自小就得一家宠爱，可以说，要什么给什么。她有一个姑婆，把她当掌上珍珠,两人葫芦架下葫芦藤地亲密。姑婆今年夏天去世了,樱寒只怕半颗魂随她去了。樱寒自小学练钢琴,也亏得我和泰承收入过得去,供养得起,长大顺顺利利考上了首都音乐学院,这不,毕业又去了法国留学,想想这孩子的命好得很呢。"

周青蘋听着听着竟对亲生女儿兴趣薄了,倒是可惜许安娉怎么把二十万元给了林樱寒呢,留给姝文多好。

话题转到姝文身上,大家争着夸奖姝文。姝文不好意思,又很开心,微微笑了,说了大家都关心的问题:"真的,我觉得自己才是幸福不过呢,有两个好妈妈。"

许安娉笑了,夸姝文温厚,懂事。姝文接口,说是周妈妈教导的,有两个家,多好。奶奶笑了,说姝文还会有第三个家哩。姝文脸上飘过一层暗云,即复常态,说是的啊,每个家同样重要,一个不能舍。

许安娉笑说:"以后有空常来串门,我和姝文欢迎。"

周青蘋也不客气:"姝文两家都换着住住,心情不是更好吗?"

姝文接口:"两个家,我一样牵挂,只是时间上可能多陪些许妈妈。大家都请放心,我是真不分彼和此的,一辈子。"

木雕汉箫终于启开尊口:"好,好。"

许安娉说:"汉大妈、周姐,你们惦记姝文,我理解,也感谢,大家常联系,常见面。真现状,我一个人,太孤单。偌大一个家,夏天走一个、飞一个,秋天走一个,独剩我一个,凄凉没处说。我和姝文,不只是母女,算是忘年交呢,真的不能没有她。如今,她把写作当梦想,人生大事呢,我们倒可切磋,她比我有灵性,会有成绩。"脸上充满未来的憧憬。

奶奶说姝文倒是爱学习,要上进的,又聪明。周青蘋说,她爸也能和她讨论啊,写成个张恨水张爱玲的,他爸还能研究她的文章呢。汉箫听了不禁笑了,笑影只似芦苇在秋阳中对湖波温暖的致意。

"汉大妈、周姐,想姝文就过来玩,我家房间多,都来,住得下。果真的,汉大妈,今晚别走了,周姐,也别走了,汉箫一个回家得了。"许安娉一席话说得大家笑了,又道,"汉大妈,为了姝文,我专门买了菜谱学做饭。您住这里,我给您煮饭吃,让我和姝文好好侍候您老。"

奶奶感动得不行："这么好，怎么这么好？我这个糟老太婆的命，怎么这么好的哩？得了一个好儿媳，勤勤谨谨侍候我三十年；老天爷又送来一个漂亮懂事的孙女，不是我家的偏送来，二十多年喜乐哦。现又遇上一个好闺女。"许安娉笑了，说那是大妈好人有好报啊。

周青蘋见她们谈得这么开心，婆婆简直被许安娉收买了，不能说许安娉花言巧语骗取婆婆，人家是说到做到的。周青蘋一阵心酸，心想：当初婆婆知恩图报，才竭力让汉箫和自己结婚，她们的感情确实不亚于任何一对亲母女，这样的婆媳，在当代算是打着灯笼难找。只是，当年许安娉和汉箫结婚的话，婆婆也不见得就不喜欢许安娉。周青蘋不由得叹了一口气，这一叹，也只是被汉箫一人听见了。

姝文便顺着许安娉说："奶奶，周妈妈，别走啦，陪我们住，真是太高兴了。"

许安娉笑说："还别说，多少日子了，姝文不像今晚这样兴奋，想你们哪。"周青蘋一眼不眨看着许安娉，心里直夸，她笑得真好看，这大岁数，还是一朵花哪，嗯，紫罗兰花。

姝文的笑容凝固一下，又绽放开来："周妈妈，奶奶，快答应，别走了。"

"这样热情留咱，不客气喽？"奶奶望着周青蘋说。

周青蘋淡淡地说："那，妈住这里吧，我和汉箫回去。"

许安娉道："既然周姐这么客气，请汉大妈在这里住几天，放心好了，我和姝文会小心侍候，包管老人家开心满意。"

"妈妈有风心病，每天要喝柠檬汁，千万不要吃香蕉；有骨质疏松症，吃菜不能咸，睡前喝牛奶，明日晴天晒太阳……"周青蘋啰里啰嗦，向许安娉交代一通，许安娉连不迭说记住了，放心放心。

汉箫夫妇告辞出来，许安娉一直送出门外，千叮咛万嘱咐周青蘋常来。

平心而论，许安娉和汉箫交往得十分自然，叫人联想不起旧日恋人关系，以至不能激起周青蘋一点嫉忌之心。

路上，周青蘋和汉箫一直沉默不语。到家沐浴后，周青蘋坐在沙发上，望着茶几发呆。忽然汉箫磨蹭到周青蘋跟前，猛地一跪："青蘋，请你，原凉我。"倒是令周青蘋吃了一惊，瞥了他一眼，说："起来吧。"

汉箫不起，郑重地说："苍天在上，在余生之年，我愿为周青蘋尽犬马之劳，补偿对她犯下的罪戾，以及报答她对我母亲的孝心。我如违逆誓言，甘受天罚。"

"起来吧。"周青蘋冷冷的，嘴角却带着一丝隐隐的笑意。

汉箫起来了。当夜，两人经历一个柔情缱绻的夜晚。

白天他们不再争吵，互相谦让，但他们的感情并没有炽烈起来，只除了在夜里，还有一点汹涌的激情。日子终是好过多了。

两家来往密切，皆大欢喜，姝文很是开心。学校里多位同事爱慕她，只装作不知不闻。她感觉自己不会再爱上任何一位男士了。她想念他，他的音容笑貌，那双忧郁的眼神，他们说过的话，一起走过的路，温暖的拥抱……是的，他是惟一的，脱俗而俊美，可以对话与诵诗，再也没有，没有一个人能够打动她的心了。

不知为何，越是想念谁，记忆越是空白。姝文觉得自己再忆不起康濛什么样子了，只有一个印象，他的笑，极美，带着神奇的电波，一千个太阳的温暖，可以瞬时点燃春天。于她心中，他的笑容是世间最最美好的笑容，是的，再没有人像她那样欣赏赞美他的笑容了，太可惜！曾经，多少次她望着他的笑只是笑，一句话也不说，甚至没有告诉他，他的笑是多么迷人，她多么多么喜欢看他的笑，他洁白的牙齿多么精美，不食人间五谷……

一切这么突然，太多的话未及说，一切在眨眼之间，结束了。

每当夜阑人静，一个人独处，思维有一秒钟的闲暇，姝文立即想起康濛，想起那场荡气回肠，令天地花木共动容，传说中的爱情。

在街头，在公园，恋人一对一双相亲相拥地走过，她羡慕，同时又宽慰自己：2005年的夏天，我和康濛那样惊心动魄地相恋过，谁也不曾像我和康濛那样，那样轰轰烈烈地相爱过。

她将以此回忆，以此回忆度过一生了。

汉姝文 2020 年冬天的日记（20）

时间背着蜗牛壳。时间骑着风火轮。

有一个人，我总是在葬礼上见到她，万嘉玉爷爷的葬礼，爸爸的葬礼，哦，姑婆的葬礼，必也在场。她叫万雅琛，万嘉玉的姑婆。我要参加万雅琛的葬礼。

万雅琛没有孩子。她喜欢孩子。嘉玉在美国，她爸妈把退休金换成美元给她，叫她买机票回国，没抢到票也罢，回来也要隔离，不隔离如何敢见，这是 2020 年哦。我和柳霏霏都去送万雅琛。柳霏霏生了一儿一女，幸福得更胖了。

葬礼上，见了康濛，岁月的刀痕，在面上纵横爬行。爬到心里。想来，我们第一回见面，当是在嘉玉爷爷、康濛外公的葬礼上，当年目光不曾相遇，人生便不曾相遇。这回葬礼，相遇了目光，比话语深阔。

其实，其实，我一直想当面问你，若无，若无桃云村，到底会否，会否百年好合？

熊道和叔叔一直关爱本人终身事，某天介绍了康明，汉州城里真有另个康家？认识一年，成就白头姻缘，我们有了康宁。有了宁宁，我似乎长成了幸福的模样。

为了孩子，感谢一切。这是 2020 年的冬天了。

那一年，在东风影院看了电影《泰坦尼克号》，那一晚，在日记里写了一些梦言碎语，今天还可以阅读：

唯相信，一见钟情。一见钟情方证至真至热的爱情。百种花卉，同时绽开，一生欢愉，浓缩一天。共驾人生之舟，梦之舟，花与光的相拥。阳光唱歌，大海合拍，证明着青春，证明着生命，以彼此的笑容，彼此的情爱，天堂焉胜你我的世界？

上帝睁着眼睛。辉煌，所以，短暂。暗礁的呼吸。每一分秒惊心动魄，凶浪恶险，无所畏惧。冰凌漂流的大西洋，落霞成冢。神话湮灭，湮灭笑影，湮灭花园。

带着我的爱，你与珊瑚草甜蜜安眠。带着你的嘱咐，我走完麦冬花平淡的人生。

桃花水，溶溶荡荡。风露立中宵。一万次怀疑，那仅是一场，梨云春梦？你并非存有，三月的笑容？一万次，跳入冰冷的海沟，寻觅，你的发丝，你的寒月语音？

雪藏，青春，永世？惊世画幅，昭示惊世的恋情。你应慰安，全世界的人群在诅咒上帝的凶残，尽管，每个晨昏，感谢仁慈的上帝，安排此遭绝美的相逢。

唯相信一见钟情，唯你定义的，称作爱情。每一秒钟，失去你，每一秒钟，拥有你。世间美不过，海市蜃楼，人生痛不过，爱情的消逝。雨滴梧桐，红蜡冷泪，彻夜赞美，你的一切。

如此今生。如果来生……

第二十章 万里雪飘

冬季已经来临

萧瑟的秋季来了，姝文领了两个月的工资，去中央商场为康濛买了一套藏蓝西服。他曾自夸，等到秋天看他穿西服才叫帅气呢。姝文想着恋爱期间，自己尚未上班，约会什么多是他埋单，心里过意不去，便买了这套西服，亦以此纪念。

姝文给康濛打了电话，这回平静多了，至少能够有条理，声音比较清晰地把事情表述了，当然表述的只是要送两封信给康濛。康濛心潮澎湃。两人说好，明天下午六点，快哉公园荷花池见面。多少次，姝文路过那里，都绕道而行，转弯之后，总是泪雨婆娑，她不忍走到荷塘前，却不能不想它。明天……

当晚，她又读了已经读过不知多少遍，可以倒背的康濛的信，每一次读来都心碎肠断，泣如雨下。

姝文：

我重述一遍："我爱你直到永远，天地废去，这句话不能废去。"

神明，给我勇气，写下这封信，正如给我今天下人唾骂的冷漠，乃至无耻，伤害了这个纯美的天使。

姝文，不知如何说起。恨我吧，鞭笞我，直至可以微微抬头，向你说明。

上天作证，我不想伤害你，可爱的天使，最终，我却亲手把冰冷的匕首戳进你柔嫩的心肌。

你不相信，我也不相信。你没想到，我也没想到，没想到美丽的仙子，走进寂寞的生命，不相信，温柔的你，从一生的憧憬中蓦然出走。

你给我诸多惊喜，没有一个恋爱的人，一个"心死"之人，像我那般欢呼过。青春河岸，风沙肆虐，何敢望风和日丽？可是，竟有一个如你这般美丽的精灵，变幻了季节，让荒漠野岭生长出一个姹紫嫣红的世界。其时，毫不置疑，四季常青常在，我们，将相陪到老。

一切，究竟像个梦。疑似梦境的生活令我心惧，心怕一切美景魔幻消失，一如它魔幻似的出现。近日，结婚计划后，喜悦的影子皆是惊扰，彩霞仙子的裙裾才翩然起舞，即见魔鬼的黑氅遮天蔽日。

我承认，自己多少想法与众不同，不属于这个躁动的时代。我消极，淡漠，安静，虽说你亦特殊，不食人间烟火态，可是，一旦缔结婚约，世俗必网罗你我。

我是一个喜欢自由的人，希望过随心随性随意的生活。

清冷的性格招来清冷的命运。

妈妈在桃云村，召回生命的春天。她不是抑郁，是确凿的疯了，不自知，真实而愉悦，消受人间华丽。

妈妈把我当作"初恋"的孩子，也不晓得我已成人，只是感受年轻的梦的欢喜。

孝心，让我看到生命的光彩。"承欢慈母前"，乃吾今生宿命。

离开你，宿命矣。

一个人没有爱情可以，但不能没有爱情的梦。爱情最美好的样子，是一种憧憬，一种回忆。离开，将拥有一个完美的梦境，美玉无瑕。我们再无机会，破坏这个梦境，须知，破坏了才是真可惜，真断肠。心念一个完美的形象，有一个完美的爱情梦境，乃人间奢侈，月光会流蜜，冬青会开花。所谓完美的爱情，迟早被世俗腐蚀，而完美的梦境，更令人幸福安宁，在理想国里天荒地老。

文学作品，必要真情实感，方打动人心，唯有悲剧震撼灵魂。由于人生的惨烈，你的生命将丰满，从今，你笔下的诗文，再不会"为赋新词强说愁"。姝文，你具有非凡的热情与灵气，必将完满实现诗人梦作家梦，祝福你，期待你的成功。可以爱我，恨我，只要写作时，需要我的出现，如何对待皆无异议。如果这份爱恋，可以成就你的灵感与作品，我将欣慰。凡事有失必有得，"人皆知有用之用，而莫知无用之用也"，"功成身退，天之道"，这是你我相遇的缘由，爱情之终极意义。

请相信，你是我惟一深爱的女孩，我的爱情之门只为你打开，也将永久的封闭。我将牵挂你思念你，日日夜夜，月月年年。无论走到哪里，你将遇见什么经历什么，请相信，总有一个人，在默默地为你祝福，愿你平安幸福，好梦成真。

姝文，我祝福你，拥有白头偕老而温暖的婚姻。

我不该来到尘世，不该伤害你，可……

"天涯地角有穷时，只有相思无尽处"，为了思念你，我离开你。为了祝福你，观赏每一个日出。

当你看见月亮滴血，我的心正裂成碎片，飞向银河寒星。

死了一样地活着，是我惟一活下去的方式。我是那个在破渔船上晒太阳的老渔夫。泪，太阳晒不干。泪，是生命的源泉。

姝文，你是我永恒的日月，永恒的十字架。

康濛
2005年8月26日夜

姝文拭干冰凉的泪，叠好信件，收起，坐在写字台前，时钟滴答，滴答，像坏掉的水龙头流着水滴。感觉有点寒意，起身披件花驼色针织开衫，坐回，橙色的台灯凝神看她。

明天，明天又能见到康濛了！他会变成什么样子？见面，以什么样的情形开始，什么情形结束？他从前说过，穿西服极好看，只可惜，夏天他们就分手了，不曾见识，明天，明天也许，他穿上西服。

人的一生中，可以无限回味的时光并不多，今年夏天，无疑是一生中最最珍贵最最辉煌的季节，而明天也将是人生中最为值得纪念的日子。为此姝文百感交集，将珍惜与康濛相对的每一秒钟，每千分之一秒钟。她要热热的。仔仔细细望着他，望着他的眼眉口鼻，每一个飘忽的笑影，每一个随意的动作，要深深刻刻清清楚楚把他刻在记忆的画板。

明天见他，和他说些什么呢，质问他？讽刺他？控诉他？不会。与他共同回乙，昔日的笑语？不会，怎有这样平和的兴致！让他郑重地给一个来世的允诺？来世，多么遥远恍惚，来世相遇，只怕、必然，还要这样苍凉地挥手，神伤心碎。上帝吝啬而残忍，如何舍得赠送如此光彩炫目的爱情于地久天长？即便这一次康濛不以桃云村的理由提出分手，上帝也会正式安排一个正当的缘由，导致他们劳燕分飞，想到这里，姝文平静了稍许。

近冬的风熊掌样拍打着窗户，夹杂落叶的呼嚎，又不知何处飘来《凤求凰》哀怨的古琴音，姝文的心又一次习惯性地紧缩而痛楚起来：我不甘心，不甘心哪！我不能接受，不能接受啊……

姝文失眠了一整夜。

约会的时辰到了，姝文略略装扮。她的头发长长了，刘海梳到耳后，露出光洁饱满的额头。她穿了件象牙黑长袖一步连衣裙，颈项里佩戴一块红绳系的双鱼福锁玉坠，玉如莲花温润莹透，系许安婷前日送她。连衣裙外罩深紫长款风衣，脚套黑色高跟短靴，人比夏天多了几分庄重与暮气，可仍然透露一种不同凡俗的清丽。就像康濛从前说的："美对于你而言是天生的，是你生命中的一部分，任何割裂你与美的企图都是徒劳的，因而你可以不经意而体现惊世的美。"可接着又说了下面的话，"正如寂寞紧紧缠住我一样，我在不经意中体现的是一种落寞。美与寂寞是你我的一部分，更改是无功的，不如面对。"

康濛果然穿了一身西服，灰黑色，显得仪表堂堂，十分持重，只是苍老许多。

两人见面一阵喜悦，心悸。对视，十秒，他，拥抱了她：如海翻腾，有雨倾盆，有神允肯。

他捧起她满布泪痕的脸，亲吻着，爱怜着。她感受着，记忆着，年轻的唇，温暖的手臂，生命的热度。一切，一切终会消失。一切，再不能回来。

汉州消失。日月星辰消失。时间，滔滔流逝。

归来。汉州，快哉公园，荷花池。

满池枯荷。满池寒水。

"恨我，恨死我了？"他问。

"我怎样，你应该想象得出。不要问了。"

"我觉得，今年的夏天，把一生都过了。我酝酿了整个青春，乃至一生的情与爱都用尽了，耗尽全部理智和情感，血液流尽了。一世，只此一场爱恋，此生，足矣。"他的眼睛里蹿出夏日的光芒，泛着热带芒果香。

"此世，于我，你是惟一的爱情的形象。与你一样，我喜欢安静和回忆，有太多悲叹，需要宣泄，抒发，准备写部爱情小说。"

"关于，我，和你？"

"还有，其他。只怕，才力不够表达，不能完好记载，那场辉煌的爱恋。"

"姝文，有空，多学名家著作，用真情实感写，心写血写，相信，你能写好。想好书名了？"

"《恋梦为生》。"

"关于梦教，爱情教？"

"我愿耗尽情感，用尽才力写下这部书，令歌唱爱情的人们落泪。"

"为你祈祷，愿神明眷顾你，善待你，赐与灵感，写出这部书。"

"但愿。不写，不能安心，我有太多的不平，太多的痛，太多的怨。是的，和你一样，比你更甚，今年的夏天，把我的一生都过了。"

"姝文，真……"

她打断了他的话："别说了。我仅希望，临终前，再见上一面，谈谈这一个夏天，还有，关于来世的设计与热望。"

"企盼。只是，我们现在，还能经常见面的。"

"不必了，何苦？"溢出眼眶的泪又收回了。

"可是，我想见你，非常非常，想你。"

菊风缥缈，她深吸一口，目光转向冷冷的秋水："真的，别再提了。

阿姨好吧?"

"妈妈每天开开心心,可是,她不正常了,是真实的疯,因为突然到来的幸福,欢喜得不正常了。不过她很温和,总是笑微微的,看云,看湖,看桃树,看青菜地。她种花、种瓜,养鸡,养狗,总和结婚证说话,和那位叔叔的遗像说话,叫他在另一个世界等她。她很快乐。只是,我对她不放心,时刻看护,偶尔有事出来,即请邻居阿姨照看。妈妈把我当作总不会长大的孩子。"他看着她,面上十分惭愧,"妈妈,不记得你了。"

她带点苦笑,目望寒水,说忘了也好。

他又告诉她,爸爸听说他们分手,犯了房颤病,住了医院。房子用来住的,空着算是暴殄天物,他把房钥匙退爸爸了。车,退了。回归绿色生活。又说起秦晓慧,神志某日清醒,和那个有点像他的男友分手了。其实,不只秦晓慧,她爸妈宠女儿也失去理性了,说把房子卖钱,给女儿在日本什么公司高价定制一款机器人,说形象身高与他相似。三个人租房子住,听说他娘俩搬到桃云村,秦晓慧妈妈就和妈妈商量,搬康家住了。

他说嘉玉妹妹在美国很能吃苦,功课紧,每天睡四小时,比当年高考辛苦。美国饭不好吃,她自己学会做饭了。嘉玉问你好。

她说,夏天和嘉玉总共通过两个电话。第一回电话,告诉她我们恋爱了。第二回通话,告诉她我们分手了。又说柳霏霏结婚了,男友那回在薰衣草庄园咱们见过,康濛说声"好",说着从手提袋里取出一个精美、椭圆的白色镜框,镜框中的姝文站在薰衣草园中微笑,眼中净是未来可期的幸福与美丽。她说了声"谢谢",又不禁叹息一声。

她把西服礼品袋递给他,说为他买的,留个纪念。

他一惊,说怎么想起的?太不好意思。

她一笑,秋月凄凉,说不必客气,那枚陨石戒指,比一切珍宝都要稀奇,自己无以回报。

他再次道谢。她说,上衣口袋里有两封信,回家看吧。

他点头,说谢谢。

她的声音哽咽起来,说要回家了,再见。

他说，别，一起吃过饭再回。

她说不必。他怔怔地，看着她，问为什么？

是的，为什么？她那么渴望，珍惜与他相处的每一秒，然而，此际却想立即结束这种天上的时光。也许，她天生只是为了往昔、追忆、织梦存活？急于将此刻美好的图画送进历史与头脑的幻想之中？

他惊悚问道，没感觉了？

她说，别说这样的话。

他请求，再拥抱一回。

这一次却没有初见的拥抱令姝文颠倒神魂，尽管泪水不尽流淌。康濛却更加狂热，仿佛此刻过后，姝文将彻底于世界消失，或者说，她迟早会属于另一位男士，那，也是另一种消失。

他要送她，没同意，执意自己回去。人生的路本来就该自己走，谁也不能替你体验感受。蝴蝶黄的梧叶，花红的枫叶，落满踵径，夕阳已然沉没，鸽子都回家了。

姝文竖起衣领，哦，快要冬天了。唉，冬天又怎么样？冬天总要过下去，冬天也总能过去，冬天也有冬天的景致。冬天有美丽的雪，雪正由于水汽受热力蒸腾上天，又冻结成玉粒下凡。雪寒冷，白洁，耀眼，耀眼如燃烧不熄的火苗，所有的花园与山坡，天地皆雪，多么美。想到这里，姝文盼望冬天了。

康濛没有立即回家，只是望着姝文逐渐消失的背影，走向寥落的冬的背影。

坐在荷塘边石凳上，展开姝文的信。

康濛：

　　这是真正的晴天霹雳，地裂山崩，夏空飘雪，我想象不出人间还有比这更令我震惊的事！我再不相信天下有什么"笃定"，再肯定有把握的事情都可能变化。我们如此两情相悦，倾心相爱，竟然各奔东西?！我还能够相信谁？相信什么？怎么再可能相信爱情！

　　奄奄一息。

但我不愿意死，为了亲人，为了理想，为了仅有一次的生命，我不会轻易地死。

不会轻易地死，可是活着多么痛苦艰难，只有惊心雷电，连绵夜雨，与乌鸦的咒语。

你真自私，狠心，让古木连根拔起，大厦夷为平地，让海啸淹没千年的城市繁华。这场算是无疾而终的爱情，改变我很多观点，让我成熟许多。你是我人生的第一场也将是最最惨痛的一场灾难，这一教训胜于我读十八年的书。从此，没有我接受不了的意外，从此，没有我承受不了的悲哀。只是这一遭，我铸成了铜墙铁壁，是的，和康濛的失恋我都承受了，还有什么打击不能面对呢?!

你真狠心，残忍，怎么舍得扼杀这样美绝的爱情？怎么忍心舍弃这样倾心爱你的女孩？怎样凶恶的魔鬼指使你做出这样惨无人道的决定啊！

为了孝心，孝心。我也有，天下第一孝心。

不过，出于习惯，基于良好的道德，我仍会微笑地面对他人，面对生活，痛在幽暗的心底，哭在无人的角落。

不要提什么灵感、作家梦，那一切光耀不能够和惊天动地美妙绝伦的爱情等值，相提并论。我愿意做一个最最平凡的人，但拥有康濛的爱情，便是最最幸运的人，反之我是人间最该被同情的可怜虫。

如果上帝这般造就作家诗人，此法也太卑劣残酷，可知，没有一个人承受过如我这般的惊惶与痛楚，漫漫无期啊。也许人们会说，失恋的人比比皆是啊，可是没有一个人像我感受得那样强烈，无论是热恋的欢喜，还是分离的绝望。因为同样的境遇，由于性情不同，各人感受却不尽相同，我的感情过于丰富激烈，喜怒哀乐的表现都是一种极致。

姝文
2005年9月6日

康濛读完姝文的第一封信，痛不欲生，疯狂地抓着头发、扯着领带，凄入肝脾地呼喊:"苍天,惩罚我!诛灭我!"

风,倾倒河岸芦苇,芦花漫天飘扬,湮没枯荷,湮没康濛坐的凉亭。他还是坚持着读了第二封信。

康濛:

　　我选择生,没有安乐地死,只能说明我有非一般人的超强意志力。

　　相对前段时期,稍微安静了,也只是相对而已,我实在被你伤得体无完肤,永没有复原的可能。这两天想了很多,我不能白白地痛,要让黑色的泪滴化成永恒的墨迹,必要记载惊天地泣鬼神的爱恋,不枉神明美意,或许,险恶厄心。我正酝酿一部长篇小说,以你我为主人公,为了平息心中的惊喜怨怒,不辜负这场惊世爱恋,必须完成作品。朋友,为我祈祷吧,现在,我只需要智慧和灵感,愿上苍公正,给我应得报偿。我的笑别人不曾笑过,我的泪别人不曾流过,也希望我的著作也是别人不曾写作过。

　　我将珍惜点滴时间,学习写作,相信自己会圆满完成创作。是的,我对未来充满信心,只除爱情不敢相信。

　　人间诸痛都是无奈无益之疼痛,只除爱情的伤痛,是惟一可以带来美感与甜蜜之伤痛,一种明亮地呻吟的文艺痛。诅咒运命,感谢运命,于滚滚红尘相识了你,你给我的一切是一生中最为珍贵的纪念,存活过的证据。我的生命从认识你开始,从此,以忆你为存活的方式与缘由。一生悲切,一世华美。

　　孝心,大地孕育,太阳孵化,唱着海浪的歌。

　　桃花开时,我会追着春天奔跑,身后,歌舞一群杜鹃鸟。

　　想起一首诗《幻》:

　　如果这份欢乐/像大海一样雄浑宽广/请让它浓缩成奔流的江/与温柔的河/再化为娇美,可爱的小溪/让我慢慢体会,感觉/它的神异,美丽

　　其时不明白,不明白。

来世还在快哉公园荷花塘边相见，你仍然穿着丁香紫的T恤，我穿着雪花白的裙衣，微笑地走向你，问你：康濛，我变了吗？你将温暖地回答：姝文，你和我前世里的记忆一模一样。

姝文
2005年11月10日

　　康濛拨了姝文的手机号，关机了。
　　水中无鱼，云中无雁。一阵寒意袭上康濛的心头，哦，冬季已经来临。

2005年7月7日初稿
2022年3月5日修订